Erwin Merker

Grundkurs
Java-Technologien

Erwin Merker

Grundkurs Java-Technologien

Lernen anhand lauffähiger Beispiele – Konzepte einfach erklärt – Die komplette Einführung in J2SE und J2EE – Inklusive CD-ROM mit allen Werkzeugen

Mit einem Geleitwort von Dietmar Abts

vieweg

Bibliografische Information Der Deutschen Bibliothek
Die Deutsche Bibliothek verzeichnet diese Publikation in der Deutschen Nationalbibliografie;
detaillierte bibliografische Daten sind im Internet über <http://dnb.ddb.de> abrufbar.

Höchste inhaltliche und technische Qualität unserer Produkte ist unser Ziel. Bei der Produktion und
Auslieferung unserer Bücher wollen wir die Umwelt schonen: Dieses Buch ist auf säurefreiem und
chlorfrei gebleichtem Papier gedruckt. Die Einschweißfolie besteht aus Polyäthylen und damit aus
organischen Grundstoffen, die weder bei der Herstellung noch bei der Verbrennung Schadstoffe
freisetzen.

1. Auflage August 2004

Additional material to this book can be downloaded from http://extras.springer.com

Alle Rechte vorbehalten
© Friedr. Vieweg & Sohn Verlag/GWV Fachverlage GmbH, Wiesbaden 2004

Der Vieweg Verlag ist ein Unternehmen von Springer Science+Business Media.
www.vieweg.de

Umschlaggestaltung: Ulrike Weigel, www.CorporateDesignGroup.de
Druck und buchbinderische Verarbeitung: Lengericher Handelsdruckerei, Lengerich
Gedruckt auf säurefreiem und chlorfrei gebleichtem Papier.
ISBN 978-3-528-05898-2   ISBN 978-3-322-80261-3 (eBook)
DOI 10.1007/978-3-322-80261-3

Geleitwort

Die Standards und Technologien, die einem Java-Entwickler heute zur Verfügung stehen, sind so vielfältig und teilweise komplex, dass ein Gesamtüberblick schwer fällt. In der beruflichen Praxis findet man nur selten Allround-Genies, die sich mit allen Standards und Technologien bestens auskennen. Viele Entwickler haben sich auf einige wenige Themen spezialisiert. Ihnen fehlt aber die globale Sichtweise auf das zur Verfügung stehende Technologiespektrum.

Moderne verteilte Anwendungen stellen den Entwickler vor weitaus größere Herausforderungen als das noch in der Zeit der monolithischen Systeme der Fall war. Gerade bei einer unternehmensübergreifenden Integration trifft man auf ein heterogenes Umfeld mit einem Mix von zahlreichen Standards und Techniken. Während J2EE-Anwendungen für die Optimierung der Geschäftsprozesse innerhalb großer Unternehmen bestens geeignet sind, dienen Web Services der losen, zeitweisen Kopplung von Applikationen unterschiedlicher Partner im B2B-Bereich.

Insgesamt ist die Einstiegshürde für den Einsatz dieser Verfahren und Techniken ziemlich hoch, insbesondere besteht zu Beginn ein großer Lernaufwand. Das vorliegende Buch gibt eine Einführung in wesentliche Konzepte und Technologien, die einem Java-Entwickler heute zur Verfügung stehen. Es kann und will keine vollständige Betrachtung der zahlreichen Aspekte bieten. Vielmehr ist das Ziel eine kompakte, beispielorientierte Vorstellung aktueller und zukunftsweisender Konzepte.

Der Autor hat besonderen Wert darauf gelegt, anhand einfacher Programmbeispiele, die sofort ausprobiert werden können, die Kernidee einer jeden Technologie deutlich zu machen. Damit ist das Buch sehr gut zum Selbststudium für Praktiker und Studierende geeignet, die mit den Grundkonzepten des Programmierens vertraut sind.

Das Buch zeigt, dass hier ein engagierter Praktiker mit fundiertem theoretischen Hintergrundwissen schreibt.

Dietmar Abts

(Prof. Dr. Dietmar Abts lehrt das Fachgebiet Wirtschaftsinformatik, insbesondere Anwendungungsentwicklung an der Hochschule Niederrhein in Mönchengladbach)

Eine Stimme aus der IT-Branche zur 1. Auflage

Java und die damit verbundenen Standards und Vorgehensweisen sind vielfach und detailliert beschrieben. Der Umfang der entsprechenden Literatur für alle Stufen des Fachwissens, vom Anfänger bis hin zum Experten, ist sehr groß, fast schon unübersehbar. Die Menge an verfügbaren Informationen und deren sehr ausführliche Darstellung macht es dem professionellen Praktiker schwer, unter Zeitdruck sich rasch einzuarbeiten.

Das hier vorliegende Buch schließt diese Lücke in einer mir bisher nicht bekannten Art. Es enthält eine pragmatische, außerordentlich handhabbare und brillant komprimierte, treffsichere und präzise Überblicksdarstellungen, die durch sachlich passende Beispiele wahlweise vertieft werden können.

Ich habe die Vorabversion mit viel Freude an den klaren und bündigen Überblicken über die jeweiligen Teilbereiche gelesen. Die Beispiele sind gut gewählt, funktionieren fehlerfrei und sind geeignet, in kurzer Zeit ein treffsicheres, sofort umsetzbares Verständnis der beschriebenen Funktionen zu erwerben.

Man merkt es dem Buch an, dass hier ein erfahrener Praktiker die Informationen so aufbereitet hat, wie sie in der Praxis benötigt werden. Das Buch ersetzt in seinem Themenumfang eine ganze Bibliothek. Das Durcharbeiten macht Spaß und spart eine Menge Zeit und damit auch Kosten.

Ich kann dieses Buch persönlich unumschränkt empfehlen, das Spar-Potential werde ich in meinem Bereich einsetzen und nutzen.

Friedrich Vollmar

(Manager der Firma IBM, verantwortlich für technischen Support für

WebSphere / Java in der Region Europa)

Vorwort

Java ist eine Technologie-Plattform für Anwendungsentwicklung – insbesondere für Intranet- und Internet-Anwendungen.

Dieses Buch beschreibt alle wichtigen Sprachkonzepte der Java-Technologie (*Standard Edition* **und** *Enterprise Edition*). Es beginnt mit den Grundlagen der objektorientierten Programmierung mit Java und führt danach ein in spezielle Themenbereiche wie *verteilte Anwendungen, Datenbank-* oder *GUI-Programmierung*.

Ein besonderer Schwerpunkt liegt in der Beschreibung der Java-Architektur als Technologie-Plattform für Web-Anwendungen. Hier wird der Einsatz der offenen Standards wie XML und Webservices mit Java beschrieben. Dabei geht es vor allem darum, dem Leser einen Einstieg in diese Themen zu bieten. Die Erfahrung hat gezeigt, dass dieses am besten gelingt, wenn lauffähige Programme zur Verfügung stehen. Lauffähig bedeutet, dass die Programme komplett sind und nicht nur Codefragmente angeboten werden. Außerdem muss exakt beschrieben sein, unter welchen Bedingungen (Produkte, Versionsstände) sie ausgeführt und getestet werden können.

Genau diese Anforderungen erfüllt dieses Buch. Alle Beispiele werden im Source-Code mitgeliefert. Zum Editieren kann ein beliebiger Text-Editor eingesetzt werden. Die Programme können compiliert, gepackt, installiert und getestet werden mit frei verfügbaren, kostenlosen Referenz-Implementierungen von SUN. Die gesamte Software für die Generierung und Ausführung der Beispiele wird mitgeliefert - der Leser benötigt keinerlei zusätzliche Produktinstallationen etwa für Entwicklungsumgebungen oder herstellerspezifische Werkzeuge.

Das Buch bietet einen umfassenden und aktuellen Einblick in die Programmierung mit Java - insbesondere im Bereich der Serverside-Techniken mit Webapplication, XML, SOA, Webservices und EJBs. Ziel ist es, Lernende und Praktiker möglichst effizient und am Beispiel orientiert mit den Konzepten von Java vertraut zu machen.

Online-Service: *www.erwinmerker.de*
E-Mail-Adresse: *em@erwinmerker.de*

Steinfurt, im August 2004

Erwin Merker

Inhaltsverzeichnis

1 Arbeiten mit den Beispielen

Für jedes im Buch behandelte Thema gibt es ein ausführbares Programm-Beispiel (mitgeliefert auf CD, siehe Kapitel 9). Für das Arbeiten mit diesen Beispielen sind keine kostenpflichtigen Produkte notwendig. Einzige generelle Voraussetzung für das Testen aller Beispiele in diesem Buch ist die Installation der "*Java 2 Platform, Enterprise Edition (J2EE) SDK*". Für Übungen mit Applets und XML werden einige Anforderungen an den Browser gestellt – die Beispiele wurden mit dem Internet Explorer 6.0 getestet.

Der Leser sollte Basiskenntnisse im Programmieren haben, er sollte wissen, was Variablen, Datentypen und Arrays sind, und es ist hilfreich, wenn die Befehle für die Ablaufsteuerung von Programmen (if, Schleifenbildung) bekannt sind.

Um das Buch frei zu halten von unnötigem Ballast, wird generell darauf verzichtet, den Quellcode der Beispielprogramme zusätzlich auszudrucken. Die Empfehlung an den Leser ist es, mit diesen Sources zu arbeiten, sie auszutesten, zu verstehen und zu variieren. So wird der größte Lernerfolg erzielt.

1.1 Arbeiten mit dem SDK (Software Developer Kit)

Was ist das SDK (Software Developer Kit)?

Die „Java 1.4. SDKs" enthalten nicht nur die Laufzeitumgebung für Java, sondern auch alle notwendigen Programme und Tools, um

- Java Application und Applets
- Java Web Anwendungen (Servlets, JSPs)
- Java Enterprise Anwendungen (EJBs) und
- Web-Services

zu erstellen, zu packen, zu implementieren und zu testen. Alle dafür notwendigen Produkte sind auf der beiliegenden CD enthalten. Die Installation ist im Kapitel 9 genau beschrieben.

Editiert werden die Programme mit einem „normalen" Text-Editor, z.B. Textpad32.

Compiliert wird im Terminal-Window - über die Eingabeaufforderung.

Es wird also kein zusätzliches (kostenpflichtiges) Entwicklungstool benötigt.

Folgende Entwicklungswerkzeuge der Standard-Edition (SE) werden wir benutzen:

Tools der Standard-Edition:	Was macht dieses Programm?
javac	Compiler. Er wandelt Quellcode (.java-Dateien) in Bytecode (.class-Dateien) um
java	Interpreter. Er interpretiert den Bytecode, der in einer Class-File steht und führt das Programm aus

Abb. 1.1.1: Werkzeuge der SDK zum Compilieren und Testen

Für das Erstellen und Testen von **J2EE**-Programmen benötigen wir zusätzliche Werkzeuge. Hierbei handelt es sich allerdings nicht um standardisierte Tools, sondern um Programme der Firma SUN, die als Teil der Referenz-Implementierung dem Java-Entwickler kostenlos zur Verfügung gestellt werden. Sie sind Teil der SDK. Im Wesentlichen handelt es sich hier um das Tool **asant**. Im Kapitel 8 gibt es zu diesem Tool weitere Erläuterungen.

Unser erstes Beispielprogramm: *Prog01.java*

Das Source-Programm steht im Ordner x:\jt\kap01\. Es muss die Endung *.java* haben.

```
public class Prog01 {
    public static void main(String[] args) {
        String text;                    // Variablendeklaration
        text = "Erwin";                 // Wertezuweisung
        System.out.println("Hallo " + text);
    }}
```

Abb. 1.1.2: Programm *Prog01.java*

Voraussetzung: Die Installation der SDK und das Kopieren der Quellenprogramme von der CD müssen erfolgreich abgeschlossen sein (siehe Kapitel 9).

Das Programm ist eine Java-**Applikation.** Es definiert lediglich eine Variable, weist ihr einen Wert zu und gibt den Inhalt auf der Standard-Ausgabeeinheit (Konsolbildschirm) aus. In Java muss jeder ausführbare Code innerhalb einer Class-Definition stehen. Der Dateiname muss identisch sein mit dem Class-Namen.

Umwandeln und Testen

Mit *javac* wird der Compiler aufgerufen. Er erstellt eine Datei mit der Endung *.class*, die den Java-Byte-Code enthält.

Mit *java* wird der Interpreter aufgerufen. Er erwartet den Namen der CLASS als Eingabe (**ohne** die Endung .class!).

Das folgende Bild protokolliert den Ablauf für das Umwandeln und Testen des Programms *Prog01.java.*

```
Eingabeaufforderung                                        _ | □ | x

I:\JT\kap01>javac Prog01.java

I:\JT\kap01>java Prog01
Hallo Erwin

I:\JT\kap01>_
```

Abb. 1.1.3: Umwandeln und Testen

Es gibt eine ganze Palette von zusätzlichen Tools (*jar, appletviewer, javadoc* ...). Generell gilt für das Arbeiten mit diesen Programmen, dass durch bloße Eingabe des Namens weitere Erläuterungen (HELP-Informationen) zum Gebrauch dieser Tools angezeigt werden.

Selbsttest: In CMD-Line bitte "*jar*" oder "*java*" eingeben.

Achtung: Damit diese Commands gefunden werden, muß die PATH-Variable richtig gesetzt sein (siehe Kapitel 9: Installation). Das Ergebnis der Eingabe ist die Anzeige der Syntax für den Aufruf der jeweiligen EXE-File. Außerdem werden die vielfältigen Möglichkeiten, beim Aufruf Optionen mitzugeben, erläutert. Die Bezeichner für Optionen beginnen mit einem Minuszeichen, z.B.

```
x:\>java -cp x:\JT\kap01\ Prog01
```

Durch diese CMD-Line-Eingabe wird die Datei *Prog01.class* zur Ausführung gestartet (das Programm muss eine *main()*-Methode enthalten, damit es ausführbar ist). Mit der **Option** *-cp* wurde der CLASSPATH so gesetzt. dass der Classloader in dem Ordner *x:\JT\kap01* sucht, wenn diese oder zusätzliche Klassen zu laden sind. Auf das Thema CLASSPATH kommen wir später mehrfach zurück.

Praktische Hinweise (auch zum Nachschlagen bei späteren Übungen)

Häufige Fehler bei **Umwandlungen**:

*   Der Compileraufruf „javac" wird nicht gefunden
    Lösung: - PATH – Environment-Variable um folgende Angabe ergänzen:
    ```
    x:\Sun\jdk\bin;x:\sun\bin;
    ```
    (siehe Kapitel 9 "Installation").

*   Das Source-Programm *x.java* wird nicht gefunden. Lösung:

    *   Mit Command *cd* in die Directory wechseln, in der das Programm steht.

- Gross-/Kleinschreibung beachten.
- Wenn die Klasse Teil eines Package ist, prüfen, ob richtiger Ordner.
- Syntax-/Semantik- Fehler im Source-Programm:
- Klassen fehlen, weil *import*-Anweisung fehlt/falsch.
- CLASSPATH Environment-Variable falsch/unvollständig.
- Gross-/Kleinschreibung nicht beachtet.
- Eine Hilfe kann die Option –verbose sein, die alle .jar-Files auflistet, die bei der Umwandlung benötigt wurden:

```
javac -verbose Prog01.java
```

Häufige Fehler bei **Ausführung**:

Bei der Ausführung wird die Datei *x..class* nicht gefunden. Lösung:

- Nur den Classnamen angeben (ohne Dateiendung .class).
- Gross-/Kleinschreibung beachten.
- Ist der Class-Name im Programm richtig (= gibt es die Classfile)?
- Erfolgt der Aufruf aus dem richtigen Ordner (= dort, wo die Classfile steht)?
- Classpath-Environment-Variable muss den Punkt enthalten (siehe Kap.9: Installation).

1.2 Arbeiten mit der relationalen Datenbank

Voraussetzungen zum Arbeiten mit einer Datenbank (DB)

- Es muss ein DB-Produkt verfügbar und installiert sein (wir werden in diesem Buch mit dem Produkt *PointBase* arbeiten)
- Es muss ein DB-Driver verfügbar und installiert sein (wir arbeiten hier mit dem Driver c*om.pointbase.jdbc.jdbcUniversalDriver*)
- Der Driver muss im Classpath gefunden werden (der PointBase-Driver steht in x:*sun\pointbase\lib\pbclient.jar*)

Was ist PointBase?

Die „Java 2 Enterprise Edition 1.4 (J2EE)" enthält eine Referenz-Installation für eine relationale Datenbank: nämlich eine kostenlose Version der Run-Time-Umgebung des PointBase-Datenbank-Servers.

Außerdem sind einige Tools enthalten zum Arbeiten mit dieser relationalen Datenbank.

Starten/Stoppen des DB-Servers

Variante 1: Über CMD-Line-Eingabe

- Gehe im Terminalwindow mit cd zur folgenden Directory:
  `x:\sun\pointbase\tools\serveroption`

- Starte die Batch-File durch Eingabe von:
  `startserver`

- Stoppe den PointBase-DBServers:
  `stopserver`

Variante 2: Im WINDOWS Start-Menu:

- `START|PROGRAMME|SUN|J2EE|Start Pointbase`

CLASSPATH ergänzen

Damit Client-Programme mit JDBC arbeiten können, muss der CLASSPATH auf die Driver-Class verweisen (siehe Kap.9, Installation):
  `x:\sun\pointbase\lib\pbclient.jar;`

Damit wird es möglich, den DB-Driver *com.pointbase.jdbc.jdbcUniversalDriver* anzusprechen (wird in JDBC-Programmen benötigt).

So, jetzt kann es losgehen.

2   Objektorientierung mit Java

Programmieren in Java bedeutet:

- Es werden **Klassen** erstellt

- Zur Programmlaufzeit werden dann **Instanzen** (Objekte) von Klassen erzeugt.

Und durch das Senden von **Messages** an diese Instanzen wird der Ablauf des Programms gesteuert. Weitere zentrale Konzepte der objektorientierten Programmierung sind:

- Vererbung,

- Polymorphismus und die Verwendung von

- Schnittstellen (Interfaces.

In diesem Kapitel werden wir diese Grundbegriffe klären und mit praktischen Beispielen demonstrieren. Vorausgesetzt werden allerdings Basiskenntnisse im Programmieren; das Buch enthält wenig Syntaxbeschreibungen z.B. für Deklarationen, Ausdrücke, Iteration oder Selektion.

2.1   Instanzen erzeugen und benutzen

Aufgabenstellung der Programme *Personen.java/PersonenTest.java*

Die Dateien mit den Quellenprogrammen stehen im Ordner *x:\jt\kap02\Instanzen*.

Eine Klasse beschreibt eine Gruppe von Objekten mit gleichen Attributen und gleichem Verhalten. In Java geschieht dies in Form eines Programms, das als Vorlage (Template) verwendet werden kann, um daraus Objekte zu erzeugen. Die von einer Klasse erzeugten Objekte werden auch Instanzen genannt.

In diesen ersten beiden Programmen werden wir uns mit den Begriffen Klasse, Instanzen und Messages befassen.

- Das Programm *Personen.java* soll eine Class enthalten, die Informationen über beliebige Personen speichern und am Konsol-Bildschirm ausgeben kann. Diese Klassenbeschreibung kann als Schablone für das Erstellen von Instanzen eingesetzt werden.

- Das Programm *PersonenTest.java* soll ein ausführbares Programm sein, das zur Laufzeit Instanzen von *Personen* erstellt:

- Es benutzt die Class *Personen*, um für die konkrete Person „Meyer" eine Instanz im Hauptspeicher anzulegen.

- Es soll diese Instanz dann einsetzen, um die Daten von „Meyer" (durch das Senden einer Nachricht) anzuzeigen.

Das Verhältnis zwischen den beiden Programmen zeigt das nächste Schaubild. Den aktiven Part übernimmt das Programm *PersonenTest*. Die Class *Personen* ist passiv, sie wird benutzt und liefert lediglich Beschreibungen, die als Bauplan für konkrete Objekte dienen. Diese Instanzen werden dann von der Class *Personentest* erzeugt.

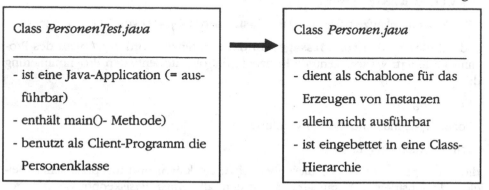

Class *PersonenTest.java*	Class *Personen.java*
- ist eine Java-Application (= ausführbar)	- dient als Schablone für das Erzeugen von Instanzen
- enthält main()- Methode)	- allein nicht ausführbar
- benutzt als Client-Programm die Personenklasse	- ist eingebettet in eine Class-Hierarchie

Abb. 2.1.1: Die Klasse *PersonenTest* **benutzt** die Klasse *Personen*

Programme in Java sind nur in Form von Klassen möglich. Auch Programme mit *main()*-Methoden sind demzufolge als Class zu codieren.

Erläuterungen zum Programm *Personen.java*

In der Quelldatei *Personen.java* wird die Class *Personen* beschrieben: als eine Menge von gleichartigen Objekten mit

● Attributen (name, identnr) und

● Methoden (erstellen, anzeigen).

Diese Beschreibung soll für alle Personen gelten. Programme bestehen aus zwei Teilen: der Klassendeklaration und dem Body der Klasse. Die Deklaration besteht im Minimum aus dem Schlüsselwort class und der Angabe des Namens für die Klasse (personen). Alles, was danach folgt, steht in geschweiften Klammern und gehört zum Body.

Durch Compilierung wird daraus die File *Personen.class* erstellt. Aber: Diese kann nicht ausgeführt werden. Sie dient lediglich als Schablone für das Erzeugen von einzelnen konkreten Objekten. Und erst dann, wenn eine Instanz erstellt wird, legt die Java Virtuelle Machine (JVM) auch Speicherplatz für jedes einzelne Attribut im Hauptspeicher (HSP) an. Für jede neu erzeugte Instanz wird auch ein neuer Satz von

Attributen angelegt. Die Methoden der Klasse legen die ausführbaren Operationen auf diese Elemente fest.

Erläuterungen zum Programm *PersonenTest.java*

Die Source-File *PersonenTest.java* benutzt den Code der Schablone *Personen.class*. Zunächst wird mit *„new"* eine Instanz erzeugt. Danach werden mit Hilfe dieser Instanz die Dienste der Class *Personen* genutzt, indem Nachrichten (Messages) geschickt werden, bestehend aus:

> Instanzname.Methodenname();

z.B.   `person1.anzeigen();`

Durch Compilierung wird eine ausführbare Class erstellt, denn *PersonenTest.java* enthält eine *main()*-Methode.

Umwandeln und Testen in CMD-Line

Für das Arbeiten mit diesen Dateien muss in den Ordner verzweigt werden, der die Files enthält: *x:\jt\kap02\Instanzen*. Das folgende Bild protokolliert den Ablauf für das Compilieren und Testen der Programme:

Abb. 2.1.2: Umwandeln und Testen in Command-Box

Der Compiler wird aufgerufen durch „javac.exe ...".

Der Interpreter wird aufgerufen durch „java.exe ...".

Achtung: Wichtig ist Groß-/Kleinschreibung!

Abhängigkeit zwischen den beiden Programmen

Die Class *PersonenTest* verwendet die Class *Personen*. Sie kann deshalb nur umgewandelt werden, wenn beim Compile-Vorgang die Class *Personen* im Zugriff ist, d.h. im Classpath muss entweder ihr Byte-Code gefunden werden oder der Sourcecode (dann wird die Classfile automatisch erzeugt, ohne dass für sie explizit der Compiler aufgerufen werden muss).

Beweis durch folgende zwei Selbsttests:

- Löschen der beiden Class-File.

- Umwandeln nur von *PersonenTest.java*.

- Welche Class-Files gibt es jetzt?

Danach

- Beliebige Änderung im Source-Code von *Personen.java*

- Umwandeln von *PersonenTest.java*

- Welche Class-Files werden neu erstellt? (= Datums/-Uhrzeitvergleich!).

Diese enge Abhängigkeit der beiden Programme ist sehr statisch und kann bei komplexeren Aufgabenstellungen ein Nachteil sein. Beispielsweise dann, wenn beim Codieren einer Klasse zwar eine weitere Klasse verwendet werden soll, diese aber noch nicht vorliegt oder ihre internen Strukturen noch nicht bekannt sind. Hier hilft u.U. das Reflection-API (siehe dort).

Selbsttest:

- Erzeuge eine zweite Instanz (Person „Schulze") und gib die beiden Instanzen in umgekehrter Reihenfolge aus.

Wie wird eine Instanz erzeugt?

Schauen wir uns noch einmal an, wie wir ein Personen-Objekt erzeugt haben:

„*Personen*   *person1*   =**new** Personen();"

Allgemeine Syntax: "classname   objectvariable = **new** classname();"

Was machen die runden Klammern hier? Das sieht doch so aus, als würden wir eine Methode aufrufen!

Zur Erklärung müssen wir diese Zeile aufteilen, denn hier werden zwei Vorgänge (Deklaration und Erzeugung) zusammengefasst:

- `classname objectvariable;`   // Object-Variable deklarieren

- `objectvariable = new classname();`   // Instanz im HSP erzeugen

> Wenn eine Klasse wie ein neuer Datentyp ist, dann ist ein Objekt wie eine Variable von diesem Typ. Sie wird auch Instanz genannt.

Lifecyle eines Objects

Der Begriff Lifecycle (Lebenszyklus) wird in diesem Buch immer wieder vorkommen (z.B. bei Servlet oder EJBs). Damit wird beschrieben, wie eine Instanz entsteht, welchen Zustand sie haben kann und wie sich der Zustand ändert. Und nicht zuletzt: Wann wird der Hauptspeicherplatz der Instanz wieder freigegeben? Eine (normale) Instanz bleibt im Hauptspeicher erhalten, bis sie ausdrücklich gelöscht wird. Das Löschen übernimmt ein spezielles Dienstprogramm, der Garbage-Collector. Der Lebenszyklus eines Objektes im Einzelnen:

Schritt 1: Object-Variable deklarieren

- Eine Variable im HSP anlegen (Größe wird vom System bestimmt).

- Diese Variable kann nur eine Referenz (Verweis) enthalten, keine Daten.

- Diese Variable hat nur die Fähigkeit, auf Instanzen einer Klasse zu **verweisen.**

- Anfangswert: Referenz auf NULL, denn: Speicherplatz für das Objekt gibt es noch nicht.

Schritt 2: Instanz im Speicher erzeugen

- Die Instanzvariablen werden im Hauptspeicher angelegt (= dynamisch, d.h. erst zur Laufzeit). Das Schlüsselwort dafür ist *new*. Das Erstellen einer Instanz wird auch Instanziierung genannt.

- Der Konstruktor (siehe nächsten Abschnitt) wird aufgerufen (= initialisiert die Instanz-Variablen).

- Außerdem bekommt die Object-Variable die Referenz (Adresse) zugewiesen.

Schritt 3: Benutzen eines Objects

- Der Object-Variablen können Nachrichten geschickt werden:
        object.message(parameter);
  dann wird mit dieser Instanz gearbeitet.

Schritt 4: Löschen der Instanz im Speicher

- Nicht mehr benutzte Objekte werden nach Programmende automatisch entfernt (vom Garbage-Collector).

Zusammenfassung

Java-Source-Files haben die Datei-Erweiterung *java*

Sie werden compiliert zum Bytecode.

Der Bytecode ist eine portable Zwischenform zwischen dem Java-Quellcode und der nativen Maschinensprache. Er wird interpretiert und ausgeführt von der JVM (Java Virtuellen Maschine).

Bytecode-Files haben die Datei-Erweiterung *.class*.

Ausführbare Java-Programme müssen eine *main()*-Methode haben.

Wenn in einem Programm eine andere Klasse referenziert wird, so muss die Syntax für das Senden einer Nachricht an diese Klasse (Methodenname, Parameter) beim Codieren bekannt sein, und beim Compilieren muss die Class-File im Zugriff sein.

Welche wichtigen Begriffe kennen wir jetzt?

Class	rein theoretische, allgemeingültige Beschreibung, Abstraktion von gleichartigen Objekten (z.B. Kunden), Bauanleitung/Schablone für konkrete Einzelfälle. Legt fest, welche Eigenschaften ("Attribute") eine Gruppe von Objekten haben kann und was man mit ihnen machen kann (= Methoden). Klassen wirken wie ein user-definierter Datentyp
Instanz/Objekt	konkreter Einzelfall; Ausprägung einer Klasse (z.B. Kunde Meyer), wird erzeugt mit „new". Erst wenn zur Laufzeit *new* ausgeführt wird, wird Speicherplatz für jede Instanz-Variable angelegt. Zu *einer* Zeit können beliebig viele Instanzen einer Klasse im Hauptspeicher stehen.
Objekt-Variable	Referenz-Variable, enthält die Referenz auf eine Instanz. Ist ein Datentyp und steht im Kontrast zu primitiven Variablen, siehe hierzu unter WRAPPER--Klassen)
Instanz-Variable	auch Member-Variable genannt: ist ein Attribut einer Klasse, wird für jede Instanz dieser Klasse im Hauptspeicher angelegt

Abb. 2.1.3: Wichtige Begriffe der objektorientierten Programmierung (Teil 1)

2.2   Methoden, Konstruktoren und Parameter

Was sind Methoden?

Methoden enthalten den ausführbaren Programmcode. Funktionell zusammen gehörende Befehle werden in Programmblöcken zusammengefasst und als Methoden beschrieben. Die Methoden haben einen Namen und bestehen aus dem Kopf und einen Rumpf. Der Kopf enthält die Signatur und den Rückgabetyp, die Signatur besteht aus dem Operationsnamen und der Parameterliste. Im Rumpf stehen die Befehle.

Die Ausführung von Programm-Code geschieht in der Java-Welt immer dadurch, dass

- zunächst eine Instanz erzeugt wird und dann
- Methoden für diese Instanz aufgerufen werden.

Beispiel:

```
Kunden k1 = new Kunden();        // Instanz erzeugen
k1.anzeigen();                   // Methode „anzeigen()" aufrufen.
```

Wir senden Nachrichten (Messages), um Methoden aufzurufen und ihnen dabei Werte (Parameter) zu schicken.

Es gibt eine Besonderheit bei Methoden: Wenn eine Methode mit dem Schlüsselwort *static* gekennzeichnet ist, wird sie nicht für eine Instanz aufgerufen, sondern für die Klasse. Dies kann in speziellen Programmsituationen, in denen noch keine Instanzen vorhanden sind, nützlich sein.

Was sind Konstruktoren?

Konstruktoren sind auch Methoden, jedoch mit folgenden **Besonderheiten**:

- Sie haben den gleichen Namen wie die Klasse selbst.

- Sie liefern keinen Wert zurück, auch nicht *void*.

- Sie werden automatisch aufgerufen beim Erstellen einer Instanz.

- Wenn der Programmierer keine Konstruktor(-Methode) codiert, fügt der Java-Compiler automatisch einen Konstruktor ohne Parameter hinzu. Dieser Konstruktur wird "Default-Konstruktor" genannt.

- Der Programmierer kann soviel Konstruktoren erstellen wie er möchte, so lange sie sich unterscheiden durch die Anzahl oder durch den Typ der Parameter.

Was machen die Konstruktoren?

- Sie werden benötigt zum **Initialisieren** der Variablen, wenn eine Instanz erstmalig im Hauptspeicher angelegt wird.

Was sind Parameter?

Die Signatur einer Methode gibt Auskunft darüber, ob die Methode Eingabe-Werte erwartet. Dann **müssen** beim Aufruf der Methode diese Daten auch mitgegeben werden, und die Methode kann mit diesen Werten arbeiten. Die übergebenen Werte werden Parameter oder auch Argumente genannt.

Wie werden Parameter übergeben?

Für den Austausch von Parameter haben Programmiersprachen unterschiedliche Konzepte. Mögliche Vereinbarungen zwischen Sender und Empfänger sind, dass die Daten:

- positionsgenau übergeben und empfangen werden müssen (Positionsparameter)

- als Key-/Value-Paar übergeben und empfangen werden

- aus reinen Textdaten bestehen und als XML-Elemente beschrieben sind

- oder ausschießlich programmiersprachen-eigene Datentypen sind.

In Java werden Parameter immer als Positionsparameter übergeben. Sie bestehen aus Java-eigenen Datentypen und werden als Kopie übergeben (CALL BY COPY). Der

Aufrufer kopiert den aktuellen Wert und übergibt diesen an die aufgerufene Methode. Dieses Verfahren hat wichtige Konsequenzen:

- Bei einfachen Variablen (*int, float ...*) wird der tatsächliche Wert kopiert und übergeben. Veränderungen wirken also lediglich lokal ("CALL BY VALUE").

- Bei Referenztypen (Instanzen von Klassen) wird die Referenz (= Adresse) kopiert und übergeben ("CALL BY REFERENCE"). Damit arbeitet der Empfänger mit dem Original!

Aufgabenstellung Programme *Personen.java/PersonenTest.java*

Die Dateien mit den Quellenprogrammen stehen im Ordner *x:\jt\kap02\Methoden*.

Wir erweitern die Aufgabenstellung der Klasse *Personen.java*. Die Klasse soll praxisnäher (realistischer) codiert werden als in der vorherigen Aufgabe. Neu sollen hinzukommen:

- *Methoden* zum Lesen und Schreiben der einzelnen Attribute (auch als Getter- und Setter-Methoden bezeichnet).

- *Konstruktor* zum Initialisieren von Instanzen.

- Die Attribute sollen als „private" gekennzeichnet werden (Kapselung).

Das Programm *PersonenTest.java* soll eine Instanz von *Personen* erstellen, den Namen dieser Person ändern und Informationen am Bildschirm ausgeben.

Deklaration von Methoden

Eine Methode kann Argumente empfangen, und sie kann ein Ergebnis liefern. Zur Definition der Methoden müssen deshalb immer drei Angaben gemacht werden:

- Wie heißt die Methode?

- Welche Eingabewerte erwartet die Methode (Parameter bzw. Argumente)?

- Welchen Datentyp hat das Ergebnis dieser Methode (Returntype)?

Die Angaben zum Namen und zu den Parametern werden auch als Methodensignatur bezeichnet.

Beispiel:

```
int rechnen(float zahl1);
```

Die Methode hat den Namen „*rechnen*". Sie liefert einen Wert vom Datentyp „*int*" zurück. Würde kein Wert zurückgeliefert, dann müsste das Schlüsselwort *void* angegeben werden. Als Parameter wird ein Gleitkomma-Typ erwartet, dessen Wert in die Variable „*zahl1*" übertragen wird.

Aufrufen von Methoden

Methoden können nur aufgerufen werden für bestimmte Instanzen bzw. Klassen. Man benötigt also immer eine Referenz (Adresse) auf das Objekt, mit dem die Methode arbeiten soll (Ausnahme: *static*-Methoden). Der Zugriff auf Methoden geschieht dann mit Hilfe des Punkt-Operators, z.B.

`k1.anzeigen(text);`   // Die Methode soll mit der Instanz „k1" arbeiten

Eine Botschaft (message) hat drei Bestandteile, getrennt durch Punkt und runde Klammern:

- an wen geht die Nachricht (= k1)?

- wie lautet die auszuführende Methode (= anzeigen)?

- welche Parameter sollen beim Aufruf kopiert und übergeben werden (= text)?

Umwandeln und Testen

Wie immer, müssen wir auch diesmal zu dem Ordner, der die Source-Files enthält, navigieren. Und dann sind folgende Arbeiten auszuführen:

Aufruf des Compilers:
```
x:\JT\kap02\Methoden>javac Personen.java
x:\JT\kap02\Methoden>javac PersonenTest.java
```

Aufruf des Interpreters:
```
x:\JT\kap02\Methoden>java PersonenTest
```

Bei jedem Start des Interpreters durch *java.exe* wird eine „Java Virtual Machine" JVM gestartet.

Selbsttest: Rufe den Konstruktor für eine Instanz mit den Werten „200" und „Karin" auf. Ändere die Ident-Nr. in 201 und protokolliere diese Änderung durch Ausgabe auf dem Bildschirm.

Zusammenfassung

Welche wichtigen Begriffe kennen wir?

Methoden	Organisationsmittel für zusammengehörenden Source-Code; können zur Ausführung aufgerufen werden mit einem **Namen.** Der Aufruf erfolgt für eine ganz bestimmte Instanz (= Satz von Instanz-Variablen).
Konstruktoren	Spezielle Methoden. Sie haben den gleichen Namen wie die Klasse, besitzen keinen Returnwert und werden automatische beim Initialisieren von Instanzen (= Instanzieren) aufgerufen

Parameter/Argumente	Variablen oder Konstanten, die beim Aufruf einer Methode oder eines Konstruktors mitgegeben werden können. Es ist zu unterscheiden zwischen einfachen Variablen und Referenz-Variablen. Die Reihenfolge der übergebenen und empfangenen Parameter ist zwischen den Partnern vereinbart und muss eingehalten werden.
Nachricht/Message/Botschaft	Durch Senden einer Nachricht wird eine Methode zur Ausführung aufgerufen. Eine Nachricht wird an ein bestimmtes Objekt/Instanz geschickt und kann Parameter enthalten. Instanz und Methodenname werden durch "." (dot-Operator) getrennt; die Paramter stehen in Klammern. Meistens ist das Ergebnis einer Nachricht ein RETURN-VALUE.

Abb. 2.2.1: Wichtige Begriffe der objektorientierten Programmierung (Teil 2)

2.3   Vererbung und das Überschreiben von Methoden

Was ist Vererbung?

Beim Erstellen von neuen Klassen kann sich der Programmierer auf bereits vorhandene Klassen beziehen – durch das Schlüsselwort *extends*. Das bewirkt, dass die neue Klasse den bereits vorhandenen Code einbezieht. Dieses Vorgehen macht immer dann Sinn, wenn die neue Klasse lediglich eine **spezialisierte** Form einer bereits existierenden Klasse ist. Oder anders gesagt, wenn Teile der Lösung bereits codiert sind und diese nur noch „verfeinert" werden müssen. Die abgeleitete Klasse (Child-Class) erweitert die Basisklasse (Parent-Class).

Aufgabenstellung Programm "*Manager.java*"

Die Dateien mit den Quellenprogrammen stehen im Ordner *x:\jt\kap02\Vererbung*.

Auch dieses Beispiel benutzt wieder die Klasse *Personen*. Dort sind alle Attribute und Methoden programmiert, die für alle Personen gelten soll. Jetzt erweitern wir die Aufgabenstellung: es soll zusätzlich eine **neue Class für „Manager"** erstellt werden. Da Chefs auch Menschen sind (lediglich eine spezielle Form), kann die neue Class die bereits codierten Teile im Source-Code der Class *Personen* nutzen. Lediglich das, was speziell ist für Manager, muss dann noch zusätzlich codiert werden.

Hierarachie der Vererbung

Durch diese Vererbungstechnik entsteht eine **Hierarchie**: Die neue Klasse der *Manager* ist die *Sub-Class* (untergeordnete Klasse*)*; die vorhandene Class für alle *Perso-*

nen ist die *Superclass.*(übergeordnete Klasse). Die neue Sub-Class erbt alle Eigenschaften der vorhandenen Klasse, d.h. alle Variablen und Methoden der Superklasse sind in der abgeleiteten Klasse verfügbar (Ausnahme: private-Elemente).

Die Beziehungen zwischen den Klassen wird häufig in Form von Klassendiagrammen dargestellt (UML **U**nified **M**odeling **L**anguage). Hier ein Beispiel:

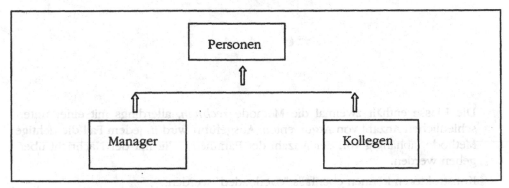

Abb. 2.3.1: Beispiel für ein Klassendiagramm

Zu beachten ist, dass der Pfeil in die Richtung der Superklasse zeigt. Die UML ist besonders geeignet zum Modellieren in der Design-Phase.

Was heißt „Überschreiben von Methoden"?

Die Child-Class erbt alle Methoden der Parent-Class, und damit kann die Child-Class alle Methoden benutzen, die bereits in der Elternklasse codiert sind. Darüber hinaus kann sie aber auch vorhandene Methode neu schreiben (= "überschreiben"), zusätzlich zu komplett neuen Methoden.

Beispiel

Die Methode „*anzeigen()*" ist in der Superclass *Personen* enthalten. Zusätzlich taucht dieser gleiche Methodenname auch in der davon abgeleiteten Class *Manager* auf. Diese Technik wird Überschreiben genannt (= **Override** , für „überfahren", sich hinwegsetzen) und wird immer dann eingesetzt, wenn die ursprüngliche Methode verfeinert oder geändert werden muss.

Eine Frage, die sich daraus ergibt, ist: Welche Methode wird ausgeführt, wenn eine Instanz diesen Methodennamen benutzt? Antwort: Entscheidend ist die Klasse, von der die Instanz erzeugt worden ist.

Begriffserklärungen:

a) Überladen/Overloading:

> Das generelle Konzept, den gleichen Methodennamen mehrfach zu verwenden, wird „Überladen/Overloading" genannt. Dies kann auch innerhalb einer Klasse

geschehen, dann ist das aber nur möglich, wenn unterschiedliche Argumente benutzt werden.

Beispiel:

```
class Addition {
        int rechnen(int a, int b) {
                return (a + b);
        }
        int rechnen(int a, int b, int c) {
                return(a + b + c);
        }
}
```

Die Klasse enthält zweimal die Methode *rechnen*, allerdings mit einer unterschiedlichen Anzahl von Argumenten. Ausgeführt wird in jedem Fall die richtige Methode, abhängig von der Anzahl der Parameter, die mit der Nachricht übergeben werden.

Konstruktoren können ebenfalls "overloaded" werden:

```
class Kunde {
    public Kunde() {...}
    public Kunde(int kdnr, String name) {...}
    public Kunde(int kdnr, String name, String ort) {...}
```

b) Überschreiben/Override

Wenn eine Methode, die von Super-Klasse geerbt wurde, in der Sub-Klasse neu codiert wurde, weil die Aufgabenstellung etwas anders ist als in der Superklasse, dann nennt man dies "Überschreiben" von Methoden.

Erläuterungen zu den Programmen

Syntaktisch wird Vererbung durch das Schlüsselwort *extends* ausgedrückt. Die neue Klasse *„Manager"* enthält das zusätzliche Attribut „Abteilung" mit den entsprechenden Methoden zum Lesen und Schreiben dieses Attributs. Außerdem wird noch eine neue Klasse *„Kollegen"* erstellt, die ebenfalls abgeleitet wurde von der Class *„Personen"*.

Die Fähigkeit der beiden Subklassen, auch auf Attribute der Superklasse zugreifen zu können, zeigt sich z.B. darin, dass sie die Variablen *identnr* und *name* benutzen können.

Die Technik des Override wird genutzt bei der Methode *anzeigen()*, die in allen drei Klassen vorhanden ist. Ausgeführt wird aber jeweils die „richtige" – und das wird zur Laufzeit entschieden anhand der Instanz, für die diese Methode arbeiten soll.

Umwandeln und Testen

Umgewandelt und getestet wird mit folgenden Aufrufen in der CMD-Line:

```
x:\jt\kap02\Vererbung>javac *.java
x:\jt\kap02\Vererbung>java PersonenTest
```

Selbsttest

Erstelle eine Klasse „Azubi", die von Personen abgeleitet wurde und das Attribut „*lehrjahrAnzahl*" vom Typ *int* zusätzlich enthält.

Vorteile der Vererbungstechnik

- Bereits vorhandener Code wird wieder verwendet

- Das neue Programm wird kürzer und somit besser wartbar

Weitere Hinweise zur Vererbungstechnik (auch zum Nachlagen, denn einige Vorkenntnisse fehlen an dieser Stelle noch)

- Es gibt zwei Mechanismen für die Wiederverwendbarkeit von Code:

    - Vererbung: setzt eine *is-a*-Verbindung voraus (ein Manager **ist eine** Person). Dieses Verfahren haben wir in unserem Beispiel genutzt. Es handelt sich um Spezialisierungen der Basisklasse. Jede Instanz hat eine Basis- und eine abgeleitete Klasse.

    - Aggregation/Komposition: Im Gegensatz zur Vererbung ist dies eine *has-a*-Verbindung (ein Manager **hat eine** Abteilung) d.h. Attribute einer Klasse sind wiederum Klassen. Diese Form der Wiederverwendbarkeit ist dann sinnvoll, wenn nicht jede Instanz dieses Attribut hat. Dann ist es besser, dieses Attribut im Bedarfsfall dynamisch zu erzeugen.

- Es gibt zwei Typen von Vererbung in Java:

    - Vererbung von Verhalten und Programmcode: **extends** <class>

    - Vererbung von Spezifikation: **implements** <Interface>

- Eine Elternklasse hat folgende Möglichkeiten, die Vererbung zu beeinflussen:

    - Sie kann das Überschreiben verhindern (durch Schlüsselwort *final*)

    - Sie kann das Überschreiben erzwingen (durch Schlüsselwort *abstract*)

- Konstruktoren werden nicht vererbt, aber:

    - Die Child-Class kann den Konstruktor der Parent-Class aufrufen durch super(parml, ...);

    - Dieser Aufruf muss dann in der ersten Zeile des Child-Konstruktors stehen.

- Es gibt eine Class *Object*. Dies ist die Default-Klasse, von der letztlich alle anderen abgeleitet sind. Sie steht ganz oben in von der Hierarchie („Mutter aller Klassen"). Ihre Methoden können von jedem Objekt aufgerufen werden.

- Vererbungstechnik erlaubt Substituierbarkeit (= eine Variable wird von einem bestimmten Typ deklariert und speichert einen *Wert* von einem anderen Typ (siehe Polymorphismus).

- Zum Aufrufen von Klassen-Member gibt es zwei wichtige Schlüsselwörter:

  - `this`   referenziert die derzeitige Instanz

  - `super`   referenziert die Superklasse (ein Methodenaufruf wird durchgereicht zur nächsthöheren Klasse).

Zusammenfassung

Ein zentrales Konzept der Objektorientierung ist die Vererbungstechnik. Eine Java-Klasse kann Code von einer anderen Klasse einschließen, indem sie das Schlüsselwort *extends* benutzt. Dann wird die komplette Fähigkeit der Superklasse vererbt an die Sub-Klasse. Es entsteht eine hierarchische Struktur der Klassenbescheibungen: die Superklassen enthalten die allgemeinen Beschreibungen, davon abgeleitete Klassen sind Spezialisierungen. Durch Überschreiben von geerbten Methoden kann die allgemeine Codierung durch die Child-Class verfeinert werden. Die Programmentwicklung erfolgt dann "von oben nach unten". Dies ist somit die Lösungsbeschreibung vom Allgemeinen zum Speziellen.

2.4   Polymorphismus

Was ist Polymorphismus?

Der Begriff "Polymorphismus" bezeichnet allgemein das "Vorkommen unterschiedlich gestalteter Individuen innerhalb derselben Art". Bezogen auf Java können damit Methoden mit unterschiedlichen Argumenten oder polymorphe Variable gemeint sein. Eine polymorphe Variable kann Werte von unterschiedlichem Typ aufnehmen. In Java ist es zwar grundsätzlich so, dass mit der Deklaration einer Variablen auch festgelegt wird, welchen Datentyp diese Variable speichern kann:

Beispiel: `Personen p1 = new Personen();`

In diesem Beispiel kann *p1* nur auf Instanzen von *Personen* referenzieren. Jedoch gibt es die Ausnahme, dass diese Variable auch jederzeit **Sub-Typen** von dem deklarierten Datentyp aufnehmen kann, also Instanzen, die von abgeleiteten Klassen gebildet worden sind. Diese Fähigkeit von Java, dass Objekt-Variablen in der Lage sind, Instanzen von unterschiedlichen Klassen aufnehmen zu können, wird als Polymorphismus bezeichnet Damit kann man erreichen, dass Methoden –abhängig von der Klasse- unterschiedliche Aktionen ausführen, obwohl sie den gleichen Namen haben.

Java unterscheidet bei Variablen also zwischen

- dem deklarierten (statischen) Datentyp und

- dem aktuell (dynamisch) vorhandenen Datentyp.

Also: Obwohl grundsätzlich jede Variable einen Wert eines bestimmten Typs erwartet, kann dieser jederzeit durch einen Subtyp ersetzt werden.

Allgemeines Beispiel

- Es gibt die Klasse *Obst* (= Oberklasse).

- Hiervon abgeleitet sind die Klassen *Apfel* und *Birnen*.

- Wenn jetzt eine Objekt-Variable vom Typ *Obst* deklariert wird, dann hat diese die Fähigkeit, auch Typen der Klasse *Apfel* oder *Birnen* zu speichern.

Wo liegen die Vorteile?

Interessant ist die Fähigkeit des Polymorphismus in Kombination mit der Fähigkeit der „späten Bindung". Darunter versteht man, dass nicht schon vom Compiler entschieden wird, welche Methode z.B. bei folgender Message ausgeführt wird:

„Object-x.Methode-y"

Diese Nachricht enthält die Aufforderung, dass für die Objekt-Variable x die Methode y ausgeführt werden soll. Bei älteren, nicht objektorientierten Programmiersprachen ist es so, dass bereits der Compiler entscheidet, welcher Code, d.h. welche y-Methode auszuführen ist. Es kann sogar sein, dass die ausgewählte Routine hier physisch eingefügt wird. Dieses Verfahren nennt man frühe Bindung oder static binding.

Java arbeitet grundsätzlich anders, denn durch die Objektorientierung ist es so, dass die Methode y innerhalb der Klassenhierarchie mehrfach vorkommen kann. Deswegen gibt es die späte Bindung oder dynamic binding. Darunter versteht man, dass erst zur Laufzeit entschieden wird, welche Methode ausgeführt werden soll. Und diese Entscheidung wird abhängig gemacht vom tatsächlichen aktuellen Datentyp, den die Variable *Object-x* zur Runtime enthält. Denn wir wissen, dass die Object-Variable x nicht nur auf Instanzen ihrer eigenen Klasse verweisen kann, sondern auch auf Sub-Typen (also auf von ihr abgeleitete Klassen).

Ein Vorteil ist somit, dass die gleiche Nachricht an unterschiedliche Klassen geschickt werden kann, die dort dann ein unterschiedliches Verhalten erzeugen.

Weitere Vorteile liegen darin, dass für die Verwaltung unterschiedlicher Instanzen jetzt Datenstrukturen (z.B. Arrays) eingesetzt werden können und somit komfortable Schleifenbildung möglich wird, auch wenn die Instanzen von unterschiedlichen Klassen erzeugt worden sind.

Aufgabenstellung zum Programm *PersonenTest.java*

Die Dateien mit den Quellenprogrammen für diesen Abschnitt stehen im Ordner *x:\jt\kap02\Polymorphismus*.

Wir modifizieren erneut unsere schon bekannten Beispielprogramme. Es sollen Instanzen erstellt werden von der Class *Manager* und von der Class *Kollegen*. Diese Instanzen sollen gleichzeitig im Hauptspeicher existieren. Aber: Damit die Verwaltung möglichst einfach ist (z.B. soll das Abarbeiten in einer Schleife möglich sein), sollen diese Instanzen in einem Array gesammelt werden.

Erläuterung zu den Programmen

Im Programm *PersonenTest.java* wird ein Array deklariert mit dem Datentyp *Personen*:

```
Personen[] person = new Personen[5];
```

Dieses Array hat nun die Fähigkeit, nicht nur Instanzen von *Personen* zu speichern, sondern auch Instanzen von davon abgeleiteten Klassen. Und genau das hilft uns hier. Durch diese Fähigkeit des Polymorphismus können wir die gesammelten Instanzen dann z.B. auch in einer Schleife verarbeiten.

Umgewandelt und getestet wird durch:

```
x:\jt\kap02\Polymorphismus>javac *.java
x:\jt\kap02\Polymorphismus>java PersonenTest
```

Selbsttest

Erstelle im Programm *PersonenTest* eine weitere Objektvariable. Diese soll den Datentyp *Personen* haben und auch instanziiert werden mit diesem Typ. Dieses Objekt soll ebenfalls im Array gesammelt und am Ende des Programms ausgegeben werden.

Hinweise für Neugierige (als Vorgriff auf spätere Themen)

Ein klassisches Beispiel für Polymorphismus kann bei der Verwendung von COLLECTION demonstriert werden. Dort ist es grundsätzlich so, dass eine Collection jeden Typ von Instanzen aufnehmen kann, solange diese abgeleitet worden sind von **java.lang.Object**. Und *Object* ist die Mutter aller Klassen, von der alle anderen Klassen abgeleitet sind. Damit sind Collection praktisch typfrei.

Also kann z.B. eine *Set*-Collection Instanzen (mit *add*) aufnehmen, die vom Typ *String* sind und auch Instanzen vom Typ *Integer*, denn die *Set.add*-Methode ist so definiert, dass sie jede beliebige Instanz als Parameter aufnehmen kann – sie erwartet lediglich eine Instanz der Klasse *java.lang.Object*.

Selbsttest

Warum kann eine Collection keine *int*-Variable aufnehmen?

2.5   Interfaces / Schnittstellen

Einführung

Angenommen, wir suchen

- nach einer Möglichkeit, die Fähigkeit einer Klasse und ihre Schnittstellen zu beschreiben, ohne die internen Details der Implementierung weiter zu geben, weil dies den Nutzer entweder nicht interessiert oder weil er es nicht wissen darf (Wettbewerb),

- nach einer Möglichkeit, neu zu schreibende Klassen zu zwingen, ein bestimmtes Verhalten zu implementieren,

dann bietet Java hierfür eine einfache Lösung: man schreibt ein *Interface*.

Was ist ein „Interface" (Schnittstelle)?

Ein Interface enthält die **Beschreibung** einer Klasse:

- die Methodensignaturen

- den Typ des Rückgabe-Wertes und eventuelle

- Konstanten.

Durch diese Beschreibung wird keinerlei Funktionalität zur Verfügung gestellt, dann dafür ist die darauf basierende Klasse zuständig. Das Interface enthält lediglich Vorschriften darüber, welche Methoden die darauf basierende Klasse **enthalten muss** und Informationen, wie die Schnittstellen für die Benutzung aussehen. Deswegen kann von einem Interface auch keine Instanz erzeugt werden.

Wie werden Interfaces eingesetzt?

Schnittstellen können ererbt werden. Syntaktisch geschieht dies mit dem Schlüsselwort *implements*. Durch dieses Prinzip der Trennung

- von Methodendefinitionen durch Interfaces und

- ihrer Implementierung durch Klassen

ergeben sich interessante Einsatzmöglichkeiten:

- Soll ein Interface von einer Klasse realisiert werden, so müssen **alle** Methoden des Interfaces von ihr implementiert werden (wird vom Compiler überprüft).

- Die Klasse bekommt als zusätzlichen Typ den Namen der Schnittstelle (wichtig bei Polymorphismus).

- Es kann mehrere Klassen geben, die dieselbe Schnittstelle benutzen, die Methoden aber unterschiedlich, z.B. je nach Hersteller, implementieren.

Beispiel für die Verwendung von Interfaces

Es gibt das Interface *java.rmi.Remote*. Dieses bildet die Grundlage einer jeden RMI-Anwendung (siehe dort). Jedes RMI-Programm *muss* dieses Interface implementieren, außerdem wird es benutzt beim Erstellen von EJBs. Damit wird sichergestellt, dass der Compiler uns informiert, wenn eine vorgeschriebene Methode vergessen wird.

Derartige Standards (= APIs, beschrieben in Interfaces) gibt es u.a. für

- Zugriff auf relationale. Datenbanken (= JDBC)
- Zugriff auf Message-Server (= JMS)
- Zugriff auf Namensdienst (= JNDI)
- Zugriff auf Legacy-Anwendungen (= J2EE-Connectoren).

Diverse **Produkte implementieren** diese Funktionalitäten.

Aufgabenstellung zum Programm *PersonenIF.java*

Die Dateien mit den Quellenprogrammen stehen im Ordner *x:\jt\kap02\Interface*.

Es soll ein Interface *PersonenIF* erstellt werden, das festlegt, welche Methoden eine Klasse, die Personen beschreibt, enthalten muss. Insofern ist das Interface eine Konvention, **eine API-Spezifikation**, an die sich jeder halten muss.

Hinweis: Ein Interface wird compiliert wie eine Class.

Aufgabenstellung zum Programm *PersonenImpl.java*

Danach soll durch die Class *PersonenImpl* dieses Interface **implementiert**. werden. Syntaktisch geschieht dies durch die Angabe *implements* im Kopf der Klasse.

Zu beachten ist, dass die Class *PersonenImpl* alle vom Interface „geerbten" Methoden implementieren (= überschreiben) muss. Werden die leeren Methoden des Interfaces nicht überschrieben, so gibt der Compiler eine Fehlermeldung aus, die besagt, dass die Klasse als *abstract* (im Sinne von „unvollständig") deklariert werden sollte (= bitte im Selbsttest überprüfen).

Dann sollen in dem Programm *PersonenTest* zwei Instanzen erstellt werden, beide haben den Datentyp des Interface *PersonenIF*. Die Besonderheit ist nun, dass diese Objektvariablen p1 und p2 zur Laufzeit auf unterschiedliche Datentypen verweisen, nämlich auf *Manager* und *PersonenImpl*.

Umwandlung/Test

Umgewandelt und getestet wird mit:
```
x:\jt\kap02\Interface>javac *.java
x:\jt\kap02\Interface>java PersonenTest
```

Wozu braucht man ein Interface?

- Man erreicht damit eine Trennung der Beschreibung von der Implementierung:

  - Ein Interface ist eine reine **API-Spezifikation,** dadurch kann unabhängig von der realen Implementierung programmiert werden.

  - Diese Technik wird benutzt z.B. bei JDBC, JNDI ...

- Interfaces definieren das Verhalten und die Zugriffsmöglichkeiten auf Module

  - dadurch Aufteilung von Interface und Implementierung auf verschiedene JVM möglich,

  - Diese Technik wird benutzt z.B. bei RMI, EJBs und CORBA (anhand der Interfaces und Stubs können Clients die Remote-Produkte benutzen).

- Mehrfach-Vererbung wird möglich mit Interfaces:

  - *„implements* class-x" ist zusätzlich zu *„extends interface-y"* möglich,

  - *„implements"* ist mehrfach möglich.

- Durch Interfaces kann komfortabel Polymorphismus realisieren werden:

  - Objekt-Variable können auch den Typ eines Interfaces haben. Beim Erzeugen der Instanzen können dann unterschiedliche Klassen, die diesen Typ implementieren, hier gespeichert werden.

- Das dynamische Laden von Klassen (siehe Reflection) wird dadurch vereinfacht.

Können von Interfaces Instanzen erzeugt werden?

Wir kopieren das Programm *PersonenTest.java* in *PersonenTest01.java* und ändern es so ab, dass es sich ausschließlich auf das Interface bezieht (d.h. keinerlei Bezug auf die Implmentierungsklasse). Dazu wird versucht, eine Instanz von PersonenIF.java zu erstellen:

```
public class PersonenTest01 {
    public static void main(String arg[]) {
        // Objekt-Variablen deklarieren (vom Interface "PersonenIF")
        PersonenIF p1;
        // Gleiche Objekt-V. belegen
        p1 = new PersonenIF(101, "willi");
        // Methode aufrufen
        p1.anzeigen();
    }}
```

Abb. 2.5.1: Programm *PersonenTest.java*

Ist eine fehlerfreie Umwandlung möglich? Antwort: Nein, die Fehlermeldung lautet:

PersonenIF is abstract; cannot be instantiated.

Wir werden uns mit eben dieser Aufgabenstellung später beschäftigen (siehe Abschnitt „Reflection").

Weiterführende Hinweise

Es gibt auch einen Zwitter zwischen

- der reinen API-Beschreibung in Form eines **Interfaces** und

- der Realisierung durch **Klassen.**

Man kann *unvollständige* Klassen schreiben. Das sind Klassen, die eine oder mehrere Methoden enthalten, die zwar deklariert, aber noch nicht implementiert sind. Damit der Compiler wegen dieser Unvollständigkeit keine Fehlermeldung ausgibt, muss die Class mit dem Schlüsselwort *abstract* gekennzeichnet sein.

Man spricht in diesem Fall von abstrakten Klassen (weil sie abstrakte Methoden enthalten). Die abstrakten Methoden haben keinen Body. Sie **müssen** dann in der Subclass implementiert werden. Eine Instanz kann von dieser abstrakten Klasse nicht erstellt werden.

Man kann es auch umgekehrt sagen: Interfaces sind Sonderformen von abstrakten Klassen, weil sie **keinerlei** Implementierung enthalten.

Selbsttest

Beantworte folgende Frage:

Wenn ein API-Interface von beliebig vielen Klassen implementiert worden ist, welche Folgen hat dann das Hinzufügen einer neuer Methode zu diesem Interface für die bereits bestehenden Klassen?

Praktische Überprüfung durch Änderungen des Interfaces und anschließende Umwandlung von *PersonenImpl.java* oder *von Manager.java*

Zusammenfassung

Interfaces (Schnittstellen) sind eine Sammlung von Methodensignaturen. Es fehlen die Methodenbodies. Interfaces können von unterschiedlichen Klassen implementiert werden. Durch das Schlüsselwort *implements* verpflichten sich diese Klassen, alle im Interface aufgeführten Methoden mit genau der vorgegebenen Signatur umzusetzen in konkrete Implementierungen.

Interfaces werden benutzt, um eine bestimmte Funktionalität zu beschreiben, ohne Details weiter zu geben und auch, um gemeinsame Verhaltensweisen als Vorschrift für Implementierungsklassen festzulegen.

2.6   Package und Import

Was ist ein Package?

Pakete

- sind eine Sammlung von Klassen und Schnittstellen
- sind identisch mit der physischen Location im „Folder"/Ordner/Directory
- werden zum Namensbestandteil dieser Klassen („package.class.field")
- kennzeichnen einen Namensraum („Namespace")
- haben Bedeutung für den Zugriffschutz und Sichtbarkeit.

Wie erfolgt die Zuordnung zu einem Paket?

- Durch die physische Anordnung in einem Ordner **und**
- syntaktisch durch Angabe *„package paketname"* zu Beginn der Source-File.

Hinweis

Um weltweit eindeutige Package-Namen zu bekommen, ist es Brauch, sich an die Konventionen der URL-Notation anzulehnen, d.h. häufig wird der umgekehrte Domain-Name verwendet, z.B. „com.ibm....."

Wann benötigt man „import"?

Für die Adressierung einer Class, die Teil eines Pakets ist, gibt es zwei Möglichkeiten:

- durch voll qualifizierten Namen, z.B. „packagename.classname". Das kann ziemlich mühsam sein. Deswegen ist es häufig besser:
- die Direktive **„import** paketname.*"** einzusetzen (das ist die Variante für Schreibfaule, denn dann kann auf Klassen und Schnittstellen ohne Qualifizierung zugegriffen werden).

Jedes Java-Programm kann beliebig viele *import*-Anweisungen enthalten. Die *import*-Anweisung

- fügt keinen Text in den Source-Code ein (wie etwa bei C++ durch #include)
- macht lediglich den Pfad (das Package) bekannt, damit die darin enthaltenen Klassen ohne volle Qualifikation des Namens genutzt werden können
- können Wildcards * enthalten, die jedoch niemals die Sub-Packages mit einschließen. Für jede Hierarchieebene muss explizit eine *import*-Anweisng vorhanden sein.

Das Paket *java.lang* muss nicht explizit importiert werden, es ist immer verfügbar.

Aufgabenstellung der Programm *Klasse01.java/Klasse02.java*

Die Dateien mit den Quellenprogrammen für diesen Abschnitt stehen im Ordner *x:\jt\kap02\Package*.

Es sollen folgende Klassen erstellt werden (mit jeweils unterschiedlicher Paketzugehörigkeit):

- Class *Klasse01* (mit package *paket01*, im Unterverzeichnis *paket01)*

- Class *Klasse02* (**ohne** Package-Zuordnung, im Folder *x:\jt\kap02\)*

Die ausführbare Klasse *PackageTest* soll diese Klassen benutzen.

Umwandlung und Test

Es genügt, wenn das ausführbare Programm *PackageTest.java* umgewandelt wird, weil der Java-Compiler eingebundene Quelldateien, die noch nicht übersetzt sind, während der Übersetzung automatisch mit übersetzt. Der nachfolgende Screenshot zeigt die Compilierung und anschließende Ausführung:

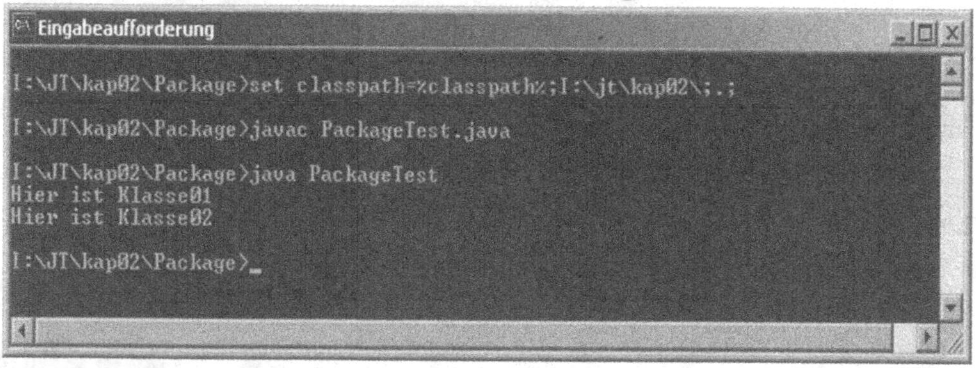

Abb. 2.6.1: Umwandeln und Testen des Programms *PackageTest*

Aber abhängig vom Zustand der Environment-Variablen CLASSPATH können diverse Fehler auftreten Wie in der ersten Zeile zu erkennen, muss der **Classpath** folgende zwei Einträge enthalten:

- den **Punkt**, damit vom aktuelle Pfad aus weiter gesucht wird (dann kann der Compiler die „import paket01.*;"-Anweisung auflösen und somit die *Klasse01* finden)

- den Eintrag x:\jt\kap02\ (das ist die Root-Directory der *Klasse02*).

Wozu benötigt man Packages?

- Klassen sind dadurch einfacher zu finden und zu adressieren, denn: Pakete sind Gruppierungen von logisch zusammenhängenden Klassen und Interfaces.

- Die Adressierung von Files wird dadurch plattform-unabhängig, denn: in den jeweiligen Betriebssystem gibt es unterschiedliche Verfahren:

  - die File-Systeme sind unterschiedlich (hierarchisch oder flat)

  - die Syntax der physikalischen Adressierung unterscheidet sich (z.B. slash oder backslash bei den Pfadangaben).

- In Java wird für die Gruppierung und Adressierung der Dateien ein einheitliches, plattform-neutrales Verfahren benutzt: Packages und Punkt-Notation.

- Packages umfassen den Namensraum (Namespace): dadurch werden Namenskollisionen zwischen Klassen vermieden, z.B. halten nur die Packagenamen die beiden List-Klassen *java.util.List* und *java.awt.List* auseinander

- Zugriffsschutz wird festgelegt: es gilt die Sichtbarkeit für alle Member, die nicht ausdrücklich *private* sind, d.h. jede Klasse kann alle Member jeder anderen Klasse in ihrem Package ansprechen.

Hinweise zur CLASSPATH Environment-Variablen

Die JVM (Java Virtual Machine) enthält als wichtige Komponente den Class-Loader. Dessen Arbeitsweise ist insofern wichtig, weil in Java keine zusammenhängende *.exe*-File für eine Anwendung existiert, sondern diese besteht aus mehreren einzelnen Klassen. Der Class-Loader muss dann zur Laufzeit die jeweils benötigten Klassen in den Speicher laden („load on demand").

Damit der Interpreter (und auch der Compiler) die Dateien findet, verknüpfen sie die Package-Namen mit allen Pfadangaben, die in der Environment-Variablen CLASSPATH angegeben sind. Das bedeutet, dass bei Verwendung von Packages die jeweilige Super-Directory der Klasse im CLASSPATH stehen muss.

Beispiel

- Es soll eine Klasse *Foo* geben.

- Der Source-Code dieser Klasse muss sich in einer Datei mit dem Name *Foo.java* befinden.

- Die Source-Datei muss platziert sein in einem Folder, dessen Name mit dem Package-Namen übereinstimmt, z.B. wenn in der Source-File
  ```
  package com.ibm;
  ```
  steht, muss sich die Source- und Class-File sich im Ordner *\com\ibm* befinden.

- Der CLASSPATH muss auf die Root des Verzeichnisbaums zeigen, hier auf *\com*.

- Default-Package: Aktuelles Verzeichnis.

Weitere Hinweise zur Bedeutung von PATH/CLASSPATH

In Windows

- enthält die „PATH"-Variable den Hinweis für die Suche nach **.exe**-Files (also nach nicht-Java-Programmen) und

- enthält die „CLASSPATH"-Variable den Hinweis für das Suchen nach (benutzerdefinierten) **.class**-Files.

JAR-Files (= Archive mit mehreren CLASS-Files) müssen im Classpath **namentlich** aufgeführt werden.

Also:

- wenn sich das Paket in einem Sub-Directory des Ausgangsfolder befindet, dann wird es gefunden

- wenn das Paket in einem ganz anderen Pfad liegt, dann muss der CLASSPATH den entsprechenden Hinweis enthalten.

Achtung:

Nicht vergessen, den Classpath nach Durchführung der Übungen dieses Abschnitts wieder sauber auf den richtigen Stand zu bringen.

3   Objektorientierung für Fortgeschrittene

Die objektorientierte Programmierung ist eine logische und konsequente Weiterentwicklung von Strategien, die seit Jahrzehnten in diversen Programmiersprachen immer weiter verfeinert worden sind:

- Kapselung der Daten (in Java durch Klassenbildung, dadurch entstehen benut-
  zerdefinierte Datentypen).

- Modulares Design (in Java durch Organisation des Codes in Methoden, dadurch
  entstehen überschaubare Module).

- Wiederverwendbarkeit von Code (in der objektorientierten Programmierung
  durch Einsatz der Vererbungstechnik).

In diesem Kapitel werden wir Techniken kennen lernen, die das Verständnis für die
nachfolgenden Themen, insbesondere für die Programmierung von anspruchsvollen
J2SE-Anwendungen, erleichtern. Ein Schwerpunkt wird das Arbeiten mit Objekten
sein. Wir werden klären, wie Objekte

- initialisiert

- verglichen

- zugewiesen

- kopiert oder

- umgewandelt (konvertiert) werden.

3.1   Arbeiten mit Objekten (Einführung)

Wiederholung

Objektorientiertes Programmieren bedeutet: Instanzen erzeugen und damit arbeiten.

Eine Instanz ist ein konkreter Einzelfall einer Class. Die Klasse dient nur als Schablone, als Template. Häufig wird die Instanz auch einfach als "Object" oder als "Object-Variable" bezeichnet.

Generell sind *Objekte* von den *primitiven Datentypen* (z.B. *int, float*) zu unterscheiden: Primitive Datentypen können benutzt werden ohne vorherige Definition, sie
sind in die Sprache eingebaut. Objekte dagegen werden während der Laufzeit eines
Programms mit *new* erzeugt. Nach dem Ende des Programms werden sie vom Garbage-Collector aus dem Speicher entfernt.

Hinweise zur Syntax

Die Syntaxregeln für das Ansprechen von Elementen, die zu einer Instanz gehören, erfordern die **Punkt-Notation** (mit dem „dot-Operator"):

a) Eine **Methode** kann wie folgt angesprochen werden:

```
objektvariable.methodenname(parameter);
```

b) Eine **Variable** kann wie folgt angesprochen werden:

```
ergebnis = objektvariable.variablenname;
```

Besonderheit beim Ansprechen von Elementen:

`this.`   referenziert die aktive Instanz

`super.`   referenziert das Element der Superklasse, d.h. diese Nachricht wird an die Superklasse weitergereicht

Schachtelung von Methoden-Aufrufen:

Wenn eine Methode einen Rückgabe-Wert liefert, so kann der Methodenaufruf überall dort eingesetzt werden, wo sonst eine Variable stehen würde, z.B. in einem Ausdruck oder in einer Wertezuweisung:

```
ergebnis = objectname.methodenname(parameter);
```

An die Stelle des Aufrufs wird das **Ergebnis** dieses Aufrufs gesetzt.

Eine Schachtelung ist auf zweierlei Art möglich:

a) Mehrere Methodenaufrufe hintereinander schachteln:

```
myObject.method1().method2();
```

Voraussetzung ist natürlich, dass *method1* eine Instanz zurückliefert.

Beispiele:

```
int ergebnis = Integer.valueOf(s).intValue();
upperCaseName = obj.getName().toUpperCase();
```

Die Assoziation beim "dot-Operator" ist von links nach rechts, d.h. die Auflösung dieser Schachtelung erfolgt von links nach rechts: Beim ersten Befehl wird zunächst die Methode *valueOf()* ausgeführt. Das Ergebnis dieser Aktion ersetzt den Aufruf, und es kann *intValue()* für diese zurück gelieferte Instanz aufgerufen werden.

b) Kombination von Methoden und Variablen:

```
System.out.println(x);
```

Die Class *System* hat eine Class-Variable *out*, für die wird die Methode *println()* aufgerufen.

Diese eleganten Möglichkeiten sind durchaus gebräuchlich. Bei extensiver Verwendung entsteht allerdings die Gefahr der Unübersichtlichkeit.

Erläuterungen zum Beispiel *ObjektDemo01.java*

Dieses Source-Programm steht im Ordner *x:\jt\kap03\objekt*.

Es zeigt die Schachtelung von Methodenaufrufen. Zusätzlich enthält es folgende Codierbeispiele:

- *instanceOf*

  - Hiermit wird die Klassenzugehörigkeit ermittelt. Achtung: es handelt sich nicht um eine Methode, sondern um einen Operator!

- *getClass()*

  - Diese Methode liefert den Run-Time-Klassen-Namen eines Objekts, sie ist eine Methode der Class *Object*.

Selbsttest: Arbeiten mit der Dokumentation

a) Finde zur Programmzeile

```
int ergebnis = Integer.valueOf(s).intValue();
```

folgende Antworten anhand der API-Dokumentation:

- Es gibt die (Wrapper-)Class *Integer*. Diese hat die Methode *valueOf()*. Wie ist die Signatur dieser Methode?

- Außerdem hat diese Class die Methode *intValue()*. Warum hat diese Methode **nicht** das Schlüsselwort *static* (so wie die Methode *valueOf()*?

b) Zur Programmzeile

```
String classname = s.getClass().getName();
```

  - Was liefert die Methode *getClass()* zurück?

  - Zu welcher Klasse gehört die Methode *getName()*?

Zusammenfassung

Das Arbeiten mit Objekten erfolgt durch Methodenaufrufe. Diese können geschachtelt werden. Dann wird dieser Aufruf von links nach rechts aufgelöst.

3.2   Vergleich von Objekten

Aufgabenstellung *VergleichTest01.java*

Die Source-Programme zu diesem Abschnitt stehen im Ordner *x:\jt\kap03\vergleich*.

Es gibt die Class *Point*. Diese Class ist Teil des Pakets *java.awt*. Sie speichert X- und Y-Koordinaten, die benutzt werden, um die Position für einen Punkt in einer Fläche zu bestimmen. Außerdem enthält sie diverse Konstruktoren und Methoden.

Das Programm *VergleichTest01.java* demonstriert das Arbeiten mit der Class *Point*. Hier werden zwei Instanzen der Class *Point* erstellt. Die Werte sind bei beiden gleich.

Frage: Wie kommen die unterschiedlichen Ergebnisse zustande?

Die Antwort geben die nachfolgende Erläuterungen.

Grundsätzliches zum Arbeiten mit Objekten

Das Verständnis für Referenztypen ist entscheidend für das Programmieren in Java, denn Java unterscheidet grundsätzlich zwischen zwei Arten von Datentypen:

1. Einfache/primitive Datentypen

2. Referenztypen (Objekt-Variablen).

Prinzipiell können Referenztypen genau so benutzt werden wie die primitiven Typen. Man kann sie vergleichen, kopieren, als Parameter übergeben usw.

Aber:

Da der Inhalt von Referenztypen lediglich eine Adresse ist, die auf die eigentliche Instanz verweist, sind die Auswirkungen dieser Befehle entscheidend anders als bei einfachen Datentypen.

Wie kann man Instanzen vergleichen?

Zunächst ist es möglich, die gleiche Syntax zu benutzen wie bei dem inhaltlichen Vergleich von primitiven Datentypen, z.B.

```
Point p1 = new Point(10,5);
Point p2 = new Point(10,5);
System.out.println(p2 == p1);              // false
```

d.h. man kann den relationalen Operator **==** (doppeltes Gleichheitszeichen) benutzen. Dies führt dazu, dass der **Inhalt** der beiden Objekt-Variablen auf Gleichheit geprüft wird. Und das ist natürlich **nur** dann wahr (true), wenn beide auf **dasselbe Objekt** zeigen.

Dieser Test auf Identität ist also sehr viel enger als der Gleichheitstest. Soll lediglich geprüft werden, ob zwei Instanzen die gleichen Inhalte haben, so ist es guter Brauch, dazu die *equals()*-Methode zu verwenden:

```
if (p2.equals(p1))
    System.out.println("Die Instanzen haben gleichen Inhalt");
```

Was ist die *equals()*-Methode?

Diese Methode ist eine Methode der Class *Object* (= Mutter aller Klassen). Sie testet, ob zwei Objekte denselben Inhalt haben. Damit diese Methode in abgeleiteten

Klassen sinnvoll funktioniert, muss sie bei Bedarf überschrieben werden. Die meisten mitgelieferten Klassen des JDK machen das, so auch die Class *Point.*

Die hier aufgerufene *equals()*-Methode ist in der Class *Point* enthalten, denn –wie gesagt- sie ist in den meisten mitgelieferten Klassen bereits implementiert, so auch in der Class *String* oder z.B. in der Wrapperclass *Integer.*

Selbsttest

Was ist der Unterschied zwischen:

```
X = Y;
X == Y;
X.equals(Y);
```

Aufgabenstellung des Programms *VergleichTest02.java*

Bei selbst geschriebenen Klassen wie im Programm *VergleichTest02.java* muss u.U. die Implementierung der Methode *equals()* „per Hand" erfolgen. Warum?

Hinweis: Die Klasse *Personen* hat ein neues Attribute: Object-Variable *Point.* Die ist in diesem Beispiel relativ sinnlos - ich wollte nur erreichen, dass die Personen-Klasse sowohl primitive als auch Referenz-Datentypen enthält. Und: das Beispiel sollte trotzdem einfach und überschaubar bleiben.

Soll nicht auf Identität, sondern auf inhaltliche Gleichheit geprüft werden, so geht das nur, indem die Werte der einzelnen Attribute miteinander verglichen werden. Die Ergebnisse der einzelnen Vergleiche werden mit dem logischen UND verbunden, um festzustellen, ob Gleichheit vorliegt oder nicht:

```
boolean ergebnis = instanz1.attr1.equals(att1) &&
       instanz1.attr2.equals(att2) ...
```

Einfache Variable können direkt mit dem Vergleichsoperator getestet werden. In unserer Class *Personen* haben wir Attribute, die einen primitiven Datentyp haben (*identnr*) und auch Attribute, die durch Objekt-Variable repräsentiert werden, weil sie von Klassen erstellt worden sind (*name, punkt*). Diese Klassen haben die Methode *equals()* bereits implementiert, so dass der Vergleich mit *equals()* ein richtiges Ergebnis bringt.

Zusammenfassung

Beim Vergleich von Instanzen muss unterschieden werden, ob auf inhaltliche Gleichheit der einzelnen Instanz-Variablen oder auf Identität (sind die beiden Referenz-Variablen identisch, und verweisen sie somit auf denselben Speicherbereich?) geprüft werden soll. Der relationale Operator == prüft die Inhalte bitweise auf Gleichheit, und dies ist *false* (nicht *true*), wenn *zwei* Instanzen im Speicher stehen, selbst wenn die Inhalte der einzelnen Variablen exakt identisch ist.

3.3   Zuweisung und Clonen von Objekten

Aufgabenstellung *Zuweisung01.java*:

Alle   Source-Programme   zu   diesem   Abschnitt   stehen   im   Ordner
x:\jt\kap03\zuweisung.

Das Programm *Zuweisung01* deklariert zwei Objekt-Variable vom Typ *Point*. Die Instanz p1 wird mit *new* erzeugt und gleichzeitig mit den Werten 100 und 200 gefüllt. Die Instanz p2 wird lediglich definiert und bekommt ihre Werte später durch Zuweisung. Frage: Was wird zugewiesen?

Wo liegen die Unterschiede?

Um einer Variablen einen Wert zuzuweisen, wird der Zuweisungsoperator = (Gleichheitszeichen) verwendet:

```
empfangsvariable = sendevariable;
```

So kann auch jede Variable, die eine Instanz einer Klasse bezeichnet, Empfänger oder Sender einer Wertezuweisung sein. **Aber**: Es handelt sich dann um die Objekt-Variable (= Referenz, Adresse), nicht um den Inhalt der Instanzvariablen.

Die Wertezuweisung kopiert keine Instanzen, sie kopiert lediglich die Referenzen darauf.

Hinweis: Java ist für den Programmierer eine pointerfreie Programmiersprache. Aber: intern, für die Verwaltung von Objekten, benutzt Java ausschließlich Pointer, denn „Objektvariable" sind nichts anderes, sie verweisen auf Objekte.

Wie kann man Inhalte von Objekten kopieren?

Sollen die einzelnen Attribute einer Instanz kopiert werden, so sollte die spezielle Methode *clone()* genommen werden. Diese Methode wird von der Class *Object* geerbt. Sie erzeugt eine byteweise Kopie eines Objekts – und dies führt nur dann zum gewünschten Ergebnis, wenn es sich bei den Instanzvariablen um primitive Datentypen handelt. Sollen Objekte kopiert werden, so muss diese Methode überschrieben werden. Der Aufruf ist dann wie folgt:

$$\textit{Personen p2 = (Personen)p1.clone();}$$

Mit diesem Aufruf wird eine Kopie von p1 erstellt und diese der Instanz p2 zugewiesen.

Erläuterungen zum Programm *Zuweisungt02.java*

Dieses Programm zeigt, wie ein komplettes Objekt mit allen Attributen kopiert wird. Voraussetzung ist, dass die Klasse des Objekts die Methode *clone()* enthält.

Erläuterungen zum Programm *Zuweisungt03.java*

Für selbst geschriebene Klassen muss die Fähigkeit zum Clonen ausdrücklich in der Klasse angegeben werden, indem diese Klasse das Interface *Cloneable* implementiert. Implementiert eine Klasse dieses Interface nicht, so deutet *clone()* das als fehlende Bereitschaft der Klasse, eine Objektkopie herzustellen und löst beim Aufruf von *clone()* eine *CloneNotSupportedException* aus. Andernfalls aber erzeugt der Aufruf von *clone()* eine elementweise Kopie des aktuellen Objekts.

Erläuterungen zum Programm *Zuweisung04.java*

Ein Objekt kann ein komplexes Gebilde sein, nämlich dann, wenn es andere Objekte als Membervariablen enthält, wenn es also selbst wiederum aus anderen Objekten zusammengesetzt ist. Dadurch ergibt sich eine wichtige Frage:

Soll beim Klonen die gesamte Datenstruktur aufgelöst und kopiert werden, oder sollen lediglich die Werte, der Zustand des Objekts, binär dupliziert werden? Bei primitiven Membervariablen macht das keinen Unterschied, aber bei Objektvariablen würde lediglich der Verweis kopiert werden. Das Beispiel *Zuweisung04.java* demonstriert diesen Unterschied.

Welche Erkenntnisse haben wir gewonnen?

Java unterscheidet offensichtlich zwei Arten des Klonens:

a) Shallow Copy:

Es kann die *clone()*-Methode der Class *Object* genommen werden, denn diese ist in der Lage, Objekte, die aus einfachen Datentypen besteht, zu duplizieren.

```
public Object clone() throws CloneNotSupportedException {
    return super.clone();
}
```

Allerdings: Dies ist eine sog. „Schwache Kopie". Wenn beim Aufruf von *clone()* einzelne Membervariablen selbst wieder Objekte sind, dann werden nur diese Verweise kopiert, nicht aber die dahinter stehenden Objekte.

Voraussetzung: Die zu kopierende Klasse muss mit *implements Cloneable* ihre Einwilligung zum Kopieren gegeben haben (und zusätzlich müssen entsprechende Exception abgefangen werden).

b) Deep Copy

Soll die Kopie aus einer vollständig neuen Struktur, inklusive aller abgeleiteten Strukturen, bestehen, dann muss dazu *clone()* überschrieben werden durch selbst codierte Aufrufe (evtl. rekursiv). Das heißt, ein „tiefes Kopieren" wird nicht automatisch erreicht, sondern kann nur „per Hand" erzielt werden.

Zusammenfassung

Der normale Zuweisungsoperator = (Gleichheitszeichen) kopiert lediglich die Zeiger-Variablen. Soll ein (komplexes) Objekt **inhaltlich** kopiert werden, muss folgendes gemacht werden:

- *implements Cloneable*, damit wird das Kopieren erlaubt

- Methode *clone()* aufrufen, damit werden die Member-Variablen kopiert

- Soll darüber hinaus ein „tiefes" Kopieren durchgeführt werden, so muss die Methode *clone()* neu geschrieben (überlagert) werden und das Kopieren selbst codiert werden. Da jedes Memberobjekt weitere Objekte enthalten kann, die kopiert werden müssen, ist das Erstellen einer tiefen Kopie in der Regel ein rekursiver Vorgang.

3.4   Arbeiten mit Strings

Was ist ein String?

Ein String ist eine Zeichenkette (= eine Sammlung von Zeichen, die am Anfang und am Ende durch das doppelte Hochkomma begrenzt wird). In Java ist ein String eine systemdefinierte Klasse, also kein primitiver Datentyp. Doch gibt es einige Besonderheiten im Vergleich zu anderen Klassen:

- Für das **Erzeugen** von String-Objekten gibt es eine vereinfachte Schreibweise:
  ```
  String name = "Erwin";
  ```
  d.h. Instanzierung kann erfolgen **ohne** Anwendung von *new*.

- Das Clonen von Strings ist einfach, weil der Konstruktor den Inhalt kopiert und nicht die Adresse:
  ```
  String s1 = "hugo";
  String s2 = new String(s1);
  System.out.println(s2 == s1);          // false
  System.out.println(s2.equals(s1));     // true
  ```

- Für das Arbeiten mit String-Objekten gilt: sie können nur gelesen und nicht verändert werden (sie sind „immutable").

Was bedeutet „immutable"?

String–Objekte sind unveränderlich, es gibt keine Methode *setCharAt()*, um den Inhalt zu verändern. Aber was passiert bei folgender Anweisung?
```
String name = "Erwin";
name = "Klaus";
```

In diesem Beispiel wird nicht der ursprünglich String modifiziert, sondern es wird ein **neuer** Speicherplatz angelegt mit dem Inhalt "Klaus". Der alte Inhalt ist dann nicht mehr adressierbar. Das hat natürlich Auswirkungen auf die Performance. Empfehlung deshalb: Wenn sich Zeichenketten während des Programmablaufs häufig verändern, sollte nicht mit der Class *String*, sondern mit der Class *StringBuffer* gearbeitet werden.

Was bietet die Class *StringBuffer*?

Diese Klasse repräsentiert eine veränderbare Zeichenkette, die nach Bedarf schrumpfen und wachsen kann. Die variable Größe und die verschiedenen Methoden machen *StringBuffer* leichter zu benutzen als ein char-Array. So gibt es z.B. die Methoden *append()* zum Hinzufügen von Zeichen, *setCharAt()* zum Ersetzen und *deleteCharAt()* zum Löschen einzelner Zeichen an einer bestimmten Stelle.

Erläuterungen zum Beispiel *String01.java*

Die Source-Programme zu diesem Abschnitt stehen im Ordner *x:\jt\kap03\string*. Im Programm *String01.java* wird gezeigt, wie das Kopieren, Zuweisen, Vergleichen von *String* und das Modifizieren von *StringBuffer* codiert wird.

Erläuterungen zum Beispiel *String02.java*

Die Class *String* enthält eine Fülle von Methoden zum Arbeiten mit Strings. Besonders interessant ist das Vergleichen von Zeichenketten.

- equals()   liefert *true*, wenn Inhalt gleich ist
- equalsIgnoreCase()   egal, ob Groß-/Kleinschreibung
- compareTo()   liefert einen *int*-Wert.

Selbsttest

Verändere die Zeichenketten so, dass der Vergleich mit *compareTo()* einmal einen positiven Wert und einmal einen negativen Wert ergibt.

Arbeiten mit UNICODE

Java arbeitet grundsätzlich mit dem Unicode (genau so wie XML). So sind auch *Strings* und der Datentyp *char* als Unicode realisiert. Jedoch werden –weil auch die heutigen Editoren normalerweise nicht im Unicode arbeiten- besondere Escape-Character eingesetzt, wenn ein Unicode-Zeichen in einen String eingefügt werden soll:

```
String s = "\u03c0";
```

Es gibt in Java vordefinierte Werte für unterschiedliche Ausprägungen des Unicodes: z.B.: UTF8 oder UTF16. UTF ist die Abkürzung für Unicode Transformation Format. Es beschreibt Verfahren, wie Unicode in Character von 1 – 4 Byte "gemappt" werden. Diese Angaben können beim Konvertieren in Java-Programmen benutzt werden. Wir werden später beim Arbeiten mit XML und bei Servlets/JSPs auf das Character-Encoding zurückkommen.

Beispiel:

Aus Kompatiblitätsgründen gibt es den Datentyp *byte*. Weil dieser Datentyp mit der 8-bit-Darstellung arbeitet, ist eine Konvertierung von Unicode (16-bit-Darstellung) in den Typ *byte* möglich, indem UTF-8 verwendet wird. Hierfür gibt es in der String-Klasse entsprechende Methoden:

```
// Convertierung Unicode in UTF-8
byte[] utf8 = s.getBytes("UTF8");

// Neuen String anlegen, dessen Wert dem gewählten
// Abschnitt des 16-bit-Unicodes entspricht
String s1 = new String(utf8, "UTF8");
```

Hinweise zum Programm *String03.java*

Das Programm demonstriert das Jonglieren mit Unicode und UTF-8.

Aufteilung eines Strings in einzelne Wörter

Im Package *java.util* gibt es die Klasse *StringTokenizer*, mit deren Hilfe ein String in einzelne Wörter zerlegt werden kann. Die Wörter werden als Token bezeichnet. Sie sind durch Trennzeichen voneinander getrennt (Default: Blank bzw. andere "weiße" Zeichen wie Tabulator).

Hinweise zum Programm *String04.java*

Das Programm demonstriert das Arbeiten mit der Class *StringTokenizer*.

Zusammenfassung

Strings sind in Java system-definierte Klassen, keine primitiven Datentypen.

java.lang.String	Instanzen von dieser Klasse sind "immutable", d.h. sie können nicht verändert werden.
java.lang.StringBuffer	Diese Klasse ist dann vorzuziehen, wenn die Stringinhalte verändert werden sollen (z.B. durch Substring oder zeichenweise Manipulationen).

Abb. 3.4.1: Die Klassen *String* und *StringBuffer*

3.5   Init von Objekten

3.5.1 Aufgabenstellung zum Programm *InitTest01.java*

Die beiden Source-Programme zu diesem Abschnitt stehen im Ordner *x:\jt\kap03\init*.

Das Programm *InitTest01* benutzt zwei Klassen: *Vater* und *Sohn*. Von der Parent-Class *Vater* ist die Klasse *Sohn* abgeleitet worden. Beide Klassen haben jeweils

- einen Standard-Konstruktor (= ohne Parameter) und

- einen Konstruktor mit Parameter.

Frage: Wenn jetzt Instanzen erstellt werden, wie ist die **Reihenfolge der Konstruktoraufrufe?** Das *InitTest01*-Programm zeigt, wann welche Konstruktoren aufgerufen werden.

Erläuterung zum Programm *InitTest01.java*

Die Konstruktoren werden automatisch aufgerufen. Es scheint so, als würden sie „von oben nach unten" aufgerufen, d.h. zuerst der Basis-Konstruktor des Vaters, dann der abgeleitete Konstruktor vom Sohn. Genau dies ist auch die Wirkung, obwohl streng genommen die Aufrufreihenfolge genau so ist wie bei jeder anderen Methode auch:

- Zuerst wird innerhalb der eigenen Klasse nach einer „passenden" Methode gesucht („passend" bedeutet, dass Methodenname und die Datentypen, Anzahl und Reihenfolge der Parameter übereinstimmen müssen, d.h. die "Signatur" muss passen).

- Wird keine passende Methode gefunden, wird in der Hierarchie weiter nach oben verzweigt und dort gesucht.

Wo kommen dann aber diese Ergebnisse her? Die Antwort ist, dass der Compiler für uns unsichtbar in jeden Konstruktor den Aufruf des „Super-Konstruktors" einfügt – und zwar als erste Zeile: *super()*; . Danach werden eventuell vorhandene Member-Variablen initialisiert, und erst dann erfolgt die Ausführung der von uns codierten Konstruktorbefehle.

Erläuterung zum Programm *InitTest02.java*

Dieses Programm erzeugt zwei Instanzen: Beim ersten Mal werden die Standard-Konstruktoren ausgeführt, beim zweiten Mal wird ein Parameter mitgegeben.

Selbsttest: Wie muss das Programm geändert werden, damit nicht der Standard-Konstruktor des *Vaters* aufgerufen wird, sondern der Konstruktor mit dem Parameter? Hinweis: Schlüsselwort *super.* erforderlich.

Zusammenfassung

Wenn ein Objekt erstellt wird, erfolgt die Initialisierung in dieser Reihenfolge:

- Variable bekommt zunächst den Default-Wert, abhängig vom Datentyp entweder 0 oder false/true.

- Danach wird der Konstruktor aufgerufen:

  - zunächst wird der Konstruktor der Super-Klasse ausgeführt,

  - dann der Body des eigenen Konstruktors durchlaufen.

3.6   Casting von Objekten

Was bedeutet Casting?

Darunter versteht man die Konvertierung des Datentyps, d.h. die Umwandlung von einem Typ in einen anderen. Das ist notwendig, wenn bei einer Wertezuweisung der Datentyp des Senders und des Empfänger nicht gleich sind. Dabei gibt zwei Arten:

- entweder wird der Wert eines Typs in einen **breiteren** Typ umgewandelt (wenn der Empfänger einen größeren Wertebereich hat)

- oder der Wert wird in einen **verkleinerten** Typ umgewandelt (wenn der Empfänger einen kleineren Wertebereich hat.

Beispiel:

```
byte b = 'a';

int i = b;            // Empfänger ist größer, kein Problem
```

Warum ist die Verkleinerung eines Datentyps ein Problem?

Ist der Datentyp des Empfängers zu klein, um alle denkbaren Werte der abgebenden Variablen aufnehmen zu können, so gibt der Compiler eine Fehlermeldung aus.

Beispiel:

```
int i = 2500;

byte b = i;           // Fehler bei Umwandlung
```

Wenn der Programmierer zuversichtlich ist, dass bei der Konvertierung kein Datenverlust auftritt, dann kann er das Casting erzwingen durch Angabe des gewünschten Typs in Klammern:

```
byte b = (byte)i;     // Erzwingt Konvertierung, Datenverlust
                         möglich!
```

Regeln des Casting

Die Regeln sind kompliziert. Für die Konvertierung von primitiven Datentypen gibt es tabellarische Übersichten, die die Regeln enthalten. Aber auch Referenztypen können „gecastet" werden. Hierbei ist die Konvertierung eines Objekts in seine Super-Class eine generalisierende Umwandlung und damit erlaubt. Der Grund liegt darin, dass die abgeleiteten Objekte immer mindestens die Methoden und Daten der Superklasse besitzen (damit ist klar, dass der Sohn immer mehr hat und mehr kann als der Vater).

Die Konvertierung eines Referenztyps in eine Kind-Klasse dagegen ist eine spezialisierende Umwandlung und führt zu einem Umwandlungsfehler. Allerdings kann das Casting auf die Subklasse wiederum erzwungen werden durch die Angabe der Zielklasse in der Zuweisung (= "explizites Casting"):

```
Personen p1 = new Personen();
Manager p = (Manager) p1;
```

Es ist wichtig zu erkennen, dass beim expliziten Casting u.U. Informationen fehlen bzw. verloren gehen, ohne dass eine Meldung erfolgt.

Erläuterungen zu dem Programm *CastingTest01.java*

Wir arbeiten wieder mit der Class *Point* und erzeugen zwei Instanzen p1 und p2. Außerdem erzeugen wir zwei primitive Variable z und c. Dann wird mit diesen Variablen und Objekten gearbeitet und verschiedene Möglichkeiten des Casting durchgespielt.

3.7   Gültigkeitsbereich

Was ist der Gültigkeitsbereich?

Eine Variable ist ein benannter Bereich im Hauptspeicher. Nicht jeder Bereich ist für alle Methoden erreichbar. Man unterscheidet verschiedene „data access level", die vom Programmierer festgelegt werden. Auch für Klassen und Methoden gibt es festgelegte Regeln, wann und von wem sie genutzt werden dürfen. Außerhalb dieses Gültigkeitsbereichs ist ein Zugriff nicht möglich: die Variablen bzw. Methoden sind geschützt.

Wovon hängt der Gültigkeitsbereich ab?

Der Gültigkeitsbereich (der „Scope", die „Sichtbarkeit") einer Variablen hängt ab:

- vom Typ der Variablen
- vom Zugriffs-Modifier.

Diese beiden Angaben bestimmen auch die **Lebensdauer** von Variablen, d.h. sie entscheiden darüber, wann die Variable angelegt wird und wie lange diese existiert.

Welche Variablen-Typen gibt es?

Man unterscheidet drei Typen von Variablen (nicht verwechseln mit Datentypen der Variablen, z.B. int oder float):

- **Klassen-Variablen** sind durch den Modifier *static* gekennzeichnet. Sie existieren unabhängig davon, ob bzw. wie viel Instanzen angelegt sind. Sie sind pro Klasse nur einmal vorhanden und können über den Klassennamen von jeder Methode dieser Klasse angesprochen werden. Static-Variable verhalten sich für ein Programm wie "globale" Variable, sie sind allgemeingültige Komponenten, sie sind der Klasse zugeordnet und haben für jede Instanz denselben Wert. Bei der Definition kann ein Init-Wert angegeben werden.

- **Instanz-Variablen** werden außerhalb einer Methode deklariert und werden so oft angelegt, wie es Instanzen von dieser Class gibt. Sie beziehen sich immer auf bestimmte Instanzen und können (nur) über den Instanznamen (= Objektvariable) von jeder Methode dieser Klasse angesprochen werden.

- **Lokale Variablen** werden innerhalb einer Methode deklariert (oder sogar innerhalb eines Anweisungsblocks) und sind auch nur dort gültig. Außerhalb dieser Methode (bzw. dieses Blocks) ist ein Zugriff nicht möglich.

Die Variablentypen *Instanz-Variable* und *Lokale Variable* unterscheiden sich also durch die Position, wo die Deklaration auftritt. Klassenvariable müssen ausdrücklich als solche gekennzeichnet werden (durch *static*).

Welche Zugriffs-Modifier gibt es?

Die „normale" Zugriffsberechtigung auf Variablen, Methoden und Klassen lautet:

Innerhalb eines „**package**" ist jedes Element sichtbar.

Über die folgenden Schlüsselwörter können diese Rechte auf Zugriff eingeschränkt oder auch erweitert werden:

- public   = jeder hat Zugriff von überall, auch von außerhalb des Packages

- private   = nur innerhalb der Klasse selbst sichtbar, kein anderer darf zugreifen, auch nicht andere Klassen in diesem Package, nicht einmal die "Erben"

- protected   = von allen Klassen dieses Pakets "sichtbar": egal, ob diese abgeleitet sind oder nicht, und zusätzlich auch aus abgeleiteten Klassen zugreifbar

Die Unterscheidung zwischen Lese- und Schreibrechten kann mit dem Schlüsselwort *final* getroffen werden. Elemente, die mit *final* gekennzeichnet werden, können nicht modifiziert werden. Zum Beispiel können damit Konstanten erzeugt werden

Erläuterungen zum Beispiel „*paket01.Gueltig01.java*"

Die Source-Programme zu diesem Abschnitt stehen im Ordner *x:\jt\kap03\gueltig*.

Die Klasse *Gueltig01.java* ist dem Package *paket01* zugeordnet und enthält drei Membervariablen, jeweils eine mit dem Zugriffsmodifier *private, public* und *protected*. Die Klasse *GueltigKind01.java* ist davon abgeleitet und erbt demzufolge die Attribute und –falls vorhanden- auch die Methoden. Beim Umwandeln von *Gueltig-Kind01* gibt es einen Umwandlungsfehler: *"privat1 has private access in paket01.Gueltig"*.

Selbsttest: Bitte diesen Fehler beheben, so dass die Umwandlung fehlerfrei durchgeführt wird.

Erläuterungen zum Beispiel *GueltigTest01.java*

Dieses Programm erstellt eine Instanz der Class *"GueltigKind01"*. Beim Compilieren werden erneut Fehler festgestellt:

```
GueltigTest01.java:9: privat1 has private access in paket01.Gueltig01
System.out.println(g1.privat1);

GueltigTest01.java:11: protect1 has protected access in
paket01.Gueltig01
System.out.println(g1.protect1);

GueltigKind01.java:8: privat1 has private access in paket01.Gueltig01
System.out.println(privat1);
```

Abb. 3.7.1: Fehler bei der Umwandlung

Erläuterungen zu den Beispielen *Gueltig02/GueltigKind02/GueltigTest02*

In diesen Programmen sind alle Fehler behoben.

Zusammenfassung

Modifier	Zugriff innerhalb des Packages?	Zugriff von abgel. Klasse?	Zugriff öffentlich?
private	Nein	Nein	Nein
leer (= Package)	Ja	Nein	Nein
protected	Ja	Ja	Nein
public	Ja	Ja	Ja

Abb. 3.7.2: Zugriffsmodifier und ihre Bedeutung

3.8.   Parameter - Übergabe

Was sind Parameter?

Beim Methodenaufruf übergeben wir in der Regel irgendwelche Parameter. Die "Signatur" einer Methode gibt Auskunft darüber,

- nicht nur, wie der Name der Methode ist, sondern auch

- ob die Methode Eingabe-Werte erwartet oder nicht.

Wenn die Methode Eingabe-Werte erwartet, dann **müssen** beim Aufruf auch Daten mitgegeben werden, und die Methode kann mit diesen Werten arbeiten. Diese Werte werden Parameter oder auch Argumente genannt.

Wie werden Parameter übergeben?

In Java werden Parameter **immer** als Wert übergeben (CALL BY VALUE): Der Aufrufer kopiert den aktuellen Wert und übergibt diesen an die aufgerufene Methode. Das hat wichtige **Konsequenzen**:

- Bei einfachen Variablen (*int, float* ...) wird der tatsächliche Wert kopiert und übergeben. Veränderungen, die der Empfänger durchführt, wirken also lediglich lokal.

- Bei Referenztypen (Instanzen von Klassen) wird die Referenz (= Adresse) kopiert und übergeben. Wenn jetzt der Empfänger Änderungen der Variableninhalte durchführt, so arbeitet er mit dem Original, und sie wirken sich für den Sender genau so aus wie für den Empfänger.

Warum werden Objekte als Referenz übergeben und nicht als Datenkopie?

a) Vorteil:

Die Übergabe von Objekten ist performant, gleichgültig wie groß diese sind.

Wenn nicht die Adresse, sondern echte Werte kopiert würden, wäre dies auf Grund der Komplexität von Instanzen (evtl. Baumstruktur mit eingebetteten Objekten) sehr aufwändig.

b) Nachteil:

Die empfangende Methode erhält keine Kopie, sondern arbeitet mit dem Originalobjekt. Das bedeutet, sie kann deren Membervariable ändern, ohne dass der Aufrufer dies merkt.

Aufgabenstellung *ParameterTest01.java*

Die beiden Source-Programme zu diesem Abschnitt stehen im Ordner *x:\jt\kap03\parameter*.

Die Datei *ParameterTest01.java* enthält die Class *Parameter01*, die mit vier verschiedenen Methoden jeweils einen Parameter empfängt und diesen inhaltlich verändert. Die Frage, die dieses Programm beantwortet, ist: Wenn der Inhalt der Parameter beim Empfänger, also durch die aufgerufene Methode, verändert wird, hat das
Auswirkungen auch beim Absender?

Aufgabenstellung *ParameterTest02.java*

Das Programm zeigt, wie CMD-Line-Parameter verarbeitet (lesen, prüfen, parsen)
werden. Eingelesen werden sie durch die Parameter-Angabe in der Methode
main(String[] args).

Testen mit:

```
i:\jt\Kap03\Parameter>java ParameterTest02 a b c
```

Zusammenfassung

Parameter werden in Java positionsweise und als Kopie übergeben. Der Empfänger
deklariert im Methodenkopf den Datentyp und den Bezeichner der formalen Parameter. Beim Compilieren wird überprüft, ob der Methodenaufruf mit dieser Signatur
übereinstimmt.

Obwohl immer eine Kopie übergeben wird, ist doch die Semantik unterschiedlich, je
nachdem, ob der Parameter eine primitive Variable oder eine Objekt-Variable ist.
Objekt-Variable sind Instanzen von Klassen. Sie werden mit *new* erzeugt – und
wenn der Empfänger eine Kopie erhält, so erhält er in Wahrheit lediglich die Kopie
von der Referenz auf diese Instanz. So kann er mit dem Original arbeiten.

3.9   Aufbereiten mit toString()

Aufgabenstellung des Programms *ToString01.java*

Die Source-Programme zu diesem Abschnitt stehen im Ordner *x:\jt\kap03\tostring*.

Das Programm *ToString01.java* erzeugt zunächst eine Instanz der Klasse *Point* und
gibt diese aus. Danach wird eine Instanz der Klasse *Personen* erzeugt und ausgegeben. Warum sind die Ausgaben im ersten Fall lesbar und sinnvoll – und was wird im
zweiten Fall ausgegeben?

Erläuterung der Ergebnisse

Bei der Verwendung der Methode *println()* wird ein Automatismus wirksam, der dazu führt, dass manchmal die Inhalte der Attribute ausgegeben werden und manchmal lediglich der Name der Klasse, gefolgt von dem der Inhalt der Objektvariable (in
hexadezimal). Der Grund liegt darin, dass automatisch die Methode *toString()* aufgerufen wird.

Dies ist eine Methode der Class *Object*. Sie soll die Umwandlung von Referenztypen in einen (lesbaren) String durchführen, wenn z.B. *println()* aufgerufen wird oder Debugging notwendig wird. Allerdings gibt die Original-Methode lediglich den Inhalt zurück, und dies ist bei Objekten eben die Adresse. Deswegen muss bei komplexen Objekten diese Methode überschrieben werden, damit das gewünschte Ziel erreicht wird.

Welche *toString()*-Methode wird nun genommen?

Die Suchreihenfolge ist genau so wie bei allen anderen Methoden auch: zunächst wird in der eigenen Klasse gesucht und dann geht es die Hierarchie hoch. Das bedeutet, dass die JVM beim Suchen nach dieser Methode auf jeden Fall spätestens in der Mutter aller Klassen (in *Object*) fündig wird. Aber es ist auch denkbar, dass diese Methode in einer abgeleiteten Klasse überschrieben wurde.

Also – was lernen wir aus unserem Beispiel-Programm?

- In der Class *Point* ist die Methode *toString()* vorhanden, und die gibt die X- und Y-Werte lesbar aus.

- Die Class *Personen* hat diese Methode nicht überschrieben, deshalb wird hier die Originalmethode aus Class *Object* genommen, und die gibt den Inhalt der Objekt-Variablen aus.

Aufgabenstellung des Programms *ToString02.java*

Es soll wiederum eine Instanz der komplexen Klasse *Personen* erstellt und ausgegeben werden. Aber jetzt soll die Ausgabe in einer sinnvollen Art und Weise erfolgen, d.h. es sollen die Inhalte der einzelnen Member-Variablen und nicht die Adresse der Instanz ausgegeben werden.

Die mitgelieferte *toString()*-Methode aus der Class *Object* ist dazu nicht in der Lage, denn diese kann nur primitive Datentypen korrekt ausgeben. Also müssen wir die Methode überschreiben. Und jetzt kann die Ausgabe wie gewohnt erfolgen (oder auch diese *toString()*-Methode explizit aufgerufen werden).

Zusammenfassung

Die Methode *toString()* wird benutzt, um Instanz-Variablen in Zeichenketten umzuwandeln und auszugeben. Diese Möglichkeit der Konvertierung gibt es für jeden primitiven Datentyp, und die entsprechende Methode wird automatisch aufgerufen, wenn *println()* benutzt wird. Allerdings ist sie nur in der Lage, primitive Datentypen auch korrekt auszugeben, bei Objekten muss sie u.U. vom Programmierer selbst überschrieben werden. Aber es gibt auch eine ganze Reihe von vordefinierten Klassen, die diese Methode bereits enthalten, z.B. die Class *Point*.

4 Potpourri der J2SE-K lassen

Die ersten Kapitel vermitteln ein Grundverständnis für die Java-Sprache und für die Objektorientierung. In diesem Kapitel geht es darum, fundamentale Konzepte der *Java2 Standard Edition* zu erläutern und mit Beispielen zu demonstrieren. Im Vordergrund steht die Diskussion von Konzepten – es geht weniger um die Vermittlung von Syntaxwissen. Es wird versucht, jedes Thema möglichst einfach zu beschreiben, Sonderfälle und Spezialthemen bleiben außen vor. Der Leser soll in die Lage versetzt werden, Begriffe, Schlagwörter und Ideen grundsätzlich einordnen und bewerten zu können. Für den Erwerb von Spezialistenwissen reicht naturgemäß der Platz nicht aus, und es ist weiterführende Literatur erforderlich.

Nach Durcharbeitung dieses Kapitels kennt der Leser die Standard-Edition von Java. Damit ist das Fundament gelegt, um auch die nachfolgenden Kapitel zu den Themen Enterprise Application, Internet-Techniken und und Web-Programmierung erfolgreich durcharbeiten zu können. Die einzelnen Abschnitte dieses Kapitels stehen nicht isoliert neben einander, sondern bieten - wie ein Potpourri - die ganze Fülle der J2SE-APIs, sinnvoll aneinandergereiht und untereinander mit Querverweisen verbunden. Nicht jeder Abschnitt muss sofort durchgearbeitet werden, die einzelnen Themen eignen sich auch zum Nachschlagen bei Bedarf.

4.1 Einführung J2SE Plattform

Was ist die Java2 Plattform?

Die Java2 Plattform ist eine Sammlung von Schnittstellen und Klassen (Implementierungen). Die Java2 Plattform wird unterteilt in die

- Java2 *Standard Edition* (**SE**) SDK und die

- Java2 *Enterprise Edition* (**EE**) SDK.

Was bedeutet **Java2**? Seit Java 1.2. werden alle nachfolgenden Versionen mit Java2 betitelt. Was heißt **SDK**? Dies ist die Abkürzung für "Software Development Kit", denn das Produkt unterstützt den Entwickler bei der Softwareentwicklung. Die nachfolgenden Abschnitte beschreiben die Klassen der **Standard** Edition; ab Kapitel 5 befassen wir uns auch mit der **Enterprise** Edtion.

Alle mitgelieferten Klassen sind logisch in *Packages* zusammengefasst. Packages können physisch in Jar-Files stehen (= Dateien mit der Endung .jar) und werden dann als Class-Library bezeichnet. Die von der SDK mitgelieferten Class-Libraries werden vom Class-Loader gefunden, ohne dass diese in der CLASSPATH-

Environment-Variablen aufgeführt sein müssen. Alle vom Anwendungsprogrammierer selbst erstellten oder zugekauften .jar-Files müssen im Classpath eingetragen werden.

Das grundlegende Paket ist *java.lang*. Dort sind die Kern-Themen der Sprache wie String, Math, Thread und Exceptions zu finden. Darüber hinaus gibt es zusätzliche Packages z.B. für folgende Themengebiete :

Thema:	enthalten in Package:
Datenbanken/JDBC	java.sql
Namensdienste/JNDI	javax.naming
Collection	java.util
Sockets	java.io
RMI	java.rmi

Abb. 4.1.1: API-Themen und ihre Packages

Was versteht man unter API?

Generell beschreiben APIs die Schnittstellen für die Programmierer.

Im Java-Umfeld hat das API die Aufgabe, Standards für eine bestimmte Aufgabenstellung zu beschreiben, z.B.:

- Wie arbeite ich mit relationalen Datenbanken?   = JDBC-API
- oder: Wie arbeite ich mit Namens-Verzeichnissen?   = JNDI-API
- oder: Wie erfolgt das Arbeiten mit Message Queuing?   = JMS-API.

Wichtig ist es zu wissen, dass APIs lediglich theoretisch beschreiben, mit welchen Methoden Java-Programme diese Aufgaben lösen. Es handelt sich um eine Sammlung von Interfaces, die von beliebigen Produkten implementiert werden kann.

Was versteht man unter Frameworks?

Ein Framework enthält nicht nur die APIs, sondern zusätzlich noch die Implementierung. Alle erforderlichen Komponenten (Interfaces, Klassen) und ihre Zusammenarbeit (Aktivierung, Steuerung) sind vorprogrammiert.

Typische Beispiele sind SWING für GUI-Oberflächen oder das Collection-Framework für die Verwaltung von Objekten. Das Collection-Framework besteht - wie jedes Framework - aus zwei Teilen: einmal aus den API-Interfaces und zum anderen aus der konkreten Implementierung für einige typische Objekt-Sammlungen. Hier zur Verdeutlichung ein tabellatischer Überblick:

Interface	Implementierungen
Set	HashSet, TreeSet
List	ArrayList, LinkedList
Map	TreeMap, Hashmap

Abb. 4.1.2: Beispiel für ein Framework, bestehend aus Interfaces
und Implementierung

Weitere Beispiele für Frameworks: Web-Services. Hier sind die APIs noch nicht endgültig verabschiedet, doch gibt es bereits eine Reihe von Produkten, mit denen man arbeiten kann, z.B.

* IBM Web Service Toolkit (WSTK)
* SUN Java Web Services Developer Pack (JWSDP)
* Apache eXtensible Interaction System (AXIS).

4.2   JDBC

Voraussetzungen für dieses Thema

Um dieses Thema durcharbeiten zu können, sollten Sie Grundkenntnisse über relationale Datenbanken haben. Folgende Begriffe sollten Sie mindestens grob kennen:

Datenbank	Sammlung von Tabellen, entspricht in etwa dem Filesystem bei herkömmlicher Dateiverarbeitung
Tabelle (table)	entspricht etwa einer Datei, hat einen Namen und ist einer Datenbank zugeordnet
Zeile (row)	entspricht etwa einem Datensatz in einer Datei, besteht aus einzelnen Spalten
Spalte (column)	entspricht etwa einem Datenfeld (hat einen Namen, einen Typ und einen Wert)
SQL	eigenständige Sprache für das Arbeiten mit einer rel. DB

Abb. 4.2.1: Begriffe im Zusammenhang mit relationalen Datenbanken

Was ist JDBC?

Für das Arbeiten mit einer relationalen Datenbank (DB) wurde das JDBC-API definiert. Hier ist festgelegt, mit welchen Befehlen der Programmierer auf **eine beliebige** Datenbank zugreifen kann, z.B. beschreibt das API, wie SQL-Befehle eingebettet werden in das Java-Source-Programm. Voraussetzung ist allerdings, dass der Hersteller dieser DB einen so genannten "JDBC-Driver" mitliefert.

Was ist ein DB-Driver?

Dies ist ein Programm, das vom Hersteller einer Datenbank mitgeliefert wird und dafür sorgt, dass die standardisierten Java-Befehle in die jeweiligen Befehle des Produktes umgesetzt werden. Es arbeitet wie ein Dolmetscher, indem es einerseits die API-Anforderungen von JDBC erfüllt, d.h. es kennt die standardisierten Java-Befehle für das Arbeiten mit DB, und andererseits kann es die proprietären Bedürfnisse des jeweiligen Produktes erfüllen.

Wir werden die Beispiele mit dem PointBase-DBServer testen.

Voraussetzungen zum Arbeiten mit PointBase

* der DB-Server *PointBase* muss korrekt installiert sein
  (siehe Kapitel 09)

* eine Datenbank muss erstellt und verfügbar sein
  (wir arbeiten mit der vordefinierten DB "*Sample*")

* Der DB-Server muss gestartet sein
  (z.B. in WINDOWS über *Start* | *Programme* | *Sun* | *J2EE14* | *Start PointBase*)

Aufgabenstellung des Programms *CreatePersonen.java*

Die Source-Programme zu diesem Abschnitt stehen im Ordner *x:\jt\kap04\jdbc*.

Das Programm *CreatePersonen.java* erstellt eine **neue** Tabelle Personen in der Datenbank *Sample*. Dann werden zwei Zeilen hinzugefügt. Achtung: Bei jedem Aufruf dieses Programms wird versucht, die Tabelle zu erstellen. Beim zweiten Aufruf führt dies zur Fehlermeldung, deswegen muss nach erstmaliger Ausführung die Zeile

```
// s.executeUpdate("DROP TABLE Personen");
```

aktiviert werden.

Hinweise zum Programm CreatePersonen.java

Ein Java-Programm, das auf eine relationale DB zugreifen will, enthält trotz aller Bemühungen um Produktunabhängigkeit zwei herstellerspezifische Angaben:

* Name der Driver-Class

* Name der DB (in Form einer herstellerspezifischen URL).

Der erste Schritt in dem Programm ist die Registrierung des JDBC-Drivers bei der JVM und das Laden dieser Klassen in die JVM:

```
Class.forName(driver);
```

Danach wird die Connection etabliert unter Angabe der DB-URL:

```
con = DriverManager.getConnection(url);
```

Die Schreibweise der URL, um die DB zu spezifizieren, ist abhängig von dem jeweiligen Produkt – jede Implementierung hat eine eigene Syntax.

Also: diese beiden einleitenden Methodenaufrufe enthalten Namen, die spezifisch sind für die jeweilige Datenbank: beim Laden des Drivers muss dessen physikalischer Class-Name angegeben werden, und der Name der Datenbank ist der physikalische Name auf Platte. Wir werden nachfolgend einen Weg kennen lernen, der diese "hardcodierten" Herstellerangaben nach außerhalb des Source-Programms verlagert, um das Programm wartungsfreundlicher zu machen.

Nachdem eine Verbindung („con") etabliert wurde, können SQL-Statements für diese Datenbank erstellt und aufgerufen werden:

```
Statement s = con.createStatement();
```

Testen des Programms *CreatePersonen.class*

Nach der Umwandlung kann *CreatePersonen* ausgeführt werden. Achtung: Die Driver-Class muss im Classpath-Zugriff sein (siehe "PointBase Installation, Kapitel 9). Dann kann der Aufruf des Interpreters erfolgen durch:

    I:\JT\kap04\JDBC>java CreatePersonen

Die Antwort des Programms muss sein: *"Tabelle Personen erstellt" und "Zeilen hinzugefügt"*.

Die Ausführung dauert etwas länger, bitte Geduld. Mögliche Fehler:

* Die Class *"com.pointbase.jdbc.jdbcUniversalDriver"* wurde nicht gefunden. Lösung: Die CLASSPATH-Environment-Variable ergänzen (Beispiel siehe Datei *class1.bat*).

* Meldung *"The table "PBPUBLIC.PERSONEN" already exists"*. Lösung: Die Zeile 27 im Programm *CreatePersonen* aktivieren, damit die Tabelle vor dem Erstellen gelöscht wird.

* Meldung: "SQL-server rejected establishment of SQL-connection". Lösung: DB-Server starten.

Aufgabenstellung des Programms *ListePersonen.java*

Das zweite Programm *ListePersonen.java* zeigt den kompletten Inhalt der Tabelle *Personen* an.

Erläuterungen zum Programm *ListePersonen*

Auch in diesem Programm wird zuerst der Driver geladen und dann die Verbindung zur Datenbank („Sample") hergestellt. Beim Laden des Drivers muss der physikalische Class-Namen angegeben werden, und der Name der Datenbank ist der physikalische Name auf Platte. Das bedeutet, dass bei einem Wechsel des Drivers (= des DB-Herstellers) oder der Datenbank das Source-Programm geändert werden muss. Jetzt gibt es mehrere Möglichkeiten, dieses wartungsfeindliche Verfahren eleganter zu lösen, z.B.

- Die Informationen können dem Programm von außen in Form einer Datei übergeben werden. In unserem Beispiel verwenden wir die Datei *dbparam.txt*, dort stehen beide Infos: nämlich Driver-Class und URL des DB-Name. Die PointBase-DB verlangt zusätzlich User-Id und Password. Für das volle Verständnis dieses praxisüblichen Beispiels sind zusätzliche Kenntnisse (Properties, Stream-I/O) erforderlich, die wir in späteren Kapiteln behandeln werden.

- Es kann mit Data-Sources gearbeitet werden (= Einsatz des Java-APIs für Namens-Server J N D I). Auch so wird das Programm befreit von:

  - dem Namen der Driver-Class und

  - der URL der DB.

In Web-Servern wie IBM WebSphere oder Sun Server ist eine Implementierung der API-Spezifikation JNDI eingebaut. Damit ist es allen Programmen in diesem Umfeld möglich, mit Alias-Namen zu arbeiten („data source"), die dann mit JNDI aufgelöst werden.

Beispiel:

```
Context ctx = new InitialContext();
DataSource ds = (DataSource) ctx.lookup("jdbc/SampleDB";
Connection con = ds.getConnection();
```

Arbeiten mit SQL und Auswerten der Ergebnismenge

Die zweite große Neuerung in diesem Programm ist das Arbeiten mit *„ResultSet"*.

Dies ist eine komfortable Möglichkeit, die Ergebnisse von SELECT-Statements

- abzufragen (auch mit direktem Zugriff auf einzelne Zeilen)

- anzuzeigen und zu scrollen

- upzudaten.

Mit der SQL-Anweisung *„select id, name FROM Personen"* werden Informationen aus der Tabelle „Personen" gelesen. Die Ergebnisse dieser Abfrage stehen also im Speicher – und zwar in einem Objekt vom Typ „ResultSet". Das Interface „ResultSet" definiert Methoden zum Navigieren in der Ergebnismenge, z.B. *next()* zum sequentiellen Lesen der Zeilen oder *getxxx()* zum Lesen eines entsprechenden Datentyps.

Testen des Programms *ListePersonen.class*

Mit dem Programm *ListePersonen* kann der Inhalt der Tabelle ausgegeben werden:
Das SQL-Statement dafür ist:

```
select id, name FROM Personen
```

Es warden die Attribute *id* und *name* aus der Tabelle Personen selektiert. Die Syntax für das Einbetten dieses SQL-Statements in den Java-Code ist festegelegt durch das JDBC-API. Die Ergebnisse stehen in einem Result-Set, der in einer while-Schleife durchlaufen wird für die Ausgabe der Daten. Hier das Protokoll dieser Programmausführung:

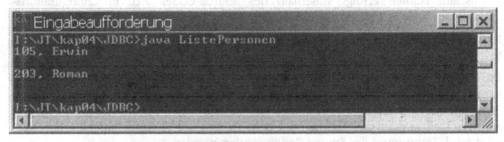

Abb. 4.2.2: Ausgeben der DB-Tabelle „Personen"

Zusammenfassung

Das JDBC-API macht es Entwicklern leicht, Java-Clients für Datenbank-Anwendungen zu schreiben, die unabhängig sind von der Implementierung. Sie können mit beliebigen relationalen Datenbanken arbeiten, denn die Umsetzung der Standard-API-Befehle in die produktabhängigen Commands erfolgt durch einen JDBC-Driver, der vom DB-Hersteller mitgeliefert wird.

Jeder Driver muss in die JVM geladen werden. Dazu ist im Anwendungsprogramm z.B. folgender Befehl erforderlich:

```
Class.forName(„com.imb.db2.jdb.app.DB2Driver");
```

Die Datenbank selbst wird mit einem (individuellem) URL-Format spezifiziert:

```
jdbc:<subprotokoll>:<subname>
```

wobei das Subprotokoll den Drivernamen angibt (db2, odbc, oracle usw.) und der Subname den eigentlichen DB-Namen (SAMPLE, kundenstamm, artikel...).

Außerdem kann der Entwickler die SQL-Sprache in seinem Java-Programm benutzen. SQL ist eine standardisiert Sprache, um relationale Datenbanken zu erstellen, zu manipulieren, abzufragen und zu verwalten. Mit JDBC wird spezifiziert, wie diese SQL-Commands in den Java-Source-Code eingebettet werden können.

4.3   JNDI

Motivation für JNDI

In jedem Programmsystem gibt es externe Ressourcen (Dateien, Datenbanken, DB-Treiber, remote Programm-Module, Produktnamen ...), die referenziert werden müssen.

Grundsätzlich gibt es hier zwei Möglichkeiten:

- entweder sind die Namen dieser Ressourcen "fest verdrahtet" im Programm,

- oder das Programm arbeitet mit Alias-Namen und die Zuordnung dieser symbolischen Namen erfolgt außerhalb des Source-Codes z.B. in Configurations-Dateien oder in Environment-Variablen.

Natürlich ist die zweite Methode vorzuziehen. Sie hat jedoch weiterhin einen Nachteil:

Die Art der Namensbeschreibung, die Darstellung und das Wiederauffinden ist abhängig von der Betriebssystem-Umgebung, den Produkten und der Aufgabenstellung (= "proprietär"). Das bedeutet z.B., dass bei Wechsel eines DB-Herstellers der Zugriff auf den Treiber oder das Arbeiten mit dem Treiber mit anderen Befehlen durchgeführt wird. Dann muss der Source-Code geändert werden.

Welche Lösungen bieten andere Plattformen?

Jedes Betriebssystem hat für den Namensdienst eigene Lösungen: es gibt spezielle Sprachen (Job-Control-, Kommando- oder Scriptsprachen), Systemtabellen oder Environment Variablen, mit deren Hilfe z.B. die Umsetzung der internen symbolischen Namen in die physikalischen externen Namen erfolgt. Java ist aber plattformunabhängig, deshalb muss die Lösung betriebssystem-unabhängig sein (nicht jedes Betriebssystem kennt z.B. die Einrichtung „Environment-Variablen").

Was ist JNDI?

„Java Naming and Directory Interface", ein API, das die Methoden **beschreibt**, mit denen ein Java-Programm auf Namens-Services zugreift. Dieses Interface ist produktunabhängig, denn die konkrete Realisierung des JNDI-Protokolls erfolgt durch so genannte "Service Provider".

Was ist ein Service-Provider?

Das sind Produkte, die dieses API implementieren. "Service-Provider" sind also die Programme, die dieses API verstehen und dieses dann als eine Art Dolmetscher umwandeln in die proprietäre Sprache des jeweiligen Produktes. Insofern ähneln die "Service-Provider" den JDBC-Drivern.

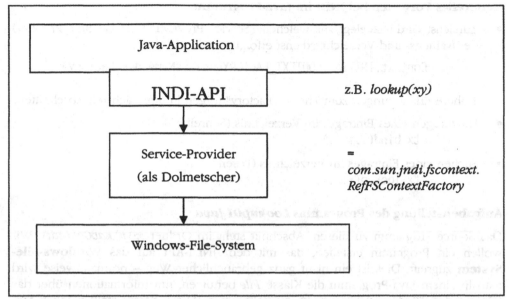

Abb. 4.3.1: Service-Provider als Dolmetscher zwischen API und Implementierung

Oder anders gesagt: Wenn der Hersteller eines Server-Programms für Namens-Services („Service Provider") das JNDI-API in sein Produkt implementiert hat, so kann jedes Java-Programm dieses Produkt benutzen, und ein Herstellerwechsel ist möglich ohne Änderungen in den Source-Programmen.

Was ist ein Namensservice?

Namensdienste ordnen jedem Namen einen Entry in einer Liste zu. Ziel ist es, dass ein Client-Programm seine externen Ressourcen (Usernamen, Maschinen, Netzwerke, Service-Programme ...) ansprechen kann, ohne die Serverlokation, die physikalische Adresse oder den echten Dateinamen zu kennen.

Namensdienste sind z.B. Unix-NFS, Java-RMI-Registry, Internet-DNS oder Corba-COS (Common Object Service). Diese Produkte ermöglichen es, dass den symbolischen Namen die physikalischen Adressen zugeordnet ("gemapped") werden. Aber wie gesagt: jede Plattform hat eine proprietäre Lösung. Das bedeutet, dass sowohl die Namenskonventionen als auch die Verarbeitungsmethoden (registrieren, auffinden ..) sehr unterschiedlich sind. Auch das Windows-Filesystem enthält Regeln für das Eintragen und Suchen von Dateinamen (für Files auf Sekundärspeicher).

Es gibt darüber hinaus auch sog. "Directory-Services". Diese sind umfangreicher als reine Namensdienste. Sie enthalten **zusätzlich Attribute** für die einzelnen Namen (vergleichbar den Gelben Seiten im Telefonverzeichnis: die Suche ist möglich nicht nur nach Namen, sondern nach Eigenschaften). Beispiele dafür sind der Standard für LDAP-Verzeichnisse bzw. X.500 oder die UDDI-Registry für Web-Services.

Generelles Vorgehen bei JNDI im Java-Programm

- Zunächst wird festgelegt, mit welchem „Service-Provider" (mit welchem Produkt) der Namens- und Verzeichnisdienst erfolgt

      Context.INITIAL.CONTEXT_FACTORY=<className der Factory>

  Nähere Erläuterungen zum Thema "Factory" folgen in den nächsten Abschnitten.

- Hinzufügen eines Eintrages im Verzeichnis (Schreiben):

      ctx.bind(......);

- Suchen eines Eintrages im Verzeichnis (Lesen) :

      ctx.lookup(....);

Aufgabenstellung des Programms *Lookup01.java*

Das Source-Programm zu diesem Abschnitt steht im Ordner *x:\jt\kap04\jndi*. Wir wollen ein Programm erstellen, das mit dem JNDI-API auf das **Windows-File-System** zugreift. Dies ist ein nicht ganz gebräuchlicher Weg – normalerweise wird man in einem Java-Programm die Klasse *File* benutzen, um Informationen über das (Unix- oder Windows-) Filesysteme zu bekommen. Diese Klasse stellt nämlich Methoden zur Verfügung, um Dateiinformationen oder Pfadangaben zu ermitteln. Um Verständnis für JNDI zu bekommen, wollen wir jedoch in diesem Beispiel das standardisierte JNDI-API benutzen.

Installationsvoraussetzungen

Voraussetzung ist, dass eine Implementierung des JNDI-API für das Filesystem zur Verfügung steht. Diese „Service-Provider"-Programme stehen im Package

> „*com.sun.jndi.fscontext*".

Damit dieses Paket verfügbar wird, muss die File „fscontext-1_2-beta3.zip" (sie befindet sich auf der CD) entzipped werden. Vorschlag: Entzippen Sie die Datei in den Ordner *x:\jt\kap04\jndi*. Danach stehen die notwendigen Klassen in JAR-Files zur Verfügung, und zwar im Ordner: *x:\jt\kap04\jndi\lib*. Nun müssen sie nur noch im Classpath namentlich aufgeführt werden (Beispiel siehe Datei *class1.bat*):
x:\jt\kap04\jndi\lib\providerutil.jar
x:\jt\kap04\jndi\lib\fscontext.jar.

Erläuterungen zum Programm *Lookup01.java*

Das Programm arbeitet also mit dem (kostenlosen) "JNDI-Service-Provider" für das File-System. Das bedeutet, wir können mit der Methode *lookup()* Dateinamen suchen und mit *bind()* Einträge hinzufügen. Gesucht wird die Datei *"class1.bat"*, die im Windows-Filesystem registriert ist. In unserem Beispiel wird überprüft, ob sie in dem Folder "*i:\jt\kap04\jndi*" steht.

Für ein volles Verständnis ist es notwendig, sich mit den Themen *Collection, Factory* und *Properties* zu befassen (siehe hierzu die entsprechenden Abschnitte). Zunächst wird im Programm die Hashtable *env* angelegt und mit Werten gefüllt. Eine Hashtable ist eine Tabelle von Key-/Value-Paaren. In unserem Beispiel bekommt die Tabelle folgende Einträge:

Key	Value
Context.INITIAL_CONTEXT_FACTORY	com.sun.jndi.fscontext.RefFSContext Factory
Context.PROVIDER_URL	file:/i:/jt/kap04/jndi/

Abb. 4.3.2: Hashtable innerhalb des Programms

Danach wird der *InitialContext* erzeugt – und dabei diese Hashtable als Parameter dem Konstruktor übergeben. Dadurch wird dem Programm bekannt gemacht, wie die Klasse der Factory heißt und in welcher Directory **der Suchbegriff** gesucht werden soll. Der InitialContext ist ein Object, das alle Einträge enthält – es repräsentiert den Namensraum, d.h. die Menge aller Namen in diesem Namensraum.

Testen

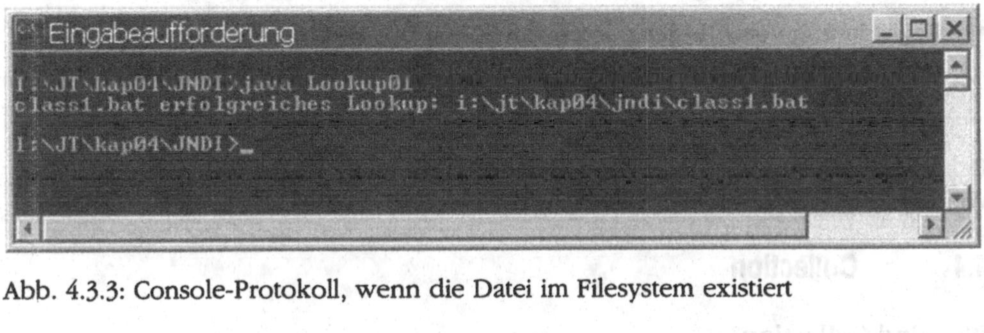

Abb. 4.3.3: Console-Protokoll, wenn die Datei im Filesystem existiert

Selbsttest

Ändere das Programm so ab, dass der Lookup

* *nicht* erfolgreich ist (= den Parameter der *lookup()*-Methode ändern).

Zusammenfassung

Was ist der JNDI-Nameserver?

Es handelt sich um ein Verzeichnis für externe Programm-Ressourcen. Es liefert dem Nutzer wie ein Telefonbuch Informationen zu einem einzugebenden Suchbegriff. Besonders im Bereich der Enterprise-Programmierung spielt JNDI eine große Rolle. So ist für jeden J2EE-Server mit JNDI-Techniken beschrieben, wie und wo JMS- und

DB-Server gefunden werden, welche EJBs registriert sind, wie die Datenbanken heißen usw.

Was sind die Vorteile des JNDI-API?

- Das API legt standardisierte Methoden zum Binden (Registrieren) und Auffinden (Lookup) von Ressourcen fest

- Dadurch wird die Implementierung wahlfrei (= beliebige Hersteller)

- Informationen stehen nicht mehr im Programm, sondern außerhalb

- zentrales „Repository"

- hierarchischer Aufbau möglich.

Vorgriff: JNDI und J2EE

Der J2EE-Standard (siehe Kap.5 ff.) schreibt vor, dass ein (beliebiger) Namens-Server in den EJB-Server eingebaut sein *muss*. Allerdings muss dieser Namensserver das JNDI-API implementieren.

Man spricht hier von ENC Environment Naming Context. Dieses ENC fungiert als Telefonbuch für den J2EE-Server und führt folgende Aufgaben durch:

- EJB-Namens-Mapping

- Registrierung von EJB-Ressourcen, z.B.

    - Data Sources (für Entity Beans)

    - Queue-Namen (für Message Driven Beans).

Beim Serverstart werden alle diese Namen „gebunden" (registriert) und sind dann von den Clients über *lookup()* verfügbar.

4.4   Collection

Was sind Collection?

Collection sind Sammlungen von Objektreferenzen (Instanzen) im Speicher. Ziel ist es, diese Instanzen als Gruppe

- aufzubewahren (gleichzeitig im Hauptspeicher),

- zu verwalten (add, remove)

- zu transportieren (als Parameter, auch in in einen anderen Adress-Bereich)

- persistent zu machen (in Dateien speichern).

Etwas unübersichtlich wird das ganze Thema dadurch, dass es „traditionelle" Collection schon seit JDK 1.0 gibt, diese aber ab Java 2 umgestaltet und ergänzt worden sind. Man spricht seitdem von dem Collection-**Framework**, weil die Neufassung nicht nur die Beschreibung (= Theorie) in Form von API-Interfaces enthält, sondern auch die konkrete Implementierung (= Praxis) umfasst. Zur mitgelieferten Implementierung gehört auch die interne technische Realisierung der Datenstrukturen im Hauptspeicher als Listen, Stacks, Schlangen, Bäume, Vektoren usw.

Welche Arten von Collection gibt es?

Traditionelle Collection werden in den Klassen Vector, Stack, Dictionary, Hashtable und BitSet behandelt.

Das neue Collection-Framework definiert und realisiert folgende drei Grundformen:

A P I	Implementierungen
Set	Hashset, Treeset
List	ArrayList, LinkedList
Map	HashMap, TreeMap

Abb. 4.4.1: Das Collection-Framework

Hinweise zu den 3 APIs

a) **Set**-Collection

- Menge, lose Sammlung

- Verarbeitung mit Mengenoperationen wie Vereinigung, Schnittmenge, Subset

- keine Dupletten erlaubt

b) **List**-Collection

- Zugriff über Index

- erlaubt positionellen Zugriff (Direkt-Zugriff)

- ähnlich dem Array, aber:

  - Array ist gebunden an einen Datentyp („typisiert)

  - Array hat statische Größe

  - Array steht lückenlos im Speicher, Entfernen nicht möglich

c) **Map**-Collection

- nicht nur eine Sammlung von Objekten, sondern:

  - Zuordnung von Key-Value-Paaren (wie in einem Wörterbuch)

- über den Schlüssel wird der dazugehörige Wert gefunden

- Key muss eindeutig sein

Was ist besonders zu beachten?

Generell gilt für alle Collection, dass sie Instanzen der **Class *Object*** speichern können. Das bedeutet, dass

- sie einerseits ohne Einschränkungen alle Arten von Instanz-Variablen, aber

- andererseits keine *einfachen* Variablen enthalten können (dann muss Wrapper-Class eingesetzt werden, siehe dort),

Der Vorteil ist die große Flexibilität: eine Collection kann universell eingesetzt werden für alle Datentypen. Andererseits geht jedoch die Typsicherheit verloren, und bei einer Konvertierung eines Objekts kann ein Laufzeitfehler entstehen. Dieses Problem kann seit J2SE 1.5. gelöst werden durch Einsatz von „generic Types" – dann werden Fehler bereits zur Compilezeit entdeckt.

Was ist ein Iterator?

Während auf traditionelle Collection mit Hilfe des Enumeration-Interfaces zugegriffen wurde, wurde in Java 2 das Navigieren innerhalb von Collection im Interface *Iterator* beschrieben.

Die *iterator()* Methode ist ein einfaches Verfahren für das Bilden von Schleifen, um den Zugriff auf Collection zu standardisieren.

```
Iterator it = ss.iterator();
while (it.hasNext()) {
        System.out.println(it.next());
}
```

Vorteil: Dies ist ein Standard-Verfahren zum Iterieren und somit unabhängig von der konkreten Datenstruktur, d.h. sequentielles Lesen, Hinzufügen, Ändern oder Löschen wird mit immer den gleichen Methoden ausgeführt - unabhängig davon, ob es sich um Listen, Arrays oder Maps handelt.

Hinweise zu den Programmen *Set01.java, Map01.java, List01.java*

Es sollen drei Programme geschrieben werden (die Source-Programme zu diesem Abschnitt stehen im Ordner *x:\jt\kap04\collection\).* Jedes dieser Programme soll einige String-Objekten erstellen, die

- gleichzeitig im Hauptspeicher stehen und

- in einer Collection verwaltet werden.

Die Programme sollen jeweils mit unterschiedlichen APIs arbeiten (*List, Set, Map).*

Dabei ist zu beachten, dass innerhalb eines APIs die konkrete Implementierung mit unterschiedlichen Datenstrukturen (= unterschiedlichen Klassen) erfolgen kann. Dies wird festgelegt beim Erstellen der Collection-Instanz, z.B.

```
Map m1 = new HashMap();
```

Das Interface ist *Map*, die Implementierungsklasse ist *HashMap* (alternativ wäre als Implementierung z.B. auch *TreeMap* möglich).

Für das Arbeiten mit dem Iterator wird ebenfalls zunächst eine Instanz erzeugt. Allerdings ist die Syntax etwas anders als normal. Anstelle des Schlüsselwortes *new* wird die Methode *iterator()* aus der jeweiligen Collection – Klasse codiert, z.B.

```
Iterator iter = sl.iterator();
```

Für Iteratoren, die mit einer *Map*-Collection arbeiten, muss eine zusätzliche Angabe gemacht werden: nämlich, ob nach Schlüsselobjekten (*keySet()*) **oder** nach Werten (*values()*) iteriert werden soll, z.B.

```
Iterator it = ml.keySet().iterator();
```

Das Programm *Map01.java* zeigt eine Lösung mit Key-Iteration.

Hinweise zu dem Programm *KundenDatei01.java*

Dieses Komplett-Beispiel demonstriert, wie Instanzen im Speicher gesammelt und verwaltet werden, wie sie in eine Datei (*„kunden01.dat"*) geschrieben und von dort aus wieder eingelesen werden können.

Selbsttest

Ändere das obige Programm so ab, dass **drei** Kunden-Instanzen erstellt, gesichert und gelesen werden.

Zusammenfassung

Eine Gruppe von Objekten (= Referenzen auf Objekte) wird Collection genannt. Es gibt (seit Java 2) drei Interfaces, die verschiedene Typen von Collection definieren: Set, List und Map. Durch diese Interfaces wird das Arbeiten mit Collection standardisiert.

Es sind Methoden vorgegeben, die auf Element-Level operieren und auch Methoden, die auf die Collection als Ganzes arbeiten. Element-Level-Methoden sind *add()*, *remove()* und *contains()*; Collection-Level-Methoden sind z.B. *isEmpty()*, *size()*, *clear()*, *removeAll()*.

Außerdem werden diverse Implementierungen mit unterschiedlichem Verhalten und Performance mitgeliefert, z.B. HashSet, TreeMap, ArrayList oder LinkedList, die je nach Situation und Anforderung vom Programmierer eingesetzt werden. Kriterien für die richtige Auswahl sind z.B: Wird ein Schlüssel (Key) für einen Direktzugriff benötigt? Soll die Collection sortiert sein? Wird sie häufig geändert? Sollen Elemente nur einmal erlaubt sein oder können Inhalte mehrfach vorkommen?

Hinweis: Es gibt die Class *Collections* (im Plural!). Diese stellt *static*-Methoden zur Verfügung, um eine Collection als Ganzes zu bearbeiten (sortieren, kopieren, initialisieren) und um das Arbeiten damit zu vereinfachen (Min-/Max suche, Binärsuche).

4.5   Sockets

Was sind Sockets?

Sockets sind der Mechanismus in Java, der es ermöglicht, dass zwei **Prozesse** miteinander kommunizieren (= Inter-Prozess-Kommunikation). Innerhalb **eines** Adressraums verfügen die „Threads" (Erläuterungen zu diesem Thema: siehe Abschnitt „Threads") über einen gemeinsamen Speicherbereich. Wenn die Adressraumgrenzen verlassen werden, arbeitet man in Java mit dem Socket-API, um Daten von einem Bereich in den anderen zu übertragen. Mit Sockets werden zwei Datenströme („Streams") verbunden.

Zwei Vereinbarungen sind erforderlich, damit Sender und Empfänger kommunizieren können:

* Welches **Adressierung**sschema wird verwendet, d.h. wie findet der Sender den Empfänger?
* Mit welchem **Protokoll** wird gearbeitet, d.h. wie ist das Datenpaket zusammengesetzt?

Wie erfolgt die Adressierung?

Die Identifikation des Partners erfolgt mit TCP/IP-Standards:

* Adresse des Host: IP-Nummer (z.B. „210.5.3.17" bzw. Domain-Name „ibm.com")
* Adresse des Serverprogramms: Port-Nr (z.B. „1023").

Welches Protokoll wird verwendet?

Das Protokoll beschreibt nicht nur den Aufbau des Datenstroms, sondern legt auch fest:

* Wie erfolgt der Session-Aufbau ("Hallo, bist du bereit, darf ich senden?"),
* Wie wird die Fehlerkontrolle bei der Datenübertragung durchgeführt?
* Wie verhalten sich die Partner im Fehlerfall?

Bei der Socket-Programmierung wird **immer** von einer TCP/IP-Verbindung ausgegangen.

Andere Protokolle wie SNA oder Novell werden nicht unterstützt. Die Partner müssen sich *synchronisieren*: wenn die eine Seite sendet, muss die Gegenseite bereit sein zum Empfang der Daten.

Auf der Ebene der Transportschicht (nach dem OSI-Referenzmodell im Layer 4) wird bei TCP unterschieden zwischen verbindungsorientierter und verbindungsloser Übertragung (TCP und UDP). Beide Protokolle sind mit Sockets möglich.

Erläuterungen zu den Programmen *SocketServer.java* und *SocketClient.java*

Die Source-Programme zu diesem Abschnitt stehen im Ordner *x:\jt\kap04\sockets*.

Das Prinzip einer Socket-Kommunikation ist immer ein **Client-/Server**-Verhältnis. Das Server-Programm übernimmt den passiven Teil: es wird gestartet und "liegt dann auf der Lauer", bis sich ein Client meldet. Die Kommunikation wird also immer vom Client gestartet. Die beiden Programme finden nur dann zueinander, wenn sie beide den gleichen Port für die Server-Verbindung benutzen (in diesem Beispiel geschieht dies über Port 21).

Die Aufgabe dieser Verbindung ist so simpel wie möglich: Das Serverprogramm *SocketServer.java* soll dem Clientprogramm *SocketClient.java* eine Nachricht schicken ("Hallo Erwin"), sobald sich dieses meldet.

Testen

Nach der Umwandlung muss als erstes das Server-Programm "SocketServer" gestartet werden. Die CMD-Box bleibt offen, weil das Serverprogramm bei der Anweisung

```
Socket s = ss.accept();
```

stoppt und erst dann wieder zum Leben erwacht, wenn ein Client sich meldet. Es muss also eine neue CMD-Box aufgemacht werden, um das Client-Programm "SocketClient" zu starten. Dieses Programm liest die Nachricht vom Server und gibt sie auf dem Konsol-Bildschirm aus.

Nach dem Test muss das Server-Programm manuell mit *CTL-C* beendet werden.

Zusammenfassung

Die Socket-Programmierung ist die Basis für jede TCP/IP-Kommunikation im Java-Umfeld. Normalerweise geschieht dies in einem Client-/Server-Verhältnis: die Klasse *Socket* ist für die Erstellung und Verwaltung von Sockets auf der Client-Seite zuständig. Für die Erstellung und Verwaltung auf der Serverseite gibt es die Klasse *Server-Socket*. Für die Kommunikation mit dem Client verwendet der Server ebenfalls ein *Socket*-Objekt.

Alle höheren Kommunikationsprotokolle wie FTP, Mail, IIOP oder SOAP setzen eine Socket-Verbindung voraus. So steckt auch hinter HTTP-Verbindungen letztendlich eine Socket-Kommunikation, auch wenn dies verdeckt geschieht, weil wir uns bei HTTP auf einem höheren Abstraktionslevel bewegen.

Selbsttest

Ändere die Programme so ab, dass sie über den Port 1500 miteinander kommunizieren. Außerdem soll der Server die Nachricht: "Hier ist der Server" senden.

4.6   R M I

Was ist RMI „Remote Method Invocation"?"

RMI ist ein API für die Kommunikation von Objekten, die sich in unterschiedlichen Adress-Räumen befinden (= „verteilte Anwendungen"/"distributed computing"). Während die Socket-Programmierung als „low-level-API" direkt auf das TCP/IP-Protokoll aufsetzt, ist RMI ein Protokoll, das (im OSI-Schichten-Modell) höher liegt, aber auf Sockets basiert. Deswegen setzt RMI auch das Netzprotokoll TCP/IP und das Socket-Protokoll voraus. Wann immer mit RMI kommuniziert wird, letztendlich basiert der Datenaustausch auf Sockets und TCP/IP.

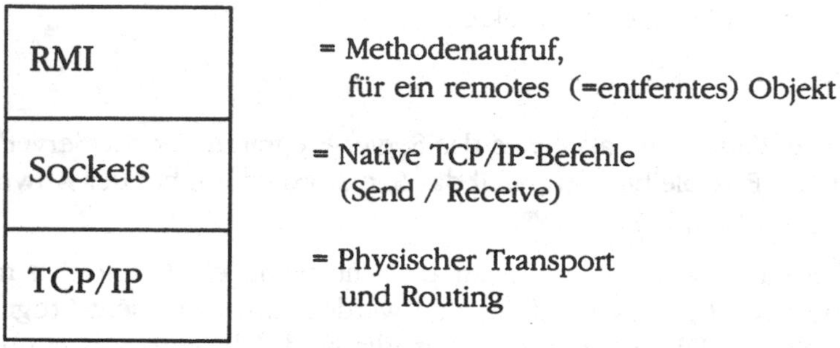

RMI	= Methodenaufruf, für ein remotes (=entferntes) Objekt
Sockets	= Native TCP/IP-Befehle (Send / Receive)
TCP/IP	= Physischer Transport und Routing

Abb. 4.6.1: Einordnung RMI in ein Schichtenmodell

Welche Modelle für "distributed computing" gibt es?

Für die Kommunikation von Programmen, die sich in unterschiedlichen Adressräumen befinden, gibt es verschiedene Modelle:

* Connection-Orientiert oder

* Queue-Orientiert.

Generelle Unterscheidung der beiden Modelle: Bei den connection-orientierten Applikationen muss das Partnerprogramm verfügbar und aktiv sein, und beide müssen sich *synchronisieren*: zu einer Zeit kann nur einer der beiden senden und der andere muss empfangsbereit sein und auf den Eingang der Daten warten. Natürlich kann diese Aufgabenstellung wechselweise ausgehandelt werden. Abhängig von der Art der ausgetauschten Daten kann man noch unterscheiden zwischen

* *conversational* Kommunikation (= Austausch von Dokumenten, z.B. mit SEND und RECEIVE) und

* *RPC*-Kommunikation (= Aufruf von remoten Prozeduren/Methoden, z.B. mit „CALL(a,b);").

RPC ist die eine Client-Server Architektur, die ganz allgemein beschreibt, wie Prozeduren, die sich in einem fremden Adressraum befinden, aufgerufen werden und welche Parameter übergeben werden können. In Java bezeichnet man die RPC-Kommunikation als "Remote Method Invocation RMI". Andere Modelle sind DOM (= Microsoft-Architektur) oder die sprachenunabhängigen Architekturen CORBA und SOAP. Allen gemeinsam ist, dass die Client-Seite nicht nur das Protokoll des Partners kennen muss, sondern auch exakte Informationen über das Server-Programm haben muss (Name der Methode, Datentypen und Reihenfolge der Parameter, Datentyp des Ergebnisses).

Bei dem queue-orientierten Datenaustausch übergibt der Sender die Daten an eine Queue, wo sie von einem anderen Programm abgeholt werden (Beispiel: e-mail oder JMS, siehe dort). Vorteil: die Partnerprogramme können unabhängig voneinander aktiv oder inaktiv sein, sogar Parallelarbeit ist möglich.

Was ist Middleware?

Unter "Middleware" versteht man eine Software-Schicht, die zwischen einem Client und einem Service angesiedelt ist und die es dem Client ermöglicht bzw. vereinfacht, auf die Dienstleistung zuzugreifen. Ein generelles Ziel beim Aufruf einer "remoten" Methode (= "entfernt", in einer anderen JVM) ist es, dass dies aus der Sicht des Clients so erfolgen kann, als wären sie lokal auf dem Client vorhanden. Dies wird ermöglicht durch Einsatz von Stellvertreter-Programmen, also von Programmen, die als "Proxy" im Namen des remoten Programms bestimmte Teilfunktionen in der Client-Maschine übernehmen. (Hinweis: Proxy in diesem Sinne hat nichts zu tun mit einem Proxy-Server aus TCP/IP-Sicht.)

Bei RMI wird außerdem von netzwerknahen Aufgaben abstrahiert. Sender und Empfänger arbeiten auf einem hohen Abstraktionslevel, weil es diese Proxy-Programme gibt, die ihnen auch die notwendigen Socket-Codierungen abnehmen.

Die Programme, die als Proxy fungieren, Adressierungsprobleme lösen und Netzwerkaufgaben übernehmen, werden als *Middleware* bezeichnet. Bei RMI sind dies

- Stubs
    - leiten die Client-Aufrufe weiter an das *Skeleton* auf Server-Seite
    - bereiten den Parametertransfer vor ("Marshalling") und
    - übernehmen für das Netzwerk die Verbindungsaufgaben
- ein Namensverzeichnis (*RMI-Registry*) zum Verwalten von logischen Namen.

Aufgabenstellung Programm *HelloIF01.java* /HelloClient01.java und *HelloImpl01.java*:

Alle Source-Programme zu diesem Abschnitt stehen im Ordner *x:\jt\kap04\rmi*.

Es soll ein Server-Programm geschrieben und genutzt werden, das einem Client gestattet, aus einem anderen Adressraum (= "remote") die Methode "sayHello()" aufzurufen. Diese Methode sendet den Text "Hallo Erwin" an den Client, und das Client-Programm gibt die Antwort auf *System.out* aus.

Erläuterungen zu den Programmen

a) Server-Side-Programme:

- Die Datei *HelloIF01.java* enthält die **Interface**-Beschreibung für das Server-Programm. Dort müssen alle Methoden aufgeführt sein, die von einem remoten Client aufgerufen werden dürfen.

- Die Datei *HelloImpl01.java* enthält
  - die Implementierung dieser Methode(n) und
  - die Registrierung dieses Services unter einem frei wählbaren Namen.

b) Client-Side-Programm

- Das Programm *HelloClient01java* sucht mit der Methode *lookup(url)* in dem Namensverzeichnis (= "rmiregistry" nach dem (frei gewählten) Namen des Service: „//localhost:1099/HelloTest". Die Angabe des Hostnamens und des Default-Ports 1099 für die Registry ist wahlfrei. Das Programm erstellt eine Instanz und arbeitet danach "ganz normal" (als wäre sie lokal) mit dieser remoten Instanz.

Testen der Programme

a) Starten des Namens-Servers (unter dem Default-Port 1099):

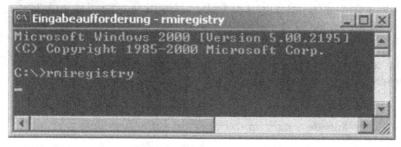

Abb. 4.6.2: Starten der Registry

Das Programm bleibt aktiv und das Fenster bleibt offen. Andere Möglichkeit:

        x:\>start rmiregistry

b) Umwandeln aller Java-Sources und danach:

    Erstellen der Stubs und Skeleton durch Aufruf des Compilers „*rmic*"

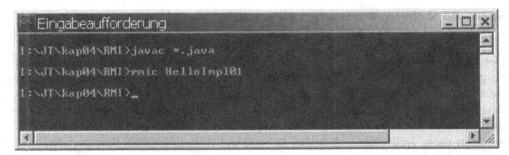

Abb. 4.6.3: Erstellen der Class-Files

c) Starten des Server-Programms durch *I:\JT\kap04\RMI>java HelloImpl01*

Abb. 4.6.4: Starten des Serverprogramms

Mögliche Fehler:

* „*Connection refused to host*" = Registry ist nicht gestartet
* "*Stub class not found:*" = Der rmic-Command wurde nicht ausgeführt
* "*java.lang.ClassNotFoundException: HelloImpl01_Stub*" = Die Registry versucht den Stub in seinem CLASSPATH zu finden. Deswegen sollte der Start der Registry aus dem Ordner *i:\jt\kap04\rmi* erfolgen.

d) Starten des Client-Programms (in einem dritten Fenster!):

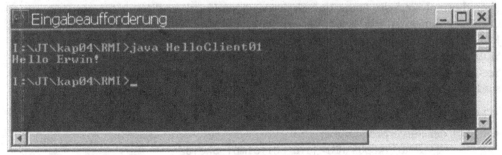

Abb. 4.6.5: Starten des Clientprogramms

Falls der Fehler "*Connection refused*" auftritt, kann es sein, dass das Serverprogramm nicht gestartet ist.

Stubs und Skeleton: Was machen die genau?

Durch den Aufruf von *"rmic"* werden Stubs und Skeleton automatisch generiert.

Der Stub ist das Programm, das auf der Client-Seite dem Anwendungsprogramm vorgaukelt, dass es mit einer lokalen Instanz arbeitet. Der Stub übernimmt einerseits beim Aufruf einer remoten Methode das Zusammenstellen der Daten und nimmt andererseits das Ergebnis des Methodenaufrufs in Empfang. Das Client-Programm weiß nicht, dass es mit einem lokalen "Rumpf" spricht. Auf der Server-Seite übernimmt das Skeleton diese Stellvertreter-Aufgabe. Es wird auf dem gewählten Port gestartet und wartet auf Anfragen vom Stub.

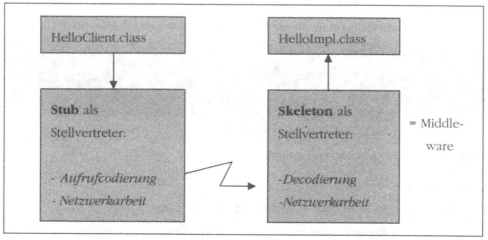

Abb. 4.6.6: Programme auf der Client- und der Server-Seite

Erläuterungen zu den Programmen *Hello02.java*

Es handelt sich um die gleiche Aufgabenstellung wie beim Programm *Hello01.java*, aber diesmal sind die Stubs und Skeletons "per Hand" codiert und nicht vom *rmic*-Compiler generiert. Für jeden, der wirklich verstehen will, wie verteilte Systeme mit Java arbeiten, ist das Verständnis dieser Programme ein unbedingtes "Muss", denn Stub und Skeleton sind irgendwie immer im Spiel: ob bei EJBs oder bei Web-Services (SAX-RPC). Manchmal heißen sie anders ("Proxy" oder "TIEs"), funktionell sind sie aber immer vergleichbar.

Testen durch:

* Start der Serverprogramme:

      I:\JT\kap04\RMI>java HelloImpl_Skel02

* Start des Client-Programms:

      I:\JT\kap04\RMI>java HelloClient02

Erläuterungen zu den "handgeschriebenen" Stubs und Skeletons

a) Server-Side-Programme *HelloImpl02.java*

Im Gegensatz zu der vorherigen Übung werden Stub und Skeleton nicht automatisch generiert, sondern selbst codiert. Es geht nur darum, das Prinzip von verteilten Anwendungen mit Hilfe von Middleware zu demonstrieren. Deswegen wurde auf die Registrierung des Server-Programms unter einem symbolischen Namen verzichtet. Was bleibt, ist eine ganz normale Class, die einen Dienst zur Verfügung stellt.

Das Programm *HelloImpl_Skel02* ist der erste „Ansprechpartner" für das Client-Programm. Es arbeitet als Socketserver und horcht auf dem Port 9000. Eingehende Nachrichten werden analysiert und die entsprechenden Methoden des „richtigen" Server-Programms aufgerufen.

b) Client-Side-Programme *HelloClient02.java*

Weil die RMI-Funktionen "per Hand" codiert werden, hat das Client-Programm keinen Bezug zu bestehenden *java.rmi.*-Packages*. Das Suchen des remoten Dienstes in der Registry wurde aus Vereinfachungsgründen nicht implementiert. Dafür wird direkt vom Stub eine Instanz erstellt, und damit kann der Client normal arbeiten (= der Client weiß nicht, dass es sich um eine remote Instanz handelt).

Das Programm *HelloImpl_Stub02* stellt die Socket-Verbindung zum Port 9000 des gewünschten Hosts her und sendet einen String, der den Namen der auszuführenden Methode repräsentiert.

Zusammenfassung

RMI ist ein objektorientierter RPC-Mechanismus, der speziell für Java entwickelt wurde. Sowohl der Client als auch der Server müssen in Java implementiert sein. Für das Arbeiten mit symbolischen Namen für Programme und Methoden gibt es eine spezielle Registry, die *rmiregistry*. Dort müssen sich die Server unter einem symbolischen Namen registrieren:

```
Naming.rebind("//localhost:1099/HelloTest", obj);
```

Mit diesem Namen kann der Client dann in der Registry suchen:

```
HelloIF01 obj = (HelloIF01) Naming.lookNaming.lookup
("//localhost:1099/HelloTest");
```

Zum Generieren der nötigten Middleware-Programme (Stubs, Skeletons) gibt es den Command *rmic*.

RMI ist I/O-Stream basierend, d.h. es wird "unter der Decke" mit Socket-Befehlen gearbeitet. Hierzu ist es notwendig, dass der Methodenaufruf und die Parameter so aufbereitet werden, dass sie als Bytestrom verschickt werden können. Dieser Vorgang wird "Marshalling" genannt und wird vom Stub durchgeführt. Auf der Empfängerseite sorgt das Skeleton-Programm für das Unmarshalling.

4.7   IIOP

Motivation für IIOP (Internet Inter-ORB Protocol)

RMI ist ein API, das ausschließlich *innerhalb* der Java-Welt eingesetzt werden kann. Dies gilt für

- das eingesetzte **Protokoll** JRMP (Java Remote Method Protocol) und für

- den **Namensdienst** mit der "rmiregistry" und für

- das Arbeiten mit dem Namensdienst (= proprietäres Bind und Lookup).

Die Stub- und Skeleton-Programme befreien als Middleware den Programmierer von den Details dieser Standards. Allerdings sind diese Dienste spezialisiert auf das Arbeiten mit Java-Programmen.

In dem jetzt folgenden Beispiel wollen wir uns öffnen für die große weite Welt außerhalb von Java. Wir wollen das RMI-Beispiel so abändern, dass wir einen Schritt auf die CORBA-Architektur zugehen:

- das Protokoll soll nicht mehr JRMP sein, sondern **IIOP**

- als Namensdienst nehmen wir nicht die *rmiregistry,* sondern *tnameserv*

- das Arbeiten mit dem Namensdienst soll über das Java-Standard-API **JNDI** erfolgen und nicht mit proprietärem Lookup.

Wo liegt die Bedeutung dieser Änderungen?

Bei einer verteilten Anwendung, bei der Programme/Methoden in fremden Adressräumen aufgerufen werden sollen, müssen die Partner in drei Bereichen Vereinbarungen treffen, damit die Kommunikation klappt:

- Wie werden die Daten/Parameter übertragen (= Protokoll, z.B. JRMP oder IIOP)?

- Wie erfolgt die Adressierung der Dienste und das Wiederauffinden (= Registry)?

- Wie erfolgt die Leistungsbeschreibung der remoten Dienste (= Interface oder IDL)?

Wir werden also für die ersten beiden Bereiche Standards einsetzen, die aus der CORBA-Welt kommen; lediglich die Schnittstellenbeschreibung erfolgt weiterhin mit Java-Interfaces. Aber auch diese könnten als CORBA-Dateien, nämlich als IDL-Beschreibungen, vorliegen, und dann würden mit Hilfe eines Pre-Prozessors daraus die Java-Interfaces generiert.

Was ist IIOP?

Dies ist ein CORBA-Protokoll (eine spezialisierte Variante des GIOP General Inter-ORB-Protokoll). Es ermöglicht Objekte in verschiedenen ORBs miteinander zu kommunizieren.

Wo wird IIOP eingesetzt?

Die folgenden Beispiele demonstrieren eine verteilte Anwendungsarchitektur, so wie **sie auch eingesetzt wird bei EJBs:** mit IIOP und COSNaming.

Hier als Vorgriff außerdem ein kurzer Vergleich zu **Web-Services**:

- als Protokoll wird dort SOAP eingesetzt (anstelle von IIOP bzw. HTTP)
- als Namensdienst gibt es UDDI (anstelle von COSNaming oder RMIRegistry).
- die Beschreibung der Dienste erfolgt bei Web-Services durch WSDL (anstelle von Java-Interfaces oder CORBA-IDL).

Erläuterungen zu den Programmen *Hello/HelloImpl*

Die Source-Programme zu diesem Abschnitt stehen im Ordner *x:\jt\kap04\iiop*. Folgende Änderungen wurden im Vergleich zu einer pur-RMI - Lösung durchgeführt:

a) im Programm *HelloImpl.java*

- Import der Packages
- Die Klasse muss abgeleitet sein von "PortableRemotObject"
- Der Namens-Context muss explizit erzeugt werden, bevor der Bind erfolgen kann:

```
Context ctx = new InitialContext();
```

b) im Programm *HelloClient.java*

- Import der Packages
- Der Namens-Context muss explizit erzeugt werden, bevor der Lookup erfolgen kann

Umwandeln der Programme

- Generieren der Classfile durch: *"javac *.java"*
- Generieren der Middleware (Stub- und Tie-Class) durch: *"rmic –iiop HelloImpl"*.

Durch die Option *–iiop* für den *rmic*-Compiler werden Implementierung für IIOP und COSNaming erzeugt.

Testen

a) Starten des Name-Servers durch: *x:\tnameserv*

b) Starten des Server-Programms:

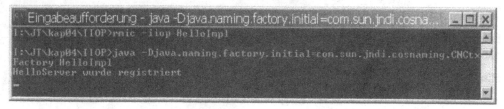

Abb. 4.7.1: Starten des Serverprogramms

Erläuterung: Durch Angabe der Option:
`-Djava.naming.factory.initial=com.sun.jndi.cosnaming.CNCtxFactory`

wird der JVM mitgeteilt, wie der Service-Provider heißt, der den Namensdienst ausführt. Weitere Hinweise hierzu siehe Themen "JNDI " und "Factory".

Falls die Exception *"java.rmi.StubNotFoundException: Stub class not found"* auftritt:
das Generieren der Stub- und Tie-Klassen wurde vergessen.

 c) Starten des Client-Programms:

Eingabe:

Abb. 4.7.2: Starten des Client-Programms

Auch hier muss die Class, die für das Erzeugen des Namensdienstes zuständig ist,
der JVM bekannt gegeben werden. Hier geschieht es durch eine Option beim Pro-
gramm-Aufruf.

Selbsttest

Die Angabe des Service-Providers kann auch

*   im Programm fest verankert sein oder

*   über eine Properties-File erfolgen.

Versuche die Lösung für beide Varianten (nach Durcharbeitung vom Abschnitt "Properties").

4.8   Reflection

Wo fehlt denn hier Dynamik?

Eine Schwäche von Java ist die statische Zuordnung der Klassen. Um ein Objekt zu erzeugen, eine seiner Methoden aufzurufen oder auf eine seiner Membervariablen zugreifen zu können, muss der Code der Klasse zur Compilezeit bekannt und im Zugriff des Classpath sein. Damit hat man keine Möglichkeit, den Namen einer Klasse zur Laufzeit

- als **Parameter** zu übergeben oder

- aus einer **Konfigurationsdatei** zu lesen.

weil der Name der Klasse „fest verdrahtet" sein muss im Programm. Das ist aber oft nicht ausreichend. Beispielsweise kann es sein, dass nur das Interface gegeben ist (damit die Umwandlung klappt), aber die konkrete Implementierung soll austauschbar sein oder erst zur Run-Time festgelegt werden können.

Ein Ziel beim Benutzen von Datenbanken, XML-Parsern oder von Message-Queuing-Systemen ist es, unabhängig zu sein von der jeweiligen konkreten Implementierung. Ein Herstellerwechsel soll keine Änderungen in den Source-Programmen verursachen. Das generelle Vorgehen, um das zu erreichen, ist immer ähnlich: durch das Standard-API sind zwar die Schnittstellen (Interfaces) bekannt, und die Applikation kann deswegen schon erstellt werden. Zur Run-Time werden dann über Konfigurationsangaben die konkreten Namen der Implementierungen bekannt gegeben.

Zusammenfassung der Anforderungen

- Um ein Object mit *new* anzulegen, muss der Code dieser Klasse zur Compilezeit im Zugriff sein. Das ist für die Entwicklung von konfigurierbaren Anwendungen unzureichend. Es muss Möglichkeiten geben, erst zur Run-Time die konkrete Klasse in das Programm einzufügen ("**dynamisches Laden**").

- Für die maschinelle Unterstützung beim Einbetten von Java-Beans (siehe im Abschnitt „JavaBeans") in Applikationen ist es notwendig, programmtechnische Möglichkeiten zu haben, damit Programme sich selbst untersuchen können ("**Introspection**"), um ihre Fähigkeiten z.B. Tools mitteilen zu können.

Was ist das Reflection-API?

Um all diese Anforderungen zu erfüllen, wurde das Reflection-API entwickelt. Kern ist die Klasse *Class*. Diese Klasse stellt wichtige Methoden zur Verfügung, u.a. die Methode *forName()*. Diese liefert ein **Klassenobjekt** (neuer Begriff), wenn man den vollständigen Klassennamen als Parameter übergibt, z.B.

> *String classname = „PersonenTest";*
> *Class cls = Class.forName(classname)*

Was ist das Klassenobjekt?

Das Klassenobjekt ist eine Instanz der Klasse *Class*. Es repräsentiert eine Klasse innerhalb einer Java-Application. Mit der Instanz dieser Klasse können eine Reihe interessanter Operationen ausgeführt werden:

- dynamisch Instanzen dieser Klasse erstellen z.B.

```
Object o = cls.newInstance();
```

- auf die Klasseninformationen dieser Klasse zugreifen, z.B.

```
o.getClass()      // Den echten Datentyp holen
o.getName()       // Wie heißt die Klasse?
o.getMethod()     // Enthält sie diese Methode?
```

Beispiel für das dynamische Laden

```
String classname = "xyz";      // variabler Class-Name, z.B. aus Parameter
Class c = Class.forName(classname); // Laden der Klasse in Application
Object o = c.newInstance();     // Instanz-Erstellung
```

Die Methode *newInstance()* erzeugt ein neues Objekt vom Klassenobjekt. Allerdings wird eine Referenz auf ein Allerweltsobjekt (d.h. auf den Typ *Object*) zurück gegeben. Also muss der Rückgabewert häufig in den entsprechenden Klassentyp umgewandelt (gecastet) werden.

Welche Informationen kann ich noch bekommen?

Um weitere Information, z.B. über die Syntax von Methoden zu erhalten, kann man sich jetzt „durchhangeln". Denn die Methode *getMethod()* liefert Informationen über die gesuchte Methode zurück. Diese Informationen können noch weiter analysiert werden durch Methoden der Class *"Method"*, z.B.

```
getParameterTypes() oder
getReturnType().
```

Oder man ermittelt mit

```
getConstructors() bzw.
getFields()
```

weitere Bestandteile der Klasse.

Erläuterungen zu dem Beispiel *DBTreiberIF/DBTreiberImpl.java*

Die Source-Programme zu diesem Abschnitt stehen im Ordner *x:\jt\kap04\reflection*.

Sie demonstrieren das „dynamische Laden von Klassen" über Interface. Zum Verständnis ist etwas Phantasie gefordert: Ausgangspunkt ist die Aufgabenbeschreibung für beliebige DBTreiber. Die Aufgabe ist definiert im Interface *DBTreiberIF.java*. Um das Beispiel einfach zu halten, soll dieses „Treiber-API" lediglich die Implementierung der beiden Methoden *readZeile()* und *writeZeile()* vorschreiben.

Und nun soll es mehrere Hersteller für die Realisierung dieses Interfaces geben. Eine von vielen möglichen Beispiel-Implementierungen ist in der Class *DBTreiberImpl.java* enthalten.

Das Programm *DBTreiberTest.java* benötigt zur Ausführung eine Implementierung des DBTreibers (zur Compilezeit muss lediglich das Interface „*DBTreiberIF*" vorhanden sein). Hier ein Auszug aus dem Quellenprogramm:.

```
public class DBTreiberTest {
    public static void main(String[] args) {
        Class cls;
        DBTreiberIF drv;
        String classname = args[0];
        try {
                cls = Class.forName(classname);
                drv = (DBTreiberIF)cls.newInstance();
                drv.readZeile();
                drv.writeZeile();
        ...
```

Abb. 4.8.1: Codierung der Reflection

Deswegen wird **zur Laufzeit** der Name einer Klasse **als Parameter** übergeben. Diese Klasse muss eine Implementierung des Drivers enthalten.

Umwandeln der Programme

Wir wandeln zunächst nur das Client-Programm um. Dadurch werden zwei Class-Files erstellt:

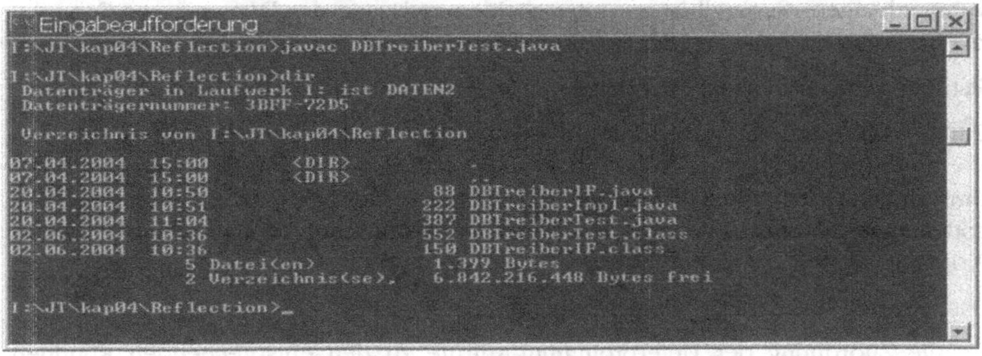

Abb. 4.8.2: Umwandeln und Überprüfen der Ergebnis-Dateien

Testen der Programme

Hier zunächst zwei fehlerhafte Versuche, das Client-Programm auszuführen:

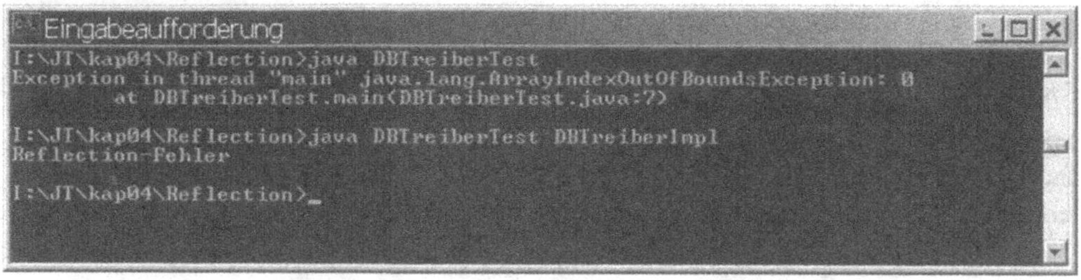

Abb. 4.8.3: Fehlerhafte Versuche, das Client-Programm auszuführen

Der erste Versuch scheitert, weil die Angabe der Implementierungsklasse als Parameter fehlt. Der zweite Versuch meldet eine Exception, denn die Class für die Implementierung wurde noch nicht erstellt.

Also: Vor einem erneuten Versuch muss die Compilierung von *DBTreiberImpl.java* aufgerufen werden. Der nächste Aufruf zum (diesmal erfolgreichen) Testen des dynamischen Ladens ist wiederum:

```
x:\jt\kap04\Reflection>java DBTreiberTest DBTreiberImpl
```

Der Parameter wird für die Methode *forName()* benötigt, denn die erfordert den Namen der Klasse (dieser kann auch z.B. aus einer Datei gelesen werden). Danach kann eine Instanz erzeugt werden, und wir erhalten dann ein Allerweltsobject (d.h. eine Instanz von *Objekt*) zurück:

```
drv = (DBTreiberIF)cls.newInstance();
```

Hintergrund-Informationen

Erläuterungen zum Thema "dynamisches Laden"

Der Begriff „dynamisch" wird immer gern benutzt, leider in unterschiedlichen Zusammenhängen. Generell ist zu unterscheiden zwischen der Dynamik zur Compilezeit und der Dynamik zur Ladezeit (Run-Time).

Statisches versus Dynamisches Linken:

Damit wird festgelegt, wann Unterprogramme in den Speicher geladen werden. Bei älteren Programmiersprachen wie COBOL oder PL/1 ist es Standard, dass nach der Umwandlung ein spezielles Programm („Linkage Editor") dafür sorgt, dass alle notwendigen Zusatzprogramme mit dem Hauptprogramm zu **einem** ausführbaren Programm verbunden werden (.phase oder .exe).

Das bedeutet für diese Programmiersprachen:

- die Zuordnung der Unterprogramm-Aufrufe zu den entsprechenden Routinen erfolgt „statisch" durch den Compiler und

- das Hinzufügen des Codes erfolgt durch den Linker, und damit ist auch das Laden des Unterprogramms in den Speicher statisch, nämlich beim Start des Programms.

Beim dynamischen Linken werden die erforderlichen Unterprogramme erst bei Bedarf in den Speicher geladen und nicht schon beim Programmstart.

Dynamisches Verhalten in Java:

Bei Java gibt es keine zusammen hängende .exe-File.

Aber es gibt unterschiedliche Stufen der Dynamik:

- Normalerweise erfolgt die **Zuordnung** der Klassen statisch zur Compilezeit.

- Aber das **Laden** der benötigten Klassen in den Speicher erfolgt dynamisch, und das bedeutet in diesem Fall: bei Bedarf, zur Run-Time.

Die Dynamik geht in Java aber noch weiter. Es wird erst zur Run-Time entschieden , **welche** Methode ausgeführt wird. Diese Entscheidung ist abhängig von der Instanz, für die der Methodenaufruf gelten soll (siehe Polymorphismus).

Zusammenfassung

Ein Objekt (und seine Referenz darauf) kann erstellt werden:

- entweder durch das Schlüsselwort *new*; hierzu muss beim Codieren der Name der Klasse bekannt sein und zur Umwandlungszeit der Byte-Code dieser Klasse im Classpath vorhanden sein:
  ```
  Point p1 = new Point();
  ```

- oder durch Aufruf der Methode *newInstance()* aus dem Reflection-API:
  ```
  String klasse = „java.awt.Point";
  Class aClass = Class.forName(klasse);
  Object o = aClass.newInstance();
  ```

Der Aufruf von *newInstance()* ist wesentlich flexibler: Beim Codieren kann mit Variablennamen anstelle des Class-Namens gearbeitet werden, und die Zuordnung zur realen Klasse erfolgt erst zur Run-Time.

Also: „Dynamisches Laden von Klassen" bedeutet in diesem Zusammenhang,

- den Inhalt von Klassenbeschreibungen zur Run-Time in den Speicher zu laden,

- die Eigenschaften dieser Klasse abzufragen und

- Instanzen davon zu erzeugen.

Dies ist der Sinn des Reflection-API. Das API **„reflektiert"** die Klassen, damit maschinell abgefragt werden kann

- wie heißt die Class eines Objektes?

- welche Methoden und Attribute kennt dieses Objekt?

Danach kann dann - abhängig von den so ermittelten Angaben -

- eine Instanz erstellt werden (obwohl erst zur Run-Time der Class-Name bekannt ist)

- eine Methode aufgerufen werden (obwohl erst zur Run-Time der Name der Methode ermittelt werden wurde).

Reflection ist somit ein Service, der es möglich macht, Software zu schreiben, die interagieren kann, obwohl sie nicht gemeinsam entwickelt worden ist. Die statische Struktur zwischen Klassen und Objekten, die von ihnen erzeugt werden, wird aufgehoben. Das Reflection-Framework besteht aus Interfaces und Klassen, die das API implementieren.

Beispiele für praktische Anwendungen

- Die Abbildung von **Satzarten** aus "Legacy-Anwendungen" in Objekten ist ein weiteres Beispiel für den Einsatz von Reflection. Die Satzart kann durch den Klassennamen ersetzt werden. Dann legt das Programm automatisch das passende Objekt an.

- Visuelle Entwicklungstools arbeiten mit Java-Beans, deren Name und Eigenschaften während der Ausführung analysiert und modifiziert werden.

- Debugging wird vereinfacht durch die Möglichkeit, während der Laufzeit Eigenschaften der Klasse zu ermitteln.

4.9   Factory

Was ist eine Factory?

Eine Factory ist ein Hilfsmittel zum Erzeugen von Objekten. Wenn von einer Klasse nicht direkt eine Instanz erzeugt werden kann, wird eine spezielle Factory-Class notwendig, die für die Instanzerzeugung zuständig ist. Der Einsatz einer Factory ist immer verbunden mit dem **Reflection-API** (siehe dort), weil auf jeden Fall die Klasse, von der eine Instanz erzeugt werden soll, erst zur Laufzeit der Factory mitgeteilt wird (= "dynamisches" Laden einer Klasse).

Erläuterungen zum Beispiel *FactoryTest01.java*

Die Source-Programme zu diesem Abschnitt stehen im Ordner *x:\jt\kap04\factory*.

Für diese Application müssen wir wieder ein bisschen Phantasie haben: Angenommen, es existiert ein Mini-**API** für das Problem "Rechnen". Dieses API beschreibt das Rechnen mit *int*-Werten. Es besteht aus nur einem Interface: ***RechnenIF***. Dort ist die Signatur für die einzige Methode *compute()* vorgegeben. Die Implementierung liegt noch nicht vor, sie wird von einem beliebigen Provider eingekauft.

Trotzdem können wir die Applikation *FactoryTest01.java* codieren und umwandeln. Dieses Programm soll rechnen, indem es die Methode *compute()* der noch fehlenden Klassen (Addieren oder Multiplizieren) aufruft. Wir werden jedoch eine Factory-Class **Factory** dazwischen schalten, um auf diese Weise das Instanziieren auszulagern in ein separates Modul.

Testen des Programms *FactoryTest01*

Beim Aufruf des Test-Programm wird mit Hilfe der Factory eine Instanz der gewünschten Implementierung erzeugt (entweder Addieren oder Multiplizieren) und dann mit dieser Instanz die Methode *compute()* aufgerufen, die abhängig von der aktuellen Instanz entweder addiert oder multipliziert. Das Protokoll sieht wie folg aus:

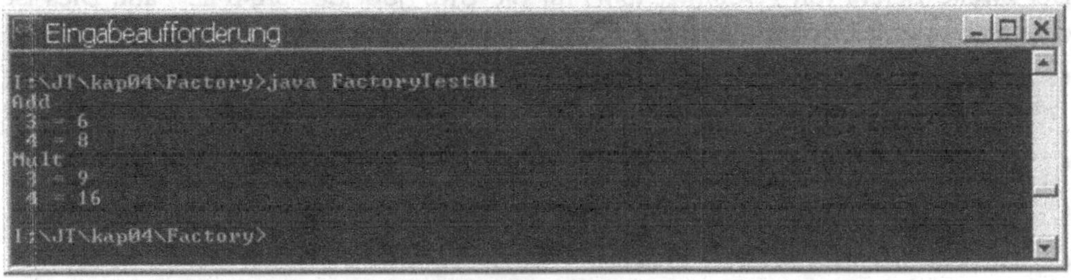

Abb. 4.9.1: Ausführung des Programms *FactoryTest01*

Warum der Umweg über die Factory?

Das Einschalten einer Factory-Class zum Instanziieren ist immer dann sinnvoll, wenn das dynamische Laden aufwändig ist, weil vorher eine Reihe von zusätzlichen Aufgaben erledigt werden müssen, z.B.

- weil der **Name** der Class, von der eine Instanz erzeugt werden soll, auch zur Laufzeit noch nicht unmittelbar zur Verfügung steht, sondern zunächst z.B. aus Konfigurationsdateien oder nach einem Suchalgorithmus ermittelt werden muss oder

- weil die **Instanzerstellung** komplex ist, z.B. weil eine Reihe von Subklassen existiert und zunächst programmtechnisch geklärt werden muss, welche dieser Klassen die Grundlage für die Objekterstellung sein soll. Eventuell werden auch mehrere Instanzen erstellt.

- weil das Objekt aufwändig konfiguriert werden muss, bevor es verwendet werden kann (wenn z.B. zunächst eine **Connection** zu einer remoten Datenbank erstellt werden muss).

Praktische Beispiele für den Einsatz einer Factory
(teilweise als Vorgriff auf spätere Themen)

a) Arbeiten mit Datenbanken

Folgende Befehle könnten in einem Java-Programm zum Arbeiten mit relationalen DB stehen:

```
Class.forName("COM.ibm.db2.app.DB2Driver");
Connection conn = DriverManager.getConnection("jdbc:db2:SAMPLE");
```

Der erste Befehl ruft den Classloader auf, um dynamisch (= zur Laufzeit, siehe Reflection-API) die Klasseninformationen des Drivers zu laden. Außerdem wird eine Instanz des Treibers erstellt und beim *DriverManager* angemeldet.

Der zweite Befehl ruft *getConnection()* für die URL "jdbc:db2:SAMPLE") auf. Dies ist eine Methode des Driver-Managers, der hier **wie eine Factory arbeitet**:

- Alle Arbeiten zum Aufbau einer Connection zur Datenbank werden jetzt automatisch ausgeführt.

- Die URL wird analysiert, um den Hersteller der Datenbank zu ermitteln.

- Der entsprechende Driver muss beim Driver-Manager registriert sein.

- Diverse Instanzen werden erstellt.

- Der physische Name der Datenbank wird ermittelt, eine Conncetion aufgebaut und die DB geöffnet (evtl. auch über das Netz).

- Evtl. werden Berechtigungen anhand von User-ID und PW, die in der URL angegeben sein können, geprüft.

Das Ergebnis all dieser Tätigkeiten ist die Rückgabe einer einzigen Instanz vom Typ "Connection" an das Programm.

b) Arbeiten mit XML-Dokumenten

Für das Arbeiten mit XML-Dokumenten werden häufig so genannte Parser eingesetzt. Das sind Produkte, die von vielen Providern angeboten werden, um die XML-Dokumente einzulesen und sie dann im Speicher zur Verfügung zu stellen. Das Codieren von Java-Anwendungen unter Einsatz von Parser-Funktionen soll aber unabhängig sein von einem konkreten Produkt, d.h. der Source-Code wird erstellt, ohne dass die jeweilige Implementierung des Parsers bekannt sein muss.

Hier kann mit einer Factory-Class gearbeitet werden: das heißt, um eine Instanz der jeweiligen Parser-Implementierung zu erstellen, wird diese Factory eingeschaltet.

Beispiel:

```
SAXParserFactory factory = SAXParserFactory.newInstance();
SAXParser saxParser  = factory.newSAXParser();
```

Die Klasse SAXParser ist der eigentliche Parser, mit dem gearbeitet werden soll. Aber es kann nicht direkt ein Objekt dieser Klasse erzeugt werden, um dann damit zu arbeiten, weil eine Reihe von Vorarbeiten notwendig sind:

- Prüfen, welche Java-Version und welche SAX-Implementierung vorliegt

- Prüfen, ob die erforderliche Klasse zugänglich ist usw.

Diese Arbeit erledigt die Factory.

c) Arbeiten mit Java Messaging Services JMS

Für die Ausführung von JMS-Programmen muss der System-Administrator zwei Angaben im JNDI-Namespace zur Verfügung stellen:

- den Namen des Service-Providers für die JMS-Dienste

- den Namen der Queue, mit der gearbeitet werden soll.

Dann lauten die entsprechenden Befehle im Anwendungsprogramm:
```
QueueConnectionFactory qcf =
        (QueueConnectionFactory)ctx.lookup("Suchname");
QueueConnection = qcf.createQueueConnection();
```

Der erste Befehl sucht mit *lookup()* anhand eines vorgegebenen Suchnamens im JNDI-Namespace nach dem Namen des Service-Providers. Dieser Classname enthält eine so genannte "Connection-Factory", die als Instanz-Fabrik dafür sorgt, dass durch den Aufruf von
```
        createQueueConnection()
```
eine ganze Reihe von anderen notwendigen Objekten erstellt werden können, z.B. für Connection, Session und Queue.

d) Arbeiten mit Web-Services

```
ProviderConnectionFactory factory =
        ProviderConnectionFactory.newInstance();
ProviderConnection connection = factory.createConnection();
```

Erläuterung: Die Klasse, die in diesem Fall geladen wird, wird über die
```
javax.xml.messaging.ProviderConnectionFactory
```
eingestellt. Diese Property kann gesetzt werden:

- in den System Property

- in einer Datei : *javax.properties* im *$JAVA_HOME/lib/* -Verzeichnis

- als Parameter in der CMD-Line beim Aufruf:
```
    java -Djavax.xml.messaging.ProviderConnectionFactory
    =mein.provider.pProvider
```

In einem J2EE-Container wird eine solche ProviderConnectionFactory über einen JNDI-Namen zur Verfügung gestellt, so dass ein Nutzer der Connection keine Details zur Konfiguration kennen muss:

```
Context ctx = new InitialContext();
ProviderConnectionFactory factory =
   (class-x)ctx.lookup("name");
ProviderConnection con = factory.createConnnection();
```

Selbsttest

Ergänze das Programm *FactoryTest01.java* so, dass wahlweise auch die Quadratwurzel ermittelt werden kann. Diese Berechnung soll ebenfalls von einer eigenen, noch zu erstellenden Klasse durchgeführt werden.

4.10   Streams

Was macht man mit Streams?

Die Ein- und Ausgabe von Daten basiert in Java auf dem Stream-Konzept: Daten werden mit Input-Streams in die JVM gelesen, durch Output-Streams verlassen Daten die JVM. Dabei können die Ein- und Ausgabequellen beliebige physische Geräte sein.

Grundlegendes zum Stream-Konzept

- Stream-Dateien sind immer sequentielle Dateien

- Input/Output erfolgt **zeichenweise** (einzelne Bytes oder Uni-Code-Zeichen)

- Die Zeichen haben beliebigen Aufbau und Inhalt (bits, **Bytes, Unicode**, serialisierte Objekte, Multimedia-Daten wie Image, Sound usw.)

- Quelle und Senke der Streams sind **beliebige Peripheriegeräte.** Möglich sind z.B.

  - Platten-Dateien

  - Netzwerk-Verbindungen (TCP/IP-Verbindungen)

  - Tastatur

  - Printer

- Es sind auch Streams innerhalb einer JVM möglich:

  - Pipes (zwischen Threads)

  - Character-Array innerhalb des Adress-Raums.

- Ein Stream hat immer nur **eine Richtung**, d.h. wenn gelesen *und* geschrieben werden soll, müssen zwei Streams erstellt werden

Welche Klassen für Streamverarbeitung gibt es?

Es gibt eine riesige Sammlung von Klassen, die Streams

* für unterschiedliche reale Geräte
* mit unterschiedlichen Techniken (gepuffert/ungepuffert) und
* für unterschiedliche Daten (primitive Datentypen/Objekte)

realisieren.

Alle diese Klassen sind im Paket *java.io.* zusammengefasst. Durch die starke Abstraktion (= Unabhängigkeit von einer konkreten Implementierung) wird erreicht, dass der Programmcode nur wenig geändert werden muss, wenn z.B. statt einer Datei-Eingabe nun ein Internet-Stream als Eingabe fungieren soll (es muss lediglich die Klasse geändert werden, die Methoden zum Lesen bleiben gleich).

Die besondere Java-Problematik des I/O Geschäfts liegt darin, dass die Java Virtual Machine (JVM) grundsätzlich alle Character im **Unicode (16-bit)** darstellt, während außerhalb der JVM mit den diversen 7-/8-bit-Codes gearbeitet wird (ASCII, EBCDIC), wobei natürlich auch die nationalen Zeichensätze beachtet werden müssen.

Grundsätzlich müssen zwei Streamtypen unterschieden werden:

a) Byte-Orientierte Streams

* arbeiten immer und ausschließlich mit Bytes d.h. sie sind beschränkt auf **8-bit** große Einheiten
* basieren auf Class *InputStream* und Class *OutputStream*. Diese sorgen
  * beim **Lesen** für die Umwandlung der ASCII-Darstellung (8-Bit-Zeichen) in den UNICODE, der innerhalb der JVM benutzt wird
  * und beim **Schreiben** für das Konvertieren der internen UNICODE-Zeichen in die vom Empfänger gewünschte Codierung.

b) Character-orientierte Streams

* können UNICODE (**16-bit** Character) verarbeiten z.B. beim Datenaustausch mit anderen JVM
* basieren auf Class *Reader* und Class *Writer*.
* Aber wenn z.B. mit dem File-System gearbeitet wird, ist eine Konvertierung notwendig, weil dort UNICODE (noch) nicht unterstützt wird. Diese Umsetzung wird dann von der Class *InputStreamReader* durchgeführt.

Erläuterungen zum Programm *StreamTest01.java*

Die Source-Programme zu diesem Abschnitt stehen im Ordner *x:\jt\kap04\streams*.

Aufgabenstellung:

- Es soll **character**-orientiert gearbeitet werden.

- Es soll eine Zeichenkette in eine Datei geschrieben werden.

Hier bietet sich die Class *FileWriter* an. Diese Klasse implementiert das Schreiben in eine Datei des jeweiligen lokalen File-Systems. Sie ist abgeleitet von *OutputStreamWriter*, die die Konvertierung der Daten zwischen Character- und Byte-Stream vornimmt, d.h. Methoden dieser Klasse sorgen dafür, dass die interne Zeichenkette vor dem Schreiben auf die Platte umgewandelt wird von Unicode in ASCII-Bytes.

Das Arbeiten mit der Class *FileWriter* ist sehr komfortabel, z.B. akzeptiert ihr Konstruktor einen String mit dem Namen der Datei, in die geschrieben werden soll.

Erläuterungen zum Programm *StreamTest02.java*

Aufgabenstellung:

- Es soll **byte**-orientiert gearbeitet werden

- Es soll ein *int*-Wert in eine Datei geschrieben und wieder gelesen werden.

Hier bieten sich die Class *DataOutputStream* bzw. *DataInputStream* an. Diese Klassen sorgen für das Schreiben und Lesen von primitiven Datentypen. Der Erstellen einer Instanz ist allerdings etwas umständlich: Der Konstruktor erwartet eine Instanz der Class *OutputStream*, d.h. man kann nicht direkt den Dateinamen als String angeben. Weil aber *OutputStream* eine abstrakte Klasse ist, benötigt man eine Implementierungsklasse, damit eine Instanz erstellt werden kann – und dies ist die Class *FileOutputStream*.

Selbsttest

Schreibe ein Programm, das mit der Class *FileWriter* und der geerbten Methode
```
    public int read(char[] cbuf) throws IOException
```
arbeitet. Diese Methode liest den kompletten Inhalt der Datei als Zeichenkette in ein Character-Array (bis "End of Stream"). Zurückgeliefert wird die Anzahl der gelesenen Bytes (Lösung siehe Programm *StreamUebung01.java*).

Verkettung von Streams

Das Stream-Konzept ist gut geeignet für eine **Verkettung** von mehreren Streams, so dass sie im Programm wie ein einziger Stream erscheinen. Dann genügt ein Programmaufruf für eine ganze Kette von Stream-Verarbeitungen. Dies wird im Programm *KonsoleLeser.java* demonstriert.

Erläuterungen zum Programm *KonsoleLeser.java*

Im Konstruktor dieser Klasse wird mit mit der Methode *readLine()* ein String gelesen. Diese Methode gehört zur Klasse *BufferedReader*. Sie erwartet einen Characterstream (Unicode) und übernimmt die Pufferung der einzelnen Zeichen. Die Pufferung ist aus Performancegründen sinnvoll. Die Größe dieses Zwischenspeichers kann im Konstruktor beim Instanziieren angegeben werden.

Die Daten werden angeliefert von einer Instanz der Klasse *InputStreamReader*. Diese Klasse erwartet als Eingabe einen Bytestream (8 Bit-Zeichen) und konvertiert diesen in einen Characterstream (16-Bit-Zeichen).

Die nachfolgende Grafik zeigt diesen Zusammenhang:

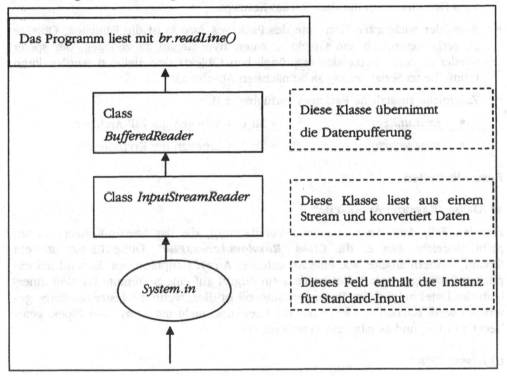

Abb. 4.10.1: Zusammenhang bei Verkettung von Stream-Dateien

Achtung: Die Grafik zeigt nicht die Vererbungshierarchie, sondern zeigt den Datenfluss (von unten nach oben bis in das Programm)

Weitere Vorteile des Stream-Konzepts

- Die Methoden für das Lesen und Schreiben sind weitgehend unabhängig von dem physischen Gerät. Dadurch wird der Änderungsaufwand beim Wechsel einer Quelle oder Senke für I/O-Operationen so gering wie möglich gehalten.

- Es ist eine **Schachtelung** von Streams möglich, so dass Zusatzfunktionen wie **Filtern** (nur Teile der Datei lesen), Aufbereiten oder Pufferung der Daten möglich sind.

- Für die Verwaltung des jeweiligen lokalen File-Systems gibt es die **Class** *File*. Sie erlaubt das Arbeiten mit Verzeichnissen (z.B. Pfade ermitteln) bzw. das Arbeiten mit Dateinamen (z.B. Dateieintrag neu erstellen). Dies ist unabhängig vom Datentransport mit dem Stream-Konzept.

- Eines der wichtigsten Konzepte des Packages *java.io* ist die Fähigkeit, Objekte zu serialisieren, d.h. ein Objekt in einen Byte-Stream zu zerlegen, der später wieder in eine Kopie des ursprünglichen Objekts de-serialisiert werden kann (zum Thema Serialisierung siehe nächsten Abschnitt).

- Zahlreiche zusätzliche Packages verfügbar, z.B.

  - *java.util.zip*   = für das Arbeiten mit ZIP-Archiven
  - *java.security*   = für das Arbeiten mit Kryptografie

Besonderheiten

a) Klasse "Random AccessFile"

Für den Fall, dass die sequentielle Verarbeitung, die das Stream-Konzept bietet, nicht ausreicht, gibt es die **Class** *"RandomAccessFile"*. Diese Klasse ist kein Stream, sondern arbeitet wie eine Art externes Array. Hauptkonzept: Es wird mit expliziten Satzzeigern gearbeitet, so dass ein Zugriff auf eine bestimmte Position innerhalb der Datei möglich ist. Besonders sinnvoll ist dies, wenn mit fester Satzlänge gearbeitet wird. Nachteil: Es kann nur mit Files (und nicht mit Array oder Pipes) gearbeitet werden, und es gibt kein Filter-Konzept.

b) Klasse "File"

Die Klasse *java.io.File* definiert eine Reihe von Methoden für das Arbeiten mit Verzeichnissen und Dateinamen, z.B. für das Erzeugen einer neuen Datei oder für die Ermittlung der Dateiexistenz, des Pfades oder der Dateigröße. Achtung: Die Class enthält keine Lese-/Schreibmethoden auf den Inhalt einer einzelnen Datei.

Erläuterungen zum Programm *Unicode01.java*

Die Ausgabe in Dateien erfolgt in einem plattform-abhängigen Format. Dieses Beispiel demonstriert, wie unter Windows deutsche Umlaute in die Datei *ausgabe.txt* ausgegeben werden, wenn der Programmierer keine besonderen Vorkehrungen trifft – sie werden zu unleserlichen Sonderzeichen konvertiert. Überprüfen Sie dies, indem sie sich den Inhalt der Datei (entweder hexadezimal oder mit einem "deutschen" Editor) anzeigen.

Selbsttest

Ändern Sie danach das Source-Programm so ab, dass statt Zeile 10 die Zeile 11 aktiviert wird. Danach enthält die Datei *ausgabe.txt* die deutschen Umlaute.

4.11   Serialize

Was ist Serialisierung?

Objekte (Instanzen) existieren nur im Hauptspeicher, denn: die Objekt-Variable enthält eine **Speicheradresse**, die auf den Inhalt der Variablen verweist. Außerhalb des Hauptspeichers ist diese Adresse ohne Bedeutung, und nach dem Ende des Programms sind die Daten verloren.

Unter Serialisierung verstehen wir die Fähigkeit, ein Objekt in ein Format umzuwandeln, das es erlaubt, das Objekt in eine Datei oder Datenbank zu schreiben oder über eine Netzwerkverbindung aus dem Adressraum der "flüchtigen" JVM zu transportieren bzw. bei Bedarf im Hauptspeicher wieder zu rekonstruieren.

Dieser Vorgang ist eng verknüpft mit dem Begriff Persistenz. Darunter versteht man die dauerhafte Speicherung von Daten auf einem externen Datenträger, so dass sie auch nach Programmende erhalten bleiben. Wenn Objekte persistent gemacht werden sollen, so ist der Vorgang der Serialisierung unbedingte Voraussetzung.

Was sind die besonderen Probleme bei der Serialisierung?

Wenn aus einer Objekt-Referenz ein Binärstrom gemacht werden soll, der beim Empfänger wieder rekonstruiert werden kann, dann muss beachtet werden, dass

- es eingebettete Objekt-Variable geben kann, die ebenfalls aufgelöst werden müssen, d.h. beim "Flattering" eines Objekt-Graphen muss ein Zyklus durchlaufen werden, wenn einzelne Attribute wiederum Objekte sind

- die Vererbungshierarchie berücksichtigt werden muss, d.h. alle Member der Superklasse(n) müssen ebenfalls eingeschlossen werden

- das Objekt rekonstruierbar sein muss. Zum "De-Serialisieren" benötigt der Empfänger die Class, mit der der Datenstrom erstellt worden ist. Zur Kontrolle, ob in der Zwischenzeit keine Änderungen der Class erfolgt ist, enthält der Datenstrom eine "VersionUID".

Womit wird die Serialisierung durchgeführt?

Es gibt die Klassen *ObjectOutputStream* bzw. *ObjectInputStream*, die in der Lage sind, mit *writeObject()* komplette Objekte zu schreiben und diese mit *readObject()* wieder zu erstellen.

Voraussetzung: die Class muss mit der Klausel "*implements Serializable*" anzeigen, dass es auch erlaubt ist, Instanzen dieser Klasse zu serialisieren.

Code-Beispiele für das Serialisieren:

```
try {
        ObjectOutput out = new ObjectOutputStream (
          new FileOutputStream("filename.ser"));
        out.writeObject(object);
        out.close();
      }catch (IOException e) {
}
```

Abb. 4.11.1: Serialisieren von Objekten

Code-Beispiele für das De-Serialisieren:

```
try {
        ObjectInput in = new ObjectInputStream (
          new FileInputStream("filename.ser"));
        EchtesObject o = (EchtesObject).in.readObject();
        in.close();
    } catch (ClassNotFoundException e) {
    } catch (IOException e) {
}
```

Abb. 4.11.2: De-Serialisieren von Objekten

Erläuterungen zum Programm *SerializeTest01.java*

Aufgabenstellung: Es soll ein Programm erstellt werden, das von der Class *Personen* eine Instanz erzeugt, dieses Objekt serialisiert, in eine Datei schreibt und anschließend wieder einliest und rekonstruiert. Die Source-Programme zu diesem Abschnitt stehen im Ordner *x:\jt\kap04\serialize*.

Die Methode *writeObject()* schreibt folgende Daten in den OutputStream:

• Informationen über die Klasse des als Argument übergebenen Objekts

• Den Inhalt der Member-Variablen

Besonders zu beachten ist, dass beim Einlesen mit *readObject()* ein Allerweltsobjekt eingelesen wird, das zunächst einmal in das echte Objekt gecastet werden muss.

Selbsttest

Schreibe ein Programm, das eine Instanz der Class **String** erzeugt, diese Instanz als Objekt in die Datei "test02.txt" schreibt und anschließend wieder rekonstruiert.

Besonderheiten

- Seit JDK 1.4. ist das Schreiben als XML-Stream möglich, d.h. es wird kein Binärstrom erstellt, sondern ein Textstrom mit XML-Tags (siehe hierzu Kapitel 7: XML).

- Ein *ObjectOutputStream* kann nicht nur **ein** Objekt serialisieren, sondern beliebig **viele**. Diese müssen auch nicht Instanzen der gleichen Klasse sein.

- Bei den zu schreibenden Member-Variablen müssen die von Superklassen geerbten Attribute natürlich auch geschrieben werden. Nicht serialisiert werden *statische* Variable und *transiente* Member-Variable.

Zusammenfassung

Objekte müssen, wenn sie via Socket-Kommunikation oder RMI transportiert oder wenn sie in einer Datei persistent gemacht werden sollen, in einen Strom von Bytes umgewandelt werden – und zwar so, dass später eine komplette Rekonstruktion möglich ist. Für diesen Vorgang, der Serialisierung genannt wird, gibt es die Klassen *ObjectOutputStream* bzw. *ObjectInputStream*. Zum Schreiben eines Objekts wird die Methode *writeObject()* benutzt. Das Wiederherstellen besorgt die Methode *readObject()*.

4.12   Java Beans

Was ist eine Java Bean?

Java Beans sind ganz normale Java-Klassen, die jedoch bestimmte **Konventionen** einhalten. Das Ziel ist es, Komponenten so zu standardisieren, dass sie möglichst komfortabel in Applikationen eingebettet werden können.

Es ist z.B. festgelegt, wie die Klassen aufgebaut sein sollten, wie sie sich verhalten und welche Namensregeln sie befolgen müssen. Somit beschreibt das Bean-Framework eine Art Klassen-Standard. Aber es gibt keine Bean-Klasse, von der alle Beans abgeleitet sein müssen.

Ursprünglich kam die Idee für Java-Beans aus der **GUI-Welt**. Man wollte für die E-lemente der GUI-Programmierung "standardisierte" Klassen schaffen. Dadurch sollte es möglich werden, dass diese GUI-Elemente maschinell zu Applikationen zusammengestellt und manipuliert werden können, indem eine Entwicklungsumgebung die Klasse analysiert und dem Entwickler die Attribute und die Methoden dieser Klasse anzeigt ("visuelles Programmieren").

Was muss beachtet werden beim Erstellen von Beans?

Neue Begriffe

Zunächst hat man wieder einmal neue Begriffe geprägt. Eine Bean wird – wie jede andere Klasse auch - durch Eigenschaften und Methoden charakterisiert. Allerdings werden die Eigenschaften jetzt "Properties" genannt – und für die gelten relativ strenge Vorschriften, damit sie durch Programme manipuliert werden können.

Methoden heißen weiterhin Methoden. Da sie von einer Bean an andere Program-me exportiert werden, müssen sie jedoch *public* sein. Für bestimmte Methoden gibt es außerdem Namensregeln (nämlich für Setter- und Getter-Methoden, dazu später mehr).

Neu hinzu kommt der dritte Begriff: **"Events"**. Java Beans sind Software-Komponenten, die in andere Applicationen eingebettet werden, d.h. andere Anwendungen nutzen die Beans. Dazu muss die Bean mit der Applikation kommunizieren – und dies geschieht durch das Erzeugen von Events, die dann von sogenannten "Listener" verarbeitet werden.

Das Java-Bean-API verwendet das gleiche Event-Modell wie AWT- und Swing-Komponenten (siehe dort). In den Spezifikationen ist detailliert beschrieben, wie die Zusammenarbeit zwischen Beans funktioniert, wobei eine Bean als Event-Listener und eine andere als Event-Source fungieren kann.

Regeln

Eine Bean muss folgende Regeln einhalten:

- Sie muss einen Standard-Konstruktor (ohne Argument) enthalten.
- Sie darf keine *public* Instanz-Variablen (Properties) haben.
- Sie benötigt Setter-/Getter-Methoden je Property.
- Die lesenden und schreibenden Methoden müssen *public* sein.
- Sie enthält "*implements Serializable*" (weil Beans serialisierbar sein müssen).

Die Einhaltung der Vorschriften wird allerdings vom Compiler nicht überprüft, denn dieser macht keinen Unterschied zwischen einer "normalen" Klasse und einer Java Bean.

Was sind Getter- und Setter-Methoden?

Für jede Property gibt es ein Paar Methoden, eine zum Lesen der Property und die andere zum Schreiben der Property. Dies ist notwendig, weil einerseits die Property nicht *public* sein darf und andererseits die Bean-Elemente jedermann zur Verfügung stehen sollen.

Die Namen der Methoden entsprechen dabei dem Namen der Property, ergänzt um das Schlüsselwort *get* oder *set*.

Beispiel für Property *wohnort:*

Datentyp/Name der Property:	String wohnort;
Signatur der dazugehörenden Lesemethode:	String **get**Wohnort();
Signatur der dazugehörenden Schreibme-thode:	void **set**Wohnort(String w);

Abb. 4.12.1: Namenskonventionen bei Beans

Beans sind standardisierte Java-Klassen, die maschinell analysiert werden können. Dies wird genutzt

- durch Entwicklungstools, um die **Programmerstellung** zu automatisieren, z.B. intensiv bei WebSphere-Studio oder bei RAD Visual Builder Tools.

- während **der Run-Time**, um das Laden und Instanziieren der Klasse dynamisch zu gestalten (z.B. durch Parametrisieren der Classnamen).

Erläuterungen zum Beispielprogramm *BeanTest01.java*

Die Source-Programme zu diesem Abschnitt stehen im Ordner *x:\jt\kap04\beans*.

Es soll eine Java-Bean "*Bean01.java*" geschrieben werden, die in der Lage ist, zwei Zahlen zu speichern, auf Anforderung die Zahlen zu multiplizieren und das Ergebnis zu liefern. Mit dem Testprogramm *BeanTest01.java* wird die Bean getestet. Die Class „*java.beans.Beans*" enthält die Methode *instantiate()* zum Erstellen von Instanzen:

```
Object o = Beans.instantiate(loader, classname);
```

Die Methode ruft den System-Class-Loader auf, der eine Datei sucht, die dem als Parameter mitgegebenen Namen entspricht.

Warum wird die Bean-Instanz nicht ganz normal per *„new"* erstellt? Antwort: So kann der Class-Name zur Laufzeit als Parameter mitgegeben werden, und zur Entwicklungszeit ist lediglich ein Interface ohne Implementierung notwendig.

Java Bean versus Enterprise Java Bean (EJB)

Die **EJB** Spezifikation enthält die Beschreibung für "server-side"- Programme. Sie legt fest, wie Remote-Komponenten aufgebaut sein müssen, wie sie beim Server installiert werden und wie der remote Zugriff von einem Client erfolgen kann. Client und EJB laufen normalerweise in unterschiedlichen JVMs.

Die Java Bean Spezifikation beschreibt, wie allgemeine Java-Klassen aufgebaut sein müssen, damit sie von anderen Applikationen möglichst einfach genutzt werden können und damit die Programmentwicklung mit maschineller Unterstützung ("Introspection") durchgeführt werden kann. Das Bean-Nutzer-Programm und die Bean laufen in derselben JVM (= in demselben Adressraum).

Zusammenfassung

Java Beans bestehen aus normalen Java-Klassen. Sie sind Komponenten, die von anderen Java-Programmen genutzt werden können. Ursprünglich war es eine Idee aus der GUI-Welt: man benötigte re-usable Components, die von Tools

- analysiert

- instanziiert und

- manipuliert

werden können.

Genutzt werden Beans aber nicht nur bei der Erstellung von GUI, sondern z.B. auch bei WebApplication: **JSP (Java Server Pages**, siehe Kapitel 6) arbeiten hervorragend mit Beans zusammen. Durch die Standardbenennung ist die maschinelle Unterstützung beim Einsatz von Beans einfach: durch "Introspection" wird der Inhalt einer Bean erkannt (welche Methoden, welche Properties und welche Events gibt es?), ohne dass Beschreibungsdateien erforderlich sind.

Die Introspection basiert auf dem **Reflection-API** (siehe dort).

Wichtiges Ziel ist es, dass Instanzen dynamisch erzeugt und dabei parametrisiert werden konnten. Dies ist vorteilhaft insbesondere beim Arbeiten mit Entwicklungs-Tools (IDE Integrated Development Environment), damit der Entwickler per "drag and drop" Programme erstellen kann (= visuelles Programmieren).

4.13   Exceptions

Was sind Exceptions?

Exceptions sind besondere Situationen ("exceptional events"), die zur Laufzeit eines Programms auftreten und einer besonderen Behandlung bedürfen. Meistens ist damit gemeint, dass Run-Time-Error aufgetreten sind, die entweder vom Anwendungsprogramm oder durch die JVM "abgefangen" und von einer Fehlerroutine behandelt werden müssen. Eine Exception führt immer dazu, dass der normale Programmablauf unterbrochen wird.

Erläuterungen zum Programm *Exception01.java*

Die   Source-Programme   zu   diesem   Abschnitt   stehen   im   Ordner *x:\jt\kap04\exceptions*.

Wenn ein Fehler auftritt, gibt es immer dann eine Standard-Behandlung, wenn der Programmierer keine individuelle Fehlerroutine programmiert hat. Dieses Beispiel zeigt die Standardbehandlung bei einer Division durch Null: es wird eine Systemmeldung („/ by zero") ausgegeben und das Programm abgebrochen.

Erläuterungen zum Programm *Exception02.java*

Die dringende Empfehlung an Programmierer kann nur lauten: "Fange jeden nur denkbaren Fehlerfall selbst ab und gib eine sinnvolle, verständliche Fehlermeldung aus."

Dieses Beispiel hält sich an die Empfehlung. Der Block, der möglicherweise einen Fehler erzeugen könnte, beginnt mit dem Schlüsselwort *try*, danach muss dann ein *catch*-Block folgen, der den Fehler „abfängt" und seine Behandlung übernimmt.

Wie wird eine Exception ausgelöst und abgefangen?

Ausnahmebedingungen können entweder vom System "geworfen" werden oder vom Programmierer durch die Klausel

> throw new XYZ("Fehlertext")

codiert werden. Das Schlüsselwort *new* zeigt an, dass hier eine Instanz erzeugt wird. Und zwar von der Class XYZ, die entweder eine bereits mitgelieferte Class ist oder auch eine individuell geschriebene Class sein kann.

Durch die Klausel "*catch(XYZ instanz*" wird der Fehler abgefangen. Im Falle des Fehlers wird dann *die* Catch-Klausel gesucht, die ein Argument der entsprechenden Klasse enthält. Dann werden die dazu gehörenden Befehle ausgeführt.

Erläuterungen zum Programm *Exception03.java*

Dieses Beispiel demonstriert die **Erstellung** einer individuellen Exception. Die Exception hat den Namen "DivisionDurchNull" – und dies ist auch der Name der dazu notwendigen, neu zu erstellenden Class. Diese Class "DivisionDurchNull" muss abgeleitet sein von der Class *Exception* und zumindest einen Konstruktor enthalten, der den Text an den Super-Konstruktor weitergibt.

Nun wird in der Methode *teile()* abgefragt, ob der Divisor eine 0 (Null) enthält. Wenn dies der Fall ist, wird die Exception "geworfen". Der normale Programmablauf wird abgebrochen und die Stelle gesucht, die diese Exception abfängt ("catched").

Wie ist die Suchreihenfolge für den *catch*-Eintrag?

Dies ist relativ komplex. Der einfachste Fall ist, dass der catch-Eintrag Teil eines try/catch-Blockes ist, also unmittelbar dort steht, wo der Fehler auch auftreten könnte.

Wenn dies nicht der Fall ist, so muss im Kopf der Methode explizit die Exception angegeben sein, die dort ausgelöst werden könnte ("*throws classname*"). Dann wird die Ausnahmebedingung weiter gereicht in der Klassenhierarchie nach oben. Dort wird nach einem passenden catch-Eintrag gesucht. Wenn auch dort nichts gefunden wird, übernimmt der Interpreter den Fall und handelt entsprechend - in vielen Fällen mit Programm-Abbruch.

Begriffserläuterungen

Exception	ein Signal, das anzeigt, dass irgendeine Art von Ausnahmebedingung aufgetreten ist
throw new <classname>	Information auslösen, wenn etwas passiert ist
catch(<classname>)	Hiermit wird die Ausnahmebedingung identifiziert (anhand der Class) und behandelt im nachfolgenden Block
throws <classname>	Zeigt an, dass in dieser Methode eine Ausnahme erzeugt werden könnte. Dann wird korrekt compiliert (wenn es eine Stelle gibt, die diese Exception auch abfängt).

Abb. 4.13.1: Wichtige Begriffe im Zusammenhang mit Exceptions

Selbsttest

Was passiert im Fehlerfall **nach** der Ausführung eines Catch-Blocks. Wird das Programm abgebrochen oder geht es weiter. Wenn ja, wo wird fortgefahren?

Hintergrund-Informationen zum Thema "Exceptions"

Java unterscheidet zwischen "checked"- und "unchecked"- Exceptions.

a) **checked**-Exception

= Ausnahmen, die im Programm behandelt werden müssen. Dies sind alle Ausnahmebedingungen, die bei I/O-Operationen auftreten können. Hier ist also der *try/catch*-Block immer erforderlich. Die Einhaltung wird vom Compiler überprüft.

b) **unchecked**-Exception

= Ausnahmen, die auf jeden Fall auch von der Run-Time-Umgebung behandelt werden. Eine individuelle Behandlung ist jedoch möglich, aber nicht unbedingt zwingend. Dies sind z.B. folgende Exception: Indexfehler bei Arrays oder arithmetische Exception.

Zusammenfassung

Exceptions sind Ausnahmesituationen, die entweder von der Laufzeitumgebung oder vom Anwendungsprogramm erkannt und behandelt werden. Die Ausführung einer *throw new <classname>*-Klausel bedeutet, dass die Ausnahmesituation aufgetreten ist.

Dann wird das Exception-Objekt erzeugt und an den "interessierten" Codeblock (nämlich den, der den richtigen *catch*-Eintrag enthält) weiter gereicht.

Anweisungen, die eine Ausnahme auslösen könnten, werden entweder direkt in einen *try/catch*-Block eingefasst oder mittels *throws*-Klausel (man beachte das s) im Methodenkopf an einen übergeordneten Block weiter gereicht.

Somit ist es möglich, die Fehlerbehandlung direkt "vor Ort" durchzuführen oder eine zentrale Stelle für den *catch* zu codieren

- Der Catch-Block hat Ähnlichkeiten mit einer Switch-Anweisung:
  ```
  try {zu überwachender Block}
  catch(ExceptionClass1 e) {Behandlung für Fehler1}
  catch(ExceptionClass2 e) {Behandlung für Fehler2)
  ....
  finally {Default-Behandlung für alle anderen}
  ```

- Die Exception wird von dem ersten catch-Block behandelt, dessen Signatur mit ihrem Typ übereinstimmt.

- In einem try-Block können mehrere Exception mit unterschiedlichen Datentypen "geworfen" werden.

- Eine Methode muss nicht jeden Laufzeit-Fehler selber abfangen mit catch(). Sie kann den Fehler auch weitergeben an den Aufrufer, indem sie dies im Kopf der Methode angibt.

- Für Exceptions spricht auch die Übersichtlichkeit im Source. Statt immer wieder

  ```
  if (a>0), dann b = c/a;
  if (b>0), dann d = a/b;
  usw.,
  ```

kann jetzt

```
try {
    b = c/a;
    d = a/b;
}
catch (DivNull e) { ...}
```

geschrieben werden.

4.14   Internationalisierung

Was bedeutet Internationalisierung?

Die Internationalisierung eines Programms dient dazu, diese Application von Beginn an für den internationalen Markt zu konzipieren (wegen: "Write once, run everywhere"). Man sagt auch, die Anwendung muss **lokalisiert** werden können. Dazu gehören

- Mehrsprachigkeit der Anwendung:
    - Übersetzung der Texte in die jeweilige Landessprache
    - Benutzung des nationalen Zeichensatzes
    - Sortierungen je nach Zeichensatz ermöglichen
- Kalender und Zeitzonen berücksichtigen
- Währungen und Währungssymbole
- landestypische Formatierungen (Währung, Datum, Zeit ...)
- Maßeinheiten, Telefon-Nr, Postadresse..

Wie unterstützt Java „Internationalisierung"?

Ein Java-Programm benötigt für die Lokalisierung zwei Angaben:
- den Länderschlüssel
- den Sprachschlüssel (standardisiert nach ISO-Code 639)

Für das Arbeiten mit diesen beiden Werten gibt es die Class *java.util.Locale*. Hier sind auch bereits die wichtigsten Lokationsnamen vordefiniert. Aber wichtig ist: Hier stehen keine Informationen über die Art der Internationalisierung, sondern die Klasse enthält Konstantennamen, die die unterschiedlichen Lokationen markieren. Dieser standardisierte Schlüssel kann dann als Parameter an die Klassen übergeben werden, falls diese so programmiert sind, dass sie die Fähigkeit haben, ihr Verhalten zu lokalisieren.

So gibt es z.B. in der Class *DateFormat* die Methode *getTimeInstance()*, die als Parameter den Ländercode (= eine Instanz der Class *Locale*) entgegennimmt und die Uhrzeit formatiert nach den Landesregeln zurückliefert.

Hinweise zu dem Programm *International01.java*

Die Source-Programme zu diesem Abschnitt stehen im Ordner *x:\jt\kap04\international*.

Eine Instanz der Class *Locale* identifiziert also eine bestimmte Sprache und das Land. Beim Start der JVM wird dieser Sprachcode und der Ländercode als Default-Wert festgelegt. Diese Werte können im Programm abgefragt werden, wie dieses Programm demonstriert.

Testen

Abb. 4.14.1: Testergebnis von International01.java

Beispiele für andere Locale

Sprache	Land
en	US
de	CH

Die Werte können auch einzeln abgefragt werden durch: *getCountry()* und *getLanguage()*.

Hinweise zu dem Programm *International02.java*

Dieses Programm liefert auf *System.out* die Ausgabe einer Gleitkomma-Zahl, formatiert in der jeweiligen Landeswährung.

Die erste Ausgabe arbeitet unformatiert (lediglich String-Umwandlung durch *toString()*).

Die zweite Ausgabe formatiert anhand der Default-Locale. Landeswährung ist Euro, jedoch wird das Eurozeichen nicht auf DOS-Ebene angezeigt. Deswegen eventuell die Ausgabe umleiten in Datei und dann Anzeige mit einem Editor oder mit Word.

Für die dritte Ausgabe wird der Länderschlüssel verändert (= Canada).

Resource Bundles

Für die Lokalisierung von Programmen mit größeren Textausgaben, die in die jeweilige Sprache zu übertragen sind, gibt es Resource Bundles. Das sind Properties-Dateien (siehe im Abschnitt Properties), die alle Texte (und andere lokale Objekte) einer bestimmten Sprache vereinigen. Um mehrere Sprachen zu unterstützen, braucht man mehrere Resource Bundles.

Hinweise zu dem Programm *International03.java*

Das Programm soll drei Texte ausgeben, die in der jeweiligen Landessprache vorliegen. **Grundsätzliches Prinzip** bei der Internationalisierung: Die sprachabhängigen
Texte werden isoliert vom Programm, sie werden ausgelagert. Wir erstellen pro Landessprache eine ResourceBundle-File. Für die Vergabe der Dateinamen gibt es eine
feste Syntax: sie müssen den Sprach- und den Ländercode enthalten. Im Programm
werden sie über einen Präfix (hier: Text) adressiert:

*   Text_de_DE.properties

*   Text_fr_FR.properties

*   Text_en_US.properties.

In dem Programm wird nun die Instanz der Class *Locale* erstellt und dem Konstruktor die jeweiligen Länderschlüssel übergeben.:

```
Locale locale = new Locale(sprache, land);
```

Danach wird die jeweilige Länderdatei eingelesen mit:

```
msg = ResourceBundle.getBundle("Text", locale);
```

Selbsttest

Das Programm *International03.java* soll für den französischen Markt fit gemacht
werden

4.15   Threads

Was sind Threads ("Programmfäden")?

Threads entstehen durch gezielte Aufteilung eines Programms (= Prozess). Diese
Aufteilung wird zwar vom Programmierer festgelegt, muss aber vom Betriebssystem
unterstützt werden, dann jeder Teilprozess ist eine Dispatch-Unit für den Prozessor
("concurrent programming"). Das bedeutet, dass die Threads vom Betriebssystem
aufgerufen werden zur Ausführung im Prozessor nach den dort festgelegten Regeln
(Time-slice, Priorität, pre-emptive...).

Beim Erstellen von Threads werden keine Anforderungen an eine spätere Unterstützung dieses Konzepts durch die tatsächliche physische Hardware gestellt. Doch
muss berücksichtigt werden, dass die Threads auch parallel ausgeführt werden können, falls sie auf einem Multi-Prozessor-System laufen.

Was sind die Unterschiede zu einem Prozess?

Ein **Prozess** kann gleichgesetzt werden mit einem Programm. Er bekommt beim
Start die Ressourcen vom Betriebssystem zugeteilt und bleibt bis zum Ende der Ei-

gentümer dieser Betriebsmittel (z.B. Adressbereich im Hauptspeicher, Dateien, Devices, Queues, Pipes ...).

Ein Problem, das dabei gelöst werden muss, ist die Kommunikation zwischen Prozessen: wie erfolgt der Datenaustausch innerhalb eines Systems, wenn jeder Prozess nur Zugriff hat auf seinen eigenen Adressbereich. Die Lösung ist plattform-abhängig („**Interprozess-Kommunikation**" **IPC**).

Ein **Thread** hat als Teil eines Prozesses keinen eigenen Adress-Raum. Somit teilt er sich die Variablen seines Programms mit allen anderen Threads. Sie benutzen alle denselben **Adressraum**. Das vereinfacht die Kommunikation zwischen Threads, hat aber den Nachteil, dass die Verwaltung von thread-individuellen Zuständen schwieriger wird.

Einsatzmöglichkeiten für Threads

- Beispiel 1:
  Event-orientierte Programme: der Prozess (das Programm) wartet auf Eingabe des Bedieners in ein Text-Feld. Gleichzeitig muss aber das Programm reagieren, wenn der Bediener andere Aktionen ausführt (z.B. Button drücken ...)

- Beispiel 2:
  Server-Programme: Typisch ist die Aufteilung eines *Server*-Prozesses in einzelne Threads. Jeder Client aktiviert einen neuen Thread. Dadurch wird es möglich, dass das Serverprogramm nur einmal aktiviert wird und nur einmal im Speicher steht, es aber mehrere Clients „parallel" bedienen kann. Das Serverprogramm verarbeitet gerade die Daten eines Clients, da kommt ein neuer Client-Aufruf, und dieser Request wird „parallel" zum ersten Aufruf verarbeitet

- Beispiel 3:
  Ein File-Transfer-Programm empfängt und speichert Daten. Gleichzeitig fliegen am Bildschirm Blätter von Korb zu Korb, bis die Datei kopiert ist. Man weiß also, dass der Rechner noch „lebt".

Transaktionsmonitore wie CICS oder Webserver wie Websphere oder Tomcat arbeiten mit Threads: Das Serverprogramm selbst ist der Prozess und somit auch der Ressourceneigentümer. Ein CICS-Programm oder ein Servlet/JSP oder eine EJB ist dann lediglich ein THREAD.

Welche Vorteile haben Threads?

- Sie bringen Performance-Vorteile:

  - weil Wartezeiten genutzt werden können für andere Methoden (= Idle-Time vermeiden),

  - durch Parallelarbeit innerhalb eines Programms, vorteilhaft vor allem bei Multiprozessor-Hardware,

- Threads können vom Betriebssystem schneller aktiviert werden als ein komplettes Programm (dies ist z.B. wichtig für Servlets in einem Webserver-Prozess).

- Sie sind aus logischen Gründen **notwendig, wenn** Teile eines Programms aktiv bleiben müssen, obwohl das Programm an einer anderen Stelle warten muss, z.B. bei einem Programm mit Benutzerinterface, damit ein Thread auf User-Events reagieren kann, während der Hauptthread arbeitet.

Aufgabenstellung *ThreadTest01/02.java*

Die Source-Programme zu diesem Abschnitt stehen im Ordner *x:\jt\kap04\threads*.

Es soll ein Programm geschrieben werden, dessen Methode *verarbeiten()* komplexe Berechnungen ausführen muss (hier simuliert durch die Methode *sleep(1000)*.

Während die Routine ihre Berechnungen im Hintergrund ausführt (in diesem Beispiel: schläft), soll das Programm jedoch weiterlaufen und die nächsten Befehle parallel ausführen.

- 1. Versuch:
  Programm *ThreadTest01.java*.
  Ergebnis: Der weitere Programmablauf stoppt, solange die Methode *verarbeiten()* läuft. Da es sich um eine Endlosschleife handelt, wird die zweite Instanz niemals erzeugt.

- 2. Versuch:
  Programm *ThreadTest02.java*.
  Ergebnis: Jetzt klappt es. Die Methode *verarbeiten()* wird umbenannt in *run()* und als eigener Thread gestartet. Während sie läuft, bekommt das Programm erneut die Kontrolle und führt die nächsten Befehle aus.

Erläuterungen zur Programm *ThreadTest02*

Das *java.lang*-Package enthält die Standard-API-Klasse *Thread*, die es erlaubt, mehrere Threads in einem Programm gleichzeitig auszuführen. Das Programm *ThreadTest02* erweitert (ebenso wie das Programm *ThreadTest01*) die Klasse *Thread*. Dadurch wird die Klasse lediglich Thread-fähig gemacht. Tatsächlich gestartet wird ein neuer Thread aber nur durch Aufruf der Methode *start()*. Dies ist eine Methode der Klasse *Thread*.

Ein neuer Thread wird in Java also gestartet durch Aufruf der Methode *start()*. Diese sucht eine Methode *run()*, die dann den Thread-Code enthält und als eigenständiger Thread verwaltet wird.

Threads können also nur über den Aufruf der Methode *start()* gestartet werden (nicht etwa durch Direktaufruf der Methode *run()*.

4.16   Properties

Was sind Properties?

Es gibt eine Class *Properties*. Diese repräsentiert eine Collection, d.h. eine Sammlung von Objekten. Sie ist von Hashtable abgeleitet, und sie verwaltet Key-/Value-Paare in Form von Strings.

Die Besonderheit ist, dass sie Methoden definiert, mit denen diese Werte in besonders einfacher Weise in **normale Textdateien** geschrieben ("*store()*") und daraus gelesen ("*load()*") werden können.

Wozu kann man Properties verwenden?

Die Fähigkeit der Properties-Klasse, den Inhalt einer Collection als lesbare Textdatei auszugeben bzw. eine Textdatei als Basis für den Aufbau der Collection im Speicher zu verwenden, macht sie zu einer idealen Wahl für

* Konfigurationsdateien (Tabellendateien mit Schlüssel- und Wert-Paaren)

* Speicherung und Einlesen von Systemeigenschaften (System-Properties).

* Internationalisierung von Programmen durch "Resource Bundles" (siehe dort).

Java ist plattform-unabhängig. Die Verbindung zum jeweiligen Betriebssystem kann also nicht so erfolgen, dass direkt auf die Environment-Variablen zugegriffen wird (nicht jedes Betriebssystem hat diese Einrichtung!). Hier hilft die Class *java.util.Properties,* mit der u.a. diese Environment-Daten für die Konfiguration und für die Benutzereinstellungen verwaltet werden können.

Wie ist eine Properties-Datei aufgebaut?

Eine Properties-Datei speichert die Informationen der Properties-Objekte auf der Platte. Sie hat einen sehr einfachen Aufbau:

* Pro Zeile enthält sie (normalerweise) ein Property

* Jedes Property besteht aus dem Key und dem zugehörigen Wert

* Sowohl Key als auch Value sind vom Datentyp *String*

* Key und Value sind durch Gleichheitszeichen voneinander getrennt.

* Kommentarzeilen beginnen mit # oder !

Die Datei besteht aus reinem ASCII-Text. Deswegen kann sie auch mit jedem Texteditor erstellt werden.

Wie arbeitet man mit System-Eigenschaften?

Das Java-Laufzeitsystem stellt standardmäßig eine ganze Reihe von Properties zur Verfügung. Die Class *System* definiert eine plattform-unabhängige Schnittstelle zu

Systemfunktionen. So bietet sie auch Methoden, um die Properties der JVM zu lesen und zu verändern:

Die Methode *getProperties()* liefert die beim Systemstart definierten Eigenschaften. Die einzelnen Werte für die Eigenschaften in diesem Objekt können gelesen werden mit *getProperty(String key)*. Sie liefern den Wert zu dem Key als String zurück.

Durch Aufruf der Methode *setProperty()* ist eine Veränderung der Systemeigenschaft möglich.

Hinweise zum Programm *Properties01.java*

Das Programm gibt eine Liste aller System-Properties auf dem Konsol-Bildschirm aus. Die Source-Programme zu diesem Abschnitt stehen im Ordner *x:\jt\kap04\properties*.

Wie kann man Properties setzen/verändern?

Es gibt mehrere Möglichkeiten, wie (System-)Eigenschaften gesetzt oder überschrieben werden können:

* Als Parameter beim Programmstart in der CMD-Line:
  ```
  java -Djdbc.drivers=com.persistentjava.JdbcDriver
  ```

* Innerhalb eines Java-Programms:
  ```
  System.setProperty("java.protocol.handler.pkgs",
     „com.sun.net.ssl.internal.www.protocol");
  ```

* Durch Einlesen einer Properties-File (siehe nachfolgendes Beispiel).

Hinweise zum Programm *Properties02.java*

In diesem Programm werden neue Properties gesetzt und anschließend ausgegeben. Außerdem wird die bestehende Eigenschaft "java.class.path" ausgegeben.

Hinweise zum Programm *Properties03.java*

Dies Programm demonstriert das Arbeiten mit einer Properties-File: Die Datei *default.properties* wird eingelesen, eine Property wird ausgegeben, und eine andere Property wird neu gesetzt.

Selbsttest

Schreibe ein Programm, das die Bezeichnung (den Key) und den Inhalt (den Value) der Default-Variablen "version" ausgibt. Diese Default-Variable steht in der *default.properties* File.

4.17   Wrapper – Klassen

Datentypen in Java

Es gibt zwei Arten von Datentypen in Java:

a) Primitive Datentypen

* elementare/eingebaute Datentypen, Basis-Datentypen

* liefern die Basistypen für Zahlen und Zeichen. Um die Sprache möglichst einfach zu halten, sind die einfachen Datentypen keine Objekte, d.h. Variablen von
  diesem Typ werden im Speicher angelegt, ohne dass explizit mit *new* eine Instanz erstellt werden muss. Beispiele sind:

  * *int*   (Ganzahl)

  * *long*   (Gleitkomma)

  * *char*   (Einzelnes Zeichen)

  * *boolean*   (Wahrheitswert).

* Eine Ausnahme bildet der STRING: er ist zwar eine Instanz der Class *String*,
  steht jedoch ohne ein explizites Instanziieren mit *new* zur Verfügung.

b) Referenztypen *(Objekttypen)*

* Dies sind Instanzen von Klassen (= Objekte). Jede Klasse definiert einen neuen
  Datentyp. Dieser Datentyp wird auch „benutzerdefiniert" genannt und ist letztlich zusammengesetzt aus primitiven Datentypen. Wird eine neue Instanz dieser
  Klasse erzeugt (mit Schlüsselwort *new*), so wird der Speicherplatz für diesen Datentyp belegt und zusätzlich eine Referenz (= Adresse) auf diesen Speicherplatz
  angelegt.

Die beiden Arten von Datentypen werden in Java sehr unterschiedlich behandelt. So
ist die Semantik der Parameterübergabe abhängig davon, ob es sich um einen primitiven Datentyp oder um einen Referenztyp handelt: primitive Datentypen werden als
Kopie weiter gereicht, für Referenztypen wird die Adresse weiter gegeben.

Was sind Wrapper-Klassen?

Für Zahlen werden normalerweise *primitive* Datentypen eingesetzt: int, float, long,
byte, short und double. Sie können in Programmen benutzt werden, ohne dass explizit Instanzen erzeugt werden müssen. Sie sind in die Sprache eingebaut (= *eingebaute* Datentypen). Darüber hinaus gibt es jedoch für den Bedarfsfall korrespondierende **Klassen** Integer, Long, Byte, Short und Double. Sie kapseln den zugrunde
liegenden Primitivtyp in einer eigenen Klasse und stellen einige nützliche Methoden
zur Verfügung. Diese Klassen werden Wrapper- Klassen genannt.

Wozu braucht man Wrapper-Klassen?

Viele Methoden erwarten als Parameter einen Object-Typ, d.h. sie erlauben keine primitiven Datentypen. So ist es z.B. beim Arbeiten mit Collection: Die Klassen LIST und SET können keine primitiven Datentypen aufnehmen. Auch bei Entity-Beans ist es erforderlich, dass der Datentyp des Keys eine Class ist und kein primitiver Datentyp. Was ist in solchen Fällen zu tun, wenn aber einfache Integer-Werte vorliegen?

Hier helfen die Wrappen-Klassen. Speicherplatz wird dann angelegt durch Erzeugen einer Instanz mit *new*.

- Beispiel 1:
  Es gibt eine Class „Integer", die nichts anderes macht als einen *int*-Wert zu speichern und Methoden zu liefern, die mit diesem Zahlenwert arbeiten. Eine Instanz wird erzeugt durch:
  ```
  Integer zahl = new Integer(4711);
  ```
  Damit kann der Basisdatentyp auch dann eingesetzt werden, falls zwingend ein Objekt erwartet wird.

- Beispiel 2:
  Einfache Datentypen können umgewandelt werden in Objektvariable und umgekehrt:
  ```
  Integer zahl1 = new Integer(5);
  int zahl2 = zahl1.intValue();
  ```

Erläuterungen zum Beispiel *WrapperTest01.java*

Die Source-Programme zu diesem Abschnitt stehen im Ordner *x:\jt\kap04\wrapper*.

Es soll eine Collection erstellt werden, die eine Reihe von Key-/Value-Paaren speichert, verwaltet und ausgibt. Die besondere Anforderung jedoch: Die Werte sowohl für den Key als auch für den dazu gehörenden Wert sind **einfache Zahlen**. Aber: In Collection (hier: Hashtable) lassen sich nur Objekte speichern.

Lösung:

Es **müssen** die Wrapper-Klassen für die primitiven Datentypen eingesetzt werden.

Selbsttest

Erzeuge in einem neuen Programm eine Instanz der Klasse Integer mit dem Wert 4711. Danach soll der Wert des Integer-Objekts umgewandelt (und ausgegeben) werden:

- in einen String
- in einen *int*-Wert (= primitiver Datentyp).

Zusammenfassung

Wrapperklassen werden eingesetzt,

- wenn Methoden aufgerufen werden, die zwingend Parameter vom Typ *Object* erwarten

- damit komfortable Methoden zum Konvertieren zur Verfügung stehen, z.B
  ```
  intValue()                    //erzeugt int aus Integer
  parseInt(String wert)         //erzeugt int aus String
  ```

Praktisches Beispiel: Programm *Wrapper02.java*.

4.18   GUI mit AWT und Swing

Was sind grafische Benutzeroberflächen (GUI)?

Im Gegensatz zu der text-orientierten Bedieneroberfläche im Terminal-Window (= Kommandozeilen im Konsolenfenster) ist die grafische Oberfläche (GUI) pixelorientiert, d.h. die anzuzeigenden Informationen werden punktweise am Bildschirm adressiert und "gezeichnet". In einem Command-Window dagegen werden die Texte zeilen- und spaltenweise adressiert und zeichenweise ausgegeben.

In Java gibt es zwei Packages für das Erstellen von GUI-Oberflächen:

- ursprünglich gab es lediglich das AWT-Package ("Abstract Window Toolkit")

- seit Java2 gibt es zusätzlich das SWING-Package ("Java Foundation Classes").

Was ist die "Java Foundation Class"?

Seit Java 1.2 ("Java2") gibt es eine verbesserte Version der GUI-Programmierung in Java: die "Java Foundation Class" – oder auch: "Swing". Folgende Übersicht zeigt, wie sich die AWT- und Swing-Programme formal unterscheiden:

	AWT:	Swing:
Import-Package	java.awt.*;	javax.swing.*;
Ableitung von:		
- Applets	extends Applets	extends JApplet
- Application	extends Frame	extends JFrame

Abb. 4.18.1: Formale Unterschiede von AWT und Swing

Was sind die wichtigsten Unterschiede zwischen AWT und Swing?

AWT benutzt die vorhandenen Funktionen des jeweiligen Betriebssystems, um am Bildschirm zu zeichnen. Swing dagegen zeichnet und verwaltet alle Bildschirmarbeit selbst. Gezeichnet wird mit 100% pur Java.

Wo liegen die Vorteile von Swing?

AWT ist eine Vereinbarung auf dem kleinsten gemeinsamen Nenner aller Betriebssysteme, denn alle Funktionen werden von Java an die Systemroutinen der jeweiligen Plattform weiter gegeben. Swing dagegen enthält eigene Routinen für die Erstellung von grafischen Benutzeroberflächen, ohne auf die Fähigkeit des jeweiligen Betriebssystems angewiesen zu sein. Außerdem stellt Swing eine ganze Reihe von zusätzlichen Dialogelementen zur Verfügung.

Aufgabenstellung des Programms *Fenster01.java*

Die Source-Programme zu diesem Abschnitt stehen im Ordner *x:\jt\kap04\gui*.

In einem Fenster sollen ein Text, ein Rechteck und ein Oval gezeichnet werden. Größe und Position werden vom Programm festgelegt. Gearbeitet wird mit AWT. Damit das Programm einfach bleibt, werden **Events** (siehe dort) nicht programmiert, d.h. das Fenster reagiert nicht auf Benutzereingaben. Deswegen muss es durch CTRL +C beendet werden.

Hinweise zum Programm *Fenster01.java*

Für das Zeichnen von Text gibt es die Methode *drawString()*. Sie erwartet die Zeichenkette und die x/y-Koordinaten für den Anfang des ersten darzustellenden Zeichens.

Für das Zeichnen von geometrischen Objekten wie Linien oder Kreise gibt es entsprechende Methoden in der Klasse *Graphics*, z.B.

```
drawRect(x, y, w, h);
```

Die vier Parameter übergeben die Position (x, y) und die Größe (w, h) des Objekts. Auch Texte werden in dieser Form gezeichnet. Für die Auswahl von Farben gilt das RGB-Modell, d.h. die Angaben erfolgen durch Integerwerte für die Mischung von **Rot**, **Grün** und **Blau**.

Einige Farben sind bereits vordefiniert (als statische Objecte) und können gesetzt werden durch:

```
setColor(Color.blue);
```

Hinweis: Die Vorteile der objekt-orientierten Programmierung zeigen sich beim Schreiben von GUI-Anwendungen besonders ausgeprägt: durch den Einsatz der Vererbungstechnik ("extends Frame") erbt das Programm eine Fülle von vorprogrammiertem Code.

Aufgabenstellung des Programm *Fenster03.java*

Das Programm *Fenster03.java* zeigt die Swing-Lösung für diese Aufgabenstellung aus *Fenster01.java*.

Aufgabenstellung des Programms *Fenster02.java*

Neben den geometrischen Formen kann eine GUI-Anwendung auch standardisierte *Komponenten* für den Dialog enthalten: Checkboxen, Scrollbars, Button, Menus usw. Für diese Steuerelemente (auch *Controls* genannt) werden Klassen mitgeliefert, in denen das Aussehen und das Verhalten dieser genormten Elemente vordefiniert sind. Die Methoden in diesen Klassen sorgen dafür, dass diese Komponenten in einem *Container* (= Hauptfenster)

- gezeichnet
- modifiziert und
- verwaltet

werden. Jedem Container kann ein Layout-Manager zugeordnet werden. Dieser sorgt für die optimale Anordnung der Komponenten und legt auch die Größe der Controls fest. Es kann gewählt werden zwischen mehreren mitgelieferten Layout-Klassen, z.B. ordnet das *FlowLayout* die Steuerelemente zeilenweise nebeneinander an:

```
setLayout(new FlowLayout());
```

Das Programm Fenster02.java erstellt die Controls *Button* und *Checkbox*. Das Layout des Fensters wird durch den Layoutmanager *GridLayout* festgelegt.

Aufgabenstellung des Programms *Fenster04.java*

Das Programm *Fenster04.java* zeigt dieselbe Aufgabenstellung wie *Fenster02.java*, diesmal jedoch als Swing-Lösung. Das AWT-Package wird aber weiterhin benötigt.

Ergänzende Hinweise:

- Swing bietet die Möglichkeit, das Aussehen und die Reaktionen von GUI-Komponenten (Controls) der jeweiligen Betriebssystem-Plattform anzupassen. Dazu ist im Programm das "Look and Feel" entsprechend zu setzen, z.B. für eine Motif- oder für eine Windows-Umgebung. Die Umgebung kann zur Laufzeit festgestellt werden, und dann wird entsprechend umgeschaltet.

- Die AWT- bzw. Swing-Klassen bieten neben den Möglichkeiten, geometrische Objekte zu zeichnen und vorgefertigte Komponenten für einen GUI-Dialog zu nutzen, auch Methoden zum zum Arbeiten mit Bitmaps (.gif und .jpeg-Files).

- Bei der Neufassung der GUI-Klassen durch Swing ist ein Schreibfehler entstanden: die Checkbox-Klasse des AWT heißt Checkbox, bei JCheckbox der Swing-Klassen wird das "**B**ox" nicht klein- sondern großgeschrieben.

4.19   Event-Handling

Was ist Event-Handling (Ereignisbehandlung)?

Die meisten Dialog-Programme arbeiten "ereignis-orientiert" oder "interaktiv". Dabei ist der Programmablauf nicht vorbestimmt (prozedural), sondern kann jederzeit vom Bediener gesteuert werden durch Maus oder Tastatureingaben. Das bedeutet, dass das Programm ständig bereit sein muss, auf Events ("Ereignisse") von außen zu reagieren.

Events sind Ereignisse, die z.B. vom Betriebssystem an das Programm gemeldet und dort "behandelt" werden. Diese Mimik gibt es beim Arbeiten mit Java Beans, beim Eintreffen von Nachrichten in einer Message Queues (siehe JMS) oder auch beim Einsatz von SAX-Parsern beim Einlesen von XML-Dokumenten (siehe Kap. 7). Eine der wichtigsten Anwendungen für "Event-Handling" jedoch ist das Reagieren auf Aktionen des Bedieners bei GUI-Programmen. Jedes Mal, wenn auf der Benutzeroberfläche eine Veränderung stattfindet, z.B. durch Mausklick auf einem Button, wird dies dem Programm gemeldet, und dort werden entsprechende Methoden ausgeführt.

Das Konzept des Event-Handlings wurde seit JDK 1.1. komplett überarbeitet. Die Art und Weise, wie Ereignisse empfangen und verarbeitet werden, wird seitdem als "Event-Delegation-Model" bezeichnet.

Was bedeutet "Event-Delegation-Model"?

Dies ist seit Java 1.1. die Strategie, um "event-driven-programming" zu realisieren. Zunächst registriert der Programmierer für jede Ereignisquelle (z.B. ein Button) den *Listener.*

- <quelle>.addActionListener(<Instanz der Class, die die HandlerMethode enthält>);

z B.   b1.addActionListener(Instanz von xyz);

Damit wird für das Control *b1* die *Class xyz* als Listener registriert. Diese Klasse *muss* entsprechende Methoden für die Behandlung aller möglichen Events implementiert haben. Es gibt keine implizite Zuordnung von Quelle und Listener, die Anmeldung muss explizit erfolgen oder es passiert auch nichts, wenn der Bediener die Aktion auslöst. Beweis: Die Programme im Abschnitt "GUI-Programmierung" reagieren auf keine Benutzeraktion - nicht mal ein Schließen der Fenster durch den Bediener ist möglich.

Das "Event-Delegation-Model" beschreibt, wie Events, die bei einer Quelle wie z.B. einem Button auftreten, an alle bei ihr registrierten Event-Listener weiter gegeben werden.

Wie werden die Events behandelt?

Der Anwendungsprogrammierer hat also die Aufgabe, für die Ereignisse, die relevant sind, so genannte *Event Handler* zu programmieren. Das sind Methoden, die das Ereignisobjekt empfangen und dann darauf reagieren. Sie werden auch *Listener* oder *Callback-Methoden* genannt. Eine wichtige Rolle dabei spielen die Namenskonventionen für Event, Listener und Methoden:

	Beispiel für Namensvergabe:
Um welches Ereignis geht es?	**Action**Event
In welcher Klasse steht der Listener?	add**Action**Listener
Welche Callback-Methode wird aufgerufen?	**action**Performed()

Abb. 4.19.1: Namenskonventionen beim Eventhandling

Aufgabenstellung zum Programm *Event01.java*

Die Source-Programme zu diesem Abschnitt stehen im Ordner *x:\jt\kap04\events*.

Wir modifizieren das Programm *Fenster04.java* (siehe Abschnitt "GUI") so, dass die Ereignishandlung durchgeführt wird. In diesem Beispielprogramm haben wir es mit zwei unterschiedlichen Listener zu tun:

- Interface *ActionListener* für die Behandlung der Button-Controls
- Interface *ItemListener* für die Behandlung der Checkbox-Controls

Diese müssen

- ausdrücklich registriert werden bei dem Objekt, bei dem die Ereignisse auftreten können, z.B. mit *addActionListener(this)* und
- zusätzlich implementiert werden durch die vorgeschriebenen Methoden, z.B. mit *actionPerformed()*

Als Parameter erwartet die Methode *addActionListener()* die Angabe der Klasse, die die Callback-Methoden enthält. Die Angabe *this* bedeutet, dass die Listener-Methoden sich in *dieser* (= eigenen) Klasse befinden – sie stehen also nicht in einer separaten, zusätzlichen Klasse.

Aufgabenstellung zum Programm *Event02.java*

Im Programm *Event02.java* befindet sich der Listener in einer eigenen, zusätzlichen Klasse ("MeinHaendler"). Diese Klasse muss eine Instanz der Klasse *MeinHaendler* erzeugen und diese Instanz beim Registrieren auch angeben. Bei Codieren der Class *MeinHaendler* ist darauf zu achten, dass alle notwendigen Interfaces implementiert werden:

```
... implements ActionListener, ItemListener
```

Anonyme Klassen

Die Programme *Event01/02* enthalten noch eine weitere Neuerung: Mit Hilfe einer anonymen Klasse wird ein WindowListener hinzugefügt:

```
// Listener, um Fenster zu beenden
addWindowListener(new WindowAdapter()   {
        public void windowClosing(WindowEvent e) {
                System.exit(0);
        }
});
```

Dadurch werden die Events, die durch das Systemmenu ausgelöst werden können, abgefangen und behandelt. In diesem Fall wird bei Close-Aufruf durch den Bediener mit "*System.exit()*;" reagiert.

Die Sprachmittel, die hier benutzt werden, basieren auf dem allgemeinen Java-Konzept der "lokalen" Klassen. Java erlaubt eine Schachtelung von Klassen – innerhalb einer Klasse kann eine andere Klasse eingebettet sein. Eine besondere Anwendungsform von lokalen Klassen ist der Einsatz von anonymen Klassen. Eine anonyme Klasse hat keinen Namen. Die Definition und Instanziierung erfolgt in einer kombinierten Anweisung:

```
new WindowAdapter() ....
        // anschließend folgt Implementierung
        // der Klasse, bis zum Semikolon ;
```

Der Name hinter *new* muss entweder eine existierende Klasse oder ein bestehendes Interface sein. So kann auf die Schnelle eine anonyme Klasse implementiert und für den einmaligen Gebrauch zur Verfügung gestellt werden.

WindowListener ist ein Interface. *WindowAdapter* implementiert dieses Interface mit Dummy-Methoden, und die Methode *windowClosing()* wird in dieser anonymen Klasse überschrieben.

5 Web-Application mit J2EE

Noch vor wenigen Jahren war Java reduziert auf eine Sprache für Client-Techniken – gedacht vor allem für das Schreiben von Applets. Die Vorteile der Java-Sprache wurden lediglich demonstriert durch Anwendungen mit komfortabler grafischer Benutzer-Oberfläche, möglichst ergänzt um Sound, Videoclips und Animation.

Mittlerweile hat sich der Schwerpunkt gewaltig verlagert. Java ist zu einer Technologie für die Server-Seite geworden. Servlets, EJBs und Web-Services sind die wichtigen Themen geworden.

Allerdings ist die Einarbeitung in diese Themen häufig nicht ganz einfach. Man benötigt zum praktischen Einsatz dieser Programme einen Application-Server. Das ist ein Software-Produkt, das es in unterschiedlichen Ausprägungen gibt - von diversen Herstellern, mit unterschiedlichen Versions- und Releaseständen und mit einer Fülle von Tools, die herstellerabhängig sind. Und für die Auswahl, die Installation und die Administration dieser Application-Server werden Kenntnisse der Java-Techniken vorausgesetzt, die man doch erst erlernen will.

Nach Durcharbeiten der nachfolgenden Kapitel wird der Leser alle relevanten J2EE-Techniken verstehen und einsetzen können und auch mit der Referenz-Implementierung und den Werkzeugen eines Web-Servers arbeiten können. Für das Erlernen dieses Stoffs ist es hilfreich, wenn die technischen Grundlagen des Internet (z.B. TCP/IP) und des Web (z.B. HTML) nicht ganz unbekannt sind, jedoch werden in den einzelnen Abschnitten die unbedingt erforderlichen Informationen gegeben.

5.1 Was ist die J2EE Platform?

Software Development Kit (SDK)

Java2 Enterprise Edition (J2EE) ist ein Software Development Kit (SDK) für die Erstellung von standardisierten, offenen Unternehmensanwendungen. Die Schlüsseltechnologien sind:

- Servlets und Java Server Pages (JSP)
- Enterprise Java Beans (EJB)
- Web-Services
- Application Clients.

Für diese Komponenten (Module) gibt es jeweils auch eigene Run-Time-Umgebungen (Container). Die folgende Tabelle zeigt die Zusammenhänge:

Modul-Typ:	Container-Typ:
Web-Module (Servlet/JSP)	Web-Container
EJB-Module	EJB-Container
Client-Module	Stand-Alona-Applikation

Abb. 5.1.1: J2EE-Modul-und Container-Typen

Das Packaging und das Deployment dieser J2EE-Componten ist Teil der J2EE-Spezifikation. Für jeden Modul-Typ gibt es eigene Deployment Descriptoren (dazu später mehr).

Hinweis zu Webservices

Die Web-Services (siehe Kapitel 8) können im Web-Container oder im EJB-Container laufen.

Was sind die Bestandteile der J2EE-Platform?

Die SDK enthält nicht nur die Spezifikationen (APIs) für die Serverside-Technologien, sondern auch eine komplette Implementierung der Plattform. Die wichtigsten APIs gibt es für:

- Komponenten (Web-Module, EJB-Module)
- Plattform-Dienste (Transaktionen, Security, Connectoren)
- Kommunikations-Protokolle (RMI, IIOP, JMS)
- Allgemeine Dienste (JNDI, JDBC).

Die Packages für die **Komponenten** sind meistens erkennbar am x in jaxa**x**, z.B.:

- javax.ejb
- javax.jms
- javax.servlet
- javax.xml.

Referenz-Implementierungen gibt es für:

- Application Server
- Datenbank-Server

- Message-Server und

- zusätzliche diverse Werkzeuge zum Erstellen und Deployen von Anwendungen.

Zusammenfassung: Was sind Web-Applicationen?

Web-Applicationen sind Module, die in einer WAR-File (**Web-AR**chive) gepackt sind. Sie sind die Komponenten, die in einem speziellen Container laufen und die zu einem HTTP-Request den dazu gehörenden Response liefern. Die Java-Programmtypen sind: Servlets und Java Server Pages (JSP).

EJBs dagegen laufen in einem anderen Typ von Container (in einem EJB-Container). Sie werden über IIOP angesprochen und erfordern JNDI.

Application Clients haben keine spezielle Run-Time-Umgebung, in der sie laufen. Sie greifen auf EJBs oder Datenbanken zu - ohne HTTP, sondern mit IIOP, JMS oder JDBC. Oder sie rufen Web-Services auf, dann benutzen sie SOAP.

Jeder Java-Programmtyp hat seinen eigenen Deployment Descriptor.

5.2   Einführung Internet-Anwendungen

Was sind die Standards für die Internet-Kommunikation?

Die wichtigsten **Standardisierungen** gibt es für folgende Aufgabenstellungen:

- Wie erfolgt die Adressierung von Maschinen, Dateien und Programmen?
  = durch die URL (Uniform Resource Locator)

- Mit welchem Protokoll verständigen sich Client und Server?
  = durch HTTP (Hypertext Transfer Protocol)

- Wie erfolgt die Darstellung der Daten, die an den Client geschickt werden?
  = durch die Auszeichnungssprache HTML

Was ist die URL?

In verteilten Systemen ist es wichtig, ein Adressierungsschema zu vereinbaren, das sowohl Sender als auch Empfänger verstehen. Im Internet ist dies die URL. Damit werden z.B. Text-Dateien, Programm-Dateien und Multi-Media-Dateien adressiert. Eine URL ist also ein (weltweit) eindeutiger *Locator* für Objekte im Internet. Der Aufbau der URL ist genormt.

Die Adressierung erfolgt **direkt**, d.h. der Client muss wissen, auf welchem Server sich die Ressource befindet und er muss den Namen der Ressource wissen. Über die IP-Nummer und den Port, ergänzt um die Pfadangabe und den Dateinamen, wird die Ressource dann adressiert. Bei der **absoluten** Adressierung muss die komplette URL angegeben werden, beginnend mit dem Protokoll:

> http://ip-adresse:port/pfad/dateiname

Bei der **relativen** Adressierung werden fehlende Angaben ergänzt nach bestimmten Regeln. Meistens handelt es sich um die Adressierung von Ressourcen, die in demselben Verzeichnis oder in einem seiner Unterverzeichnisse stehen. Dann können sie adressiert werden durch "dateiname" oder durch "subfolder/dateiname"..

Es gibt auch die **symbolische** Adressierung beim Einsatz der URL. So kann mit Server**namen** gearbeitet werden, dann wird die IP-Nummer über DNS gesucht. Für den Port gibt es einen Default-Wert (80) des HTTP-Daemon, und eine Datei kann mit Hilfe der URI (Uniform Resource Identifier) **indirekt** adressiert werden, wenn der Server in der Lage ist, diese URI zu "mappen" in die jeweiligen physikalischen Pfad- und Dateinamen. Ein URI gibt nicht die Lokation der Ressource an wie URL, sondern ist lediglich ein Identifier, ein eindeutiger Bezeichner.

Was ist HTTP?

Das Protokoll HTTP legt zusätzlich zur Art der Adressierung fest:

- die Syntax und Semantik der **Befehle**, die der Partner versteht (z.B. GET oder POST)

- wie der **Datenblock ("Frame")**, der über die Leitung geht, aufgebaut ist (= mit Header und Body):

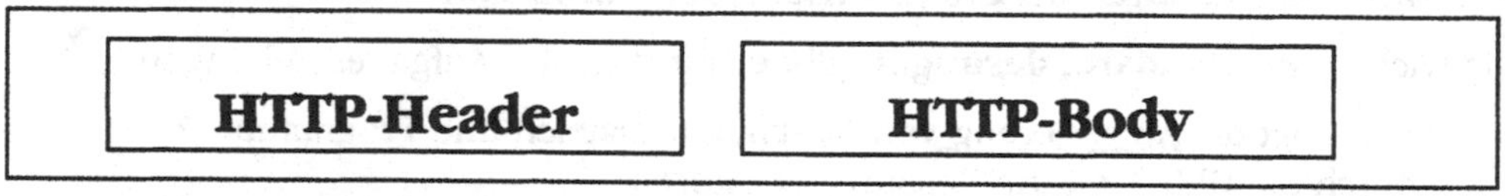

Abb. 5.2.1: Aufbau einer HTTP-Nachricht

- wie die **Parameter** vom Client zum Server geschickt werden (als URL-Anhang oder im Body-Teil des Requests) Wichtig ist: Die Parameter werden immer als Text-Strings in Form von Name/Value-Paaren übergeben: **kdnr=4711.**

Das Senden von Daten an den Server wird "Request" genannt, die Antwort ist der "Response".

Es gibt keine Datentypen; der Transport der Daten erfolgt immer in Klartext (strings). Probleme, die dadurch entstehen, dass Sender und Empfänger auf unterschiedlichen Plattformen arbeiten und auch unterschiedliche Character-Sets benutzen können, sind so leichter zu klären und durch bestimmte Konventionen gelöst.

So kann der Client auch Sonderzeichen übertragen, die in unterschiedlichen Plattformen oder Sprachen unterschiedliche Bedeutung haben. In diesem Fall wird das entsprechende Zeichen ersetzt durch ein Prozentzeichen (%), gefolgt vom ASCII-Wert des Zeichens in Hexadezimal (Basis 16), z.B. "%26" für & oder "%21" für !.

Wenn zusätzlich der Inhaltstyp *application/x-wwww-form-urlencoded* in der HTML-Datei angegeben wird, dann wird die Doppelbedeutung aufgehoben, und auf der Empfängerseite werden die Bytes entsprechend de-codiert.

Aufbau des Requests

Für den **Request** gibt es im Wesentlichen zwei Verfahren: GET und POST. Diese beiden Befehlsarten unterscheiden sich durch die Art, wie die Daten (= Parameter) vom Client an den Server übergeben werden. Die Festlegung des Verfahrens erfolgt z.B. in einem HTML-Formular innerhalb des <form> Tags:

<form method="POST" | "GET" action = <url des Programms>

Beispiele für die beiden Request-Verfahren: Im Client-Request soll die KdNr. 4711 an den Server übertragen werden – im ersten Beispiel mit dem GET-Befehl, im zweiten Beispiel mit dem POST-Befehl.

a) Das *erste Beispiel* zeigt den Aufbau des HTTP-Requests, wenn der **GET**-Befehl benutzt wird. Beim GET-Befehl werden die Daten (Parameter) an die URL gehängt:

```
GET /progr1?kdnr=4711  HTTP/1.0
Accept: image/gif
User-Agent: Mozilla/4.0
Host: merker.com
```

Abb. 5.2.2: HTTP-Request mit der GET-Methode

b) Das *zweite Beispiel* zeigt den Aufbau des HTTP-Requests, wenn der **POST**-Befehl benutzt wird. Beim POST-Befehl stehen die Daten (Parameter) in einem separaten Block, im Body. Eine Leerzeile trennt den Header von dem Body:

```
POST / HTTP/1.0
Accept: image/gif
User-Agent: Mozilla/4.0
Host: merker.com
```

```
kdnr=4711
```

Abb. 5.2.3: HTTP-Request mit der POST-Methode

Aufbau des Response

```
HTTP/1.1. 200 OK

Date: Mon, 19 April 2004

content-type:text/html

content-length: 186
```

```
<!DOCTYPE HTML ...>
<html><head><title>
Dies ein ein HTML-Dokument
</title></head>
```

Abb. 5.2.3: HTTP-Response-Beispiel

Der **Response** enthält im Messagebody ausschließlich HTML-Daten.

Nach dem Response ist die Kommunikation beendet, und es existieren keine Status-Informationen mehr darüber, weder beim Client noch beim Server. Wenn derselbe Client sich unmittelbar darauf noch einmal meldet, weiß der Server nicht, dass der Client bereits kurz vorher einen Request geschickt hatte. Die gesamte Kommunikation im Internet basiert auf diesem Request-/Response-Modell.

Was ist HTML ("Hypertext Markup Language"?

Für die Beschreibung der Ergebnisdaten gibt es die HTML-Auszeichnungssprache. Mit Hilfe von festgelegten *tags* wird der Aufbau der Ausgabe beschrieben. Gearbeitet wird mit Character-Strings. Es gibt keine Datentypen. Allerdings können Dateien eingebettet sein, die einen Bitstrom enthalten. Das sind Multimedia-Dateien, die mit Hilfe von MIME-Typen standardisiert sind: z.B.GIF- oder PDF-Files.

Begriffserklärung "Protokoll"

Protokolle sind Vereinbarungen zwischen Partnern auf gleicher Ebene, d.h. der Inhalt eines Protokolls ist abhängig von der jeweiligen Schicht (= „Layer", so wie sie z.B. spezifiziert sind im OSI-Referenzmodell). Abhängig von dem Layer, den man betrachtet, gibt es im Web also verschiedene Protokolle:

- das Netzwerk-Protokoll auf Ebene 3 und 4 ist es TCP/IP ,
- das Anwendungsprotokoll auf Session-Ebene 5 ist es HTTP.
- das Darstellungsprotokoll auf Ebene 6 ist es HTML
- das Anwendungprogramm auf Ebene 7 ist es die JVM (entweder im Browser oder im Web-Server)

5.3   HTTP-Server programmieren

Was ist ein HTTP-Server?

Ein **HTTP-Server** ist ein Programm, das einem Client auf Anforderung eine HTML-Datei senden kann, die dieser im Browser anzeigt. Voraussetzung ist eine TCP/IP-Verbindung zwischen Client und Server.

Ein **Web-Server** bietet darüber hinaus mehr Möglichkeiten als ein HTTP-Server: er kann nicht nur statische Webseiten liefern, sondern HTML-Seiten zur Laufzeit dynamisch generieren, d.h. per Programm zusammenstellen.

Aufgabenstellung zum Programm *HTTPServer01.java*

Die Source-Programme zu diesem Abschnitt stehen im Ordner *x:\jt\kap05\HTTPServer*.

Es soll ein Serverprogramm geschrieben werden, das in der Lage ist, mit einem Client zusammen zu arbeiten – und zwar ausschließlich unter Verwendung von Internet-Standards.

- Es soll nach dem Start auf eine Client-Anfrage warten (am Eingang über PORT 80).

- Der Client gibt im Browser die richtige **URL** ein und schickt dies als HTTP-Anforderung an die IP-Adresse des Server.

- Anhand der Port-Nr. wird beim Empfangshost das Serverprogramm identifiziert.

- Das Serverprogramm erkennt den **HTTP**-Request und wird entsprechend reagieren (das heißt in diesem Fall: als Response einen **HTML**-Datenstrom an den Client zurück liefern)

Erläuterungen zum Programm *HTTPServerTest01.java*

Das Quellenprogramm *HTTPServerTest01.java* enthält zwei Klassen: *HTTPServer01* und *HTTPServerTest01*.

Ausführbar ist die Klasse *HTTPServerTest01*. Sie erzeugt eine Instanz von *ServerSocket* und verbindet sie mit dem Port 80. Sobald eine Nachricht am Port 80 eintrifft, wird diese „akzeptiert", eine Instanz von *HTTPServer01* erzeugt und die eingetroffenen Daten dieser Instanz übergeben.

Das Quellenprogramm *HTTPServer01.java* verarbeitet den Socket-Stream: es wird zeilenweise gelesen und jede Zeile „geparsed" (analysiert). Auf diese Weise wird zunächst die HTTP-Methode (GET oder POST) und danach der Name der angeforderten Datei gefunden. Im echten Leben würde dann diese (HTML-) Datei von der Platte gelesen. In unserem Lehrbeispiel stellen wir die HTML-Ausgabe im Programm zusammen.

Umwandeln

Umgewandelt wird das Programm *HTTPServerTest01.java.* Daraus resultieren zwei Class-Files.

Testen

- Serverprogramm starten: x:*jt**kap05**HTTPServer>java **HTTPServerTest01***
- Eingabe in Browser: *http://localhost:80/test.html*

Angezeigt wird die vom Programm zusammen gestellte HTML-Datei. Das Programm ist auch in einem anderen Punkt nicht praxistauglich: es reagiert nur auf *einen* Client, es fehlt Multi-Threading.

Sehr wichtig ist aber die Erkenntnis, dass die Connection nach dem Response abgebrochen wird. So ist es auch im realen Internet-Leben: Das HTTP ist ein **stateless-Protokoll.** Es gibt keine Statusinformationen über den Request-/Response hinaus. Der Client stellt seine Anfrage, die wird bedient, und danach sind weder beim Client noch beim Server Informationen gespeichert, um diese Verbindung zu identifizieren. Das wird uns noch Kummer machen, wenn Dialog-Datenverarbeitung (z.B. bei kommerziellen Anwendungen) notwendig wird.

Hier eine Übersicht der Abläufe:

- Browser veranlasst den Aufbau einer Internet-Verbindung zum Server (in diesem Fall mit *localhost*.. Dieser kann auch über die IP-Adresse 127.0.0.1 erreicht werden).
- Wenn die TCP/IP-Verbindung connected ist, stellt der Browser den HTTP-Request zusammen (in diesem Fall: *GET /test.html...*), und die Daten werden übertragen
- Beim Server wird das Programm identifiziert, das mit dem Post 80 verbunden ist (in diesem Fall mit *HTTPServerTest01)*
- Der Server antwortet mit einem Response
- Danach wird (standardmäßig) die TCP/IP-Connection beendet.

Analyse des REQUEST

Um zu sehen, wie ein Request vom Browser zusammengestellt und an den Server geschickt wird, kann man das Programm "*SocketWatch01*" starten und dann im Browser den Aufruf wiederholen: *http://localhost:85/test.html*

Das Server-Programm liest lediglich den Datenstrom des Request und gibt ihn als Echo auf dem Bildschirm aus:

Abb. 5.3.1: HTTP-Request (Anforderung einer HTML-Seite)

Sehr gut zu sehen ist jetzt, dass **GET** die Default-Methode ist (und nicht POST). Frage: Muss das Serverprogramm *HTTPServerTest01* vorher beendet werden? Wenn nein, warum nicht?

Analyse des RESPONSE

Getestet werden kann auch mit einer *telnet*-Verbindung. Hierzu muss ein Serverprogramm gestartet sein, das auf Port 80 horcht (unser HTTPServer01-Programm). Dann in CMD-Line eingeben:

*   "telnet localhost 80"   // ohne Hochkomma, kein Doppelpunkt vor Port

*   "GET test.html"   // unsichtbare Eingabe

Dies führt dazu, dass der Ausgabe-Datenstrom (= Response) wie folgt angezeigt wird:

```
HTTP/1.0 200 OK
Date: Thu Jun 03 10:19:25 CEST 2004
Server: Handgestrickt V. 1.0
MIME-version: 1.0
Content-type: text/html

<HTML><H2> Dies ist die Antwort</H2>
<H1>Hier wuerde die Datei test.html angezeigt</H1>
</HTML>


Verbindung zu Host verloren.

I:\JT\kap05\HTTPServer>
```

Abb. 5.3.2: HTTP-Response (Senden einer HTML-Seite)

Dies ist genau der Text, der an den Browser geliefert und von diesem entsprechend interpretiert wird. Man kann klar erkennen, dass HTTP ein ganz einfaches Protokoll ist, das lediglich Texte transportiert.

Selbsttest

a) Starte den Server *SocketWatch01* und beobachte den Request-Datenstrom, wenn ein Parameter beim Aufruf mitgegeben wird: *http://localhost:85/test.html?kdnr=4711*.

b) Ändere den Port beim Server-Programm *SocketWatch01* auf 80, und rufe im Browser-Client die korrekte URL auf.

c) Frage: Muss der Port 80 bei der URL angegeben werden, oder klappt der Aufruf auch ohne die Angabe des Ports?

5.4   Applets

Was ist ein Applet?

Ein Applet ist ein Java-Programm, das mit Hilfe von Internet-Standard-Technologien gestartet und auf der Client-Seite ausgeführt wird. Diese Standards sind:

- **HTML** (das Applet ist in einer HTML-Datei eingebettet).
- **HTTP** (das Applet ist gespeichert bei einem Web-Server und wird von dort aus über das Netz transportiert zum Client)
- **Browser** (das Applet wird als Teil der HTML-Seite vom Browser gestartet)

Wichtige Merkmale eines Applets sind:

- Es wird immer über das TCP/IP-Netz geladen („download" vom Server).
- Es ist kein eigenständiges Programm, sondern läuft auf der Client-Seite als Thread und unter Kontrolle eines "Java Runtime Environments JRE", das Teil des Browser-Programms sein muss.
- Die Bedieneroberfläche ist immer ein GUI (ein Fenster innerhalb einer HTML-Seite).
- Es hat nicht alle Möglichkeiten, die eine Java-Application hat, sondern ist in seinen Rechten stark eingeschränkt ("Sandbox-Modell"):
  - Zugriff auf Client-Maschine, insbesondere auf das File-System des Clients , ist begrenzt
  - Zugriff auf das Netz ist limitiert, Verbindung ist nur zur Servermaschine, von der es kommt, erlaubt.
- Die Einschränkungen können z.T. aufgehoben werden ("signierte Applets").

Aufgabenstellung der Programme *Applet01.java/Applet01.html*

- Die Source-Programme zu diesem Abschnitt stehen im Ordner *x:\jt\kap05\applets*.

- Es soll ein Applet erstellt und ausgeführt werden, das einen Text "zeichnet" und eine Linie zieht (nicht besonders sinnvoll, aber eindrucksvoll). Applets bieten keine Textschnittstelle über eine Kommandozeile, sondern es muss zwingend eine graphische Benutzeroberfläche erstellt werden. Das Applet soll wegen der besseren Übersicht dem neu zu erstellenden Package "applets" zugeordnet werden.

- Damit ein Test möglich ist, muss eine HTML-Datei *Applet01.html* erstellt werden, in die unser Applet eingebettet wird. Für den Aufruf von Applets gibt es spezielle HTML-Tags:
  <APPLET CODE="package.classname" ... </APPLET>
  Wichtig ist die Punktnotation für Pfad und Classname (= Java-Schreibweise).

Deployen der Anwendung

Damit das Testen durch Aufruf im Browser möglich wird, müssen die Ressourcen im Web-Server verfügbar sein. Bei der Installation eines jeden Web-Servers bekommt *ein* Ordner eine besondere Bedeutung: die "Document Root". Das ist der Ordner, der standardmäßig die HTML-Files und alle dazugehörenden statischen Ressourcen aufnimmt. Bei der Referenz-Implementierung eines J2EE-Server ist dies der Installationsordner und dort der Sub-Folder *docroot*.

Wir kopieren die Dateien in diese Document Root ("per Hand", ohne Deploytool):

- Die HTML-Files in: x:\Sun\domains\domain1\docroot*.html

- Die Class-Files gehören zu einem Package, deswegen einen neuen Subfolder ("applets") erstellen im Pfad x:\Sun\domains\domain\docroot\applets\

Danach die Class-File kopieren in:
  x:\Sun\domains\domain\docroot\applets*.class

Starten des Servers (durch START|PROGRAMME|SUN|J2EE 1.4.SDK|Start Default Server)

Abb. 5.4.1: Starten des Application-Servers

Warten bis "...domain1 started" kommt, danach Enter-Taste drücken. Das Fenster wird minimiert (erscheint in der Statusleiste).

Testen des Programm *Applet01.java*

Im Browser eingeben (Groß-/Kleinschreibung beachten!):

http://localhost:8080/Applet01.html

Das Ergebnis ist folgende Anzeige:

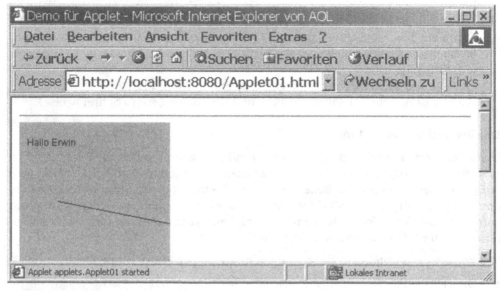

Abb. 5.4.2: Browser-Anzeige nach Aufruf der Datei *Applet01.html*

Sollte das Applet-Rechteck leer bleiben, bitte zunächst prüfen, ob die richtige URL eingegeben worden ist (Groß-/Klein-Schreibung) und ob das Applet in der richtigen Directory („applet**s**") steht (dies wird wegen der Package-Angabe verlangt). Ist das ok, bitte den nachfolgenden Hinweis beachten:

Die Ausführung der Applets kann verweigert werden, und das Java-Fenster bleibt leer. Grund: Die Unterstützung von Java im Microsoft-Browser IE ist –vorsichtig formuliert - etwas lieblos. Insbesondere kann es zu Problemen kommen, wenn die Version der JVM beim Compilieren höher ist als im Browser verfügbar. Dann muss das Plug-In im IE-Browser neu installiert werden, oder das Applet wird nicht ausgeführt.

Wenn an dieser Stelle Probleme auftauschen: Die beiliegende CD enthält die JRE, diese enthält auch das Browser-Plug-In. Nach Installation der JRE sollte auch der Internet Explorer mit Applets umgehen können.

**Hinweise zur Installation des Plug-In
(falls notwendig, weil Applet nicht läuft)**

Die Internet-Verbindung muss gestartet sein. Danach starten der Datei *J2RE-1_4_04-windows-i586-p-iftw.exe*.

Nach Installation muss im IE unter EXTRAS| INTERNETOPTIONEN | ERWEITERT die Checkbox ausgewählt sein, die die Unterstützung der JVM aktiviert.

Erläuterungen zum Programm *Applet01.java*

Applets müssen die Class *java.applet.Applet* erweitern. Damit erben sie eine Fülle von vorprogrammiertem Code. Selbst ein Mini-Applet wird dadurch sehr leistungsfähig: wenn z.B. das Fenster verschoben oder minimiert wird, erfolgt die Neuzeichnung automatisch.

Applets haben keine *main()*-Methode. Gestartet wird mit einer *init()*-Methode (falls vorhanden), und danach wird vom Browser u.a. die Methode *paint()* aufgerufen. Applets sind immer GUI-Programme; die Darstellung der Ausgabe ist pixelorientiert, und die Positionierung erfolgt durch Angabe der x/y-Werte im Koordinatensystem des Fensters.

Erläuterungen zum Programm *Applet02.java*

Das Programm *Applet02* ist etwas umfangreicher. Es demonstriert das Zusammenspiel zwischen dem Browser (= Prozess) und dem Applet (= Thread). Der Browser steuert den Lifecycle des Applets, indem die in der Basisklasse *Applet* vorgesehenen Callback-Methoden (siehe Events) aufgerufen werden.

Der Lifecycle eines Objekts ist die Beschreibung verschiedener Phasen, die eine Komponente durchläuft. Der Wechsel von einer Phase zu einer anderen erfolgt durch Aktionen des Run-Time-Containers, in dem die Componente läuft: bei einem Applet bestimmt das Verhalten der Browser. Zwischen dem Browser und der Applet-Class sind Methodennamen vereinbart, damit ein automatischer Methodenaufruf erfolgen kann – und das sind die so genannten Callback- Methoden oder Lifecycle-Methoden. Dazu gehören

- *init()* = einmalig nach dem Laden des Applets
- *start()* = nach *init()* und nach jedem *stop()*
- *stop()* = nach jedem Verlassen der Seite
- *paint()* = Aufruf beim ersten Mal und nach jedem Verschieben
- *destroy()* = wird am Programmende aufgerufen

Ein Applet wird programmiert, indem die von der Klasse *Applet* geerbten Lifecycle-Methoden überschrieben werden. Um den Lifecycle von *Applet02* verfolgen zu können, muss im Browser ein Konsolfenster aufgemacht werden:

- im IE: EXTRAS | SUN JAVAConsole

- in Netscape: Aufgaben | Extras | Java Console

Selbsttest

Im Browser aufrufen:

http://localhost:8080/Applet02.html

und danach im Browser-Fenster Minimieren, Maximieren, Verschieben oder Rückwärts blättern. Welche Meldungen erscheinen auf der Java-Console?

Erläuterungen zum Programm *Applet03.java*

Das Programm demonstriert die Systemreaktion, wenn versucht wird, aus dem Sandkasten auszubrechen. In diesem Fall versucht das Applet, auf das lokale Filesystem zuzugreifen.

Testen des Programm *Applet03.java*

Auch dieses Applet wird durch Aufruf einer HTML-Seite gestartet. Die URL im Browser ist:

http://localhost:8080/Applet03.html.

Zum Testen bitte den Button „*Datei einlesen*" anklicken. Die dadurch ausgelöste Leseaktion in der Datei *Text.txt* darf aus Sicherheitsgründen nicht ausgeführt werden. Im Protokoll der Java Console erscheint folgende Fehlermeldung:

java.securityAccessException access denied (Text.txt)

Die Sun Java Console kann im Browser angezeigt werden durch: EXTRAS | JAVA SUN CONSOLE.

Zusammenfassung und Bewertung

- Ein Applet erweitert die Fähigkeiten des Browsers. Es wird vom Server geladen und auf der Client-Seite ausgeführt (eine alternative Technologie ist Java-Script).

- Ein Applet zählt zu den statischen Web-Resourcen, denn der Inhalt ist für alle Nutzer gleich und kann nicht beeinflusst werden. Der einzige Weg, den Inhalt zu ändern, ist die Änderung des Source-Programms und Neu-Compilierung.

- Ein Applet muss wie andere statische Ressourcen (HTML-Seiten und JSPs) im Document-Root abgelegt werden.

- Ein Applet hat eingeschränkte Rechte auf der Client-Maschine, z.B. darf es standardmäßig nicht auf Peripheriegeräte zugreifen.

- Ein Applet ist "gefangen" in seiner HTML-Seite. Die Kommunikation mit der Außenwelt ist begrenzt und standardmäßig nur über fest in der HTML-Seite verdrahtete Parameter möglich (natürlich ist eine GUI-Oberfläche möglich, eingegeben Informationen können aber standardmäßig nicht an ein Serverprogramm weiter gegeben werden).

- Sollen diese Einschränkungen überwunden werden, so ist ein **Protokollwechsel** erforderlich. Das würde bedeuten, der Programmierer stellt in dem Applet eine neue Verbindung über ein anderes Protokoll als HTTP her, z.B. mit JDBC oder IIOP.

- Die Ausführung eines Java-Applets hängt ab von der Unterstützung im Browser. Diese kann fehlen, weil z.B. die Java-Level nicht übereinstimmen oder weil die Unterstützung vom Benutzer "disabled" wurde.

- Aus diesen Gründen spielen Applets heute eine unbedeutende Rolle. Die Bedeutung von Java liegt eindeutig beim "server-side-programming". Erst dadurch bekommen Web-Seiten dynamische Inhalte, und erst dadurch sind Dialoge mit dem Bediener möglich.

Wie unterscheidet sich ein Applet von einer Java-Application?

Ein Java-Applikation ist ein Programm, das in einer eigenen JVM läuft. Es enthält eine *main()*-Methode, und alle Aktionen müssen selbst programmiert werden.

Ein Java-Applet läuft unter Kontrolle einer speziellen Run-Time-Umgebung – nämlich des Browsers. Der Browser kontrolliert den Lifecyle des Applets: die Methoden *init()*, *start()*, *paint()* usw. werden automatisch aufgerufen. Durch die Ableitung von der Class *Applet* erbt ein Applet eine Vielzahl von vorprogrammierten Methoden und Verhaltensweisen.

5.5   Einführung Web-Applikation

Was sind Web-Applikation?

Web-Applikation (oder auch: WebApp, Web-Componenten und Web-Module sind eingeführte Begriffe) bestehen aus Servlets und JSPs und sind

a) dynamische

b) interaktive

c) web-orientierte

Anwendungen.

zu a) dynamisch

Die Ergebnisse einer Web-Anwendung werden dynamisch erzeugt, d.h. die Ausgabe ist nicht statisch festgelegt wie bei einer gespeicherten HTML-Seite, sondern wird programmtechnisch zusammengestellt - je nach Situation und Client-Anforderung.

Beispiel:

In einer Browser-Seite wird eine Kunden-Nr. eingegeben, und der Web-Server antwortet mit der Anzeige der jeweiligen Daten dieses Kunden. (Selbsttest: Ginge das auch mit einem Applet?)

zu b) interaktiv

Der Aufruf einer Web-Applikation erfolgt durch einen Browser-Client. Der Ablauf der Aktion ist user-orientiert, weil Parameter, die vom Client an das aufgerufene Programm übertragen werden, die Art der Server-Verarbeitung und den Ablauf des Serverprogramms beeinflussen.

Beispiel:

In einer Browser-Seite werden Auftragsdaten eingegeben und an ein Serverprogramm (z.B. Servlet) übertragen zur Verarbeitung. Der Ablauf des Programms hängt ab von der Eingabe des Clients (anders als bei Batch-Anwendungen).

Große Herausforderungen sind dabei:

*   Wie erfolgt die Dialogsteuerung (= Bildfolge...)?
*   Ist eine Session-Verwaltung (= Statusinformationen über Client-Server-Verbindung) notwendig?

zu c) Web-orientiert

Eingesetzt werden **bewährte Internet-Standards**: HTTP-Request/Response als Netzprotokoll und HTML als Darstellungsformat. Natürlich gilt auch hier wieder das Client-Server-Verhältnis der Software: Als Client fungiert der Browser, als Server wird ein "Web-Server" benötigt, und die Kommunikation wird immer gestartet vom Client.

Hinweis: „Web-Apps" nicht verwechseln mit "Web Services" (siehe dort). Web-Services sind eine spezielle Art von Web-Applikation: sie sind nicht präsentations-orientiert, d.h. sie erzeugen keine HTML-Response, sondern sind service-orientiert. Sie stellen über die HTTP-Verbindung Programm-Module zur Verfügung.

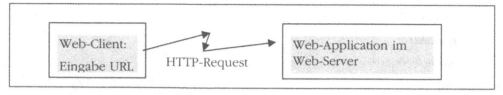

Abb. 5.5.1: Wie wird eine Web-App aufgerufen?

Der **Web-Client** ist standardmäßig eine Browseranwendung, also eine HTML-GUI-Oberfläche (HTML-FORM), die mit dem Protokoll HTTP die Web-Application aufruft. Der Web-Client wird auch als „Thin-Client" bezeichnet: er führt keine Business-Methoden aus; er hat keine Möglichkeiten, auf Daten zuzugreifen und ist lediglich zuständig für die Benutzeroberfläche. (Hinweis: Natürlich ist es durch einen Proto-kollwechsel z.B. auf IIOP oder auf JDBC auch dem Client möglich, derartige Aufga-ben durchzuführen. Dies entspricht aber nicht der empfohlenen Vorgehensweise.)

Die Web-Application läuft (als Thread) in einem Web-Container. Das ist eine Run-Time-Umgebung, die eine Fülle von vorprogrammierten Aufgaben erfüllt, insbeson-dere führt sie das Lifecycle-Management für die Servlets und JSPs aus und sorgt für das Dispatchen (Erläuterungen zum Thema Dispatchen folgen später) dieser Threads.

Begriffsklärung: Web-Server, HTTP-Server, Servlet-Container ....

Sobald vom Client nicht nur statische HTML-Seiten abgerufen werden, sondern auch Serverprogramme gestartet werden sollen, reicht ein einfacher HTTP-Server nicht aus. Es wird eine spezielle Runtime-Umgebung erforderlich: ein Web-Server (oder auch Web-Container oder Servlet-Container oder JSP-Container).

In der Praxis ist der Web-Container häufig ausgelagert (wegen Skalierbarkeit) und bildet einen eigenen Prozess. Die verwendeten Bezeichnungen (Web-Container, HTTP-Server usw.) werden leider unterschiedlich verwendet. Deswegen hier die De-finition, so wie diese Begriffe in diesem Buch verwendet werden:

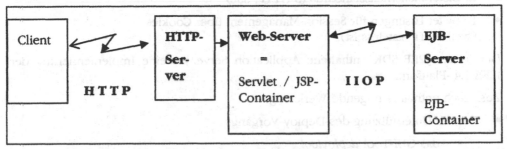

Abb. 5.5.2: Diverse Server in einer Multi-Tier-Umgebung

Der **HTTP-Server** ist mit einem Port verbunden, den der Client in seinem Request anspricht (Default-Port für HTTP: 80). Außerdem verwaltet der HTTP-Server die sta-tischen Ressourcen (HTML, Java-Applet und Dateien mit Multimedia-Daten) und stellt diese Dokumente dem Client per HTTP zur Verfügung.

Der Datenaustausch zwischen dem **Web-Server** und dem HTTP-Server erfolgt ge-mäß der CGI-Spezifikation. CGI (Common Gateway Interface) ist ein Standard für die Server-Seite, der definiert, wie HTML-FORM-Eingaben (siehe Abschnitt "Servlet mit Form-Verarbeitung) an Anwenderprogramme übergeben werden. CGI-Programme werden aufgerufen durch den Client in einer HTML-Page (z.B. durch Anklicken des Submit-Buttons). Abhängig davon, ob die GET- oder POST-Methode gewählt wurde, werden die Parameter als Teil der URL oder in einem separaten Da-

tenblock übertragen, vom HTTP-Server an den Web-Server weitergereicht, dort eingelesen und dann geparsed.

Der **EJB-Server** verwaltet die Enterprise-Beans. Die Kommunikation mit einem
Client (z.B. aus dem Web-Server heraus) erfolgt mit dem IIOP-Protokoll, und ein
Zugriff auf die EJBs kann nur über einen JNDI-Namensserver erfolgen..

Kommerzielle Produkte für diese Server-Programme sind am Markt reichlich verfügbar (WebSphere von IBM, Enterprise Server von Netscape, Suse oder Borland,
WebLogic von BEA, Sun Application Server, IIS von Microsoft usw.)

> Die J2EE-SDK enthält eine kostenlose und komplette Referenz-Implementierung aller
> benötigten Server, den "Application Server". Dieser Server stellt eine funktionsfähige
> Realisierung zur Verfügung, um als Referenz zu dienen für J2EE-Plattform-Provider.
> In all unseren Übungen werden wir diesen Server benutzen.

Aufgaben eines Application Server

- Er verwaltet die dynamischen Ressourcen (Servlets, JSP und JavaBeans)
- Er ist die Run-Time-Umgebung für Servlets und JSP.
- Er bietet Sicherheitsstandards (S-HTTP, SSL)
- Er bietet Lösungen für Session-Management über Cookies
  (weil HTTP stateless ist).

Der in der J2EE SDK enthaltene Application Server ist eine Implementierung der
J2EE 1.4.-Plattform.

Zusätzlich enthält er folgende Werkzeuge:

- Für die Unterstützung des Deploy-Vorgangs:
  - das GUI-Tool *deploytool*
- Für den Aufruf von Application-Clients:
  - das Commandline-Tool *appclient*
- Für das Arbeiten mit einer Datenbank:
  - den Pointbase-DB-Server
- Für das Compilieren und Ausführen von Application:
  - das Commandline-Build-Tool *asant*
- Für die Administration des Servers:
  - Command-Line-Utitity *asadmin*
  - GUI-Tool: *Admin Console*

Herausforderungen beim Design von Web-Apps

Der Dialog zwischen dem Client und dem Web-Server besteht aus dem **Austausch von Daten**. Weil unterschiedliche Plattformen betroffen sein können, benötigt man Standardisierungen für folgende Fragen:

*   Wie werden die Daten **codiert?**
    (Encoding, Datentypen, Sonderzeichen ...)

*   Wie werden **Parameter** vom Client übergeben?
    (Positions- oder Namensparameter?)

Für die **Dialogsteuerung** ist das Session-Problem zu lösen:

*   Denn bei HTTP wird jeder einzelne Request unabhängig von jedem anderen behandelt.

*   Sollen Client-Informationen über einen Request-/Response hinaus erhalten bleiben, sind besondere Herausforderungen zu lösen (denn HTTP als stateless-Protokoll liefert diese Fähigkeit nicht).

*   Typisches Anwendungsbeispiel ist die Eingabe einer User-Id und Password beim Einloggen. Damit wird eine „Session" gestartet, diese soll erhalten bleiben, bis sie vom User ausdrücklich beendet wird. Innerhalb einer Session kann er dann z.B. seinen Warenkorb bearbeiten.

Paketieren einer Web-Application

Zu dem J2EE-Standard gehört auch die Festlegung, wie Applikationen paketiert und an die Server ausgeliefert werden und welche Beschreibungen für die Installation notwendig sind.

Der J2EE-Standard umfasst die Definition von unterschiedlichen Componenten-Typen. Componenten haben einen eigenen Container (Run-Time-Umgebung). Außerdem ist für jeden Typ festgelegt:

*   Wie ist das Dateiformat, in dem die Bestandteile dieser Componente zusammengefasst und an den Server (= Run-Time-Umgebung) transportiert werden?

*   Welche Beschreibungsdatei ("Deployment Descriptor") ist für die Run-Time-Umgebung erforderlich und wie heißt sie?. Der Deployment Descriptor managed das Deployment und die Implementierung der Componente.

Die Componente "Web-Application" enthält Servlet und JSPs. Sie wird paketiert als Web-Archive. Das ist eine Datei mit der Endung *.war*. Innerhalb einer jeden *WAR*-File gibt es eine XML-Datei, die Informationen für die Konfiguration auf dem Web-Server enthält (= Deployment Descriptor).

Eine WAR-File kann für sich allein ausgeliefert (deployed) werden oder Teil einer kompletten J2EE-Applikation sein. Als Teil einer J2EE-Application wird die WAR-File zusammen mit EJB-Klassen und Client-Programmen eingebunden in eine EAR-File (Enterprise Archive, mit der Datei-Endung .ear).

Eine EAR-File enthält eine komplette ausführbare J2EE-Anwendung und hat folgenden Aufbau:

Welche Komponente enthält das EAR-Archiv?	Wie ist der Name der Achiv-Datei?	Wie ist der Name des Deployment Descriptor?
Web-Application	web1.**war**	web.xml
EJB-Application	ejb1.**jar**	ejb.jar.xml
Client-Application	client1.**jar**	application-client.xml

Abb. 5.5.3: J2EE-Module/Componenten als Teile einer EAR-File

Die *.ear*-File selbst hat auch einen Deployment Descriptor: *application.xml*. Weitere Erläuterungen hierzu siehe Kapitel 6: EJB).

Ordnerstruktur einer Web-Application

Eine WAR-File enthält eine spezifische Ordner-Struktur:

- Die Top-Level-Directory einer Web-Application ist ein Ordner, der denselben Namen hat wie die Web-App.

- Dieser Ordner steht in einer Directory, die bei der Installation des Web-Servers für diese Aufgabe (nämlich die Aufnahme von Web-Apps) festgelegt wurde.
  Beim Application Server ist dies der Ordner:
  `x:\Sun\domains\domain1\applications\j2ee-modules\`

- Der Ordner für diese Web-App enthält nicht nur die statischen HTML-Files, sondern auch eine Sub-Directory /WEB-INF/, in der die Class-Dateien und die Deployment Descriptoren stehen.

- Weitere Informationen hierzu siehe im Abschnitt 5.8.: „Web-App testen"

Deployment Descriptor (DD) für eine Web-App

Eine Web-App muss beim Web-Server installiert und implementiert werden, damit sie von Clients aufgerufen werden kann. Die notwendigen Informationen dazu stehen im Deployment-Descriptor (DD). Jedes einzelne Archiv enthält diesen DD. Das ist eine Datei mit der Endung *.xml*. Bei Web-Apps ist dies eine XML-Datei mit dem Namen **web.xml**. Der Deployment-Descriptor wird entweder per Text-Editor manuell (eher selten) oder im Dialog von einem GUI-Tool, das vom Vendor des Web-Servers geliefert wird, zusammengestellt (und das ist die Regel). Diese Datei enthält z.B. folgende Informationen:

- die symbolischen Namen der Servlets
- die kompletten Class-Namen (inklusive Package-Angaben)
- diverse Attribute des Servlets
- URL-Pattern für das Servlet-Mapping (weitere Infos später).

Zur Run-Time liest der J2EE-Server die DD und implementiert die Application entsprechend.

Zusammenhang zwischen URL und Web-App

Ein für den Benutzer der Web-App wichtiger Aspekt ist das URL-Mapping. Die URL, die der Client einer Web-App im Browser eingibt, hat folgenden Aufbau:

> http://host:port/contextroot

Die Context-Root wird beim Deploy-Vorgang vergeben. Damit wird ein symbolischer Name für die Web-Application festgelegt, der in der URL angegeben werden muss, damit der Web-Server die Web-App findet. Zusätzlich kann noch ein Alias-Namen für einzelne **Komponenten** der Anwendung angegeben werden, z.B.:

> http://127.0.0.1:8080/Web1/Servlet01

In diesem Beispiel ist Servlet01 der Aliasnamen für eine Java-Klasse. Alias wird vom Web-Server "gemapped" auf den realen Klassennamen, der natürlich alle Package-Informationen enthalten muss.

Implementierungsabhängige Deployment-Descriptoren

Häufig gibt es hersteller-eigene Zusätze zu den Deployment-Descriptoren. Wenn diese genutzt werden, ist eine Kompatibilität der Anwendung nicht mehr gegeben. Auch ist die Bezeichnung für die diversen DD nicht einheitlich: manche Anbieter von Web-Servern unterscheiden zwischen Implementierungs-Descriptoren und Deployment Descriptoren.

Die Referenz-Implementierung verlangt eine eigene Datei für die proprietären Angaben: *sun-web.xml.* Sie enthält als wichtigste Information die Context-Root. In diesem Fall sind also zwei Arten von Deployment Descriptoren zu unterscheiden:

Portable DD: diese entsprechen dem J2EE-Standard und haben den Namen *web.xml*

Herstellerabhängige DD: diese haben einen implementierungsspezifischen Inhalt, z.B. Angaben zur Context-Root einer Web-App, Informationen zum Namensmapping oder Caching-Directiven. Für die Referenz-Implementierung ist dies die Datei

> sun-moduleTyp.xml (also für Web-App die Datei *sun-web.xml).*

5.6   Servlets - einfach

Was sind Servlets?

Servlets sind Java-Programme, die vom Client aufgerufen werden, aber auf dem Web-Server ausgeführt werden. Die Art und Weise, wie der Datenaustausch zwischen dem Client-Programm und dem Servlet abläuft, ist standardisiert (z.B. immer in Textform als Name-/Value-Paar). Dadurch ist möglich, dass Daten (Parameter) auch zwischen verschiedenen Plattformen ausgetauscht werden können. Abhängig von der Eingabe des Clients wird dann der Ablauf des Servlet-Programms gesteuert (= Dialogverarbeitung).

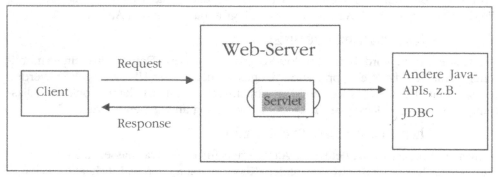

Abb. 5.6.1: Wie arbeitet ein Servlet?

Auf der Server-Seite können je nach Wunsch des Bedieners und je nach individueller Situation die **Ausgabedaten dynamisch** erstellt werden. Dies ist eine qualitativ andere Form der Datenverarbeitung, als sie mit Applets standardmäßig möglich ist. Das Servlet kann auch andere APIs nutzen, um z.B. auf relationale Datenbanken zuzugreifen (mit JDBC) oder EJBs zu nutzen (mit IIOP).

Aufgabenstellung Servlet01.java

Die Source-Programme zu diesem Abschnitt stehen im Ordner *x:\jt\kap05\servlet01*.

Das Servlet soll dem neuen Package *Servlet01* zugeordnet werden.

Es soll ein Servlet erstellt werden, das das aktuelle Datum und die Uhrzeit **vom Server** ermittelt und an den Client ausgibt. Das Servlet wird vom Browser-Client über eine HTML-Seite per URL aufgerufen. Der Browser erstellt daraus einen **Request**, um das Programm (als Thread des Webservers) zu aktivieren. Der **Response** besteht - wie immer- aus einem HTML-Datenstrom. Aber: die HTML-Ausgabe wird per Programm erzeugt und nicht aus einer statischen Datei geholt.

```
package Servlet01;
import java.io.IOException;
import java.io.PrintWriter;
import java.util.Date;
import javax.servlet.ServletException;
import javax.servlet.http.HttpServlet;
import javax.servlet.http.HttpServletRequest;
import javax.servlet.http.HttpServletResponse;
public class Servlet01 extends HttpServlet {
   public void doGet( HttpServletRequest request,
                      HttpServletResponse response)
        throws ServletException, IOException  {
      response.setContentType("text/html");
      PrintWriter out = response.getWriter();
      out.println(
        "<html>" +
        "  <head>" +
        "    <title>Servlet01: Aktuelle Datum/Uhrzeit vom Ser-
ver</title>" +
        "  </head>" +
        "  <body>" +
        "    <p>" +
        "       Aktuelles Server-Datum und Server-Uhrzeit: " + new Date()
+
        "    </p>" +
        "  </body>" +
        "</html>" );
   }}
```

Abb. 5.6.2: *Servlet01.java*

Erläuterungen zum Programm *Servlet01.java*

Das Programm überschreibt die *doGet()*-Methode aus der geerbten Klasse *HttpServlet*. Dort könnten alle mit dem Request-Befehl GET übergebenen Parameter eingelesen werden. Alternativ oder zusätzlich könnte die Methode *doPost()* überschrieben sein.

Innerhalb dieser Methode erfolgt die Verarbeitung, und es wird die Ausgabe zusammengestellt:

- die Header-Werte für den *HttpServletResponse* werden gesetzt

- die PrintWriter-Instanz *out* wird mit diesem Response verbunden und

- *out* wird aufgefüllt mit dem dynamischen Inhalt für diesen Response.

Das Servlet muss "*extends HTTPServlet*" enthalten. Das Servlet sollte keine Instanz-Variablen haben, das könnte zu Problemen führen bei Multi-Threading. Standard-mäßig können nämlich mehrere Requests (von unterschiedlichen Clients) gleichzei-tig von derselben Servlet-Instanz ausgeführt werden. Diese Arbeitsweise kann ver-hindert werden, wenn im Servlet „*implements SingleThreadModel*" angegeben wird – allerdings geht das auf Kosten der Performance.

Compilieren des Programms *Servlet01.java*

Navigieren zum Ordner, in dem sich das Source-Programm befindet und aufrufen des Compilers durch:

```
I:\JT\kap05\Servlet01>javac Servlet01.java
```

Sollte folgende Fehlermeldung kommen:

- ```
  Servlet01.java:10: package javax.servlet does not exist,
  import javax.servlet.ServletException;
  ```

so fehlt im Classpath eine Bibliothek (siehe Kapitel 9: Installation):

```
d:\sun\lib\j2ee.jar;
```

Erläuterungen zur Client-Anwendung

Der Aufruf des Servlets

- erfolgt entweder durch direkte Eingabe der URL im Browser durch den Bediener oder

- ist ein Resultat eines HTML-Form-Submits.

Auf jeden Fall wird das Servlet durch eine URL adressiert und wird nicht - wie z.B. ein Applet- durch bloße Angabe des Package-/Classnamen aufgerufen. Servlets wer-den in die Run-Time-Umgebung (Web-Server) geladen, entweder beim Start des Ap-plication Server oder beim ersten Aufruf durch einen Client. Dies wird durch Konfi-gurationsparameter beim Deployen entschieden.

Natürlich muss das Servlet vorher deployed (= im Server installiert) sein. Dies ma-chen wir im nächsten Abschnitt. Hier zunächst die Erläuterungen zu den Client-Programmen.

Wir werden das Servlet über eine HTML-Seite starten. Der Bediener ruft zunächst die HTML-Seite *Servlet01.html* auf. Darin kann durch Anklicken eines Buttons das Serv-let-Programm gestartet werden. Der Button ist in der HTML-Seite als Teil eines <FORM>-tags deklariert. Diese Formularbeschreibung ist verbunden mit einer Action - und dieses Attribut ist verbunden mit dem Namen "*Servlet01*".
```

Die entscheidende Codierung in der HTML-Seite sieht wie folgt aus:

```
<FORM
    Action="Servlet01" >
    <P><BR>
    Bitte auswählen, um Datum und Uhrzeit des Servers anzeigen
    <INPUT Type="submit" Value="Starten">
</FORM>
```

Abb. 5.6.3: HTML-Form

Die Zeile *Action="Servlet01"* bewirkt, dass beim Anklicken des Buttons

- der Request vom HTTP-Server an den Application Server weiter gegeben wird

- das Programm *Servlet01.class* vom Servlet-Container gestartet wird.

Folgender Request wird vom Browser zusammengestellt und an den HTTP-Server geschickt:

```
GET /A01/Servlet01? HTTP/1.1
Accept: image/gif, image/x-xbitmap, image/jpeg, image/pjpeg, applica-
tion/x-shock
wave-flash, application/vnd.ms-excel, application/vnd.ms-powerpoint,
application
/msword, */*
Referer: http://localhost:8080/A01/Servlet01.html
Accept-Language: de
Accept-Encoding: gzip, deflate
User-Agent: Mozilla/4.0 (compatible; MSIE 6.0; Windows NT 5.0)
Host: localhost:8080
Connection: Keep-Alive
```

Abb. 5.6.4: HTTP-Request mit Aufruf eines Servlets

Interessant ist noch die Angabe des "Referer". Diese URL gibt an, welches Dokument auf die angeforderte Action verwiesen hat: http://localhost:8080/A01/Servlet01.html".

Die Angabe des "host" *(localhost:8080)* enthält den Hostnamen und die Port-Nr. des vom Client kontaktierten Hosts.

Mit "*Connection: Keep-Alive*" zeigt der Client an, dass er die Verbindung aufrechterhalten möchte (rein technisch, d.h. auf TCP/IP-Ebene). Das ändert nichts an dem Request-/Response-Protokollmodell und daran, dass HTTP stateless ist und keinerlei Information über den Status der Client-/Server-Verbindung speichert.

5.7   WebApp deployen

Was bedeutet "Deployen"?

Nach dem Codieren und Compilieren müssen die Programme dort installiert werden, wo die Ausführung stattfindet, in der Servermaschine. Hierzu muss der Application Server gestartet werden und eine TCP/IP-Verbindung von der Entwicklungsmaschine zur Servermaschine bestehen.

Die Auslieferung der Application erfolgt in gepackter Form, d.h. alle Class-Files und die dazu gehörenden statischen HTML-Seiten werden zu einer J2EE-Archiv-Datei zusammengefasst und zum Server transportiert.

Es gibt folgende Typen von J2EE-Archiv-Files:

Web Application Archiv:	Enthält Servlets und JSPs sowie die HTML-Seiten dieser Application. Die Datei hat die **.war**-Erweiterung
EJB Archiv:	Enthält eine oder mehrere EJBs. Die Datei hat die **.jar**-Erweiterung
Application Client Archiv:	Enthält den Code für den Client. Die Datei hat die **.jar**-Erweiterung

Abb. 5.7.1: Beschreibung der J2EE-Archiv-Files

Welche Tools gibt es zur Durchführung des Deployvorgangs

Üblicherweise werden Tools eingesetzt, um

* den Deployment-Descriptor zu erstellen

und um die Servlet-Class

* zu paketieren
* zum Server zu transportieren und
* dort zu installieren.

Die dafür notwendigen Werkzeuge müssen vom Lieferanten des Web-Servers mitgeliefert werden. Soll die Web-App vom „Application Server" ausgeführt werden, so gibt es mehrere Möglichkeiten, das Modul zu deployen:

* über die Commandline: mit dem Admin-Tool *asadmin*
* über die Commandline: mit dem *asant-Tool*
* mit dem GUI-Tool: *deploytool*

Wir werden in unseren Übungen das *deploytool* benutzen.

Deployvorgang vorbereiten und durchführen

Wir werden in diesem Abschnitt für unser *Servlet01* ein Web-Application-Archive (WAR-File) erstellen und an den Server verteilen. Dies erfolgt in drei Schritten:

- Schritt 1: Erstellen der WAR-File :
  (= Vorbereiten des Deployments durch Packen der Application in ein deploy-fähiges Archiv).

- Schritt 2: Vergabe von symbolischen Namen für diese Application (Context-Root und Alias-Namen).

- Schritt 3: Deployment durchführen.

Danach ist die Anwendung installiert. Damit ist sie im Server lauffähig und kann von Clients aufgerufen werden.

Schritt 1: Erstellen der WAR-File

- Starten des Deploy-Tools durch: x:\>*deploytool*

- Erstellen der War-File durch Auswählen FILE I NEW I WebComponent

- Hinweise: An dieser Stelle bietet uns das Tool die Möglichkeit, folgende Typen von Archivfiles neu zu erstellen (oder bestehende zu überschreiben):

  - **Application** = komplette J2EE-Anwendung, EAR-File

  - **Web Componenten** = Web-Application (Servlet/JSP), WAR-File

  - **Application Client** = J2EE-JAR-File für Client

  - **Connector** RAR-File (Resource Adapter Archive) beschreibt die Verbindung zu EIS-Systemen (= "Enterprise Informations Systems"), das ist in einer Multi-Tier-Umgebung die Software, die in den Unternehmen die Legacy-Anwendungen enthält und auch zuständig ist für Datenbanken.

  Die WAR-, JAR- und RAR-Files können der EAR-File hinzugefügt oder Stand-Alone erstellt und deployed werden.

- im Fenster "Introduction": NEXT

- im Fenster: "WAR File":

  - Radiobutton: *Create New Stand-Alone-WAR-Module* auswählen, denn: die WAR-File könnte auch einer bestehenden EAR-File hinzugefügt werden

  - und die Location und Namen der WAR-File eingeben:
    x:\JT\kap05\Servlet01\Serv01.war und

  - den Namen der WAR-File eingeben:
    Serv01

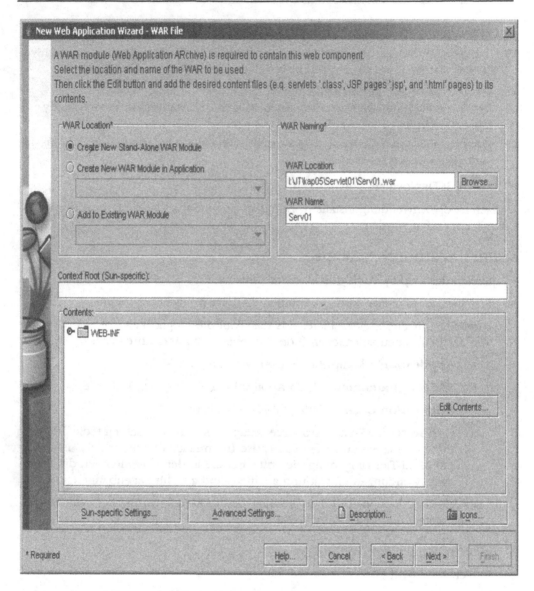

Abb. 5.7.2: Erstellen einer neuen WAR-File

Die neue WAR-File kann als Stand-Alone-Datei deployed werden oder einer bestehenden EAR-File hinzugefügt werden. Die beiden Radio-Button links oben zeigen
diese Alternative.

Auf der rechten Seite werden der Pfad und der Dateiname für die WAR-File angegeben.

- Danach den Button "Edit Contents" anklicken

- im Fenster "Edit Contents of Serv01" die Dateien, die zu dieser Application gehören, auswählen:
  - Class-File *Servlet01.class*
  - *Servlet01.html*

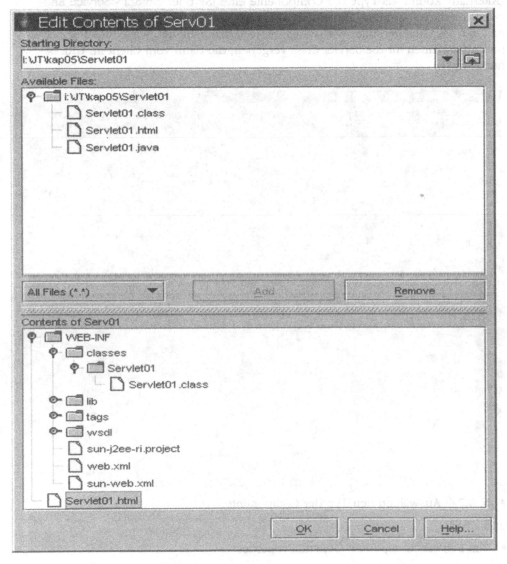

Abb. 5.7.3: Dateien dem Archiv hinzufügen

- und den Button ADD anklicken

- danach den Button OK anklicken

- dann den Button NEXT anklicken

Im Fenster "Choose Component Type" Servlet anklicken

(Alternativ könnte als Type der Componente eine JSP oder ein SEI - Service Endpoint Interface - ausgewählt werden. Abhängig von dieser Eingabe ist dann der Inhalt des nächsten Fensters. Wir wählen Servlet, das bedeutet, wir können später einen Alias-Namen für die Servlet-Class vergeben, die dann vom Client im URL benutzt wird)

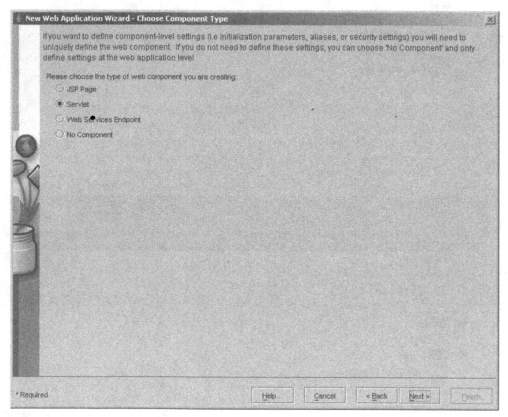

Abb. 5.7.4: Auswählen den Typ der Componente

und NEXT

- im Fenster "Component General Properties"

  - in der ersten Listbox den Namen der Class auswählen

  - alle anderen Angaben unverändert lassen

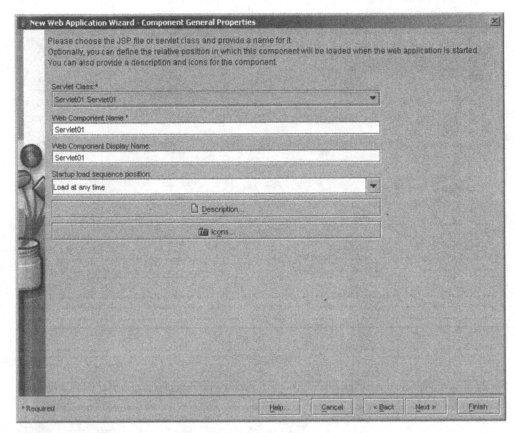

Abb. 5.7.5: Fenster Component General Properties

- dann den Button NEXT anklicken
- FINISH
- Im Startbild des Deployttools: Auswählen FILE I SAVE

Das Ergebnis ist die Datei: *i:\jt\kap05\Servlet01\Serv01.war*.

Schritt 2: Symbolische Namen für Web-Application festlegen

a) CONTEXT ROOT festlegen

- im Startfenster des Deploytools
- auf der linken Seite auswählen: die WebApp *Serv01*
- auf der rechten Seite die Tab "General" auswählen

Eingeben Context-Root (Sun-specific): */A01*

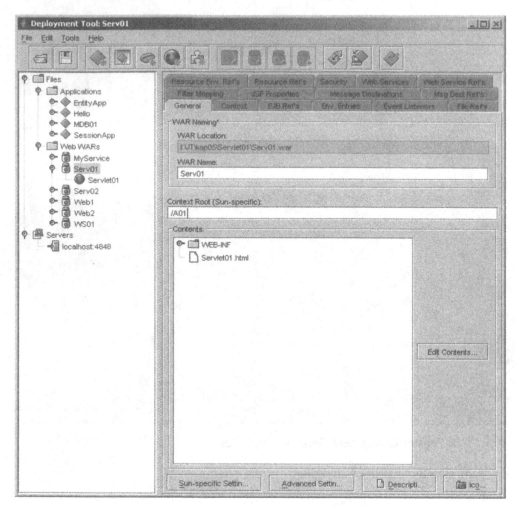

Abb. 5.7.6 Start-Bild des Deploytools nach Eingabe der Contextroot

Die Context-Root ist frei wählbar, muss aber mit einem Slash / beginnen.

- FILE I SAVE

b) Vergabe eines Alias-Namens für das Servlet:

- Im Startfenster des Deploytools:
    - auf der linken Seite *Servlet01* auswählen
    - auf der rechten Seite die Tab "Aliases" auswählen

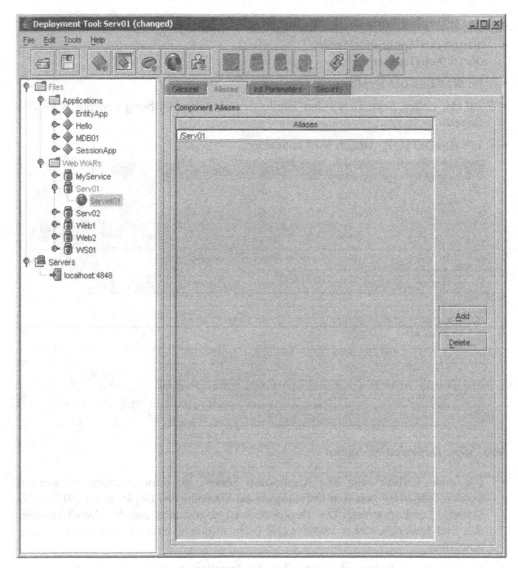

Abb. 5.7.7: Vergabe eines Alias-Namens für die Componente

- Anklicken Button **Add**
- Doppelklick im Eingabefeld und Namen "/Servlet01" eingeben
- Danach **Enter** und
- File I Save.

Schritt 3: Deploy-Vorgang durchführen

- Starten des Application Server
  durch Start | Programme...)

- Im Start-Bild des Deploytools:

- auf der linken Seite auswählen: die in der vorherigen Übung erstellte WAR-File
  Serv01.

- TOOLS | DEPLOY, danach wird angezeigt:

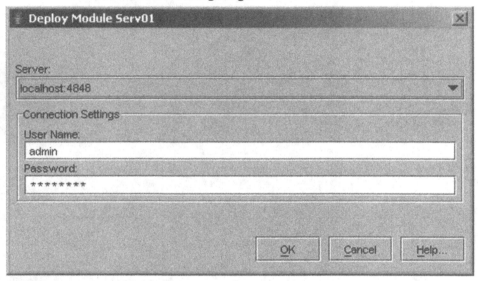

Abb. 5.7.8: Deployen ausführen

- Die erste Listbox zeigt alle Application Server, zu denen *connected* werden
  könnte (abhängig von den Definitionen im Startbild des Deploytools: FILE | ADD
  Server). Zur Erinnerung: Das Deployttool ist abgestimmt auf den Typ/Hersteller
  des Ziel-Servers, es ist normalerweise nicht möglich, einen fremden Server aus-
  zuwählen.

- Username und Password wurden bei der Installation des Application Server vergeben

- Hinweis: Wenn eine J2EE-Application (EAR-File) deployed wird, enthält dieses
  Fenster die zusätzliche Abfrage, ob auch eine Client-JAR-File deployed werden
  soll

- OK und

- warten, bis folgendes Protokoll erscheint (Aber Geduld, das dauert!):

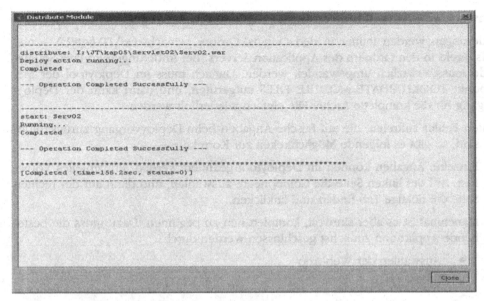

Abb. 5.7.9: Protokoll des Deploy-Vorgangs

Hinweis: Beim zweiten Mal (re-deploy) sieht das Protokoll etwas verändert aus:

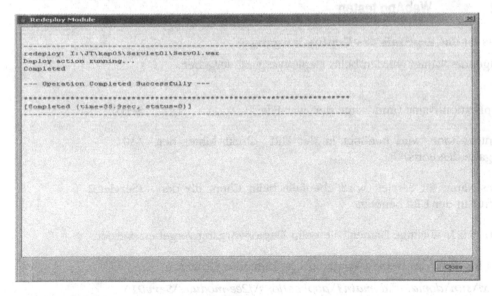

Abb. 5.7.10: Protokoll eines Re-Deploy

Herzlichen Glückwunsch, das Deployment des Servlets ist erfolgreich durchgeführt worden.

Hinweise zu eventuell notwendigen Programm-Änderungen:

Änderungen werden immer in den Original-Ordner gemacht (*x:\JT\kap05* – niemals direkt in den Ordnern des Application-Servers. Bei Änderungen im Java-Source-Code muss zusätzlich umgewandelt werden. Danach muss im Deploytool der Menupunkt TOOL | UPDATE MODULE FILES aufgerufen, und dann kann der Deployvorgang für die komplette Archiv-File einfach wiederholt werden.

Sollten Fehler auftreten, die auf falsche Angaben beim Deployvorgang zurückzuführen sind, so gibt es folgende Möglichkeiten zur Korrektur:

- Einzelne Angaben können im Deploytool geändert werden. Prinzipielles Vorgehen: Auf der linken Seite die Componente auswählen, und dann auf der rechten Seite die richtige Tab finden und anklicken.

- Manchmal ist es aber sinnvoll, komplett neu zu beginnen. Dazu muss die bestehende Application zunächst geschlossen werden durch:

  - Auswählen der Web-App

  - FILE | CLOSE.

  - Danach kann das Frage-/Antwortspiel im Deploytool einfach von vorn gestartet werden.

5.8   WebApp testen

Was ist das Ergebnis des Deploy-Vorgangs?

Folgende Namen wurden beim Deployvorgang vergeben:

Application-Name (und Name der .war-File:	Serv01
Context-Root (wird benötigt in der URL, direkt hinter der Angabe des Ports)	/A01
Alias-Name für Servlet (wird ebenfalls beim Client für den Aufruf in der URL benötigt	/Servlet01

Abb. 5.8.1: Wichtige Namen, die beim Deployvorgang vergeben werden

Das Ergebnis des Deploy-Vorganges ist folgender Ordner:

*x:\sun\domains\domain1\applications\j2ee-modules\Serv01 *

Der Ordnername **Serv01** entspricht dem gewählten Namen der WAR-File. Der Ordner *\Serv01* enthält die Ordnerstruktur, die von der Spezifikation der J2EE-Plattform für jede Web-App festgelegt worden ist.

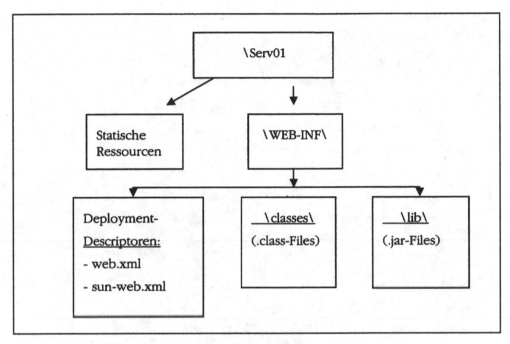

Abb. 5.8.2: Ordner-Struktur und Dateien einer Web-App

Erläuterungen zur Ordner-Struktur

Die Top-Level-Directory ist in unserem Beispiel der Ordner \Serv01\. Er steht in einem implementierungsabhängigen Ordner, bei dem Application Server ist dies:

```
x:\Sun\domains\domain1\applications\j2ee-modules\.
```

Die Top-Level-Directory enthält die statischen Ressourcen. Außerdem gibt es in diesem Ordner die Sub-Directory \WEB-INF\. Diese enthält folgende Dateien und Ordner:

- *web.xml* (J2EE-Standard-Deployment-Descriptor)
- *sun-web.xml* (Sun-spezifischer Deployment-Descriptor)
- *classes*\ (für die Klassendateien).

Die File *web.xml* enthält den standardisierten Deployment Descriptor für eine Web-App. Die Datei *sun-web.xml* enthält Sun-spezifische Angaben, u.a. die Context-Root für die Application.

Nachfolgend ein Beispiel für den Inhalt dieser Datei:

```
<?xml version="1.0" encoding="UTF-8"?>
- <web-app xmlns="http://java.sun.com/xml/ns/j2ee" version="2.4"
    xmlns:xsi="http://www.w3.org/2001/XMLSchema-instance"
    xsi:schemaLocation="http://java.sun.com/xml/ns/j2ee
    http://java.sun.com/xml/ns/j2ee/web-app_2_4.xsd">
  <display-name xml:lang="de">Serv01</display-name>
- <servlet>
  <display-name xml:lang="de">Servlet01</display-name>
  <servlet-name>Servlet01</servlet-name>
  <servlet-class>Servlet01.Servlet01</servlet-class>
  </servlet>
- <servlet-mapping>
  <servlet-name>Servlet01</servlet-name>
  <url-pattern>/Servlet01</url-pattern>
  </servlet-mapping>
  </web-app>
```

Abb. 5.8.3: Inhalt der *web.xml*

Die Datei *web.xml* muss dem Schema entsprechen, das in den Java Servlet Spezifikationen festgelegt wind. Diese Datei enthält im Element *<display-name>* den Namen der Web-App, der im ersten Bild unter der Bezeichnung "WAR-Location" vergeben wurde. Dann enthält sie für jedes Servlet ein *<servlet>*-tag mit folgenden Angaben:

- den Namen des Servlets: *Servlet01* (= Class-Name ohne Package-Angabe)

- den realen Klassen-Namen: *Servlet01.Servlet01*

Außerdem gibt es das Element *<servlet-mapping>*. Dort wird der symbolische Name dem URL-Pattern zugeordnet. Leider sind die Bezeichnungen nicht konsistent, denn hinter "URL-Pattern" verbirgt sich der Alias-Name, der von uns beim Deployen vergeben worden ist.

Die wichtige Angabe der Context-Root steht in der proprietären *sun-web-xml*-Datei.

```
<?xml version="1.0" encoding="UTF-8"?>
<!DOCTYPE sun-web-app PUBLIC "-//Sun Microsystems, Inc.
      //DTD Application Server 8.0 Servlet 2.4//EN"
      "http://www.sun.com/software/appserver/dtds/sun-web-app_2_4-
0.dtd">


<sun-web-app>
  <context-root>/A01</context-root>
</sun-web-app>
```

Abb. 5.8.4: Inhalt der proprietären *sun-web.xml*

Verifizieren des Deployments

Bei Problemen gibt es diverse Möglichkeiten, das Ergebnis des Deployvorgangs zu überprüfen:

Zunächst kann durch den CMD-Aufruf

```
x:\>asadmin list-sub-components --user admin Serv01
```

angezeigt werden, welche Servlets bekannt sind (Achtung: die Optionen erfordern zwei Bindestriche):

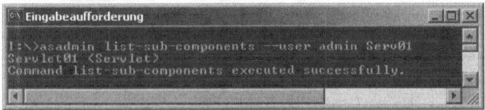

Abb. 5.8.5: Abfrage auf installierte Servlets

Alternativ kann im Browser das Admin-GUI-Tool durch Eingabe der folgenden URL-gestartet werden durch:

http://localhost:4848

Das Starten der Admin-Console ist auch über das Windows-Start-Menu möglich:

START | Sun | J2EE | Admin Console

Zum Einloggen werden die User-Id des ADMIN und das Password benötigt, das bei der Installation vergeben worden ist.

Danach APPLICATION | Web Application im linken Frame auswählen. Dann wird folgendes angezeigt:

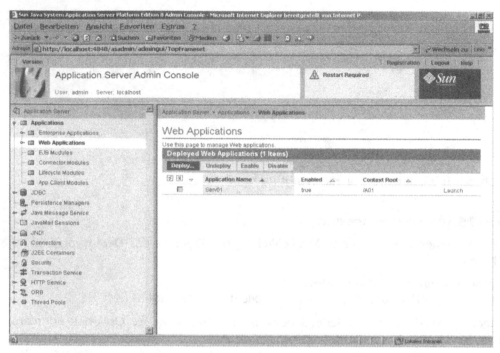

Abb. 5.8.6: Admin-GUI-Tool

Testen der Anwendung:

Im Browser eingeben:

> *http://localhost:8080/A01/Servlet01.html*

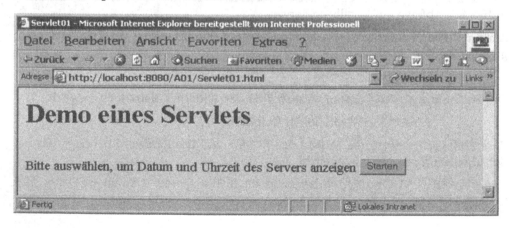

Abb. 5.8.7: Anzeige der Datei *Servlet01.html*

Den Button *Starten* anklicken, und es erscheint:

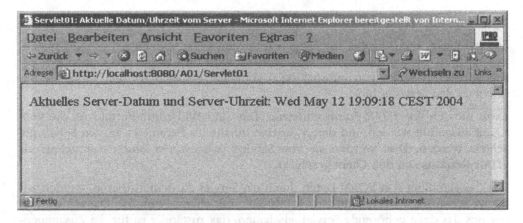

Abb. 5.8.8: Anzeige der Ausgabe von *Servlet01.class*

Das Servlet wurde erfolgreich getestet. Und noch einmal der Hinweis, dass das Datum und die Uhrzeit Angaben aus der Servermaschine sind – völlig unabhängig von der Client-Plattform.

Erläuterungen zur URL

Beim Aufrufen der Anwendung muss der Client als URL die *Context-Root* angeben. Die Context-Root wurde beim Deployen vergeben und steht in einer herstellerabhängigen DD- (deployment descriptor) Datei. Bei der Referenz-Implementierung ist diese Angabe in der Datei *sun-web.xml* zu finden..

Außerdem wird der Name der angeforderten Ressource angegeben:

- bei statischen Ressourcen: den Namen der Datei ("*Servlet01.html*")
- bei Servlets den Alias-Namen der Class: *("/Servlet01")*.

Groß-/Kleinschreibung ist wichtig.

Selbsttest

Schließe den Browser und starte ihn neu. Rufe das **Servlet direkt** im Browser auf – ohne vorher die HTML-Datei anzuzeigen.

Lösungshinweis: Die URL setzt sich zusammen aus der Context-Root und dem Alias-Namen.

5.9   Servlet mit Form-Verarbeitung

Was bedeutet "Form-Verarbeitung"

Servlets haben die Aufgabe, die Ausgaben für den Client dynamisch (= zur Laufzeit) zu erzeugen. Richtig interessant (und sinnvoll) wird dies, wenn das Generieren der Ergebnis-HTML-Seiten von Informationen abhängig gemacht werden kann, die der Client an den Server schickt.

Dazu müssen wir *HTML-Forms* einsetzen. Das sind Bildschirm-Formulare, die vom Client ausgefüllt werden und deren variable Inhalte als Parameter an den Server geschickt werden. Dort werden sie von Servlets ausgewertet und das Ergebnis als HTML-Response an den Client geschickt.

Um das Handling von FORM-Daten durch ein Servlet zu demonstrieren, werden zunächst einen Blick werfen auf eine HTML-Seite mit einem Formular. Danach werden wir uns das dazu gehörende Servlet anschauen, das zuständig ist für die Zusammenstellung des Response

Aufgabenstellung des Programms *Servlet02.java*

Die Source-Programme zu diesem Abschnitt stehen im Ordner *x:\jt\kap05\Servlet02*.

Erläuterungen zum Source-Programm *Servlet02.java*

Wenn der HTTP-Server einen Request erhält, der (per Action-Tag) den Aufruf eines Programms enthält, so wird der Request zum Web-Server weiter geleitet. Der Web-Server ist verantwortlich für den Life-Cycle des Servlet, er aktiviert das Servlet (= laden und instanziieren) und ruft dessen *service()*-Methode auf.

Das *Servlet02* enthält nur diese eine Methode: *service()*. Diese Methode bekommt zwei Parameter geliefert: jeweils eine Instanz vom Request und für den Response. Im Datenteil der *Request*-Instanz stehen die Parameter, die vom Client geliefert wurden. Mit der folgenden Methode können die Daten aus dem Request-Bereich gelesen werden:

```
String text = request.getParameter("zahl1");
```

Zur Erinnerung: Die Daten werden immer in Text-Form (als String) transportiert, und zwar als Name-/Value-Paar. Deswegen erfolgt beim numerischen Werten anschließend die Konvertierung in einen int-Wert. Zum Identifizieren des Parameters wird hier der Name angegeben, den dieser Parameter in der HTML-FORM hat.

Nach der Verarbeitung (Multiplikation der beiden Zahlen) wird die Ausgabe zusammengestellt.

```
package Servlet02;
import javax.servlet.*;
import javax.servlet.http.*;
import java.io.*;
public class Servlet02 extends HttpServlet
{

    public void service(ServletRequest request,
                     ServletResponse response)
                               throws IOException      {
        // Lies Parameter aus Form
        String text = request.getParameter("zahl1");
        int z1 = Integer.parseInt(text);
        text = request.getParameter("zahl2");
        int z2 = Integer.parseInt(text);
        int erg = z1 * z2;
        // Legt fest, dass Antwort in HTML ist
        response.setContentType("text/html");
        // Hole den PrintWriter, um die Antwort zu schreiben
        PrintWriter out = response.getWriter();
        // Gib HTML-Code an den Browser zurück
        out.println("<HTML>");
        out.println("<BODY>");
        out.println("<H1>Das Ergebnis der Multiplikation ist: " + erg
+ "</H1>");
        out.println("</BODY>");
        out.println("</HTML>");
}}
```

Abb. 5.9.1: Source-Programm *Servlet02.java*

Erläuterungen zum Eingabeformular *Servlet02.html*

Der Bediener ruft die HTML-Seite *Servlet02.html* auf. Dort kann er zwei Zahlen eingeben. Durch Anklicken des Buttons *Starten* wird das *Servlet02* gestartet. HTML-Formulare machen nur Sinn, wenn es auf der Server-Seite ein Programm gibt, das die eingegebenen Daten verarbeitet. Das verarbeitende Programm wird adressiert durch eine URL in dem Attribute *"Action"*.

In unserem Beispiel wird lediglich "Servlet02" als Adresse angegeben. Dies ist der Alias-Namen, der beim Deploy-Vorgang für das Servlet vergeben wurde. Davor wird (beim Aufruf aus einer HTML-Datei automatisch) die Context-Root gestellt.

```
<!-- kap05\Servlet02\Servlet02.html  -->
<HTML><HEAD>
<TITLE>Servlet02</TITLE>
</HEAD>
<BODY>
<H1>Multiplizieren von 2 Zahlen </H1>
<p><p>
<FORM
        Method="GET"
        Action="Servlet02">

<H2> Methode GET: 2 Zahlen multiplizieren
<P><P>
Bitte die beiden Zahlen eingeben:
        <INPUT TYPE="Text" NAME="zahl1" Size=3>
        <INPUT TYPE="Text" NAME="zahl2" Size=3>
<P>
<BR>Abschicken u. Programm-Aufruf:
        <INPUT Type="submit" Value="Starten">
</FORM></BODY>
</HTML>
```

Abb. 5.9.2: Die Datei *Servlet02.html*

Das Servlet *Servlet02.class* multipliziert die beiden Zahlen und gibt das Ergebnis als Response zurück an den Client.

Paketieren und Deployen der Web-App

Die Schritte zum Erstellen der WAR-File und der Deployvorgang sind identisch mit der Vorgehensweise im vorherigen Abschnitt. Ergänzend hierzu folgende Hinweise:

- Im Fenster WAR-File:
  - Radio-Button "Create New Stand-Alone-War-Module"anklicken
  - eingeben WAR-Location: *i:\jt\kap05\Servlet02\Serv02.war*
  - eingeben WAR-Name: *Serv02*
- im Fenster "Edit-Contents" hinzufügen:
  - *Servlet02.class* und *Servlet02.html*
- Vergabe von symbolischen Namen:
  - Context-Root: */Serv02*

- Alias-Namen: /*Servlet02*

Das Ergebnis dieses Paketierens ist das folgende Archiv:

x:\jt\kap05\Servlet02\Serv02.war

Es kann mit jedem beliebigen UNZIP-Programm analysiert und entzipped werden.

Deployen der Anwendung

Im Start-Bild des Deploytools die WAR-File auswählen und dann TOOLS I DEPLOY

Testen der Web-Application

Browser starten und folgende URL eingeben:
  http://localhost:8080/Serv02/Servlet02.html

Ergebnis:

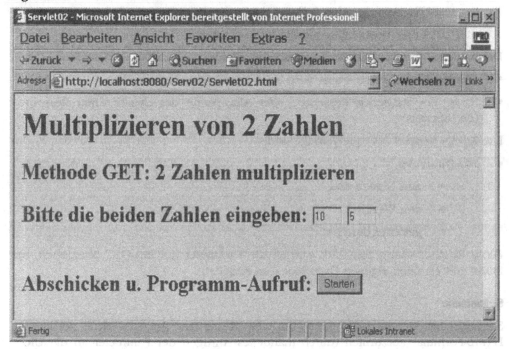

Abb. 5.9.3: Eingabe-Formular für *Servlet02*

Nach Eingabe von zwei Zahlen wird der Button *Starten* gedrückt. Der Browser stellt den HTTP-Request zusammen, die Eingabedaten werden vom *Servlet02* gelesen, verarbeitet und das Ergebnis als HTML-Datenstrom zurückgegeben.

Abb. 5.9.4: Response, (dynamisch zusammengestellt vom *Servlet02.class)*

Wie ist eine URL aufgebaut?

Ein Request-URL hat folgenden Aufbau:

http://host:port/requestPath?queryString

Die beiden Komponenten des "requestPath" sind:

- Context-Root = dieser Name wird beim Deployvorgang vergeben

- Name der statischen Ressource *oder* Alias-Name der dynamischen Ressource (des Servlets)

Die Komponenten des "queryString" sind:

- Pro Parameter

  - den Namen und

  - den Wert

  - getrennt durch =

Hinweis: Als Anhang zum URL werden die Parameter nur bei GET übergeben, bei POST gibt es einen eigenen Datenblock im Request.

Selbsttest

Schließe den Browser und starte ihn neu. Teste das *Servlet02* ohne vorher das HTML-Formular aufzurufen (durch manuelles Anfügen der Parameter an die URL), z.B.

http://localhost:8080/Serv02/Servlet02?zahl1=10&zahl2=15

Was sind die Aufgaben eines Servlets?

- Parsing und Decoding der Parameterstrings (erfolgt durch Servlet-Engine)

- Lesen der Input-Parameter aus der (HTTP-)Request-Instanz

- Session-Tracking

- evtl. als "Steuermodul" fungieren, bei komplexen Anwendungen mit Aufrufen von weiteren Verarbeitungsprogrammen (Bean, EJBs, JSPs)

Erläuterungen zum Session-Tracking

Fragen: Kann der HTTP-Server erkennen, ob eine Verbindung zum Client noch besteht (oder ob der Browser bereits geschlossen wurde)? Oder: Kann er erkennen, wenn ein Client den zweiten oder folgende Requests abschickt?

Antwort: Nein. HTTP ist ein stateless-Protokoll (nach Ablauf des Request-/Response-Dialogs gibt es keine Informationen mehr über diese Verbindung).

Was bedeutet das für Servlets oder JSPs? Das Managen des Conversational-Status muss vom Anwendungsprogrammierer durchgeführt werden. Generell gilt, dass Servlets multi-threaded sind, d.h. die Instanz-Variablen werden von den Clients geshared, und deswegen gilt: Client-abhängige Infos (über die Session) müssen außerhalb des Servlets gespeichert werden.

Es bieten sich zwei Möglichkeiten an:

a) entweder werden die Sessiondaten im **Client** gespeichert und in Form von Cookies oder als hidden-fields bei jedem Request an den Server übertragen

b) oder die Sessiondaten werden beim **Server** gespeichert. Dann wird wie folgt verfahren:

- Das Servlet wird eine **Session-ID** generieren und im HSP-Bereich ablegen.

- Client-abhängige Sessiondaten werden in einem speziellen Bereich ("HTTPSession") gespeichert.

- Lediglich die Session-ID (als Cookie oder URL-Rewriting) wird zum Client geschickt. Die Daten selbst stehen beim Server.

Bewertung der Alternativen zur Session-Verwaltung

Die Session-Verwaltung sollte nicht auf der Client-Seite erfolgen, denn der User ist völlig autonom, er kann unbemerkt und völlig unabhängig vom Server agieren, indem er z.B. die „Session" beendet durch Aufruf einer neuen HTML-Seite von einem anderen Host. Oder er kann innerhalb einer bestehenden Anwendung den Ablauf verändern durch Vorwärts- oder Rückwärts-Blättern im Browser, ohne dass das Serverprogramm hierauf Einfluss hätte. Außerdem gibt es Sicherheitsbedenken, denn es werden bei der Speicherung der Session-Daten auf der Client-Maschine diese Informationen in Klarschrift übertragen.

Deswegen: die Empfehlung kann nur sein, die Session-Informationen auf der Server-Seite vorzuhalten und lediglich einen Session-Key auszutauschen.

Hinweise zum Lifecycle eines Servlets

Der Lifecycle eines Servlets wird gesteuert von dem Servlet-Container. Hierzu gibt es Vereinbarungen über CALLBACK-Methoden, d.h. der Container informiert das Servlet über bestimmte Ereignisse ("events"), und sorgt dadurch für den automatischen Aufruf der notwendigen Methoden.

Das Laden des Servlets in den Web-Server kann erfolgen,

- beim WebServer-Start oder

- beim ersten Client-Request oder

- bei jedem Request neu ("Reload").

Danach werden folgende Life-Cycle-Methoden aufgerufen:

- einmalig: die Methode *init()*

- pro Client-Request: die Methode *service()*; diese empfängt den Client-Request und prüft den HTTP-Anfragetyp. Abhängig davon wird automatisch die Methode *doGet()* oder *doPost()* aufgerufen und darin die eigentliche Verarbeitung durchgeführt

- beim Beenden des Servers wird die Methode *destroy()* aufgerufen .

Zusammenfassung und Bewertung

- Ein Servlet ist Teil einer Browser-basierenden Anwendung ("WebApp").

- Es läuft als Thread im Web-Server.

- Es arbeitet nach dem Request-/Response-Modell: der Dialog ist stateless (statuslos), d.h. nach dem einmaligen Senden und Empfangen ist die "Session" zwischen Client und Server beendet. Anders gesagt: mit jeder HTML-Seite startet der Client eine neue "Session".

- Vorteile dieser Modells: das Protokoll ist

  - einfach (Probleme bei Ausfall vom System oder von Systemteilen werden minimiert)

  - effizient (Ressourcen wie die Connection sind nur kurz belegt).

- Beim Datenaustausch gibt es keine Datentypen: es werden immer Strings ausgetauscht in Form von Key-/Value-Paaren.

Selbsttest

Im Ordner *x:\JT\kap05\Servlet02* stehen die Dateien *Servlet03.java* und *Servlet03.html*. Diese beiden Files sollen eine Web-App bilden.

Bitte versuchen Sie selbständig folgende Arbeiten:

- Compileren, Deployen und Testen der Anwendung. Dabei sollen folgende Namen vergeben werden:

    - Name und Location der WAR-File:
      `x:\JT\kap05\Servlet02\Servlet03.war`

    - Context-Root: */Serv03*

    - Alias: */Servlet03*

    - Ergänze die URL zum Starten der WebApp (http://localhost:8080\...)

- Das *Servlet03.java* hat lediglich eine Methode - nämlich *doPost()*. Wer ruft diese Methode auf? Wann und warum? Bitte ändern Sie die Web-App so, dass nicht mit der Post-Methode, sondern mit der Get-Methode gearbeitet wird

5.10   JSP Java Server Page - einfach

Was sind JSPs?

Java Server Pages sind eine Technologie, um statisches HTML zu mixen mit dynamisch generiertem HTML. Im Grunde handelt es sich bei JSPs um HTML-Seiten, allerdings ergänzt um spezielle **JSP-Tags**.

Der Web-Server wandelt die JSP um in ein Servlet, und dann arbeitet die JSP wie ein ganz normales Servlet. Der einzige Unterschied ist, dass dieses Servlet maschinell erstellt worden ist – und zwar durch eine spezielle JSP-Engine.

Warum auch noch JSP, genügen nicht HTML und Servlets?

HTML-Seiten sind statisch, ihr Inhalt wird bei der Erstellung festgelegt. Sollte sich daran etwas ändern, so muss die Seite geändert werden. Für die Erstellung der HTML-Seiten ist der *Web-Designer* zuständig. Für die Verarbeitung von HTML-Seiten genügt ein HTTP-Server, es muss kein komfortabler Web-Server vorhanden sein.

Servlets sind verantwortlich für den dynamischen Inhalt. Sie bestehen aus Java-Klassen, die in einem speziellen Run-Time-Environment ("Servlet-Container") als Ergänzung zum HTTP-Server laufen.

Für die Erstellung ist der *Java-Programmierer* zuständig. Dies kann u.U. dann, wenn die Ausgabe des Servlets zu umfangreich oder komfortabel ist, zu Problemen führen. Denn dann sind profunde HTML-Kenntnissen gefordert. Und diese HTML-Beschreibungen stehen im Java-Programm – jede Änderung des Layouts führt zu Änderungen im Java-Source-Code.

Genau hier können **Java Server Pages** hilfreich sein. Diese können designed und erstellt werden wie HTML-Seiten: von den gleichen Mitarbeitern, mit den gleichen Tools. Eingestreut werden können dann Aufrufe für Java-Code (falls es sich um wenige Zeilen handelt, können die Java-Befehle auch direkt in die JSP hinein geschrieben werden).

Also: Das Ziel von JSPs ist es, eine Trennung von

*   statischen Inhalt (Zuständig: Web-Designer) und

*   dynamischen Inhalt (zuständig: Java-Programmierer) zu erreichen.

Wenn man seine Anwendung so strukturiert, können zu jeder Aufgabenstellung auch die spezialisierten Werkzeuge eingesetzt werden – entweder

*   Tools für den Web-Designer für die Designen und Generieren von statischen HTML-Seiten, oder

*   Tools für den Programmierer für die Codieren und Generieren von Java-Sourcen.

Aufgabenstellung *JSP01.jsp*

Die Source-Programme zu diesem Abschnitt stehen im Ordner *x:\jt\kap05\jsp01*. Es soll eine JSP erstellt werden, die das Datum und die Uhrzeit des Servers ausgibt.

Deploy

JSP-Seiten zählen wie die HTML-Seiten zu den statischen Ressourcen. Sie müssen sich in der Document-Root-Directory befinden, die der Web-Server für diese Dateien vorschreibt.

Beim J2EE-Server ist das der Ordner *x:\sun\domain\domain1\docroot*. Allerdings kann es innerhalb dieser Root-Directory auch Sub-Folder geben. Und das wollen wie auch nutzen, damit die Übersicht bestehen bleibt. Wir kopieren (per Hand) die Datei *JSP01.jsp* in den neu zu erstellenden Folder *JSP*.

Ergebnis:

```
x:\sun\domains\domain1\docroot \JSP\JSP01.jsp.
```

Testen

*   Der Server muss gestartet sein.

*   Aufruf der JSP direkt im Browser durch folgende URL:
    http://localhost:8080/JSP/JSP01.jsp

*   Achtung: Groß-/Kleinschreibung beachten!

*   Die URL enthält keinerlei symbolische Namen für die Adressierung der „Java Server Page - es wird der physische Pfad und auch der reale Datei-Name der JSP angegeben (aber trotzdem sind die URL-Bestandteile case-sensitiv).

*   Das Ergebnis sieht so aus:

Abb. 5.10.1: Anzeige der *JSP01.jsp*

Erläuterungen zur *JSP01.jsp*

Die Datei sieht fast aus wie eine normale HTML-Seite. Einzige Besonderheit:

Die drittletzte Zeile enthält einen speziellen JSP-tag:

> *<%= new java.util.Date() %>*

Eingefasst in die Zeichen <% und %> steht ein Java-Befehl: Es wird eine neue Instanz erzeugt von *Date*. Das Gleichheitszeichen = kennzeichnet eine Wertezuweisung. In diesem Beispiel bedeutet das, dass das Ergebnis dieses Vorganges genau dieser Stelle zugewiesen wird, d.h. das ermittelte Datum überschreibt diesen Java-Befehl.

Spezielle Hinweise zur Ausführung von JSPs

Bei der Ausführung sind **zwei Phasen** zu unterscheiden:

a) Translation- Phase:

- JSP-Source wird geparsed, um die speziellen *tags* zu finden.

- Java-Code wird generiert (= Erstellung eines Servlets).

- Servlet wird compiliert (Die generierte Source-Files ist unter dem Namen *JSP01_jsp.java* und die compilierte Class-File unter dem Namen *JSP01_jsp.class* im Installationsordner des Webservers zu finden (mit SEARCH suchen).

Dies geschieht nur beim ersten Aufruf dieser JSP (bzw. nach jeder Änderung).

b) Processing-Phase:

- Das generierte Servlet wird ausgeführt.

- Des Ergebnis des Servlets wird in den statischen HTML-Code eingefügt.

- Alles zusammen wird an den Client gesendet.

Dies geschieht bei jedem Aufruf.

163

5.11   JSP Java Server Page - komplex

Grundlagen zur JSP-Syntax

Eine JSP kann drei unterschiedliche Arten von *Tags* enthalten:

- Directiven (= Instruktionen für den JSP-Compiler)

- Actions (= Standard-Aktionen oder selbst erstellte *custom tags*)

- Java-Code mit:

  - Deklarationen: `<%!`

  - Scriptlets   `<%`

  - Zuweisungen   `<%=`

Mittlerweile umfassen die Erläuterungen der JSP-*Tags* Hunderte von Seiten. Die Syntax ist komplex und oft unübersichtlich, da sie auch noch mit HTML-*Tags* im Mix auftreten.

Aufgabenstellung *jsp10.jsp*

Die Source-Programme für diesen Abschnitt stehen im Ordner *x:\jt\kap05\jsp02*. Die *jsp10.jsp* soll eine HTML-Seite mit einigen System-Informationen (sowohl vom Client wie vom Host) anzeigen. Außerdem soll es zählen, wie oft es gestartet wurde. Nach dem dritten Aufruf ändert sich die Hintergrund-Farbe im Browser.

Auch dieses Beispiel wird komplett zur Verfügung gestellt – und das ist gut so. Denn es enthält sowohl Deklarationen als auch Scriptlets als auch Zuweisungen. Sollte jemand gerne Tippfehler suchen, so kann er diese JSP probeweise per Hand eingeben. (In der Praxis werden für diese Art der Programmierung natürlich Generierungstools eingesetzt.)

Testen des Beispiel *jsp10.jsp*

Zum Testen muss die JSP deployed werden. Dazu sollte sie (und wirklich nur diese eine JSP!) per Hand kopiert werden in den folgenden Ordner:
```
x:\sun\domain\domain1\docroot \JSP\
```

Dann muss im Browser folgende URL eingeben werden:

> http://localhost:8080/JSP/jsp10.jsp.

Sollten Probleme auftauchen:

- Auf Groß-/Kleinschreibung achten!

- Prüfen, ob der Application Server gestartet ist

- Ist die JSP „richtig" deployed?

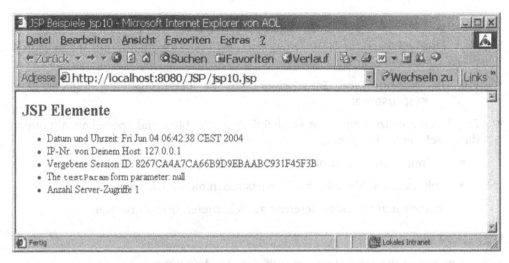

Abb. 5.11.1: Ergebnis der *jsp10.jsp*

Erläuterungen zum Beispiel *jsp10.jsp*

Zum Verständnis der Arbeitsweise kann es sinnvoll sein, sich den Source-Code des generierten Programms *jsp10_jsp.java* anzuschauen. Die Datei kann mit START I SUCHEN gefunden werden.

Die Methode *getRemoteHost()* liefert die IP des Hosts, der die Anfrage gesendet hat Diese Information wird aus dem Request-Bereich geholt.

Die Methode *getId()* gibt den für jede Sitzung generierten, eindeutigen Sessionschlüssel zurück. Dieser steht im HttpSession-Objekt und kann als eindeutigen Wert für die Identifizierung von gespeicherten Sitzungsinformationen genommen werden.

Mit der Methode *getParameter()* können FORM-Parameter, die der Client ausgefüllt hat, aus dem Request-Bereich gelesen werden.

Durch mehrfaches Aufrufen dieser JSP (durch "Aktualisieren", im Internet Explorer entweder direkt durch Klicken der Schaltfläche bzw. durch F5, oder durch Browser-Neustart und Neueingabe der URL) wird der Aufrufzähler hochgezählt. Beim dritten Aufruf ändert sich die Hintergrund-Farbe.

Weitere Hinweise zum Einsatz von JSPs

*   Es gibt seit JSP 1.1. auch die Möglichkeit, die einfachere **XML-Syntax** zu benutzen:

    ```
    <jsp:declaration ..>     statt <%!   oder
    <jsp: scriptlet          statt <%    oder
    ```

`<jsp:expression.` statt `<%=`

Vorteile: Eine JSP-Page in XML-Syntax ist ein XML-Dokument und kann durch Tools und XML-APIs bearbeitet werden.

- Für die Nutzung von **Java-Beans** gibt es hervorragende Möglichkeiten: `<jsp:useBean...`

- Es gibt eine ganze Reihe von vordefinierten Variablen und speziellen Aktionen, die es sehr einfach machen,

  - Informationen über die Laufzeit-Umgebung zu bekommen

  - mit anderen JSPs oder mit Servlets zusammen zu arbeiten

  - gemeinsame Speicherbereiche zu deklarieren und zu nutzen.

Was sind Custom Tags?

Außerdem gibt es die Möglichkeit, eigene Tags zu definieren:

- Custom-Tags sind user-definierte JSP-Sprachelemente.

- Sie werden als Java-Classen in Tag-Librarys zur Verfügung gestellt.

- Um sie zu benutzen, muss die Tag-Library in der JSP-Page deklariert werden.

- Vorteile: der Java-Programmierer hat Zugriff auf alle Variablen in der JSP-Page und der Beans; der Web-Designer kann mit "normaler" JSP-Syntax auch Java-Code aufrufen.

Aufgabenstellung *JSP02.jsp /Bean02.java*

Das Beispiel demonstriert die Nutzung von Java-Beans durch eine JSP. Es soll die *JSP02.jsp* erstellt werden, die eine HTML-FORM für die Eingabe von zwei Zahlen anzeigt und nach Eingabe dieser Werte durch den Bediener dafür sorgt, dass mit Hilfe einer *Bean02.java* die Berechnungen (Multiplikation) erfolgt und das Ergebnis angezeigt wird.

Packen und Deployen

Wir erstellen mit dem Deploytool eine Web-Componente (J2EE-Modul). Das Vorgehen entspricht der Beschreibung für das Deployen von *Servlet01* (siehe dort). Folgende Abweichungen sind zu beachten:

- WAR-Location: *x:\JT\kap05\JSP02\Web1*

- Als Content hinzufügen: *beans.Bean02.class* und *JSP02.jsp*

- Als Typ der Web-Komponente *JSP* auswählen

- Context-Root: */jsp02* (Ein Alias-Name wird nicht benötigt)

Ergebnis des Deploy-Vorgangs

Nicht vergessen: TOOLS I DEPLOY. Im Ordner *j2ee-modules* wird dadurch der Folder *Web1* erstellt. Dort stehen alle Dateien dieser Web-App:

- die statische Datei *JSP02.jsp* und

- im Sub-Ordner \ *WEB-INF* die Deployment-Descriptoren und die Class-Files.

An dieser Stelle noch einmal der Hinweis: Der Deploy-Vorgang ist sehr individuell verschieden bei den jeweiligen Herstellern. Sowohl für den Einsatz der Tools als auch für den Inhalt und Aufbau der Deployment Descriptoren und auch für die Ordnerstrukturen gibt es stark voneinander abweichende proprietäre Lösungen.

Testen im Browser

Als URL eingeben: *http://localhost:8080/jsp02/JSP02.jsp*

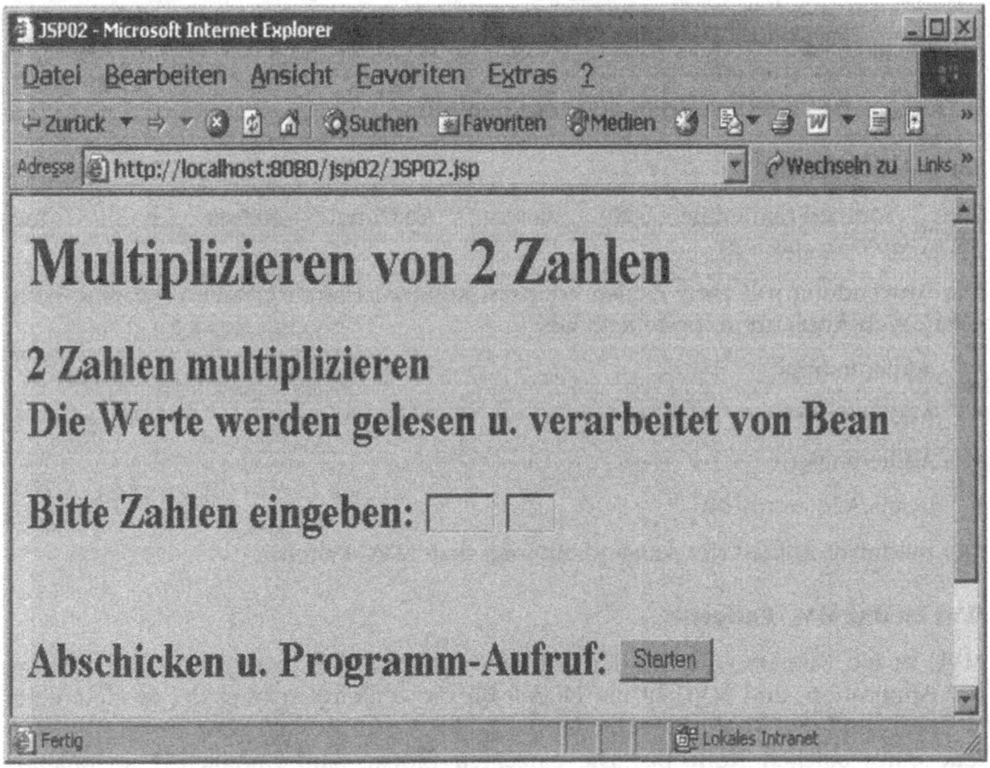

Abb. 5.11.2: Eingabe-Formular *JSP.02.jsp*

Wenn die beiden Zahlen eingegeben wurden, den Button *Starten* anklicken. Danach wird das *JSP02.jsp* erneut angezeigt, allerdings ergänzt um das Ergebnis der Multiplikation.

Zusammenfassung und Bewertung

- JSPs sind eine Möglichkeit, um dynamische HTML-Inhalte zu generieren, indem Java-Code mit statischem HTML gemixt wird.

- JSPs sind immer dann sinnvoll einzusetzen,

  - wenn der Response zum Großteil aus HTML-Tags besteht und nur wenige Daten von einer Web-App generiert und eingefügt werden sollen

- Der Einsatz von Servlets dagegen ist vorzuziehen, wenn

  - das Ergebnis aus wenig statischen HTML-Tags besteht

  - die Eingabe zu validieren ist

  - der Kontrollfluss einer komplexen Web-App zu steuern ist.

5.12 Komplettbeispiel: Web-Application

Aufgabenstellung

Die Source-Programme zu diesem Abschnitt stehen im Ordner *x:\jt\kap05\webkompl*.

Die Anwendung soll zwei Zahlen addieren können. Hierzu erstellen wir eine komplette Web-Application, bestehend aus:

- addieren.html

- Addieren.java

- Addieren.jsp

- beans.AddierenBean

Der modulare Aufbau der Anwendung folgt dem MVC-Pattern.

Was ist das MVC-Pattern?

MVC ist ein Kernkonzept bei der 22EE-Entwicklung. Ziel ist ein modulares Design der Application, und MVC ist ein Modell für die Rollenverteilung der Module einer Web-Anwendung. Man unterscheidet die Rollen *Control, View und Model.* Die Vorteile eines solchen Konzepts: Die einzelnen Blöcke sind (möglichst) unabhängig voneinander, und ihre Zuständigkeit ist festgelegt. Dadurch wird Überschaubarkeit, Wiederverwendbarkeit und Wartbarkeit erhöht und eine Parallelentwicklung ermöglicht.

Wir haben in diesem Komplettbeispiel für jede Rolle ein dediziertes Programm:

- Als **"View"**-Komponente ist die JSP *addieren.jsp* für das User-Interface zuständig (was sieht der Benutzer und was kann er machen?). Es liefert die Ausgabe dieser Web-App.

- Die Rolle des **"Models"** erfüllt das Bean AddierenBean. Es enthält die Business-Logik dieser Anwendung und ist völlig unabhängig vom User-Interface.

- Das Servlet *Addieren.java* ist der **"Controller"** der gesamten Anwendung Es stellt die Verbindung zwischen den Modulen her und ist außerdem zuständig für die Kommunikation zum Client per HTTP-Protokoll.

Hier eine grafische Übersicht:

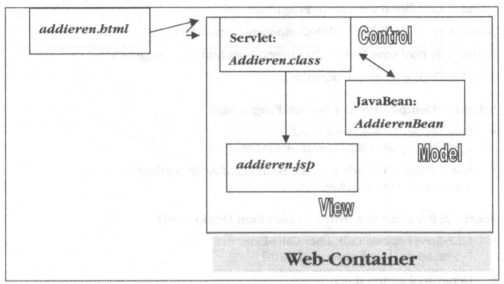

Abb. 5.12.1: MVC-Pattern mit View, Control und Model

Unsere Anwendung soll wie folgt ablaufen:

- Der Client ruft im Browser die URL der Seite *"addieren.html"* auf

- Der Bediener gibt zwei Zahlen ein und klickt auf den "Submit"-Button

- Das Servlet *"Addieren"* wird gestartet.

- Das Servlet erstellt eine Instanz der Bean *"AddierenBean.* Diese führt die Berechnung durch.

- Danach dispatched das Servlet die JSP *"addieren.jsp"*. Dieses ist für die HTML-Ausgabe zuständig. (Auf das Thema „Dispatchen" wird später detaillierter eingegangen).

Eine wesentliche Neuerung gegenüber den bisherigen Beispielen enthält diese Application: Das Servlet ruft als Steuermodul nicht nur die JavaBean und ihre Business-Methoden auf, sondern es ruft auch die JSP auf:

- mit *forward()* wird die Steuerung vollständig an die damit verbundene URL abgegeben.

Packaging (mit dem DEPLOYTOOL)

Alle Komponenten dieser Anwendung werden in eine **.war-File** gepackt, an den Server ausgeliefert und dort automatisch implementiert.

Hierzu sind folgende Schritte erforderlich:

Schritt 1: Comilieren der Source-Programme

Schritt 2: Neue WAR-File („Web-Componente erstellen)

Schritt 3: Symbolische Namen für Context-Root und Alias vergeben

Schritt 4: Deployvorgang durchführen

Schritt 1: Compilieren der Source-Programme

- Compile des Java-Servlets durch:
  `I:\JT\kap05\WebKompl>javac Addieren.java`

- Man beachte: Dadurch wird die Bean beans.AddierenBean.java automatisch mit umgewandelt.

Schritt 2: Erstellen der .war-File (mit dem Deploytool)

- J2EE-Server starten (z.B. über CMD-Line:
  `C:\>asadmin start-domain domain1`

- Deploytool starten durch:
  `c:\deploytool`

- Inhalt der .war-File festlegen durch:

  - Auswählen FILE I NEW I WebComponent,

  - danach NEXT,

  - darauf achten, dass "Create new Stand-Alone WAR-Module" ausgewählt ist

  - WAR-Location: *x:\JT\kap05\WebKompl\Web2*

  - Anklicken EDIT CONTENTS

  - dann die vier Dateien aus dem Folder auswählen (*Addieren.class, beans.AddierenBean.class, addieren.html, Addieren.jsp*)

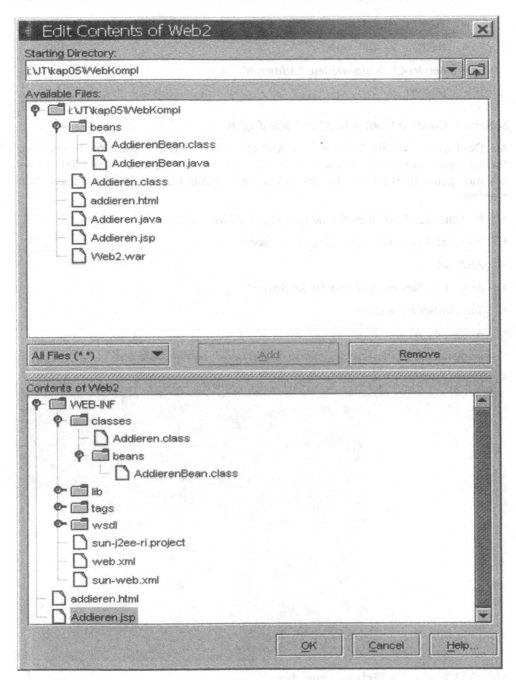

Abb. 5.12.2: Dateien der War-File hinzufügen

OK anklicken, danach:

- NEXT
- NEXT
- Servlet-Class auswählen: "*Addieren*"
- FINISH

Schritt 3: Context-Root und Alias hinzufügen

Als Deployen wird der Vorgang der Auslieferung und der Installation bezeichnet. "Installieren" bedeutet im Wesentlichen, dass ein neuer "Context" dem Web-Server bekannt gemacht wird. Im Deploytool muss deshalb noch folgendes eingegeben werden:

- Im Startbild: Anklicken der neu erstellten *Web2*
- im Textfeld Context Root eingeben: */web2*
- *FILE | SAVE*
- Anklicken Servlet *Addieren* (linke Spalte*)*
- Tab *Aliases* auswählen
- Anklicken ADD
- Doppelklick in der neuen Zeile und eintragen: */servlet/Addieren*
- Enter

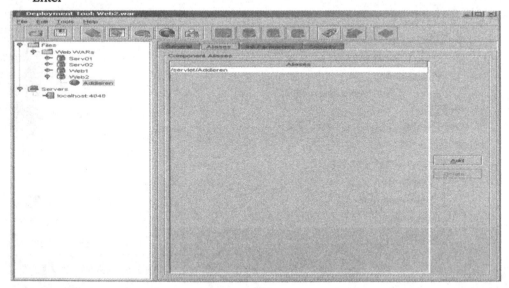

Abb. 5.12.3: Alias für Web-App eingeben

danach das Projekt abspeichern durch: FILE | SAVE

Schritt 4: Deployen durchführen

- Im Deploytool: Auswählen TOOLS I DEPLOY
- User-ID und Password des Admin wurden bei den Installation vergeben
- OK anklicken

Testen

Der Context ist der Name, auf den das Dokument-Root der Web-Application "ge-mapped" wird. Von diesem Root aus kann es eine umfassende Hierarchie von Direc-tories geben, für die es ein Standard-Layout gibt.

Der Context lautet in unserem Beispiel: *web2*. Deswegen ist die URL für die Start-Seite:

http://localhost:8080/web2/addieren.html

oder testweise für das Servlet:

http://localhost:8080/web2/servlet/Addieren

den Einsatz in der Run-Time-Umgebung

Zusätzliche Informationen zum Thema „MVC-Pattern"

Basis für das Design dieser Komplett-Aufgabe ist das MVC-Pattern.

Dadurch bekommt die Anwendung einen modularen Aufbau. Dieser Aufbau ent-spricht den Empfehlungen des MVC-Design-Pattern. In diesem Kernkonzept für die Entwicklung von J2EE-Anwendungen wird vorgeschlagen, die Zuordnung der ein-zelnen Aufgaben nach folgenden Prinzipien vorzunehmen:

1. **Controller** (z.B.*Addieren.java*)

- empfängt den HTTP-Request des Clients
- Form-Parameter lesen und parsen
- Verarbeitungs-Bean (mit Business-Logik) aufrufen
- Ausgabe auswählen
- verbindet View und Model und übernimmt die Ablaufsteuerung

2. **Model** (z.B. *AddierenBean.java*)

- enthält die Verarbeitungsroutinen (Business Logik)
- können Java-Beans oder Enterprise Java Beans sein
- ist zuständig für die Persistenz (DB-Verarbeitung)
- arbeitet völlig unabhängig von HTTP-Eingabe/GUI-Ausgabe

3. **View** (z.B. *Addieren.jsp* und *addieren.html*)

- zuständig für das User-Interface (Ein- und Ausgabe)
- Aufbereitung des Response und
- Präsentation der Ergebnissse am Bildschirm

Überblick über den Ablauf der Anwendung

Gestartet wird die komplette Anwendung durch Eingabe der URL für die statische HTML-Seite *addieren.html*. Durch Anklicken des Button „Starten" werden die Inhalte der HTML-Form gemeinsam mit dem Aufruf der Action (= Aufruf des Servlets) an den HTTP-Server übertragen. Dieser erkennt, dass dynamische Inhalte angefordert werden und leitet den Request weiter an den Application Server. Der Application Server ruft die LIfecycle-Methode *service()* des angeforderten Servlets auf.

Die Methode *service()* bekommt zwei Instanzen als Parameter geliefert:

- die **request-Instanz**: das ist eine Variable, die mit dem Request des Clients verbunden ist. Sie enthält alle Status-Informationen und alle Daten, die vom Client kommen.

- die **response-Instanz**: das ist die Variable, die mit der Antwort an den Client verbunden ist. Sie enthält alle Status-Informationen und alle Daten, die an den Client geschickt werden.

In dieser Methode werden aus dem Request-Bereich die beiden Parameter gelesen, danach die Bean-Instanz erstellt und Methoden der Bean aufgerufen. Zum Schluss kann die JSP die Ausgabe zusammenstellen.

Welche Probleme sind bei dieser Art einer *"verteilten Application"* zu lösen?

In einer Web-App arbeiten alle Programm-Module im selben Adressraum (nämlich im Servlet-Container) – jedoch gemeinsam mit einer Vielzahl weiterer Threads, die der Web-Server gleichzeitig gestartet haben kann. Deshalb müssen u. a. die folgenden zwei Fragen gelöst werden:

- Welcher Speicherbereich steht einer Ressource wann zur Verfügung? Wie erfolgt das Sharing von Daten und der Schutz vor unerlaubtem Zugriff? (= **"Scope"**).

- Wie erfolgt die Steuerung des Ablaufs? Wie ist der Mechanismus des Web-Containers, um zwischen den einzelnen Ressourcen umzuschalten (= **"Dispatching"**)

Wie erfolgt der Zugriff auf die gemeinsamen Daten (Scope)?

Das wichtigste Sprachmittel hierfür ist das *scope*-Attribute. Für die Ablage der Informationen verfügen die request- und die response-Instanzen über eingebaute Datenstrukturen: in einer Tabelle werden ihre Daten in Form von Key-/Value-Paare gespeichert. Zu beliebig vielen Schlüsseln können die dazugehörenden Werte gespeichert und wieder gefunden werden. Der Zugriff (Lesen oder Schreiben) erfolgt dann z.B. durch:

```
request.getParameter("key");
request.setAttribute(key.object);
```

Durch diese Nachrichten werden die Form-Parameter gelesen und ein neues Objekte in den Request-Bereich geschrieben.

Durch die Servlet-Anweisung

```
request.setAttribute("addieren", addieren);
```

wird die Bean-Instanz *addieren* dem Request hinzugefügt.

In der JSP gibt es

```
<jsp:useBean id="addieren" class="beans.AddierenBean" scope="request" />
```

Durch das Attribute *scope* wird festlegt, wo die Bean zu finden ist (An welchem Ort wird sie gespeichert? Wer darf darauf zugreifen?). Es gibt vier mögliche Werte:

Scope—Attribut bei JSP:	Vordefinierte Variable für Servlet:	Beschreibung:
scope=page	pageContext	Nur verbunden mit dieser JSP (= lokale Daten)
scope=request	request	der aktuelle Client-Request. Angelegt beim Auftreten des Request, bleibt bis zum Response an den Client "sichtbar"
scope=session	session	muss bei einem Servlet ausdrücklich per Programmbefehl angelegt und beendet werden
scope=application	servletContext	sichtbar, solange die Web-App im Container lebt; ein Bereich, der geshared wird für alle Serverls/JSPs/Beans (globale Daten)

Abb. 5.12.4: Welche Scopes gibt es zur Run-Time im Web-Server?

Der Scope *page* hat die kürzeste Lebensdauer. Er hat nur Bedeutung für die Kommunikation zwischen JSPs und Custom-Tags.

Der Scope *request* existiert solange, wie die Client-Anfage aktiv ist. Es können Informationen abgefragt werden, z.B. durch

```
req.getReuestURI();
req.getAttribute("xyz");
```

aber der Inhalt des request-Objekts kann auch ergänzt werden (durch Schreiben mit der *setAttritute()*-Methode).

Der *Session*-Scope wird benutzt, um Beans oder Obekte zu speichern, die in mehreren Servlets oder JSP-Seiten eingesetzt werden sollen. Der Bereich wird mit einer eindeutigen Session-Id gekennzeichnet. Diese wird beim Erzeugen creiert. In den Bereich kann geschrieben werden mit

```
session.setAttribute("class", instanz);
```

Hinweis: Es können nur Objekte gespeichert und abgefragt werden, keine Basisdatentypen. Der Session-Scope bleibt "am Leben", solange der Browser des Clients aktiv ist (oder wenn er vom Programmierer ausdrücklich gelöscht wird).

Wenn ein Scope-Objekt mit dem Attribut *application* erstellt wird, dann ist dieser Bereich "global" für alle Pages, die zu dieser Web-App gehören.

Wie erfolgt das Dispatching zwischen den Programmen?

Die Servlets und JSPs einer Web-App können sich gegenseitig aufrufen, ebenso wie sie Java Beans benutzen können. Die Adressierung erfolgt durch einen URI. Grundsätzlich ist zu unterscheiden, ob mit dem Aufruf einer anderen Ressource auch die Abgabe der Steuerung verbunden ist (GO TO-Mechanismus) oder ob nach der Ausführung des aufgerufenen Programms die Steuerung an diese Stelle zurück kehrt, ob also mit dem Aufrufer-Programm weiter gemacht werden kann.

Für die Unterscheidung dieser beiden Verfahren gibt es folgende Sprachmittel::

- include(uri)
  = Call und Return; die Steuerung kehrt zum Aufrufer zurück, nachdem das aufgerufene Programm beendet wurde

- forward(uri)
  = wirkt wie ein GO TO, die Steuerung wird abgegeben, und es gibt kein RETURN.

Der als Adresse angegebee URI ist relativ - relativ zum Pfad der JSP oder des Servlets). Die Syntax des Aufrufs ist unterschiedlich, je nachdem, ob aus einer JSP oder aus einem Servlet eine andere JSP oder ein Servlet aufgerufen wird. Beispiel für den Aufruf innerhalb einer JSP (für eine JSP):

```
<jsp:forward page="uri">
<jsp:include page="uri">.
```

Beim Aufruf können auch Parameter übergeben werden (wie immer als Call by Copy, aber jetzt als Key/Value-Pair):

```
<jsp:include>….<jsp:param name="ort" value="Steinfurt" />
</jsp:include>
```

Beispiel für den Aufruf innerhalb eines Servlet (für eine JSP):

```
RequestDispatcher d =
     getServletContext().getRequestDispacher("/jsp01.jsp");
d.forward(request, response);
```

Hinweis: Es gibt die JSP-Directive <%@**include** file="xyz"%>. Diese hat nichts zu tun mit dem Request-Dispatching-Mechanismus zur Run-Time. Sie wirkt lediglich so, dass zur Umwandlungszeit Text-Dateien oder Source-Code an diese Stelle eingefügt werden.

Zusammenfassung

a) Merkmale einer Web-Application

Eine Menge von kooperierenden Servlets, JSPs, Beans und allen Hilfsdateien wird unter der Bezeichnung "Web-Application" zusammengefasst. Die Merkmale einer WebApp sind:

- Sie ist in einem **WAR**-Archive gepackt.

- Sie hat einen Namen.

- Dieser Name entspricht einem Folder mit fester Verzeichnisstruktur.

- Sie hat eine **Context-Root.**

- Dieser Context-Root muss vom Client in der Request-URL angegeben werden.

- Einzelne Komponenten der WebApp können einen **Alias**-Namen haben.

- Mit diesem Namen werden Servlets adressiert (z.B. in einer URL).

- Zu jeder WebApp gehört eine Datei namens /WEB-INF/**web.xml.**

- Diese Datei wird "Deployment Descriptor" genannt und enthält alle Informationen für die Installation in der Run-Time-Umgebung.

b) Verzeichnis-Struktur bei Web-Application

Das Verzeichnis /WEB-INF/ enthält Config-Informationen über die Web-Application (insbesonderen den Deployment-Descriptor *web.xml*). Das Verzeichnis /WEB-INF/classes/ enthält die benötigten Java-Klassen dieser Anwendung. Hinweis: Natürlich gelten die Regeln für die *package*-Bildung weiterhin, d.h. die Klassen müssen in den Sub-Foldern liegen, die ihrem Paketnamen entsprechen.

6   Enterprise-Application mit J2EE

Die *Java2 Enterprise Edition 1.4. SDK* ist die Plattform zum Designen, Entwickeln, Testen und Ausführen von Web-Anwendungen und Enterprise-Applicationen. Dieses Kapitel beschreibt den Einsatz von Enterprise Java Beans (EJBs). Es enthält für jede der drei Ausprägungen der EJBs, nämlich für

- Session Bean
- Entity Bean und
- Message Driven Bean

jeweils ein komplettes Beispiel. Wir werden die wichtigsten Bestandteile anhand des Source-Codes analysieren und danach die EJBs compilieren, deployen und testen. EJBs verlangen eine spezielle Run-Time-Umgebung auf der Server-Seite, den „EJB Container". Wir werden die Aufgaben eines solchen Server-Programms und auch die Installation der EJBs besprechen.

Eine wichtige Rolle im gesamten Umfeld der Enterprise Application spielen die Deployment Descriptoren. Diese stehen in XML-Dateien – und wir werden im Einzelnen die relevanten Angaben in diesen Dateien untersuchen.

6.1   EJB – Einführung

Was ist eine "Enterprise Application"?

Enterprise Applicationen (Unternehmensanwendungen) sind Server-Anwendungen, die auf verteilter Architektur basieren. Folgende Standardaufgaben sind typisch für Enterprise Application:

- Login-Verarbeitung mit User-Id und Password
- Session-Verfolgung
- Transaktionsverarbeitung
- Persistenz
- Sicherheit (Zugriffskontrolle und Kryptografie).

Diese Funktionen werden vom Server übernommen und müssen nicht immer wieder neu programmiert werden. Darüber hinaus ist der Server verantworlich für folgende Aufgaben:

- Bereitstellung eines Namensservice (dieser muss JNDI-fähig sein)

- Ressourcen-Management (Laden/Inaktivieren Beans)
- Verbindung zur relationalen DB (bei Entity Beans).

Eine wichtige Rolle spielt der Namens-Service. Der Zugriff auf EJBs ist nur möglich über eine JNDI-fähige Directory. Dies kann ein beliebiges Produkt ("Service Provider") sein, das

- das JNDI-API versteht (damit die Anwendung mit Standard-Methoden auf diese Directory zugreifen kann)
- jede Art von Objekt-Namen speichern und wieder auffinden kann (damit nicht nur EJBs, sondern auch alle Programm-Ressourcen mit JNDI gefunden werden).

JNDI ist unabhängig von einer speziellen Implementierung. Es kann auch mit bereits existierenden Namens- und Directory-Services zusammen arbeiten, z.B. mit LDAP. Praktisch ist es so, dass jeder Application Server einen Namens-Server integriert haben muss, der als Service Provider agieren kann.

Multi-Tier-Scenario

Der typische Einsatzbereich für Enterprise Application ist beschrieben in einem Layer-Modell, dem "Multi-Tier-Model" von J2EE:

- Im **Client-Tier** arbeiten entweder Browser-Clients oder Stand-Alone Application-Clients
- Im **Middle-Tier** arbeitet der J2EE-Server mit seinen Containern für Servlets, JSPs und EJBs
- Im **Backend-Tier** sind Systeme angesiedelt, die häufig schon seit langem existieren und die integriert werden müssen (EIS Enterprise Information Systeme, z.B. ERP Enterprise Resource Planning Systeme, SAP- oder CICS - Anwendungen). Eine populäre Bezeichnung für die Anwendungen im EIS-Tier ist "legacy application". Für die Integration dieser EIS gibt es Standard-Protokolle ("Connectoren") und auch eigene Archive-Files (RAR-Datei).

Aufbau von Enterprise Application

J2EE Application bestehen aus Componenten. Eine Komponente ist eine Software-Unit, die "assembled" (d. h. compiliert, gepackt) und deployed wurde und mit anderen Componenten kommunizieren kann. Folgende Componenten sind vom J2EE-Standard definiert:

Componenten-Typ:	Run-Time-Umgebung:
a) Client-Seite	
- Application Clients	Stand-Alone-Environment
- Applets	Applet-Container (= Browser)

b) Server-Seite	
- Web-App	Web-Container
- EJBs	EJB-Container

Abb. 6.1.1: Welche Componenten gibt es in der J2EE?

Die Java 2 Plattform, Enterprise Edition (J2EE) definiert für die Serverseite also zwei Arten von Anwendungen

- Web-Application   (= bestehend aus Servlets und JSPs)

- Enterprise Java Beans   (= als Standard für verteilte Anwendungen).

Dem entsprechen die zwei Typen von Container:

- Web-Container (= setzt HTTP-Server ("HTTPD") voraus, weil seine Arbeit an **HTTP** gebunden ist)

- EJB-Container (= wird von Clients über **IIOP** und **JNDI** angesprochen).

Packaging und Deployment

Außerdem gibt es für beide Typen von Server-Application jeweils eigene Archiv-Formate für das Deployen:

- WAR-File (Web-Application Archive, für Servlet, JSP und statische Ressourcen)

- JAR-File (Java Archive, für EJBs).

Der Aufbau und Inhalt dieser Files ist auch abhängig vom Serverprodukt und dessen Release-Stand, auf dem die Programme ausgeführt werden sollen. Generell aber gilt:

- Eine J2EE-Application wird ausgeliefert in einer Enterprise Archive (EAR)-File

- Die .ear-File enthält J2EE-Module, die auch wiederum aus Archive-Files bestehen können (.war/.jar-Files)

- Die zentrale Konfigurationsdatei einer Archiv-Datei ist der Deployment Descriptor (DD). Dies ist ein XML-Dokument. Noch einmal zur Verdeutlichung: Die Informationen zur Behandlung von Web-App-Modulen oder EJB-Modulen zur Run-Time stehen nicht in den Programmen, sondern befinden sich außerhalb der Klassen und Interfaces in speziellen Dateien (DD). Diese beschreiben für EJBs

  - den Inhalt der Bean

    - die Bestandteile, d.h. welche Interfaces und Classes gibt es?

    - die externen Ressourcen (JNDI-Namen der Bean, DB-Treiber...)

  - das Verhalten der Bean zur Run-Time

- Persistenz

- Security

- Transaktion.

Mit der Verabschiedung von J2EE 1.4. im November 2003 wurde ein "Deployment API 1.1" eingeführt, dessen Ziel die Standardisierung der Arbeit mit den Deployment-Tools und den XML-Dateien ist. Damit soll es möglich sein, Anwendungen in einen Application-Server eines anderen Anbieters zu deployen.

Übersicht der Packaging-Formate

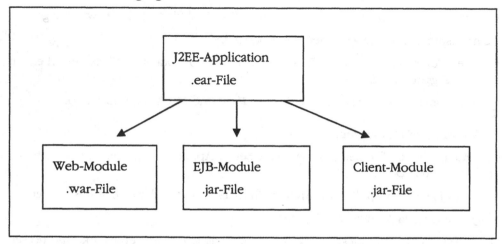

Abb. 6.1.2: Packaging von J2EE-Application

Erläuterungen:

- Gesamt-Projekt in **E**nterprise **Ar**chive File (.ear-File)

  - Diese Datei beschreibt die **gesamte** J2EE-Application. Sie enthält eine Gesamt-Übersicht aller Module. Im Deployment-Descriptor dieser Datei (*application.xml*) stehen die Namen der .jar/.war-Files, die zu diesen Anwendungen gehören. Sie ist die Auslieferungs-Unit für eine J2EE-Application.

- Web-Application in **W**eb **Ar**chive File (.war-File)

  - Die WAR-File enthält die Programme für die Repräsentationsschicht der Anwendung (JSP, HTML, Servlets, .gif-Dateien...). Sie hat eine fest vorgegebenen Ordnerstruktur: \WEB-INF\classes\. Der Deployment-Descriptor hat den Dateinamen *web.xml* und enthält folgende Informationen:

    - die symbolischen Namen und realen Classnamen der Servlets und

- evtl. Init-Parameter, die von der Run-Time-Umgebung beim Init des Programms übergeben werden.

Wichtig ist zu wissen, dass für die Web-Application festgelegt wird:

- ein symbolischer Name (= "/Context-Name")

- ein *Alias* für einzelne Componenten innerhalb der WebApp

Das "Mapping" auf die realen Namen erfolgt durch den Application Server.

- Enterprise Componenten (EJB) in **Java-Ar**chive-File (.jar-File)

  - Der Deployment Descriptor hat den Dateinamen *ejb-jar.xml*

  - Er beschreibt alle Componenten, die zu einer EJB gehören, ihre Eigenschaften und ihre Anforderungen an die Laufzeit-Umgebung (welche Services werden angefordert? welche Ressourcen werden benötigt?). Im Einzelnen steht dort:

    - Class-Name der Implementierungen

    - Namen der Home-/Remote-Interfaces

    - Art der Bean (Session-/Entity-/Message Driven Bean)

    - Wer managed die Persistenz (CMP oder BMP)?

    - Wer managed die Transaktionen (BMT oder CMT)?

    - Security-Attribute

    - JNDI-Namen für EJBs

    - JNDI-Namen für die Ressourcen (z.B. JDBC-Data-Sources und Connections).

- Client-Compontenen in **Java-Ar**chive-File (**.jar**-File)

  - Die JAR-File enthält die Java-Application, die den Zugriff auf die EJB anfordert. Allerdings wird nur dann eine separate .jar-File erstellt, wenn der Client nicht im Web-Container oder in einem EJB-Container läuft, sondern wenn der Client z.B. eine eigenständige Java-Application ist. Der Deployment-Descriptor ("*application-client.xml*") enthält

    - den symbolischen Namen der EJB (als Referenz zum Namensverzeichnet per JNDI)

    - die Namen der Ressourcen, die angefordert werden

    - evtl. Properties, um zu beschreiben, mit welchem Service-Provider für JNDI oder Message-Queuing gearbeitet wird.

Da es sich bei den Deployment Descriptoren um XML-Dokumente handelt, ist nicht nur eine weitgehende Server-Unabhängigkeit und damit Portabilität gegeben, sondern es wird auch eine Prüfung auf Vollständigkeit und Korrektheit der Dateien möglich. Diese müssen "well-formed" sein und können per DTD validiert werden (siehe hierzu das Kapitel 7: Java und XML).

Zusammenfassung: Was sind Enterprise Java Beans (EJBs)?

EJBs sind J2EE-Componenten, die in einem EJB-Container laufen und von Clients über JNDI und IIOP genutzt werden können. EJBs bestehen aus:

- Interfaces (je nach Typ entweder Local oder Remote oder Service Endpoint)

- Implementierungs-Class

- Deployment Descriptoren (XML-Dateien).

Die EJB-Spezifikationen der J2EE-Platform legen nicht nur detailliert die Anforderungen an diese Dateien fest, sondern beschreiben auch exakt die Aufgaben der Run-Time-Umgebung (Services für Lifecycle-Management, Transaktionsunterstützung, Securtiy usw.).

Java Beans versus Enterprise Java Beans

Java Beans sind normale Klassen, die von Applicationen eingebunden werden, die in demselben Adressraum laufen. EJB sind Teil einer verteilten Architektur, sie laufen in einem anderen Adressraum wie der Client.

6.2   Warum EJB? Genügen nicht Servlets/JSP?

Was sind die Aufgaben von Servlets/JSPs?

Servlets und JSPs sind abhängig vom HTTP-Protokoll. Sie kommunizieren mit einem Browser-Programm, indem sie den HTTP-Eingabestrom („Request") lesen und die Ergebnisse in den HTTP-Ausgabestrom („Response") schreiben. Der Client-Request kann Daten enthalten, die in eine HTML-„Form" eingetippt worden und nun an den Web-Server zur Verarbeitung übertragen worden sind. Das Servlet-/JSP-Programm übernimmt hierbei folgende Aufgaben:

- Parsing und De-Coding der Parameter

- Lesen der Parameter (doGet/doPost)

- HTTP-Header und HTTP-Statuscodes bearbeiten

- Session-Tracking (Cookies ...)

Das Ergebnis wird dann von einer JSP oder einem Servlet zusammengestellt in Form einer HTML-Datei und als „Response" per HTTP an den Browser-Client geschickt.

Was sind die Aufgaben von EJBs?

EJBs dagegen sind unabhängig von HTTP. Sie sind Teile einer *verteilten* Architektur. Sie werden verwaltet in einem Server („EJB Container") und sind nur über diesen Container aufrufbar – und zwar:

  a) immer unter Nutzung eines Namensdienstes (mit dem Protokoll **JNDI**) und

  b) mit dem Remote-Protokoll **IIOP** (als Sub-Protokoll von TCP/IP)

zu a): JNDI

Der Namensdienst ist Teil des EJB-Servers. Dort sind alle EJBs zentral angemeldet (mit ihren symbolischen Namen, ihren realen Class-Namen, den Ressourcen, die sie benötigen ...).

Wenn ein Client nun eine Methode einer EJB aufrufen will, so muss er zunächst u.a. über den Namensdienst die remote EJB-CLASS finden, aktivieren und eine Verbindung zu ihr aufbauen.

zu b): IIOP

Bei der Nutzung der EJBs muss immer auch der TCP/IP-Protokollstack durchlaufen werden. Wichtige Arbeiten in diesem Zusammenhang übernehmen so genannte Stub-Programme, die automatisch generiert werden und die für ihre Tätigkeit das Protokoll IIOP verwenden. (Hinweis: Ab EJB 2.0 gibt es die „lokale Sicht", die diesen Aufwand etwas reduziert, weitere Informationen hierzu folgen später).

Warum also EJBs?

Dahinter steckt die Idee, dass Hunderte oder Tausende von Clients in einem Unternehmen gleiche oder gleichartige Server-Dienste anfordern: Bestellungen verarbeiten, Zahlungen verbuchen, auf DB zugreifen usw.

Programme, die diese „Business-Services" leisten, haben folgende Herausforderungen zu lösen:

  * **Transaktionsmanagement**: „Alles oder nichts", dieses Prinzip gilt in der Anwendungsentwicklung häufig, meistens bei der Änderung von Daten. Halb abgeschlossene Transaktionen darf es nicht geben.

  * **Mehrfachzugriff** auf Programme und Daten von (remoten) Clients: Konkurrierende Zugriffe auf Daten müssen „serialisiert" werden; gleichzeitige Verwendung von Programmen muss performant und korrekt verlaufen.

  * **Persistenz**: dauerhafte Speicherung der Objekte, d.h. auch über Programm-Abschluss oder Systemcrash hinweg.

- **Sicherheit**: (Datenschutz/Datensicherheit), Authentifizierung (durch User-ID, Password), Autorisierung (durch Zugriffskontrollen per "Access Control List"), sichere Übertragungskanäle (durch Kryptografie, SSL).

Diese Standardaufgaben werden vom EJB-Container übernommen und müssen nicht individuell programmiert werden. Außerdem erledigt der Container die Aufgaben, die notwendig sind, um die Vielzahl der Beans im Container performant ausführen zu können; egal, ob sie auf einem zentralen Rechner laufen oder ob sie auf mehrere Server verteilt werden:

- Life-Cycle-Management:

  - EJB-Instanzen im **Pool** verwalten

  - Effiziente **Ein-/Auslagerung** nicht benötigter Beans (Activate/Passivate)

  - zuteilen dieser Instanzen, wenn sie vom Client benötigt werden

- Verwaltung für Ressourcen:

  - DB-Connection

  - Queues

- Gemeinsame Nutzung dieser Ressourcen (Poolbildung)

Durchsatz und Verfügbarkeit

Eine der Hauptaufgaben eines Servers für Enterprise Application ist es, Optimierungen zu realisieren beim "Clustern" von Systemen. Unter Clustering versteht man das Zusammenschalten von Serverprogrammen (meistens von getrennten Maschinen), damit diese im Verbund arbeiten, um folgende Vorteile zu erzielen:

- bessere Performance (durch Lastverteilung, "Load Balancing ")

- Ausfallsicherheit (Hohe Verfügbarkeit, "High Availability")

- optimale Wiederanlauf-Verfahren (Restart-Management)

- Redundanz (damit "Failover Support").

Hier zeigen sich viele Ähnlichkeiten mit den seit Jahrzehnten eingesetzten Transaktionsmonitoren wie CICS von IBM. Allerdings gibt es auch zwei wesentliche Unterschiede:

- EJB-Container basieren immer auf verteilten Technologien (remote-Zugriff)

- EJB-Container arbeiten mit Objekt-Technologien (Instanzen, Methoden).

Was sind Transaktionen?

Transaktionen sind Vorgänge, die als Ganzes abgewickelt werden müssen, damit die Daten konsistent bleiben, z.B. Soll- **und** Habenbuchung bei Bargeldabhebung von der Bank. Immer wenn es mehrere zusammengehörende Operationen gibt, die als

Einheit gesehen werden müssen, spricht man von einer "Transaktion (TA)". Eine TA darf niemals nur teilweise erledigt werden, es gilt die Forderung: Entweder alles oder nichts. Bedeutung haben Transaktionen immer nur im Zusammenhang mit Persistenz, d.h. mit dem Verändern von Zeilen in Datenbank-Tabellen.

Beim Deployen von EJBs wird für jede Methode festgelegt: Wird jetzt eine neue TA gestartet? Oder ist diese Methode lediglich Teilnehmer einer TA? Oder ist sie unabhängig von einem TA-Verhalten?

Ein Akronym beschreibt die einzelnen Merkmal einer Transaktion: **ACID** (für atomar, consistent, isoliert, dauerhaft).

Atomar	ganz oder gar nicht; alles oder nichts (Commit oder Rollback)
Consistent	logische Übereinstimmung der Daten, z.B. keine unterschiedlichen Werte derselben (redundaten) Daten, Integrität sichern, Wenn Fremdschlüssel, Referenzielle Integrität
Isoliert	Lock bei Mehrfachzugriff, Synchronisation der Zugriffe
Dauerhaft	Systemabsturz überleben, Änderungen nach erfolgreicher Beendigung persistent machen

Abb. 6.2.1: Die 4 ACID-Merkmale einer Transaktion

Wie werden Transaktionen durchgeführt?

- Anfang und Ende wird markiert (vom Programmierer festgelegt).

- Jede Aktion wird zwar durchgeführt, aber als „vorläufig" gekennzeichnet und gleichzeitig „gelogged", d.h. alle Änderungen von Transaktionsbeginn bis zum Ende sind nur Absichtserklärungen.

- Erst am Ende kann festgestellt werden, ob alle Aktionen dauerhaft werden können. Wenn alles in Ordnung ist und keine Fehler aufgetreten sind, dann erfolgt ein „commit".

- Sollte zwischen Anfang und Ende der Transaktion ein Problem entstanden sein, dann erfolgt „rollback", d.h. die Wiederherstellung des Ausgangszustandes.

- Dadurch wirken alle Einzeloperationen einer Transaktion nach außen wie ein einziger Befehl.

6.3   Erstellen einer Enterprise Application

Aufgabenstellung

Eine EJB mit dem Namen „Hello" soll erstellt, kompiliert und installiert werden. Das Ergebnis dieser Aktion wird eine **„Hello.ear"**-File sein, die alle Dateien und Informationen enthält, die zur Run-Time erforderlich sind. Diese .ear-File muss dann auf dem gewünschten Server implementiert werden. Danach steht die EJBs den Clients zur Ausführung zur Verfügung.

Die Client-Programme schreiben wir später. Als Client für diese Enterprise-Application können eingesetzt werden:

- Java-Stand-Alone-Applikatonen oder

- Web-Clients wie JSP, Servlets oder

- andere EJBs.

Installations-Voraussetzung

Unter Windows 2000 muss korrekt installiert sein:

- Java 2 Standard Edition 1.4. oder höher

- Java 2 Enterprise Edition 1.4.

Achtung: Alle Beispiele und Hinweise basieren auf J2**EE 1.4.2.** Beim Einsatz von J2EE 1.3 sind wesentliche Änderungen zu beachten: es gibt eine andere Referenz-implementierung des J2EE-Servers, als Datenbank steht dort die Cloudscape-DB zur Verfügung und nicht PointBase, und das Arbeiten mit dem Deployment-Tool erfolgt etwas anders als nachfolgend beschrieben.

Erläuterungen zu den EJB-Source-Programmen

Die Source-Programme stehen im Ordner: x:\JT\Kap06\EJBErstellen\EJB1. Die EJB gehört zum Package *EJB1*.

Die EJB „Hello" erfüllt folgende Aufgabe: Sie erzeugt Speicherplatz für eine String-Variable („gruss"). Mit der Methode „setGruss()" wird ein Wert in diese Variable geschrieben, und mit der Methode „getGruss()" kann der Wert gelesen werden.

Jede einzelne EJB besteht aus drei Source-Programmen:

- a) Home-Interface (*HelloHome.java*)
     = enthält das **Interface** mit den Lifecycle-Methoden

- b) Component-Interface (*Hello.java*)
     = enthält das **Interface** mit den Business-Methoden

- c) Bean-Implementierung (HelloImpl.java)
     = erzeugt die Class mit dem Implementierungs-Code

zu a) Erläuterungen zum *Home-Interface*

Das Interface „HelloHome.java" definiert die Methoden, mit denen ein Client eine EJB erzeugen, löschen oder finden kann (= „Lifecycle-Methoden").

zu b) Erläuterungen zum *Componenten-Interface*

Das Interface enthält alle Methoden, die dem Client zur Verfügung stehen, um die eigentliche Arbeit auszuführen („Geschäfts-Methoden"). Für den Client sind also nur die Business-Methoden „sichtbar", die hier aufgeführt sind. Häufig wird es auch als „Remote-Interface" bezeichnet. Seit EJB 2.0 gibt es allerdings auch die „remote" View auf EJBs (siehe nachfolgende Hinweise), deswegen ist diese Bezeichnung etwas irreführend, und man spricht jetzt von „Componenten-Interface"

zu c) Erläuterungen zum Implementierungs-Code

Die Klasse „*HelloImpl.java*" ist die eigentliche Bean-Klasse. Sie enthält den Code für alle Methoden, die in den beiden Interfaces deklariert worden sind. Die Implementierungs-Klassen werden abgeleitet von dem jeweiligen Bean-Typ (hier: „Session-Bean"). Neben der Session-Bean gibt es noch zwei weitere Arten von Enterprise Java Beans:

*   Entity Beans   (entsprechen einer DB-Tabelle)

*   Message Beans   (für asynchrone Kommunikation über Queues).

Bei der Implementierung sind einige syntaktische Besonderheiten zu beachten: Obwohl das Programm *HelloImpl.java* alle in den Interfaces aufgeführten Methoden implementieren muss, wird die Klausel *implements* nicht benutzt (die Zuordnung erfolgt beim Deploy-Vorgang). Auch die Namen der Lifecycle-Methoden unterliegen einer Besonderheit, denn sie bekommen bei der Implementierung den Präfix „ejb" mit einem nachfolgenden Großbuchstaben. Außerdem haben wir uns durch die Angabe *implements SessionBean* verpflichtet, alle im Interface *SessionBean* vorgegebenen Methoden auch wirklich zu implementieren, deswegen sind einige Leermethoden aufgeführt - lediglich um die Konvention zu erfüllen.

Local oder Remote View auf EJB

Die obigen drei Klassen sind obligatorisch für jede Session- und Entity Bean. Es gibt jedoch die Unterscheidung zwischen dem **lokalen** oder **remoten** Zugriff auf eine EJB (abhängig davon, ob sich der Client in derselben JVM befindet wie die EJB selbst oder ob über das Netzwerk mit TCP/IP und IIOP zugegriffen wird). *Local View* bedeutet, dass vom Client auf die EJB zugegriffen wird ohne TCP/IP und IIOP, sozusagen "auf dem kleinen Dienstweg" innerhalb einer JVM, jedoch unter Einsatz von JDNI.

Auf die Implementierung hat dies keinen Einfluss, jedoch haben die Schnittstellen unterschiedliche Superklassen, Die nachfolgende Übersicht zeigt, welche Interfaces hinter dem *extends*-Schlüsselwort angegeben werden müssen.

Schnittstelle:	wenn Remote Client View:	wenn Local Client View:
Home-Interface, wird abgeleitet von:	EJBHome	EJBLocalHome
Componenten-Interface, wird abgeleitet von:	EJBObject	EJBLocalObject

Abb. 6.3.1: Wovon werden die EJB-Interfaces abgeleitet?

Namenskonventionen für das Erstellen der 3 Bean-Dateien

Folgende Tabelle zeigt beispielhaft die empfohlenen Namen für die Interfaces und Klassen, wenn eine EJB mit dem Namen „Kunde" erstellt werden soll:

Klasse bzw. Interface	Name
Remote Interface	Kunde
Remote Home Interface	Kunde**Home**
Local Interface	Kunde**Local**
Local Home Interface	Kunde**LocalHome**
Implementierung	Kunde**Impl** (oder auch: Kunde **EJB**)

Abb. 6.3.2: Namenskonventionen für EJBs

Compilieren der EJB

Die Umwandlung muss für alle drei Dateien aufgerufen werden. Die mitgelieferten Client-Programme werden später compiliert. (Hinweis: Der CLASSPATH muss *j2ee.jar* enthalten).

6.4.   Arbeiten mit dem DeployTool

Was heiß Deployen?

Als Deployen bezeichnet man den Vorgang, mit dem die Anwendung zum Server transportiert, entpackt und installiert wird. Dazu werden die Ressourcen zunächst gepackt in Archive-Files und ergänzt um Deployment-Descriptoren. Die Deployoment-Descriptoren (DD) sind XML-basierte Textfiles, deren Elemente beschreiben, wie die Componenten zur Run-Time behandelt werden sollen. .

Beim Deployen von EJBs generiert das Container-Tool außerdem server-spezifische Klassen für:

- EJB-Home und EJB-Componenten Implementierungen (Stub und Tie für das Protokoll RMI/IIOP)

- Klasse, die die Daten der CMP-(Container Managed Persistence) Entity-Bean speichert

- Einige Helper-Klassen für CMP-Entity-Beans.

Der eigentliche Deploy-Vorgang besteht darin, dass die EAR-File ("Enterprise Archive") zum Server transportiert wird. Der Server beginnt dann automatisch den Registrierungsvorgang, indem er die EAR-File parsed, um eingebettete JAR- und WAR-Files zu analysieren. Anhand der gefundenen Informationen erfolgt dann die Installation der Programme.

Deploy-Vorgang vorbereiten

Die Source-Programme stehen im Ordner: *x:\JT\Kap06\EJBErstellen\EJB1*. Wenn die drei Quellen-Programme codiert und compiliert sind, kann die Vorbereitung für die Implementierung beginnen. Die Class-Files müssen gepackt werden. Außerdem müssen die Informationen, die benötigt werden für die Run-Time-Umgebung, im Dialog abgefragt und in XML-Dateien eingetragen werden. Das heißt, wir müssen die Archive-Files und die *Deployment Descriptoren* erstellen.

Dieser relativ komplexe Vorgang wird von (GUI- oder CMD-Line-) Tools unterstützt. Bei unserer Übung mit der Referenz-Implementierung werden wir – wie auch schon beim Arbeiten mit Web-Apps - das GUI-Tool *deploytool* benutzen.

Paketieren der Application

Zunächst werden wir den Namen der EAR-File festlegen. Danach wird JAR-File erstellt und der EAR-File hinzugefügt. Beide Dateien haben jeweils eigene Deployment-Descriptoren.

- Voraussetzung: Die EJB muss compiliert sein, und der Server muss gestartet sein.

- Start des Deploytools: *x:\>deploytool*

- Erstellen der neuen "Enterprise Application" durch:

  - FILE | NEW | APPLICATION

    - Bei **Application File Name** das Verzeichnis und den Dateinamen der zu erstellenden EAR-File angeben.

    - Bei **Application Display Name** den Namen der Application angeben (kann auch leer bleiben, wird automatisch gefüllt).

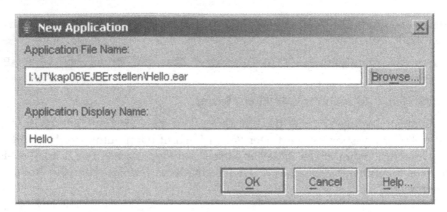

Abb. 6.4.1: Name und Location der EAR-File vergeben

- Hinzufügen der EJB-Bestandteile zu dieser neuen Application durch:
  - Im Startbild des deploytools muss die neue Application „Hello" ausgewählt sein
  - FILE | NEW | ENTERPRISE BEAN
  - im ersten Fenster (Introduction): NEXT
  - im zweiten Fenster (EJB JAR General Settings):
    - Der Radio-Button "Create New JAR-Module in Application" muss ausgewählt sein (und der Name der vorhandenen EAR-File eingetragen sein)
  - Eingeben des Namen der JAR-File für die EJBs: *"Ejb1"*
  - Danach Anklicken: EDIT CONTENTS

Im dritten Fenster (Edit Contents):

- Zum Ordner *x:\JT\kap06\EJBErstellen* navigieren
- Den Ordner *EJB1* expandieren
- die folgende drei Class-Files auswählen:
  - *Hello,*
  - *HelloHome,*
  - *HelloImpl)*
- Und ADD Button anklicken
- Achtung: Noch keine Class-Files der Clients auswählen

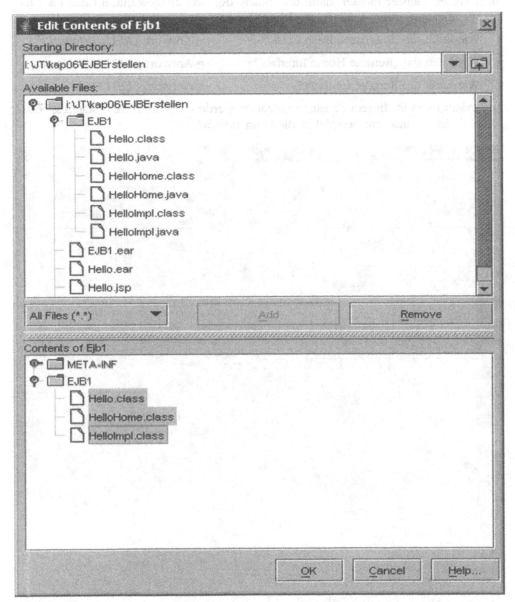

Abb. 6.4.2: Fenster „Edit Contents"

- Danach OK. und NEXT

Im nächsten Fenster müssen dann die Inhalte der drei ausgewählten Class-Files näher spezifiziert werden durch folgende Antworten:

- Wie heißt die „Enterprise Bean Class?   = Antwort: „*EJB1.HelloImpl*"

- Wie heißt das „Remote Home Interface?   = Antwort: „*EJB1.HelloHome*"

- Wie heißt das Remote Interface?   = Antwort: „*EJB1.Hello*"

Außerdem muss in diesem Fenster angegeben werden, ob die BEAN „stateless" oder „stateful" ist. In unserem Beispiel ist die Bean *stateful!*

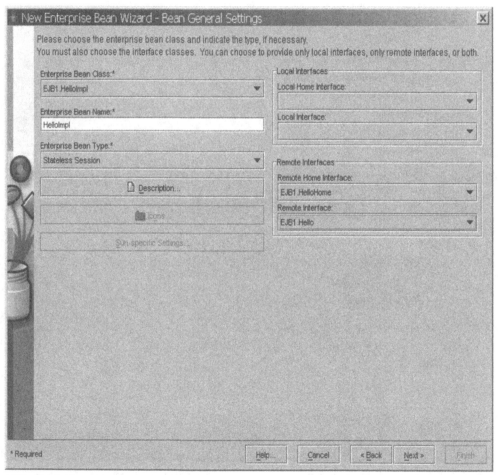

Abb. 6.4.3: Fenster "Bean General Settings"

- Dann NEXT und FINISH
- Im Start-Bild des Deploy-Tool: File I Save

Das Ergebnis ist eine Datei „*Hello.ear*" in dem ausgewählten Folder:

Abb. 6.4.4: Anzeige der generierte EAR-File

JNDI-Referenzen eintragen/prüfen

- Im Start-Fenster des Deploytools links die Application "*Hello*" expandieren, bis die *HelloImpl*-Bean angezeigt wird. Die Bean auswählen.

- Anklicken auf der rechten Seite unten den Button „Sun-specific Settings."

- Im nächsten Fenster ist der JNDI Name zu finden. In unserem Beispiel ist das „HelloImpl". Dieser vorgeschlagene Name könnte auch geändert werden, aber wir belassen es bei dem vorgegebenen Namen.

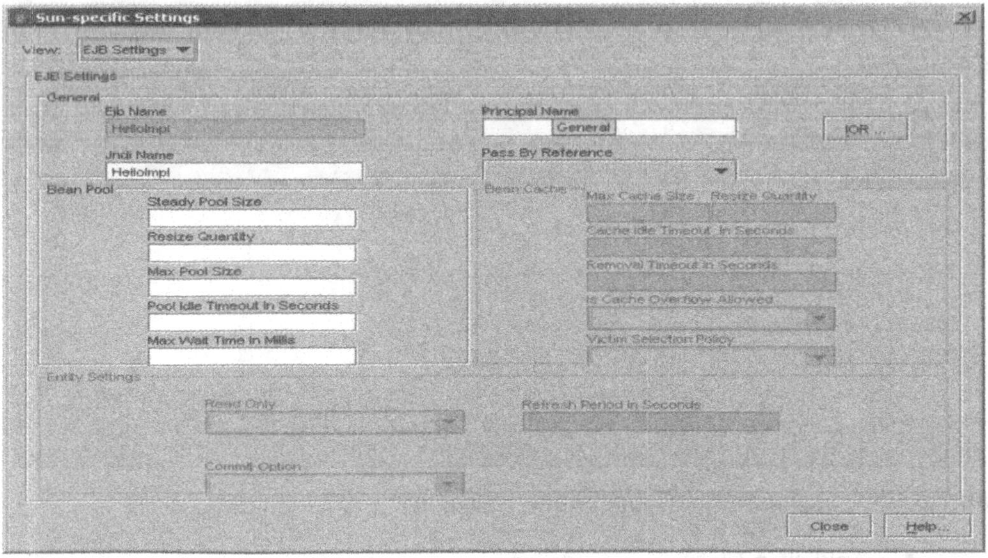

Abb. 6.4.5: JNDI-Name der Bean im Fenster "Sun-specific Settings"

195

- Dieser Name muss dem Client bekannt sein, d.h. im Source-Programm des Clients muss dieser Name ebenfalls verwendet werden!

- Close

- File | Save

Deployvorgang durchführen

Wir haben nun die J2EE-Anwendung erstellt. Alle Programme dieser Anwendung sind in *einer* Auslieferungseinheit zusammen gefasst (Dateiname: „*Hello.ear*") und in einer XML-Files beschrieben. Nun muss sie an die Run-Time-Umgebung, an den Application Server, geschickt werden. Dazu ist wie folgt vorzugehen:

- Im Startbild des Deploytools die Application *Hello* auswählen

- TOOLS | DEPLOY

- User-Id und Password eingeben und OK anklicken

- Warten, bis folgendes Fenster kommt (kann einige Minuten dauern):

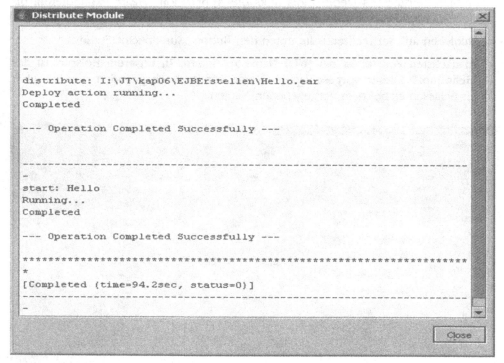

Abb. 6.4.6: Logging-Protokoll des Deploy-Vorgangs

- Anklicken Close.

Nach diesem Deploy-Vorgang ist die Application implementiert, d.h. bei jedem Start des EJB-Servers werden diese Programme aktiviert und sind bereit für den Aufruf durch Clients. Hier eine Aufstellung der von uns vergebenen Namen:

EAR-File:	*Hello.ear*
Ordner-Name für Class-Files:	*Ejb1*
JNDI-Name für die EJB:	*HelloImpl*

Abb. 6.4.7: Namen, die beim Deployen vergeben wurden

Verifizieren des Deployvorgangs

Mit Hilfe des Admin-Tools ist eine Überprüfung des korrekten Deployments möglich:

- Starten Admin-Tool im Browser durch: http://localhost:4848

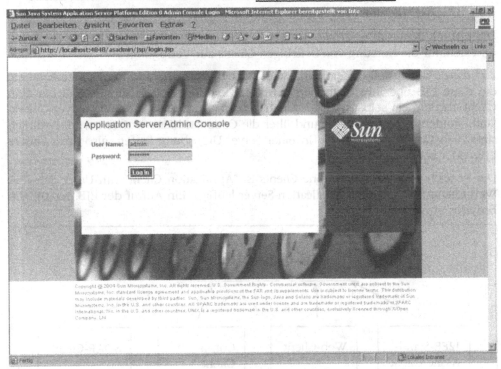

Abb. 6.4.8: Startbild im Browser für Admin-Tool

- Einloggen (= User-Id und Passwort, die bei der Installation vergeben worden sind, eingeben)

- Verzeichnisbaum links expandieren: Application | EnterpriseApplication
- Namen der EAR-File anklicken (*hello*)

Ergebnis des Deployvorgangs

Im Dateiverzeichnis des Servers wurden folgende Ordner angelegt und mit Dateien gefüllt:

```
x:\Sun\domains\domain1\applications\j2ee-apps\Hello
```

Dieser Folder enthält in einer fest definierten Ordnerstruktur alle von uns erzeugten Klassen und Deployment Descriptoren.

```
x:\Sun\domains\domain1\generated\ejb\j2ee-apps\
```

Dieser Folder enthält generierte Java-Sourcen und ihre compilierte Class-Files für die Stubs der Interfaces.

6.5.   Erstellen eines Application Client

Aufgabenstellung des Programms *HelloClient.java*

Die EJB mit dem Namen „*Hello*" ist erstellt worden. Sie wurde auch bereits deployed und steht für die Nutzung von beliebigen Clients zur Verfügung.

Ziel dieser Übung soll es sein, eine Stand-Alone-Java-Application zu implementieren, die diese EJB und ihre Methoden aufruft. Es handelt sich in diesem Fall bei dem Client also um ein selbstständiges Java-Programm, das nicht in einem Server-Umfeld läuft, sondern eigenständig ist und über die Command-Line aktiviert wird. Natürlich sind auch Clients möglich, die in einer Server-Umgebung laufen, also etwa andere EJBs oder auch Servlets.

Die Bezeichnung für Stand-Alone-Clients ist "Application Client" (im Unterschied zu Web-Clients, die in einem Application-Server laufen). Ein Aufruf der EJB per URL im Browser ist nicht möglich.

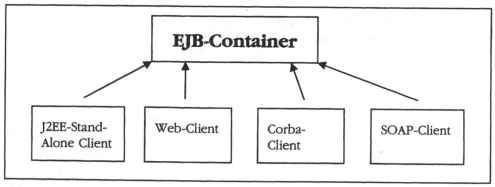

Abb. 6.5.1: Welche Clients können auf EJBs zugreifen?

Anforderungen an Client-Programme

Clients, die EJBs aufrufen, müssen eine Reihe von Aufgaben erledigen, die nicht ganz trivial sind:

* IIOP unterstützen

* JNDI ausführen

* Reflection-API einsetzen

* Sicherheitsanforderungen berücksichtigen ...und vieles mehr.

Der Client benötigt deshalb zusätzliche Informationen, die aus den Interfaces geholt und um Angaben, die beim Deployvorgang gemacht werden, ergänzt werden. In den Interfaces stehen die Methoden (konkret: die Signaturen der Methoden), die der Client aufrufen darf. Beim Deployment werden zusätzliche Angaben gemacht, z.B. wie ist „die View" des Clients auf die Bean (local oder remote)? Die Implementierung und die Deployment-Descriptoren bleiben dem Client verborgen.

Ist der Client ein *Application Client* (also ein Stand-Alone-Programm), so sind einige Besonderheiten zu beachten:

* Beim Compilieren des Java-Programms müssen die Interface-Classen vorhanden sein. Alternativ können die Source-Files im Zugriff sein, dann werden sie automatisch mitcompiliert, wenn das Client-Programm compiliert wird (Überprüfung durch Selbst-Test!).

* Client-Module werden verpackt in JAR-Files, und sie bekommen einen eigenen Deployment Descriptor. Ansonsten gibt es wenige Standardisierungen von der J2EE-Plattform für Application Clients (es gibt ja auch keinen eigenen „Container" für diese Programme).

Welche Arten von Clients gibt es?

Die benötigten Interfaces hängen ab von der Art des Clients. Grundsätzlich werden zwei „Sichtweisen" (Views) unterschieden:

Local Clients:

* Clients, die in demselben Adreßraum laufen wie die EJB. Dann muss diese EJB folgende Interfaces haben:

  * Local Interface

  * Local Home Interface

Remote Clients:

* Clients, die in einer anderen JVM laufen. Das können sein:

  * Application Clients (= eigenständige Java-Programme)

  * Web-Application (Servlets, JSP)

- EJBs in einem anderen Server

- Dann muss diese EJB folgende Interfaces haben:

  - Remote Interface

  - Home Interface.

Bei remoten Clients wird der gesamte TCP/IP-Protokoll-Stack durchlaufen. Außerdem müssen Parameter vor ihrer Übertragung serialisiert werden. Deswegen sind die lokalen Clients erheblich schneller. Die Art der Clients muss bei der Bean-Erstellung bekannt sein (denn es muss das entsprechende Interface codiert werden) und beim Deployvorgang der EJB festgelegt werden. Aber es ist zu bedenken, dass man die Nutzung der EJB einschränkt, wenn nur Local Interfaces vorhanden sind. Deswegen ist es meistens vorteilhafter, generell Remote-Clients vorzusehen.

Wie werden Clients aufgerufen?

Das Codieren, Compilieren und vor allem das Testen der Clients ist –wie bereits erläutert- nicht ganz einfach. Häufig werden deshalb mit den EJB-Servern zusätzliche Tools ausgeliefert, die das Client-Programm in den diversen Betriebssystemen lauffähig machen. Leider sind diese Verfahren nicht standardisiert, jeder Hersteller hat eigene Werkzeuge und Vorgehensweisen.

So enthält die Referenz-Implementierung von SUN das Utility **„appclient"**. Mit diesem Tool kann ein Client-Programm komfortabel gestartet werden, ohne dass immer wieder notwendige Zusatz-Infos wie z.B. die Class-Namen von JNDI-Service-Providern mitgegeben werden müssen.

Erläuterungen zum Client-Programm *HelloClient.java*

Das Client-Programm steht in der Datei *x:\jt\kap06\EJBErstellen\HelloClient.java*. Ein Client nutzt die Dienste der EJB, entweder über das Netzwerk per TCP/IP mit IIOP oder local über „den kurzen Dienstweg" (wenn innerhalb einer JVM). **In jedem Fall** aber ist der Zugriff nur möglich über einen JNDI-Suchvorgang.

Der „Service-Provider" der JNDI-Dienste ist Teil des EJB-Containers. Die EJB wird bei Container-Start automatisch unter einem symbolischen Namen registriert (dieser wird beim Deploy-Vorgang festgelegt). Der Client muss diesen Namen wissen. Im Einzelnen arbeitet das Client-Programm wie folgt:

a) JNDI-Connection aufbauen

- durch Aufruf des Konstruktors: „ ... new InitialContext()"

Hinweis: Es wird ein Default JNDI-Context benutzt, nämlich der des J2EE-Servers („JNDI Environment Naming Context ENC"). Dieser kann geändert werden, dann muss im Konstruktor eine Hashtable angegeben werden, die den Namen der entsprechenden Klasse enthält.

b) Suchen im Namensraum

- durch Aufruf der „*lookup()*"-Methode:
  `Object ref = ctx.lookup("HelloImpl");`

- diese sucht im InitialContext nach dem Namen, um das Home-Interface zu finden, das dort vom EJB-Container registriert wurde (per „BIND")

c) Casting in ein IIOP-Object

- Die gelieferte Referenz ist vom Allerwelts-Datentyp "Object". Das IIOP-Protokoll muss aber auch alle CORBA-Referenztypen unterstützen. Deshalb muss hier die Methode „*PortableRemoteObject.narrow()*" aufgerufen werden. Diese stellt die entsprechende Umwandlung in den richtigen Typ sicher.

d) EJB-Instanz erzeugen

- durch Aufruf der Lifecycle-Methode „*create()*"

- zurückgeliefert wird eine Referenz auf das Komponenten-Interface

- Hinweis: Bei Entity Beans gibt es zusätzlich die Methode: *findByPrimaryKey()*. Auch dies ist eine Lifecyle-Methode, Sie kann anstelle von *create()* benutzt werden, wenn bereits bestehende Sätze instanziert werden sollen. Der Client kann der Methode den Wert des Primärschlüssels übergeben, der Container wird dann nach einem Datensatz mit diesem Schlüssel in der Datenbank suchen und dann die Referenz zurück liefern.

e) Arbeiten mit dieser Instanz

- durch Aufrufen der Business-Methode „*setGruss(...)*"

- durch Aufrufen der Business-Methode "*getGruss()*";

f) Instanz als ungültig erklären

- Lifecycle-Methode "*remove()*" aufrufen

- Die Ressourcen werden frei gegeben. Ob die Instanz komplett gelöscht wird, hängt davon ab, ob sie *stateless* oder *statefull* ist. Nur *stateful* Session Bean werden komplett gelöscht; *stateless* Beans können noch von anderen Clients verwendet werden.

Voraussetzung für den Deployvorgang

- Das GUI-Admin-Tool muss wieder geschlossen sein. Zumindest darf die *Hello.ear*-File nicht ausgewählt und angezeigt sein, weil sie bei dem nachfolgenden Deploy-Vorgang überschrieben werden muss.

- Das Client-Programm muss umgewandelt worden sein.

- Der Server und das Deploytool müssen gestartet sein

Deployment des Client durchführen

- Im Deploytool die Application „Hello" auswählen
- Menupunkt: FILE |NEW | Application Client, danach Next
- Im Fenster JAR File Contents:
  - muss der Button "Create New AppClient Module in Application" ausgewählt sein (damit wird die Client-JAR-File der bestehenden EAR-File hinzugefügt)

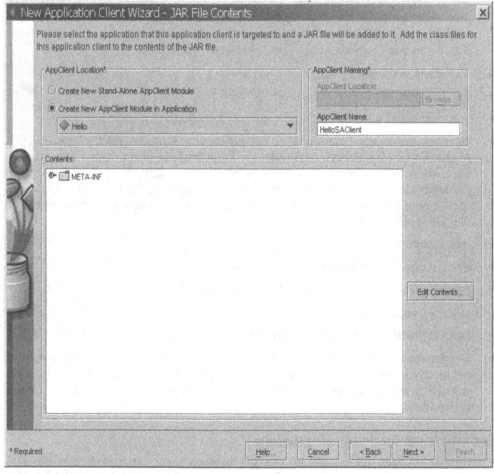

Abb. 6.5.2: JAR-File Contents

- Auf der rechten Seite bei **Appclient Name** den Namen des Application-Clients eintragen:*HelloSAClient*
- Anklicken "Edit Contents"

Im Fenster "Edit-Contents"

- Die Class „*HelloClient*" addieren und OK

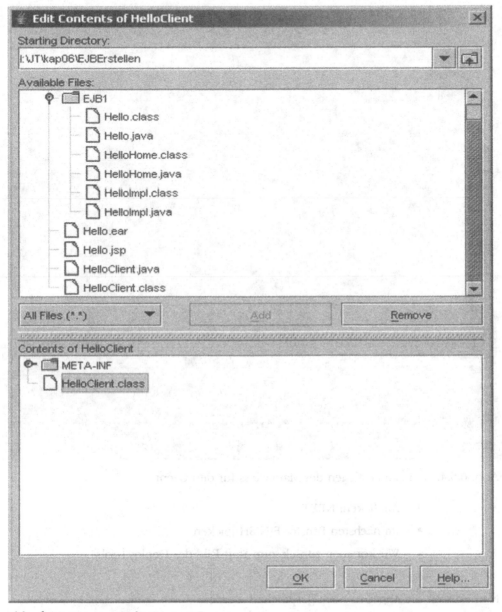

Abb. 6.5.3: Fenster "Edit Contents"

- Dann NEXT

- Im Fenster "Client Wizard-General" die Main-Class auswählen: *„Hel-loClient"*

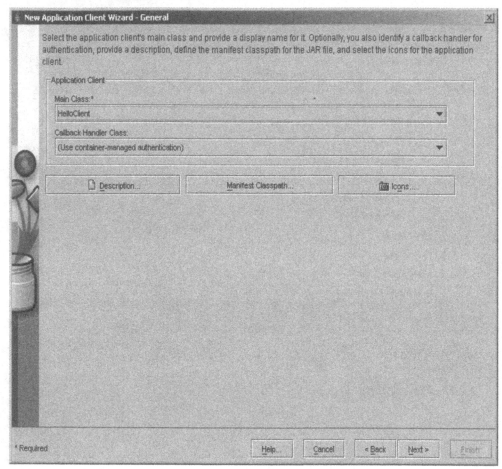

Abb. 6.5.4: General: Festlegen der Main-Class für den Client

- Anklicken: NEXT
- Im nächsten Fenster FINISH klicken
- Wir kommen zurück zum Start-Bild des DeployTools.

Nun müssen die Angaben noch gespeichert werden:

- FILE | SAVE

Deployen der Application inklusive der Client-jar

- Im Deploytool die Application „*hello*" auswählen

- Menupunkt TOOLS I Deploy

- User-Id und Password eingeben und

  - **Wichtig:** Anklicken Checkbox "Return Client Jar"

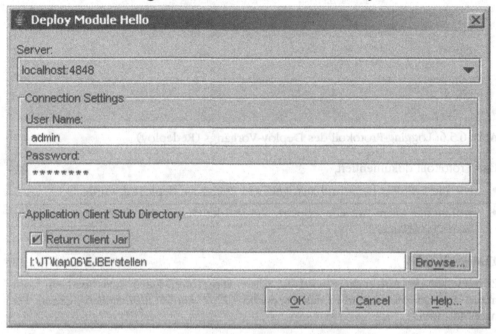

Abb. 6.5.5: Deploy-Vorgang für Client-JAR starten

Nun wird in dem angegebenen Verzeichnis:

x:\JT\kap06\EJBErstellen

die JAR-Datei abgelegt. Die JAR-File enthält eine ganze Fülle von Implementierungs-code, der automatisch generiert wurde, insbesondere auch den Client-Stub. Diese JAR-File wird dann später beim Testen des Clients (mit dem Tool *appclient*) aufge-rufen .

- Danach OK

- Und Geduld, das kann einige Minuten dauern

Nach erfolgreichem Deployment/Redeployment sollte die Deployment-Log-Datei folgendermaßen aussehen (hier das Beispiel für ein Re-Deploy):

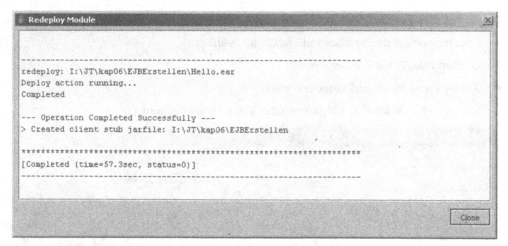

Abb. 6.5.6: Logging-Protokoll des Deploy-Vorgangs (Redeploy)

Das Protokolll dokumentiert,

- wie die EAR-File heißt und aus welchem Folder sie deployed wurde
- wohin die Client-JAR-File kopiert wurde (der Name der Datei ergibt sich aus dem Class-Namen).

Testen der EJB

Zum Testen der Anwendung wird der Client aufgerufen. Dazu muss man ein Command-Window öffnen und in das Verzeichnis *I:\JT\kap06\EJBErstellen>* gehen. Danach aufrufen:

> ***appclient –client HelloClient.jar***

Wenn alles in Ordnung ist, kommt folgendes Ergebnis:

```
 Eingabeaufforderung                                              _ |□| x|
 I:\JT\kap06\EJBErstellen>appclient -client HelloClient.jar
 Das EJB gruesst ...Erwin

 I:\JT\kap06\EJBErstellen>_
```

Abb. 6.5.7: Client-Programm testen mit dem Tool appclient

Aufgerufen wird die Batch-File *appclient*. Dies ist ein Command-Line-Tool, speziell für den Sun Application Server. Es startet die Client-Application, die in der aufgeführten JAR-File enthalten ist. Andere Server-Provider haben eigene Tools.

Fehlerhinweis:

- Wenn „*NameNotFoundException*", dann prüfen, ob der JNDI-Name, der beim Deployen für die EJB vergeben wurde, mit dem Namen, der beim Lookup im Client-Programm steht, übereinstimmt.

- Wenn "*FileNotFoundException*", dann prüfen, ob der Name der JAR-File richtig geschrieben ist.

Hinweise zur Fehlerkorrektur

Bei Änderungen im Java-Source-Code muss nach der Umwandlung im Deploytool der Menupunkt TOOL|UPDATE MODULE FILES aufgerufen und danach der Deployvorgang wiederholt werden.

Sollten Fehler auftreten, die auf falsche Angaben beim Deployvorgang zurückzuführen sind, so gibt es folgende Möglichkeiten zur Korrektur:

- Einzelne Angaben können im Deploytool geändert werden. Prinzipielles Vorgehen: Auf der linken Seite die Componente auswählen und dann auf der rechten Seite die richtige Tab finden

- Manchmal ist es aber sinnvoll, komplett neu zu beginnen. Dazu muss die bestehende Application zunächst geschlossen werden durch:

    - FILE|CLOSE.

    - Danach kann das Frage-/Antwortspiel im Deploytool einfach von vorn gestartet werden.

6.6   Erstellen eines Web-Client

Aufgabenstellung des Programms *Hello.jsp*

Ein remoter User soll im Browser die JSP-Page *Hello.jsp* aufrufen. Darin wird er aufgefordert, seinen Namen einzugeben. Die JSP (oder besser: das daraus erzeugte Servlet) ruft dann die EJB *HelloImpl* auf und benutzt deren Business-Methoden, um den Namen an die Bean zu übergeben. Die EJB speichert den Namen. Auf Anforderung der JSP wird die Antwort zusammengestellt, von der JSP in Empfang genommen und an den Client geschickt.

Die JSP wird (wie immer) umgewandelt in ein Servlet, das dann in einem Web-Server ausgeführt wird. Deswegen ist dies ein „**Web-Client**", im Gegensatz zu dem „**Application Client**" in der vorherigen Übung (= ein Stand-Alone-Programm, das als J2EE-Componente verpackt und ausgeliefert wird).

Die nachfolgende Übersicht zeigt den Zusammenhang.

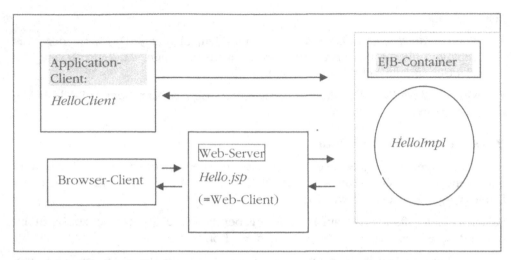

Abb. 6.6.1: Überblick der EJB-Anwendung mit zwei unterschiedlichen Clients

Erläuterungen zur JSP *Hello.jsp*

Wir haben unsere EJB im Paket *EJB1* platziert. Die JSP steht im Ordner *x:\jt\kap06\ejbErstellen*. Sie enthält statischen HTML-Code für die Eingabe-FORM und zusätzliche JSP-Tags. Hier eine tabellarische Übersicht der einzelnen Elemente:

Sprachmittel:	Syntax	Funktion
JSP-Page Directive	<%@	Deklaration der Klassen, die benötigt werden
JSP-Deklaration	<%!	Lokalisieren und Erstellen der Home Bean (als Deklaration, weil dies nur einmal ausgeführt wird)
Scriplet	<%	Parameter lesen und Casten
JSP-Expression	<%=	Aufrufen der EJB-Methoden, und das Ergebnis in die HTML-Ausgabe einfügen

Abb. 6.6.2: Erläuterungen zur *Hello.jsp*

Deployen und Installieren der JSP

Aus der JSP wird der Source-Code für ein Servlet generiert, compiliert und als normales Servlet ausgeführt. Somit ist der Client für die EJB eine Web-Componente. Um diese zu paketieren und zu deployen, müssen analog zur Beschreibung des Deployments in den vorherigen Abschnitten folgende Schritte gemacht werden (hier zunächst in der Übersicht):

- Schritt 1: Die Web-Application (WAR-File) muss erstellt werden, inclusive Deployment Descriptor, und die WAR-File muss der Enterprise-Application (EAR-File) hinzugefügt werden.

- Schritt 2: Es müssen die externen Namen und Referenzen vergeben und zugeordnet werden:

    - EJB-Referenz für die JSP

    - JNDI-Namen der EJB prüfen

    - Context-Root für Web-Application vergeben..

- Schritt 3: Deployment durchführen

- Schritt 4: Testen

Schritt 1: Erstellen der WAR-File

- Der Application Server muss gestartet sein.

- Das Deploytool starten.

- Die Application *Hello* muss ausgewählt sein.

- Auswählen FILE I NEW I WebComponent.

- Next.

- In der WAR-File Dialog-Box

    - RadioButton "Create New WAR-Module in Application"

    - WAR-Name muss eingegeben werden: *HelloWAR*

    - Anklicken *Edit Contents*

- Im Fenster "Edit Contents"

    - Lokalisieren des Folders mit der "*Hello.jsp*"

    - Die JSP auswählen und ADD

    - OK und Next

- Im Fenster "Choose Component Type"

    - Auswählen Radio-Button "JSP" und Next

- Im Fenster "Component General Properties
  - Auswählen deS Dateinamens *"/Hello.jsp"*
  - NEXT und FINISH

Schritt 2: Spezifizieren der EJB-Referenz

- Im Startbild des Deploytools muss ausgewählt sein: HelloWAR
- Auswählen der Tab "EJB-Ref" (auf der rechten Seite oben)
- ADD und eingeben
  - *EJB1* als Coded Name
  - EJB-Type: *Session*
  - *EJB1.HelloHome* als Home Inferface
  - *EJB1.Hello* als Remote Interface
  - *HelloImpl* als JNDI-Namen

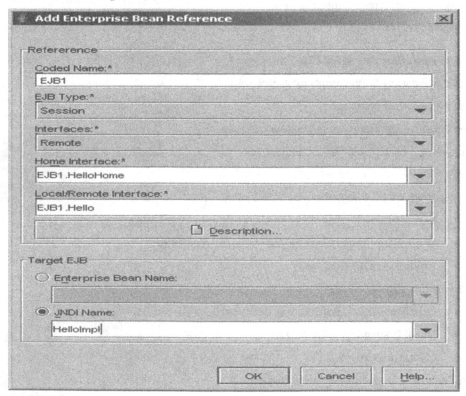

Abb. 6.6.3: EJB-Referenz

- OK und
- FILE | SAVE

Prüfen, ob JNDI-Name der EJB dem gerade vergebenen Namen entspricht

- Im Startbild des Deploytools: Ejb1 muss ausgewählt sein
- Anklicken "sun-specific Settings" Button (ganz unten)
- Als JNDI-Name muss eingetragen sein: *HelloImpl*
- dann CLOSE

Context-Root für WebApp vergeben

- Im Startbild muss ausgewählt sein: die Application *Hello*
- Anklicken der Tab "WebContext"
- Eingeben im Context-Root: */hello*
- Enter
- danach FILE | SAVE

Schritt 3: Deployment durchführen

- Im Startbild des Deploytools muss ausgewählt sein: *Hello*
- TOOLS | Deploy
- User-Namen und Password von der Installation eingeben und
- OK
- Warten, bis „... Completed successfully ..." kommt

Schritt 4: Testen

- Im Browser folgende URL eingeben: http://localhost:8080/hello

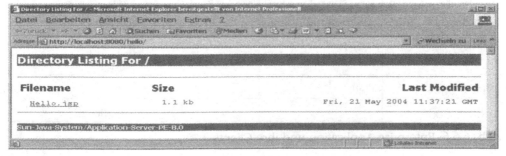

Abb. 6.6.4: JSP – Aufruf zum Kompilieren

Anklicken Filename *Hello.jsp*

Dann testen, indem ein Name eingegeben wird:

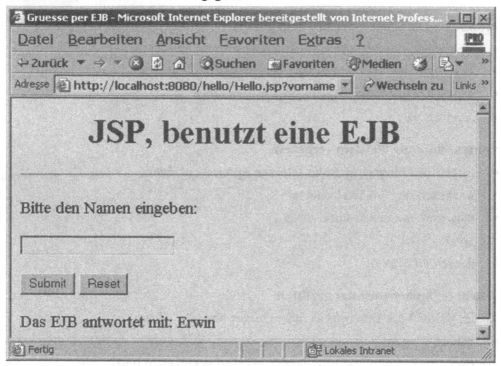

Abb. 6.6.5: Testen der Anwendung

Zusammenfassende Übersicht der Anwendung

	EJB:	Application-Client:	Web-Client:
Beschreibung:	Enterprise-Anwendung	Stand-Alone-Client	JSP, daraus wird Servlet erstellt
Package-Name:	Ejb1.jar	HelloClient.jar	HelloWAR.war
JNDI-Name	HelloImpl	-	-
Context-Root	-	-	/hello

Abb. 6.6.6: Enterprise Application und ihre Clients

Die komplette Anwendung steht in der EAR-File *hello.ear*.

Den JNDI-Namen der EJB benötigen die Clients, um über LOOKUP zugreifen zu können:

- Der Application Client hat die *Lookup*-Methode mit den vergebenen Namen fest im Programm.

- Beim Web-Client kann der Name noch einmal „umgedreht" werden, denn beim Deploy-Vorgang kann ein anderer Name vergeben werden.

Die Context-Root benötigt der Aufrufer des Web-Clients, denn sie ist Teil der URL.

Hinweis zur Fehlerkorrektur

Sollte die erstellte WAR-File so fehlerhaft sein, dass sie am besten gelöscht wird, um danach neu beginnen zu können, so ist wie folgt vorzugehen:

- Im Startbild des Deploytools: Auswählen *HelloWAR*

- Dann im Menu auswählen: EDIT I DELETE

6.7 Session Beans

Welche EJB-Arten gibt es?

EJB-Klassen können folgende Interfaces implementieren:

- *implements SessionBean*
  = repräsentiert Arbeitsvorgänge/Business-Logik

- *implements EntityBean*
  = repräsentiert DB-Tabelle/Daten-Logik

- *implements MessageDrivenBean*
  = repräsentiert Listener für asynchrone Queue-Verarbeitung

Was sind Session Beans?

Eine Session-Bean enthält die **Business-Logik** für eine Enterprise-Application. Sie läuft auf Verlangen eines ganz bestimmten Clients und gehört zu dessen "Sitzung", die der Client auf dem Server ausgelöst hat. Spätestens jetzt muss die Frage geklärt werden: Was ist eigentlich eine Session?

Eine **Session** identifiziert einen Sitzungszeitraum. In älteren Anwendungen (z.B. 3270-Applicationen) war der Begriff eindeutig: Eine Session begann mit dem Einloggen des Clients (durch Eingabe der User-ID und des Passwords), sie endete entweder mit dem expliziten Ausloggen oder bei Programmende bzw. beim Runterfahren des Systems. Informationen über die Verbindung des Clients mit seinem Server wurden auf der Serverseite gespeichert, so dass Aktionen des Clients für die gesamte Dauer der Session identifiziert und zugeordnet werden konnten.

Der Client für eine EJB ist in der Regel entweder ein Servlet oder eine andere EJB. Deswegen können an dieser Stelle die speziellen Session-Problematiken, die dadurch entstehen, dass HTTP ein stateless-Protokoll ist, vernachlässigt werden. Die „Session" für eine EJB beginnt mit der Ausführung der Life-Cycle-Methode *create()* und dem anschließenden Aufruf einer Business-Methode. Die entscheidende Frage ist: Kann sich das Client-Programm beim Aufruf einer zweiten und aller weiterer Methoden darauf verlassen, dass seine Informationen in der EJB gespeichert bleiben (in Instanz-Variablen), oder sind die Instanz-Variablen der EJB in einem für ihn nicht definierten Zustand?

Die Antwort ist: Es kommt darauf an, ob es sicht um eine stateless- oder stateful Session-Bean handelt.

Stateless oder Stateful Session Beans?

Die stateless Bean (zustandslose Bean) verwaltet und speichert keine Client-spezifischen Informationen, d.h. nach dem Ende einer Methode gibt es keine Daten oder Statusangaben mehr über diese Client-Verbindung. Diese EJBs werden vom EJB-Container in einem Pool verwaltet, d.h. nach Abarbeitung einer Methode wird die Session Bean in einen Pool von inaktiven Instanzen zurückgegeben, und beim nächsten Aufruf einer Methode durch diesen Clients wird eine beliebige EJB-Instanz aus diesem Pool zugeordnet. (Insofern ist der Name "Session Bean" unpassend, denn es gibt die "Session" nur für die Dauer eines Methodenaufrufs).

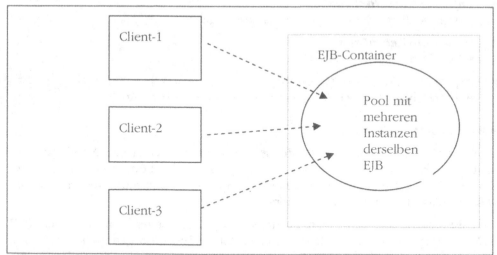

Abb. 6.7.1: Instanzen von Stateless-Beans werden in einem Pool verwaltet

Die **stateful Bean** (zustandsbehaftete Bean) kann Instanz-Variablen enthalten, die dann dem aufrufenden Client gehören, d.h. die Bean-Instanz ist an diesen Client gebunden. Jeder neue Methodenaufruf dieses Clients führt erneut zu dieser Instanz;

kommt ein anderer Client, so wird eine neue Instanz erstellt. Ein typisches Anwendungsbeispiel ist das Arbeiten mit einem virtuellen Warenkorb.

Die Instanz ist also an den Client gebunden – und zwar für die gesamte Dauer der "Conversation". Diese wird entweder explizit beendet durch den Aufruf der *ejbRemove()*-Methode oder automatisch nach Ablauf einer vorgegebenen Zeit (z.B. nach 30 Minuten). Eine *stateful* Session Bean kann vom Container ausgelagert werden auf einen externen (Platten-)Speicher, falls sie längere Zeit nicht benutzt worden ist und der Speicherplatz knapp wird („passivate"). Bei diesem Vorgang müssen die Instanz-Variablen serialiert werden. Beim einem „activate" wird aus der Plattendatei wieder eine EJB erzeugt, und sie steht im ursprünglichen Zustand wieder im Hauptspeicher.

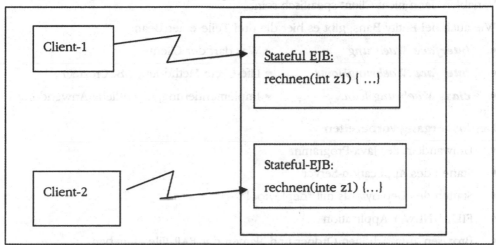

Abb. 6.7.2: Jeder Client hat seine eigene, ihm zugeordnete Instanz im Speicher

Keine der beiden SessionBean-Arten speichert Daten über die Dauer der Programm- oder System-Laufzeit hinaus, d.h. es gibt keine automatische Persistenz (dafür sind die Entity Bean zuständig). Per Hand einen DB-Zugriff codieren, ist jedoch möglich.

Die *stateless* Bean bietet eine wesentlich bessere Performance als die *stateful* Bean, weil

- aufwändige Verwaltungsarbeiten entfallen (z.B. Aktivieren/Passivieren)

- gleichzeitig mehrere Clients mit einer Instanz arbeiten können

- Multi-Threading möglich ist (mehrere Methoden zu einer Zeit aktiv).

- *stateful* Beans Probleme machen bei Cluster-Systemen oder beim Systemcrash.

Aus diesen Gründen ist es "best practise", die stateful-Bean nur in Ausnahmefällen einzusetzen.

Aufgabenstellung für das Programm *WaehrungBean*

Die Source-Programme zu diesem Abschnitt stehen im Ordner *x:\jt\kap06\session*.

Die EJB soll EURO in US-Dollar und japanische Yen umrechnen. Es gibt im Source-Programm keinerlei Hinweise darauf, ob dies eine *stateless* oder eine *stateful* Session Bean ist, weil dieses Attribut erst beim Deploy-Vorgang festgelegt wird.

Hinweis: Wenn als Typ *stateless* festgelegt wird, kann die EJB zwar Instanzvariable enthalten und die Informationen bleiben auch zwischen zwei Methodenaufrufen erhalten, aber es gibt keine Garantie dafür, dass ein Client dieselbe Instanz aus dem Pool zugeordnet bekommt wie beim letzten Aufruf. Deswegen dürfen die Instanz-Variablen dann nicht Client-spezifisch sein.

Wie auch bei Entity Bans, gibt es hier die drei Teile einer Bean:

- *interface* Waehrung   = Was darf der Client?
- *interface* WaehrungHome   = Life-Cycle-Methoden, z.B. Create()
- *class* WaehrungBean.   = Implementierung, eigentliche Anwendung

Deployvorgang vorbereiten

- Umwandeln der Java-Programm
- Starten des Application-Server
- Starten des Deploytools mit "deploytool"
- FILE | NEW | Application
- Browsen zum richtigen Ordner und Namen der EAR-File eingeben

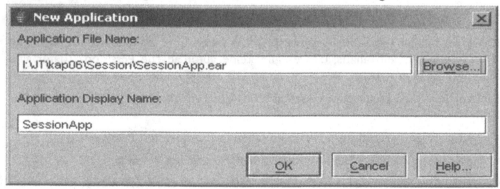

Abb. 6.7.3. Namen und Pfad der EAR-File festlegen

- FILE | NEW | Enterprise Bean,
- danach NEXT,

- Radio Button „Create New JAR Module in Application"

- JAR-Name: *Session1*

- anklicken EDIT CONTENTS

- und aus dem Folder die 3 Klassen addieren:

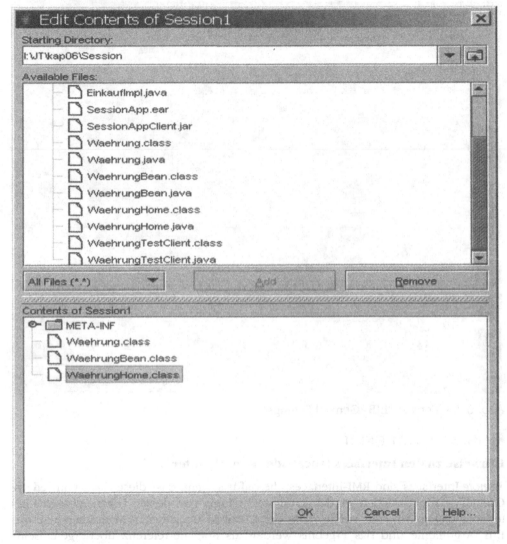

Abb. 6.7.4: Fenster "Edit Contents"

- OK und NEXT

Im Fenster "General Settings"

- Den jeweiligen Typ den drei EJB-Classen zuordnen:
  WaehrungBean, Waehrung, WaehrungHome

- Auswählen *stateful Session* in Listbox

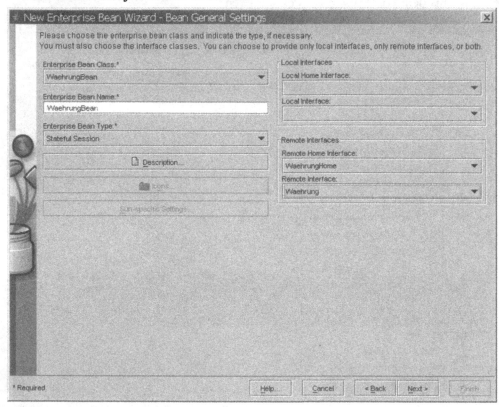

Abb. 6.7.5: Fenster "EJB- General Settings"

- danach NEXT | FINISH

Hinweise zu den Interfaces (Local oder Remote Interface)

Remote Interfaces sind RMI-Interfaces, die dafür sorgen, dass diese Bean von **jedem** Client-Typ angesprochen werden kann, unabhängig von dessen Lokation. *Locale* Interfaces dagegen setzen voraus, dass der Client in derselben JVM residiert wie die EJB. Argumente und das Ergebnis werden als Speicherreferenz übertragen. Beim *Remoten* Interface dagegen wird der gesamte TCP/IP-Protokollstack durchlaufen und die Parameter werden serialisiert, bevor sie per *Call by Value* zwischen Client und Bean ausgetauscht werden. Hier ist die Wahl also zwischen Flexibilität und Performance.

Aufgabenstellung *WaehrungTestClient.java*

Das Client-Programm soll als Stand-Alone-Programm ("Java Application") die Business – Methoden der EJB nutzen, um die Umrechnung von Euro in Dollar und Yen ausführen zu lassen. Der Euro-Wert wird als erster Parameter beim Programmaufruf mitgegeben.

Deployvorgang vorbereiten

- Die Application "SessionApp" muss ausgewählt sein
- FILE | NEW | APPLICATON CLIENT
- NEXT |
- ApplicationClient-Name: *WaehrungTestClient*, danach
- EDIT CONTENTS und Client-Class hinzufügen mit "ADD"

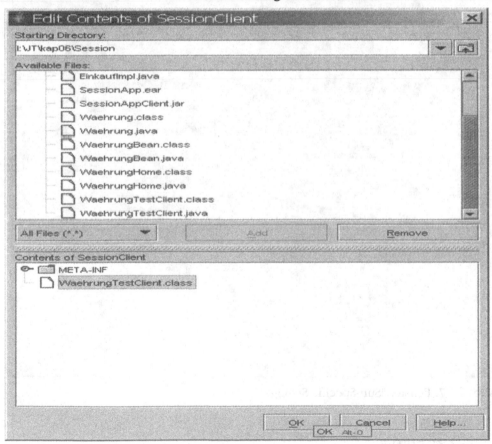

Abb. 6.7.6: Client-Class der JAR-File hinzufügen

- danach OK, NEXT und die Main-Class auswählen

- NEXT und FINISH

JNDI-Namen für EJB ändern

Im Startbild muss die Bean „*WaehrungBean*" ausgewählt sein, dann anklicken "Sun-specific Settings" und den JNDI-Namen so ändern, wie er im Client-Programm benutzt wird (in WRechnerJNDI):

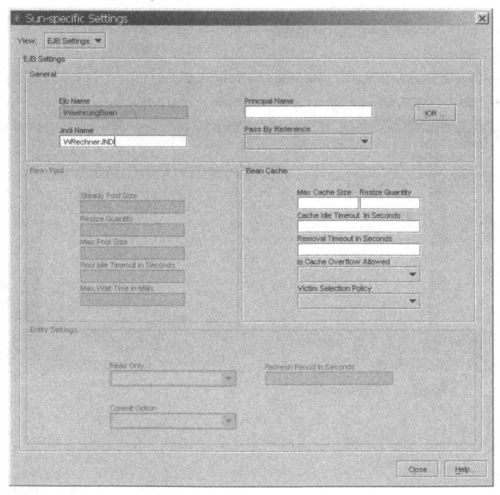

Abb. 6.7.7: Fenster "Sun-Specific Settings"

- Dann: Close

- und: FILE | SAVE

Deployen durchführen

- die Application "*SessionApp*" muss ausgewählt sein

- TOOLS I DEPLOY

- <u>Und jetzt - sehr wichtig:</u> Checkbox "Return Client Jar" anklicken und richtigen Pfad für JAR-File eingeben (also nur den Pfad, keinen Dateinamen!):

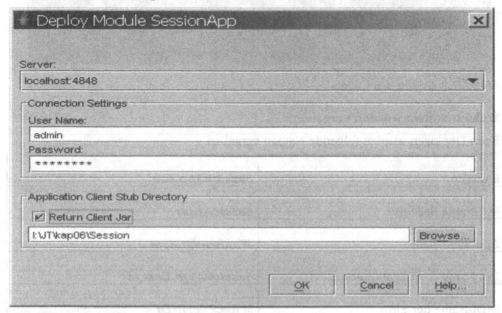

Abb. 6.7.8: Deployvorgang starten

Warten bis Meldung „...successfully ..." erscheint.

Testen des Clients

Der Aufruf erfolgt in einer CMD-Box durch Aufruf des Tools „*appclient*". Dies ist ein Tool, das einen "Container" für einen Application Client startet. Das Tool erwartet als Aufrufparameter den Namen einer JAR-File und startet dann die Class in dieser JAR-File. Dies ist ein hersteller-spezifisches Verfahren, um einen standalone Client aufzurufen (denn Applications Clients sind nicht Teil der J2EE-Spezifikation). Der Aufruf kann nicht nur über CMD-Line-Interface, sondern auch durch einen GUI-Client mit Swing oder AWT erfolgen.

Weil das Anwendungsprogramm beim Aufruf als Parameter den Euro-Betrag erwartet, muss dieser Wert ebenfalls angegeben werden. Der eingegebene Betrag (in amerikanischer Schreibweise, d.h. mit Dezimalpunkt) wird dann in Yen und in Dollar umgerechnet:

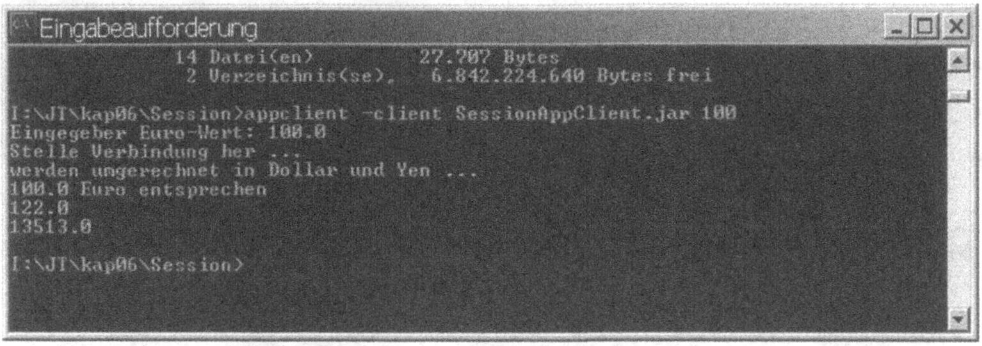

Abb. 6.7.9: Testen des Clients

Welche Namen wurden vergeben?

Beim Deployen wurden folgende Namen vergeben :

EAR-File	*SessionApp.ear*
JAR-Name der EJB	*Session1.jar*
AppClient-Name	*WaebrungClient*
JAR-Name des Client (automatisch)	*SessionAppClient.jar*
JNDI-Name der EJB	*WRechnerJNDI*

Abb. 6.7.10: Namen, die beim Deployen vergeben wurden

Selbsttest

Wenn diese Bean von *stateful* nach *stateless* geändert werden soll:

- Was muss gemacht werden?

- Hat die Änderung Einfluss auf das Client-Programm?

- Hinweis: Beim Deployen kommt jetzt eine neue Abfrage („Soll diese EJB als Web-Service-Endpoint arbeiten?"), denn nur stateless-Session-Beans haben diese Fähigkeit (siehe Kapitel 8: Web-Services). In diesem Fall „no" belassen.

Aufgabenstellung zur Session-EJB *Einkauf*

Diese EJB zeigt den typischen Einsatzbereich für eine Session Bean: Es soll ein Warenkorb verwaltet werden, in den der Client Waren ablegen oder auch wieder entfernen kann. Die Datenstruktur für den Warenkorb ist eine Array-Liste. Die wichtigsten Methoden sind *addBuch()* und *removeBuch()*. Außerdem gibt es die Methode *getInhalt()* zum Anzeigen des Warenkorb-Inhalts.

Namenskonventionen für den Deployvorgang

Der Client soll die EJB im Namensverzeichnis unter dem JNDI-Namen *„java:comp/env/ejb/EinkaufEinkaufJNDI"* suchen (mit LOOKUP). Hinweis: Relevant ist lediglich *"EinkaufJNDI"*, die anderen Angaben sind Defaultwerte.

Selbsttest

a) Führe Compilieren, Deployen und Testen selbstständig aus. Die EJB soll – so wie es in diesem Fall unbedingt richtig ist – *stateful* sein.

b) Wer nach einem erfolgreichen Test einen Eindruck bekommen will, wie „geschwätzig" Java-Fehlermeldungen sein können, der kann zusätzlich folgenden Test ausführen:

- Beim Deployen dieser Bean das Attribut *„stateless"* angeben.

- Es kommt zu folgender Fehlermeldung beim Deployen.

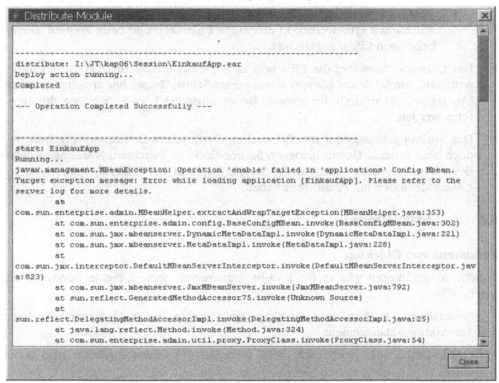

Abb. 6.7.11: Fehlerprotokoll, weil Angabe „stateless" beim Deployen falsch ist

- Der Grund ist, dass für die *create()*-Methode bei *stateless* Session Beans besondere und auch strenge Regeln gelten, deren Einhaltung jedoch nicht beim Umwandeln, sondern erst beim Deploy-Vorgang überprüft werden:

  - *Stateless* Beans dürfen nur einen Konstruktor haben

  - Dieser darf keine Parameter empfangen (weil Instanz-Variable Probleme verursachen würden).

Dieser Test zeigt, dass formale Fehler zu einer unüberschaubaren Fülle von nichtssagenden Fehlermeldungen führen können. Eine Diagnose ist in diesen Fällen nicht ganz einfach.

Zusammenfassung: Session Bean

- Session Beans sind task-orientiert (nicht daten-orientiert wie Entity Beans).

- Es gibt sie in zwei Ausprägungen:

  - *stateful* – mit Instanz-Variablen, die zwischen Methodenaufrufen dem Client zugeordnet bleiben

  - *stateless* – ohne (sinnvolle) Zwischenspeicherung von Daten, denn die instanziierten EJBs werden in einem Pool gehalten und beim Request einem beliebigen Client zugeordnet.

- Der Container verwaltet die EJBs und ist insbesondere für den Lifecycle verantwortlich; *stateful* Beans können temporär im Sekundärspeicher abgelegt werden (Auslagern, „Swappen"), für *stateless* Beans muss die Pool-Verwaltung durchgeführt werden.

- Das Attribut *stateless* oder *stateful* wird im Deployment Descriptor vergeben. Jedoch sind formale Unterschiede im Source-Code zu beachten: Nur eine *stateful* Bean kann mehrere Create-Methoden haben, und nur *stateful* Beans können *Create*-Methoden mit Parametern haben.

6.8   Entity Beans

Persistenz von Objekten

Welche Möglichkeiten gibt es für Java-Programmierer, seine Objekte persistent zu machen?

- Serialisierung in Flat-Files: die simpelste Variante, keine Querysprache, kein Transaktions-Management.

- Objekt-Datenbank: Noch nicht sehr verbreitet, es fehlen Produkte und Standards.

- Relationale Datenbanken: Das ist heute der Standard für die Speicherung auf Sekundärspeicher.

Traditionelle relationale Datenbanken können für Objekte am einfachsten genutzt werden durch den Einsatz von Entity Beans.

Was sind Entity Beans?

Entity Beans sind Programme, die Daten aus einer relationalen Datenbank (DB) bearbeiten. Dabei entspricht eine EJB einer **Tabelle** in der DB, und jede Instanz, die erzeugt wird, entspricht einer **Zeile** in der Tabelle. Ein Attribut wird als Primärschlüssel deklariert. Dadurch wird die EJB-Instanz (und damit die Zeile in der Tabelle) identifiziert.

Unterschiede zu Session Beans

Entity Beans haben im Vergleich zu Session Beans folgende zusätzliche Fähigkeiten:

- Persistenz, d.h. die Informationen überleben einen Crash des Programms oder des Systems, weil sie in eine Datenbank geschrieben werden.

- „Shared Access", d.h. die Entity Bean (= Zeile einer DB-Tabelle) kann gleichzeitig von mehreren Clients gelesen/modifiziert werden. Der EJB-Container überwacht die Zugriffe, durch Serialisierung der konkurrierenden Zugriffe. Wie bei Session Beans auch, bietet der Container ein Transaktions-Management.

- Primary Key, d.h. die Entity Bean hat eine Identität. Und es kann sein, dass auf vorhandene Instanzen einer Entity Bean zurückgegriffen wird (mit *findByPrimayKey()*-Methode). Achtung: Hier gibt es eine Besonderheit, denn dieser Key muss ein Referenztyp sein, d.h. primitive Java-Attribute wie *int* müssen "gewrapped" werden in eine primary Key-Class.

Aus Performance-Gründen sollten Entity Beans normalerweise nur die Local View erlauben und keine Remote View zulassen.

Welche Entity Beans gibt es?

Je nachdem, ob die Schreib-/Lesevoränge "per Hand" programmiert sind oder automatisch generiert werden, ist zu unterscheiden zwischen

- CMP Container Managed Persistence
  Der Bean-Code enthält keine SQL-Befehle. Der Entwickler spezifiziert beim Deployen die Bean-Felder, die persistent gemacht werden müssen, und dann werden die Zugriffe generiert und stehen in diversen Dateien im Installationsordner des Application Server (später dazu mehr).

- BMP Bean Managed Persistence
  Die SQL-Befehle müssen vom Entwickler selbst programmiert werden und stehen im Source-Code.

CMP ist vorteilhafter - nicht nur, weil es Arbeit spart, sondern auch, weil die EJB dadurch portabel bleibt beim Wechsel der Datenbank.

Aufgabenstellung *ArtikelBean*

Die Source-Programme zu diesem Abschnitt stehen im Ordner *x:\jt\kap06\entity*.

Diese EJB repräsentiert die Tabelle "*ArtikelBean*" in einer Default-Datenbank, die bei der Installation automatisch erstellt worden ist.

Wie auch bei Session-Beans, gibt es hier die drei Teile einer Bean:

- interface *Artikel*
- interface *ArtikelHome*
- class *ArtikelBean*.

Die EJB ist eine CMP (Container Managed Persistenz) Bean, d.h. der Container übernimmt das Lesen und Schreiben in die Datenbank. Voraussetzung: Die Attribute, die der Container verwaltet, müssen *public* sein. Die EJB-Implementierung enthält lediglich eine Getter- und eine Setter-Methode pro Attribut. Der JDBC-Code dafür wird generiert beim Deploy-Prozess, d.h. die CMP kann entwickelt werden unabhängig von der tatsächlichen Datenbank.

Compilieren durch

```
I:\JT\kap06\Entity>javac *.java
```

Deployment der EJB vorbereiten

- EJB-Server starten
- Deploytool starten
- Neue Application (= EAR-File) erstellen:
  - File I New I Application
  - Im Fenster "New Application":
    - Browsen zum Ordner *Entity* und
    - Eingeben Name: *EntityApp*
- Hinzufügen der EJB
  - File I New I Enterprise Bean
  - Dann NEXT
  - JAR-File-Namen angeben: EntityEJB (und darauf achten, dass der richtige Radio-Button ausgewählt ist, nämlich für das Hinzufügen zur EAR-File)
  - Auswählen Edit Contents

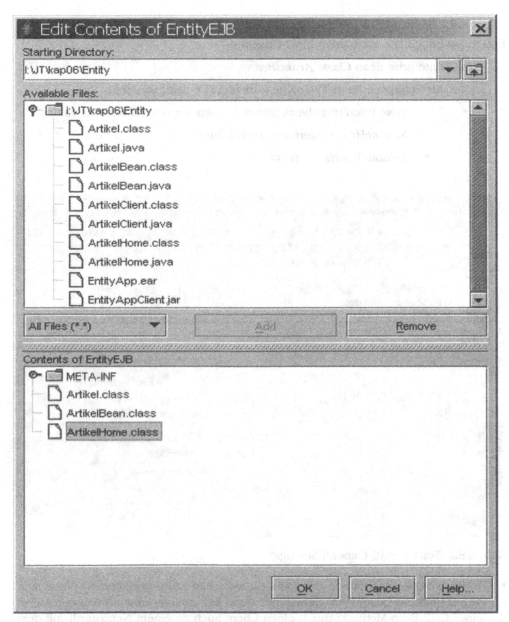

Abb. 6.8.1: Klassen der EJB auswählen

Hinzufügen der 3 Klassen (*Artikel.class, ArtikelBean.class, ArtikelHome.class*)

- OK und NEXT

Im Fenster "Bean General Settings" :

Enterprise Bean-Class auswählen bzw. eingeben

- Enterprise Bean Class: *ArtikelBean*
- Als Enterprise Bean-Typ sollte nun **ENTITY** deklariert sein
- Bei Remote Interfaces die richtigen Klassen aus der Listbox auswählen:
    - RemoteHome Interface: *ArtikelHome*
    - Remote Interface: *Artikel*

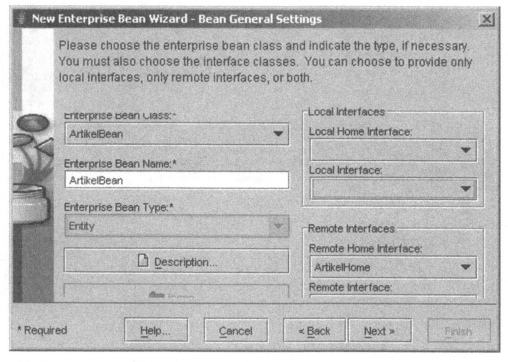

Abb. 6.8.2: Fenster "EJB General Settings"

- Hinweis Die Performance-Unterschiede zwischen Local und Remote View sind bei CMP-Beans besonders gravierend, denn bei *remote View* führt jeder Aufruf einer CMP-Bean-Methode durch einen Client auch zu einem Netzzugriff mit dem kompletten Overhead, der damit verbunden ist: Durchlaufen des TCP/IP-Stacks, Marshalling/Unmarshalling der Parameter ...
- NEXT

- Im Fenster Entity Bean Settings

  - Container-Managed Persistence: (1.1) Es gibt auch die Version 2.0 der CMP Beans, jedoch ist dann keine Rückwärtskompatibilität mit Anwendungen gegeben, die mit der Version 1.1 erstellt worden sind. Version 1.1. ist noch sehr gebräuchlich.

  - Die Checkbox für alle drei Felder anklicken und

  - Das Attribut „*id*" als Primary-Key auswählen vom Typ *Integer* (Hinweis: Hier sind nur Referenztypen und keine einfachen Datentypen erlaubt)

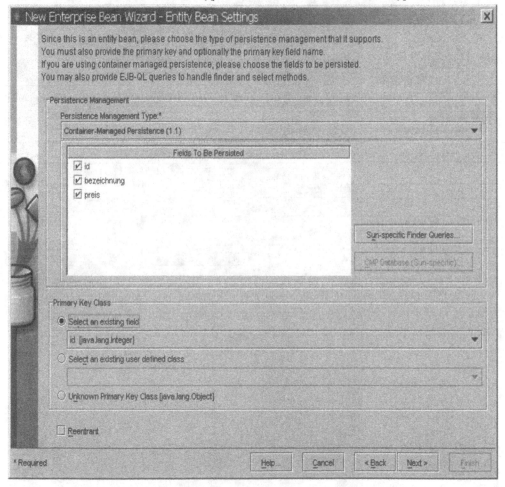

Abb. 6.8.3: Fenster "Entity Bean Settings"

  - Danach NEXT und FINISH

SQL-Befehle automatisch erstellen

- Datenbank-Server starten::
  Start|Programme | J2EE |Start Pointbase

- Im Startbild des Deploytools auf der linken Seite das Bean „ArtikelBean" auswählen

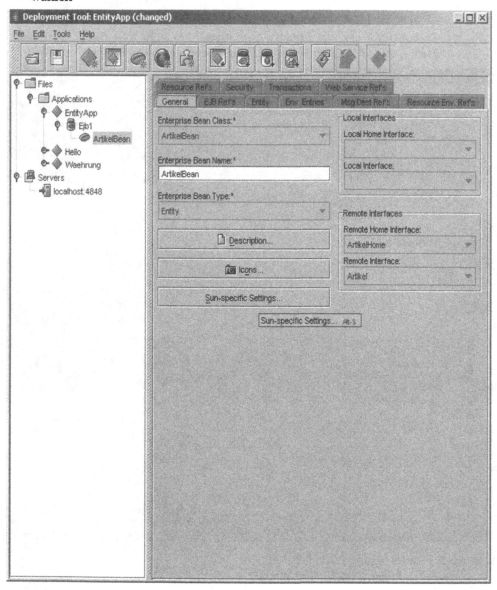

Abb. 6.8.4: Start-Bild des Deploytools

- Auf der rechten Seite die Option: „General" aufrufen
  - Auf „Sun-specific Settings..." klicken
  - Es wird ein JNDI-Name vorgeschlagen. Dieser muss abgestimmt sein mit der Angabe im Client-Programm und sollte hier "ArtikelJN-DI" sein)

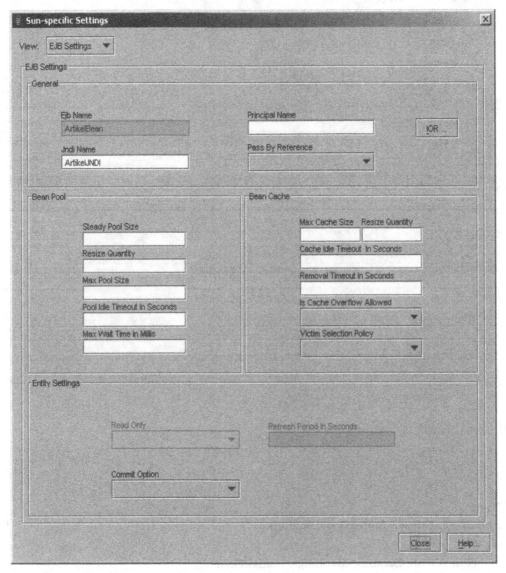

Abb. 6.8.5: Fenster "Sun-specific Settings"

- Danach: oben links in der Ecke bei View: statt „EJB-Settings" „CMP Database" auswählen.

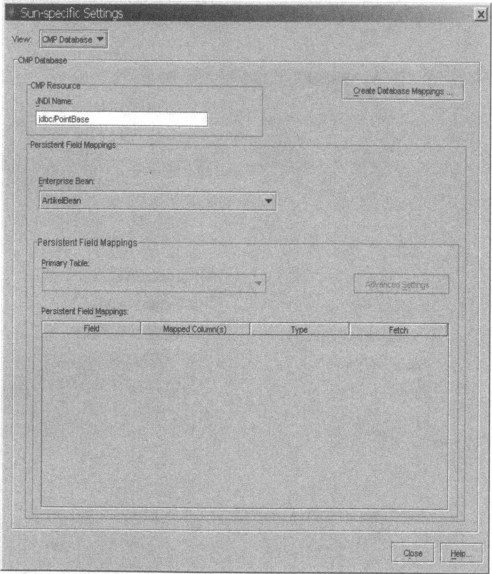

Abb. 6.8.6: Fenster „Sun-specific Settings

- Nun „Create Database-Mappings..." anklicken

Die Abfragen in diesen beiden Dialog-Boxen hängen sehr stark ab von dem jeweiligen Hersteller des Deploytools und der DB. Grundsätzlich sind drei verschiedene Verfahren denkbar, wie die Angaben in einer CMP-Entity Bean "gemapped" (abgebildet) werden in der DB-Tabelle:

"*Top-Down-Mapping*": erstellt die DB-Tabelle und "mapped" diese aus den EJB-Angaben

"*Bottom-Up*": ermöglicht es dem Programmierer, aus einer bestehenden DB-Beschreibung (DDL) eine EJB zu creieren

"*Meet in the middle*": Ist ein Verfahren, das beides kombiniert. Der Entwickler kann einige Mappings automatisieren, hat aber Möglichkeiten der Änderung/Korrektur.

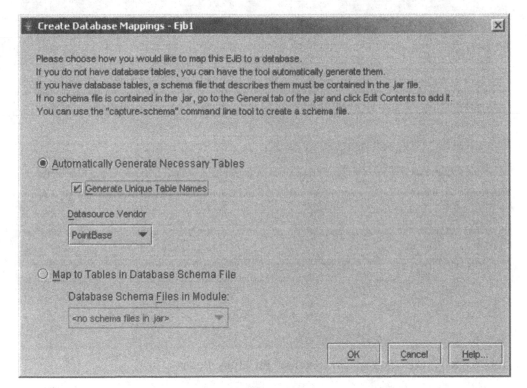

Abb. 6.8.7: Fenster: "Database-Mappings"

- Danach OK
- Das Deployment-Tool versucht nun, die Tabelle der Datenbank nach der Entity Bean auszurichten (Mapping). Im nächsten Fenster sollte nun folgendes stehen:

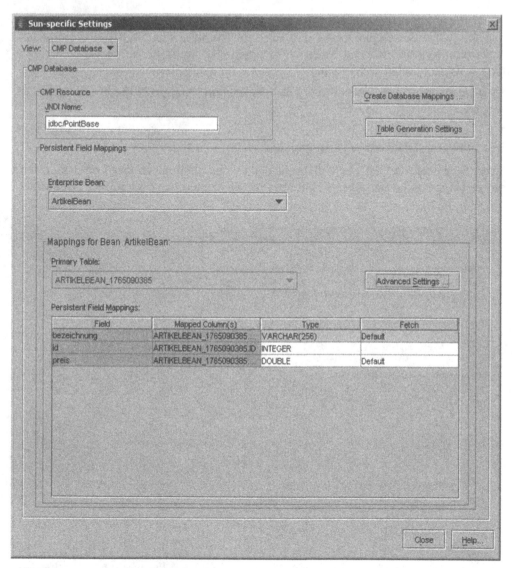

Abb. 6.8.8: Fenster "Sun-specific Settings" für Entity Beans

Wie man sehen kann, hat das Deployment-Tool die drei Attribute im Bean gefunden und war in der Lage, diese zu mappen in DB-Colums mit dem jeweiligen Datentyp. Diese Attribute werden in einer Tabelle in der Datenbank abgelegt. In unserem Beispiel ist das die Tabelle: ARTIKELBEAN_1765090385.

Durch dieses Mapping kann nun die Datenbank-Tabelle mit der Bean gekoppelt werden.

Die DB-Tabelle soll automatisch erzeugt werden. Deswegen sollte nun noch eine Einstellung überprüft werden:

Unter der **Option Table Generation Settings** sollten beide Checkboxen auswählt sein. Während des Deployments wird dann die Tabelle in der Datenbank generiert.

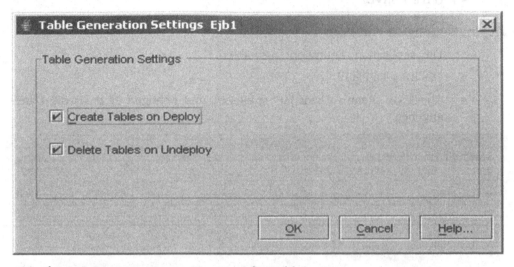

Abb. 6.8.9: Fenster "Generation Settings" für Tables

- Dann OK
- CLOSE

Deployment des Clients

Das Client-Programm soll als Stand-Alone-Programm („Java Application") wahlweise neue Artikel anlegen oder bestehende Artikel anzeigen. Die notwendigen Informationen werden als CMD-Line-Parameter dem Client-Programm übergeben.

- Client-Programm der EAR-File hinzufügen
    - Im Deploytool: die Application "EntityApp" auswählen
    - FILE | NEW | APPLICATION CLIENT
    - NEXT
    - ApplicationClient-Name: *EntityClient*
    - Button Edit Contents anklicken und *ArtikelClient.class* „addieren"
    - OK und NEXT
    - im nächsten Bild: Main-Class auswählen

- Next I Finish
- Bevor wir nun deployen können, muss das Projekt gespeichert werden, damit alle Einstellungen, die wir in dem Deployment-Tool gemacht haben, auch in den Dateien gespeichert werden.
  - (FILE I SAVE)

Deployvorgang durchführen

- Die Application „EntityApp" auswählen
- TOOLS I DEPLOY
- Checkbox „Return Client Jar" anklicken und richtigen Pfad für die Datei angeben:

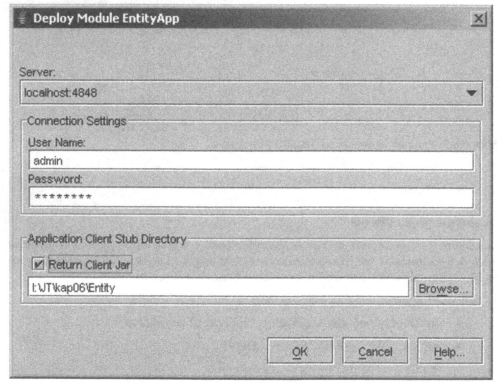

Abb. 6.8.10: Deployen inklusive der Client-JAR

- OK drücken (und viel Geduld, kann einige Minuten dauern bis die LOG-File erscheint)

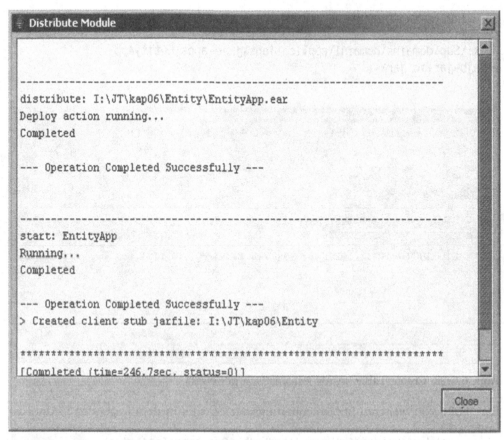

```
Distribute Module                                                    X

-----------------------------------------------------------------

distribute: I:\JT\kap06\Entity\EntityApp.ear
Deploy action running...
Completed

--- Operation Completed Successfully ---


-----------------------------------------------------------------

start: EntityApp
Running...
Completed

--- Operation Completed Successfully ---
> Created client stub jarfile: I:\JT\kap06\Entity

*************************************************************
[Completed (time=246.7sec, status=0)]

                                                        Close
```

Abb. 6.8.11: Protokoll des Deploy-Vorgangs

WICHTIG:

- Der Application-Server muss gestartet sein

- Die Pointbase-Datenbank muss gestartet sein

- Auch wenn die Pointbase-Datenbank nicht aktiv ist, wird in die LOG-File keine Fehlermeldung ausgeben. Daher muss an dieser Stelle unbedingt darauf geachtet werden, dass beide Server aktiv sind.

Wo sind die konkreten Implementierungen der DB-Zugriffe?

Die Befehle zum Erstellen der Tabelle in einer Datenbank sowie die Statements für das Einfügen und Verändern der einzelnen Attribute in der Tabelle werden vom Deployment-Tool automatisch erzeugt. Der Entwickler muss sich darum nicht mehr kümmern.

So stehen die SQL-Befehle für den CREATE und den DROP der Tabelle in folgenden Ordner:

```
x:\Sun\domains\domain1\applications\j2ee-apps\EntityApp\
ejb-jar-ic_jar\
```

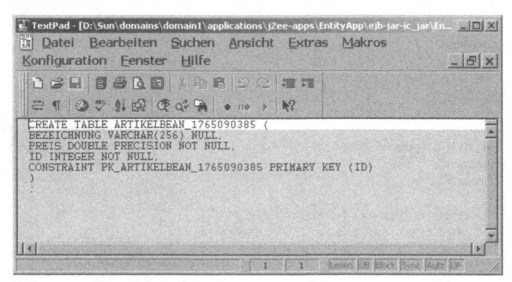

Abb. 6.8.12: Create Table wurde automatisch generiert

Eine Fülle von weiteren Implementierungsdateien sind in dem folgenden Ordner zu finden:

```
x:\Sun\domains\domain1\generated\ejb\j2ee-apps\EntityApp\.
```

Testen der Entity Bean

a) Neue Datenbank-Zeile anlegen (Achtung: Dezimalpunkt und kein Komma!)

Abb. 6.8.13: Testen des Clients: Anlegen einer neuen Zeile in der Tabelle

Dem Client-Programm werden als Parameter mitgegeben:

• Das Literal *neu* (als Hinweis, dass es sich um einen neuen Artikel handelt)

- Werte für die drei Attribute eines Artikels (id, bezeichnung und preis)

- Der Preis wird mit Dezimalpunkt (und nicht in deutscher Schreibweise) angegeben.

Fehlerhinweis

Wenn folgende Meldungen kommen:

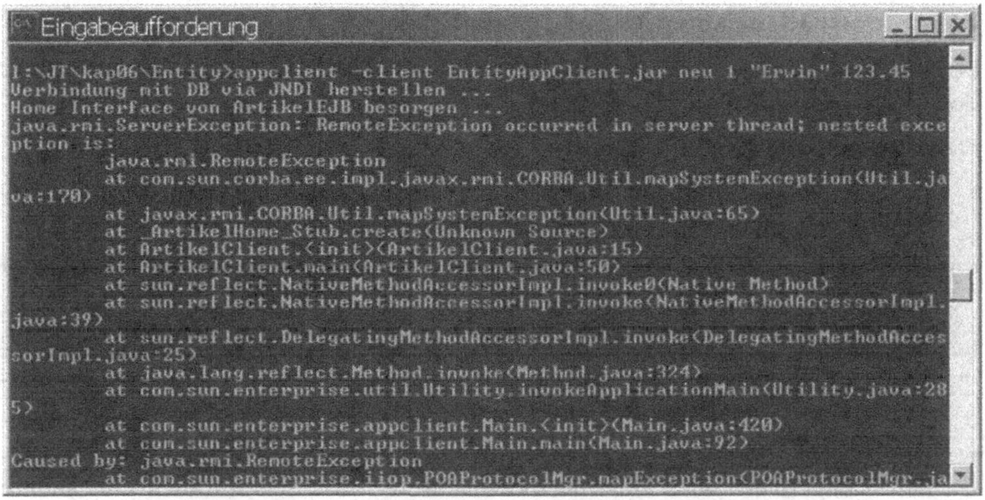

Abb. 6.8.14: Fehler, wenn beim Deployen der DB-Server nicht gestartet war

dann kann es sein, dass beim Deployen der DB-Server nicht gestartet war. Der Vorgang muss wiederholt werden.

b) Lesen einer Zeile aus der DB-Tabelle

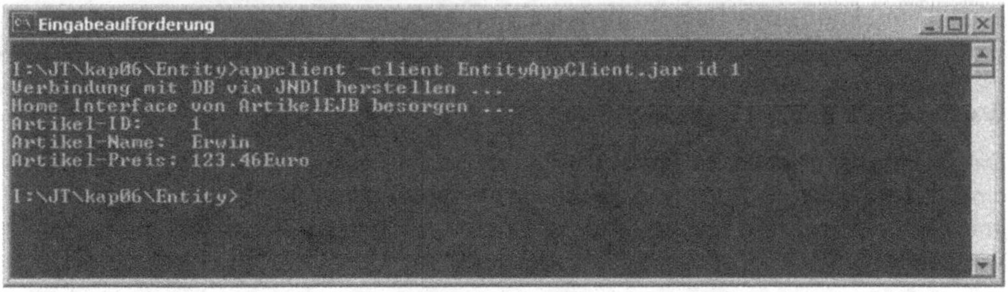

Abb.6.8.15: Testen des Clients: Abfragen der DB-Informationen

Als Parameter wird lediglich die Id des Artikels, der angezeigt werden soll, angegeben.

Ergänzende Hinweise zu den CMP-Entity-Beans

- Die Entity Bean enthält keinen SQL-Code für die DB-Zugriffe.

- Beim Deploy-Vorgang müssen die Attribute vom Bediener ausgewählt werden, und der Container generiert die entsprechenden Methoden.

- Die Angaben stehen dann im Deployment Descriptor.

Zusatzinformationen zum Thema „Transaktionen"

Ein wichtiges Thema im Zusammenhang mit Veränderungen in Datenbanken ist der Begriff „Transaktionen".

Transaktionen und EJBs

- Das Transaktionsverhalten einer Entity Bean wird über den Deployment-Descriptor gesteuert und wird für **jede Methode** festgelegt

- Eine Transaktion (TA) beginnt mit dem Aufruf einer Methode, für die der Start einer Transaction festgelegt wurde (per „Transactions-Attribut").

- Es gibt fünf Transaktions-Attribute, die vom Entwickler im Deployment Descriptor pro Methode festgelegt werden, z.B. *required* (= Start der TA) oder *mandatory* (= diese Methode ist Teil einer bestehenden TA) usw.

- Die TA endet, wenn eine neue Methode mit dem Attribut „Beginn einer Transaktion" aufgerufen wird. Alle Methodenaufrufe dazwischen (auch für andere Beans) können so definiert werden, dass sie zu **dieser** Transaktion gehören – oder dass sie *nicht* Teil einer Transaktion sind.

- Die TA kann vorzeitig beendet werden, wenn eine Exception ausgelöst wird. Dann löst diese ein Rollback aus oder nicht, abhängig von ihrem Typ.

EJBs sind grundsätzlich Teile einer „verteilten Anwendung". Damit können innerhalb einer Transaktion auch Datenbanken auf verschiedenen Rechnern verändert werden. Dann wird der Einsatz eines „2-Phase-Commit"-Protokolls notwendig.

Was ist ein 2-Phase-Commit?

Darunter versteht man ein Protokoll. Es beschreibt Lösungen für das Problem, dass eine Transaktion auch dann korrekt ablaufen muss, wenn mehrere remote Programme oder mehrere remote Datenbanken beteiligt sind. Dies ist ein komplizierter Vorgang.

Generell werden folgende zwei Phasen unterschieden:

Phase 1:

Am Ende einer Transaktion fragt ein als verantwortlicher Koordinator bestimmtes Programm alle Teilnehmer der Transaktion, ob sie bereit sind, das Commitment durchzuführen. Ist ein Teilnehmerprogramm bereit, votiert es mit „Ja", andernfalls mit „Nein". Votieren alle Teilnehmer mit „ja", so trifft der Koordinator die Commit-Entscheidung, andernfalls eine Rollback-Entscheidung.

Phase 2:

Der Koordinator propagiert seine Entscheidung – und die Teilnehmer terminieren einheitlich gemäß der Entscheidung (entweder mit Rollback oder mit Commit) und bestätigen die erfolgreiche Durchführung beim Koordinator-Programm.

Zusammenfassung

- Entity Beans können ihre Persistenz (Schreiben und Lesen der Datenbank-Sätze) entweder selbst verwalten durch Befehle, die der Programmierer dann auch selbst codieren muss (= bean managed persistence BMP) oder sie können dies vollständig dem Container überlassen (= container managed persistence CMP).

- Zusammengehörende SQL-Befehle können eine „Transaktion" bilden. Dann garantiert der Container, dass sie entweder alle zusammen korrekt ausgeführt werden oder – im Fehlerfall – bereits durchlaufene Befehle wieder rückgängig gemacht werden, damit die Konsistenz erhalten bleibt (= Rollback, wenn eine Exception auftritt).

- Entity Beans werden „geshared" zwischen Clients (es können mehrere Clients zur gleichen Zeit auf dieselbe Bean zugreifen, der Container verwaltet diese konkurrierenden Zugriffe, so dass die Konsistenz der Daten in der DB gewährleistet ist).

- Die wichtigsten Life-Cycle-Methoden einer Entity Bean sind:

  - *create()*, dann wird eine neue Zeile in der Tabelle erstellt

  - *findByPrimaryKey()*, dann wird eine bestehende Zeile gelesen und als Objekt zur Verfügung gestellt.

6.9   MDB Message Driven Bean

Was sind Message Services?

Verteilte Anwendungen können mit Hilfe einer **Message-Orientierten Middleware** (MOM) Nachrichten austauschen. Das Senden und Empfangen der Messages erfolgt **asynchron**, d.h. es wird mit "store and forward" gearbeitet:

- Der Sender übergibt die Nachricht der Middleware und beendet seine Arbeit dann ("fire and forget").

- Die MOM speichert die Nachricht in einer Queue (Warteschlange) und benachrichtigt den Empfänger. Die MOM (der Queue-Manager) garantiert die Anlieferung, sie ist zuständig für die korrekte Ausführung aller Transaktionen.

- Der Empfänger liest (und löscht) die Nachricht bei Bedarf.

Die MOM verwaltet die Queue und existiert entweder als Stand-Alone-Produkt (z.B. MQ-Series) oder ist eingebaut in den EJB-Container (so ist es z.B. bei der Referenz-Implementierung und auch bei Websphere-MQ). Java-Programme, die als Client diese MOM nutzen (lesen oder schreiben), arbeiten mit der allgemeinen JMS-Technologie.

Was ist JMS (Java Message Service)?

J2EE definiert ein **Standard-API** für den Zugriff auf ein Message-System: das JMS. Dieses API ist hersteller-neutral. JMS definiert ein Set von Interfaces, die ein Client einer MOM-Software benutzen kann, um mit einer beliebigen Server-Software zu kommunizieren. Der Sender wird **Producer** genannt, der Empfänger ist der **Consumer**. Beide sind aber Clients, dazwischen muss es eine Server-Software (= MOM oder "Service-Provider") für die Queue geben, die das JMS-Interface implementiert hat und die als Queue Manager verantwortlich ist für die Speicherung und Auslieferung der Daten.

Der Queue Manager arbeitet ereignis-orientiert: sobald eine Nachricht eingetroffen ist, versucht er durch das Auslösen eines Events, den Empfänger zu benachrichtigen, damit die Message abgeholt und verarbeitet wird. Da jedoch auch asynchrones Arbeiten möglich ist, kann es sein, dass der Empfänger derzeit nicht aktiv ist, so dass erst zu einem späteren Zeitpunkt (z.B. wenn der Empfänger sich neu anmeldet beim Queue-Manager) die Verarbeitung erfolgt.

Abb. 6.9.1: Asynchroner Datenaustausch mit Hilfe einer Queue

JMS-API-Architektur

Das JMS-API ist integriert in die J2EE-Plattform. Das API definiert, wie J2EE-Componenten mit Nachrichten arbeiten (erstellen, senden, empfangen, lesen). Die Nachrichtentypen können sein: Basisdatentypen, Objekte, Name-Value-Paare oder Strings.

Bestandteile dieser Architektur sind:

JMS Provider

- Server-Implementierung ("Service-Provider"). Das Software-Produkt für den Queue-Server ist grundsätzlich beliebig. Das J2EE-SDK liefert eine Referenz-Implementierung mit, die in den J2EE-Server eingebaut ist.

JMS Clients

- Java-Programme, die Nachrichten lesen oder schreiben. Diese Clients können sein:

  - Java-Standalone-Application (aber als J2EE-Componenten) oder
  - Web-Componenten (Servlets/JSPs).

Außerdem können Session-/Entity-EJB Nachrichten schreiben (aber nicht asynchron lesen!).

Administrierte Objekte

Bei aller Standardisierung gibt es trotzdem noch individuelle Informationen, die abhängig sind von der eingesetzten Provider-Software. Diese müssen vom System-Administrator den Programmen/dem Programmierer bekannt gemacht werden. Folgende Informationen sind die Voraussetzungen für das Arbeiten mit Queues:

- Connection Factory
  = Wie heißt die Class des MOM-Produktes; konkret: wie heißt die Class der Factory?

- JMS-Destination
  = Wie ist der Name des Objekts, das der Client benutzen kann, um die Queue zu adressieren?

- Target Destination
  = Physischer Name der Queue

Die beiden ersten Angaben werden als "administrierbare Objekte" bezeichnet und müssen im JNDI-Namespace eingetragen werden:

- die Connection Factory - mit einem standardisierten logischen Namen und dem physischen Namen der Class

- die JMS-Destination – mit einem symbolischen Namen, der vom Client benutzt wird und der nun verbunden wird mit dem physikalischen Namen der Queue.

Der Software-Hersteller des Message-Systems muss also nicht nur alle Interfaces der JMS-Spezifikation implementieren, sondern auch Tools für den Systemadministrator mitliefern. Mit Hilfe dieser Werkzeuge kann dieser dann Queues anlegen, die Namen in einen JNDI-Namespace eintragen und Queues wieder löschen.

In der Referenz-Implementierung werden diese Objekte über die Admin-Console verwaltet oder durch den *asadmin-* Command.

Was sind MDB (Message Driven Beans)?

Seit J2EE Version 1.3. gibt es auch eine spezielle EJB für Messages: die "Message Driven Bean" MDB. Das sind Programme, die vom Container gestartet werden, wenn eine Nachricht eintrifft, d.h. sie sind einzig dazu da, Nachrichten zu **lesen** (asynchron).

Ein wesentlicher Unterschied von MDBs zu den anderen EJB-Typen ist:

Die MDBs können nicht von Clients aufgerufen werden, sie werden ausschließlich vom Container aktiviert

Dadurch entfallen auch die Notwendigkeiten für Home- oder Remote-Interfaces, d.h. eine Message Driven Bean besteht lediglich aus einer einzigen Class.

Aufgabenstellung der Beispielprogramme

Wir werden insgesamt drei Client-Programme für die Warteschlange1 programmieren:

- *JMSSender01.java*   (Stand-Alone-Client, schreibt in die Queue)
- *JMSReceiver01.java*   (Stand-Alone-Client, liest aus der Queue)
- *MDB01.java*   (Message Driven Bean, liest aus der Queue).

Die beiden Stand-Alone-Clients sind auch J2EE-Componenten (vom Typ „Application Client"). Sie werden mit Hilfe des Deploytools aufbereitet, ergänzt um die erforderlichen Middleware-Programme, gepackt in eine JAR-File und verteilt auf die Client-Maschine. Der Aufruf für die Ausführung erfolgt dann mit dem bereits mehrfach benutzen Tool *appclient*.

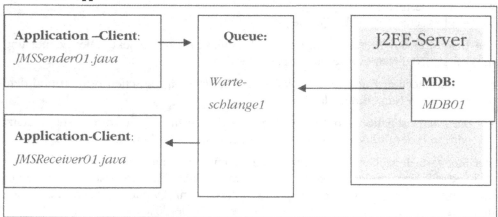

Abb. 6.9.2: Überblick Beispielanwendung

Hier eine Übersicht über die Aufgaben der beteiligten Software-Componenten:

Die JMS-Clients::

- sind Stand-Alone-Programme

- arbeiten mit dem JMS-API

- schreiben/lesen in die Queue (asynchron)

- Informationen über Queue-Provider und Queue-Namen stehen in "administered objects" und werden über JNDI-Lookups gefunden.

Der Queue-Server

- ist integriert mit dem J2EE-Server

- Administration des Queue-Servers kann mit Admin-Console der J2EE-Servers erfolgen

- verwaltet die Queue "Warteschlange1"

- ist zuständig für die korrekte Auslieferung der Informationen

- informiert die registrierten Empfänger von Nachrichten.

Der EJB-Container:

- wird informiert, wenn Nachricht eintritt

- aktiviert (aus dem Pool) die EJB *MDB01.class*

- startet die Methode *onMessage()* dieser Bean.

Aufgabenstellung des JMS-Clients *"JMSSender01.java"*

Die Source-Programme zu diesem Abschnitt stehen im Ordner *x:\jt\kap06\mdb*.

Das Programm *JMSSender01* ist ein Standalone-Client für ein Messaging System. Es soll 3 Nachrichten in eine Queue schreiben, die von der Referenz-Implementierung innerhalb des J2EE-Servers verwaltet wird. Die Queue hat den Namen "Warteschlange1".

Erstellen der "Administrierten Objekte"

Wir erstellen die Connection Factories, die Queues und die Destination Ressourcen mit dem *asadmin*-Command. Alternativ könnte dies auch durch das GUI-Tool der Admin Console erfolgen. Im Ordner *admin* sind hierfür entsprechende Batch-Files vorhanden:

- createFact.bat

- createDest.bat

- createQueue.bat.

Die drei Batch-Files zum Erstellen der Admin-Objekte sind nacheinander aufzurufen:

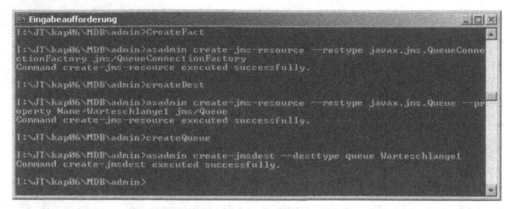

Abb. 6.9.3: Erstellen der Administrierten Objeke

Hinweis: Bevor dieser Dateien mit dem *Create* erneut aufgerufen werden können, müssen die entsprechenden Batch-Files zum Löschen aufgerufen werden (Dele-texxx.bat).

Erstellen der .jar-File für die erste Client-Anwendung

- Voraussetzung: Die SourcProgramme müssen umgewandelt sein
- Dann: Starten des J2EE-Servers (und damit auch des Message-Servers
- Starten des Deploytools
- Auswählen von FILE I NEW I Application Client
- Im JAR-File Contents-Fenster:
  - Radio-Button "Create New Stand-Alone AppClient Module"
  - Pfad und Dateinamen eingeben: *X:\jt\kap06\MDB\JMSSender*
  - eingeben AppClient-Name: *JMSSender*
  - Anklicken Edit-Contents-Button
- In der Dialog-Box „Edit Contents of ApplicationClient::
  - Lokalisieren der Directory
  - Auswählen der *JMSSender01.class*
  - ADD und danach OK und NEXT
- In dem Fenster "General":
  - Auswählen der Class in der Listbox
  - NEXT / Finish
- File I Save

Durchführen des Deployvorgangs

- Im Startbild die Client - Application auswählen
- TOOLS I DEPLOY
- Anklicken Radio-Button "Return Client JAR-File"
- Darauf achten, dass der richtige Ordner angegeben ist
- Warten, bis Meldung „Successfully…" kommt.

Es kann sein, dass der Deployvorgang Probleme macht, d.h. nicht erfolgreich zu Ende kommt, ohne dass der Grund aus den Log-Files und den Konsolmeldungen unmittelbar erkennbar ist. In diesem Fall ist zunächst zu prüfen, ob die Datei *x:\JT\kap06\MDB\JMSSender.jar* erstellt worden ist. Wenn ja, sollte die Ausführung trotzdem möglich sein.

Wenn nicht, so wird fast immer wird eine falsche Angabe beim Deployen die Ursache sein (denn in diesem Beispiel sind die Java-Programme getestet und in Ordnung).

Insbesondere kann folgende kryptische Fehlermeldung anzeigen, dass die Ursache für den Abbruch darin liegt, dass entweder die „Administrierten Objekte" nicht korrekt angelegt sind oder dass fehlerhafte Informationen in den Deployment Descriptoren stehen (Namensvergabe falsch, Attribute nicht richtig …).

```
Redeploy Module                                                              ✕

-----------------------------------------------------------------------
redeploy: I:\JT\kap06\MDB\JMSSender.jar
Deploy action running...
javax.management.MBeanException: Operation 'getStatus' failed in 'applications' Config Mbean.
Target exception message: enabled
        at
com.sun.enterprise.admin.MBeanHelper.extractAndWrapTargetException(MBeanHelper.java:353)
        at com.sun.enterprise.admin.config.BaseConfigMBean.invoke(BaseConfigMBean.java:302)
        at com.sun.jmx.mbeanserver.DynamicMetaDataImpl.invoke(DynamicMetaDataImpl.java:221)
        at com.sun.jmx.mbeanserver.MetaDataImpl.invoke(MetaDataImpl.java:228)
        at
com.sun.jmx.interceptor.DefaultMBeanServerInterceptor.invoke(DefaultMBeanServerInterceptor.jav
a:823)
        at com.sun.jmx.mbeanserver.JmxMBeanServer.invoke(JmxMBeanServer.java:792)
        at sun.reflect.GeneratedMethodAccessor58.invoke(Unknown Source)
        at
sun.reflect.DelegatingMethodAccessorImpl.invoke(DelegatingMethodAccessorImpl.java:25)
        at java.lang.reflect.Method.invoke(Method.java:324)
        at com.sun.enterprise.admin.util.proxy.ProxyClass.invoke(ProxyClass.java:54)
        at $Proxy1.invoke(Unknown Source)
        at
com.sun.enterprise.admin.server.core.jmx.SunoneInterceptor.invoke(SunoneInterceptor.java:282)
        at
com.sun.enterprise.admin.jmx.remote.server.callers.InvokeCaller.call(InvokeCaller.java:38)
        at
com.sun.enterprise.admin.jmx.remote.server.MBeanServerRequestHandler.handle(MBeanServerRequest
Handler.java:92)
        at

                                                              Close
```

Abb. 6.9.4: Fehlermeldung beim Deployen

Sollte durch mehrere Versuche ein undefinierter Zustand entstanden sein, so hilft folgende Vorgehensweise, um neu zu beginnen:

- Die administrierten Objekte wieder löschen (mit den mitgelieferten Batch-Files) und danach wieder neu anlegen.

- Im Deploy-Tool die JMS-Anwendungen "closen".

- Neu starten mit den Definitionen für den Deploy-Vorgang.

Jedoch gab es bei meinen Tests auch Situationen, wo nur ein UNINSTALL (über START | PROGRAMME | SUN | J2EE | Uninstall mit anschließender Neu-Installation geholfen hat. Wenn keine Pfad-Namen geändert werden, ist dies ist in wenigen Minuten geschehen, allerdings darf man nicht vergessen, danach die "Administrierbaren Objekte" neu zu erstellen.

Verifizieren der Admin-Arbeiten und des Deployvorgangs

Im Browser die Admin Console aufrufen: http://localhost:4848

Im Tree auf der linken Seite den Eintrag "Java Message Service" expandieren. Dann können die Informationen zum Thema "Administration" eingeholt werden.

Unter dem Eintrag "Application" die Informationen zum Deployen des Client-Programmes nachschauen.

Testen *JMSSender01*

Folgender Aufruf in einem Cmd-Line-Fenster ist zu machen:

```
x:\JT\kap06\MDB\>appclient -client JMSSender.jar
```

Abb. 6.9.5: Testen des Client-Programm *JMSSender*

Achtung: Die Ausführung kann lange dauern (einige Minuten). Mögliche Fehlerquellen sind:

- Server ist nicht gestartet

- Queue ist nicht angelegt

- Die JRE-Version ist nicht mindestens auf Stand 1.4.2 (prüfen durch Eingabe von *java –version*).

Aufgabenstellung des JMS-Client *JMSReceiver01.java*

Das Client-Programm soll als Java-Standalone-Applicationen die eingegangene Nachrichten aus der Queue "Warteschlange1" lesen und ihren Inhalt anzeigen auf *System.out*. Die gelesenen Nachrichten werden aus der Queue entfernt. Voraussetzungen zum Testen: Programm *JMSSender01* muss Nachrichten in die Queue gestellt haben.

Erstellen der JAR-File für die zweite Client-Anwendung

Das Vorgehen für das Paketieren ist identisch mit dem Packen der Sender-Anwendung, allerdings mit folgenden Werten:

* Filename: *JMSReceiver.jar*

* AppClient-Name   *JMSReceiver*

* Class-File   *JMSReceiver01.class*

* Main Class   *JMSReceiver01*

Deployvorgang durchführen

Im Startbild aufrufen: TOOLS | DEPLOY

Return Client JAR-File anklicken

Testen des Programms *JMSReceiver*

Eingabe in Command-Line:
```
I:\JT\kap06\MDB\>appclient -client JMSReceiver.jar
```

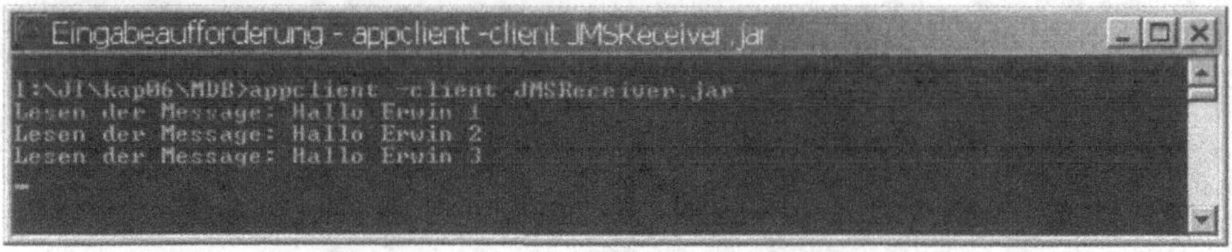

Abb. 6.9.6: Testen des Client-Programms *JMSReceiver*

Auch hier gilt: nicht nervös werden. Man braucht viel Geduld (kann einige Minuten dauern).

Aufgabenstellung des JMS-Clients *MDB01.java*

Jetzt soll eine „J2EE-Application" geschrieben werden, die das JMS-API benutzt. Wir wollen eine EJB vom Typ "Message Driven Bean" erstellen, die die Queue "Warteschlange1" überwacht und bei Eintreffen einer Nachricht diese liest, anzeigt und entfernt. Der Source-Code der MDB enthält lediglich eine Methode: *onMessage()*.

Deployen der MDB

- Starten EJB-Server
- Aufrufen des Deploy-Tools, dann:
    - Neue Application erstellen (Name = "*MDBApp.ear*"
    - Hinzufügen der Enterprise Bean:
        - JAR—File-Name: *MDB01*
        - Edit-Contents und
        - Class addieren
    - Page "Bean General Settings":
        - Enterprise Bean Class eingeben: "*MDB01*"
        - Als Beantype muss vorgegeben sein: Message-Driven"
        - Local bzw. Remote Interface entfallen
    - Weiter bis Page "Message Driven Bean Settings"
    - Und folgende Daten eingeben:

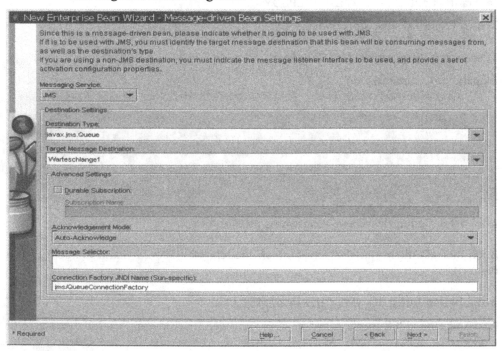

Abb. 6.9.7: Fenster: "Message Driven Beans"

- Destination-Type: *javax.jms.Queue*

- Target Message Desination: *Warteschlange1*

- JNDI-Namen der Connection-Factory: *jms/QueueConnectionFactory*

- NEXT I FINISH

- Im Startbild des Deploytools:

  - Auswählen Bean *MDB01*

  - Tab „Transactions" anklicken

  - Radio-Button "Container-Managed" auswählen

  - Prüfen, dass Transaction-Attribut = *Required*

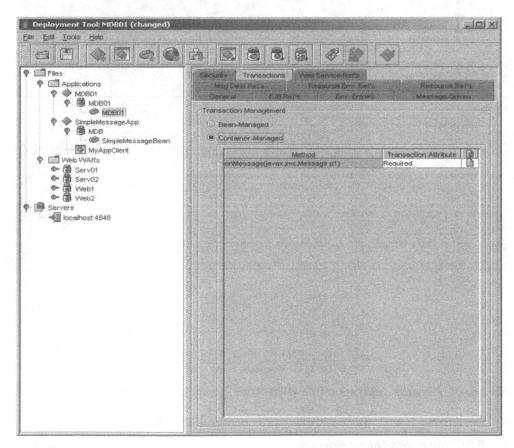

Abb. 6.9.8: Start-Fenster des Deploytools

Im Startfenster des Deploytools

- Auswählen der JAR-File MDB01

- Anklicken Tab „Message Destinations" und folgende Eintragungen „addieren":

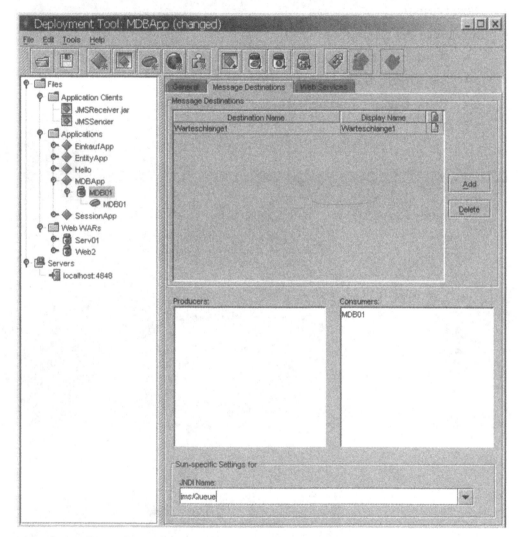

Abb. 6.9.9: Physical Destination und JNDI-Namen eingeben

- Destination Name: *Warteschlange1* eingeben und ENTER
- JNDI Name: *jms/Queue* eingeben

Dann:

- im Startbild des Deploytools die Bean „*MDB01*" auswählen

- Tab „General" anklicken

- Button „Sun-specific Settings" anklicken und den JNDI-Namen für die MDB eingeben (ist identisch mit dem Namen der Destination Resource):

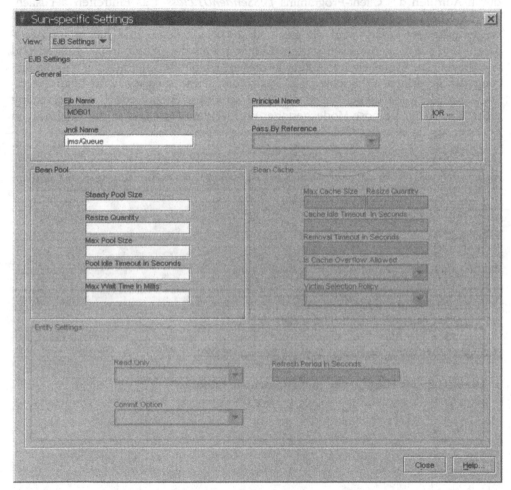

Abb. 6.9.10: Vergabe des JNDI-Namens für die EJB

- File I Save

Deploy der EJB

Aufrufen des Deployvorgangs: TOOLS I DEPLOY (ohne *Return Client JAR*)

Testen des dritten Clients *MDB01.class*

Zum Testen stoppen wir den Application Server und starten ihn sofort wieder neu, diesmal aber von der CMD-Line und mit der Option --verbose:

```
x:\>asadmin start-domain --verbose
```

Danach müssen zunächst Daten in die Queue geschrieben werden. Die geschieht durch Aufrufen des Client-Programms *JMSSenden01.class*. Das Eintreffen der Nachrichten wird vom Queue-Manager erkannt und dieser Event an den EJB-Container weiter gegeben. Dieser wird die Bean „*MDB01*" aktivieren und die *onMessage()*-Methode der EJB automatisch starten. Dadurch wird der Queue-Inhalt gelesen und verarbeitet. Die Verarbeitung besteht in diesem Simple-Beispiel aus der Protokollierung der gelesenen Nachrichten auf *System.out*. Diese Ausgabe wird beim Server-Start normalerweise umgeleitet in die Datei *server.log*. Wenn jedoch der Server mit einer Option im Verbose-Mode gestartet wurde: dann erscheinen die Nachricht in dem Fenster, in dem der J2EE-Server gestartet wurde:

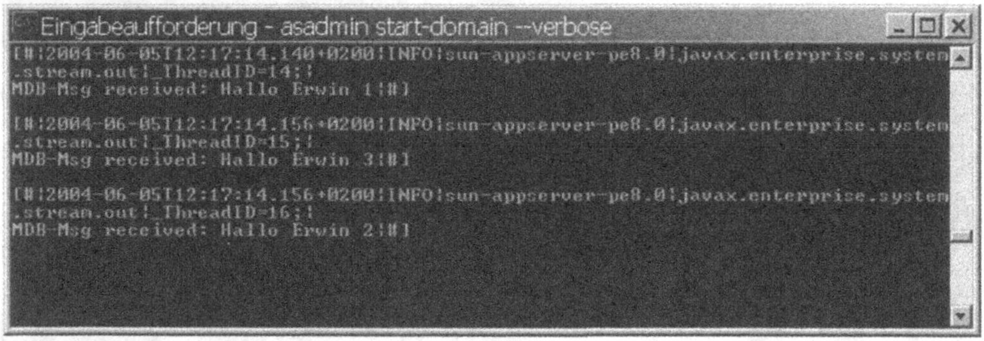

Abb. 6.9.11: Ausgabe-Protokoll der EJB „*MDB01*"

Zusammenfassung Message Driven Beans (MDB):

a) Überblick der Namen für „administrierte Objekte"

	JNDI-Key	JNDI-Value
Connection Factory	jms/QueueConnectionFactory	javax.jms.ConnectionFactory
JMSDestination Ressource	jms/Queue	Warteschlange1

Abb. 6.9.12: Administrierte Objekte und ihre Namen

Außerdem wurde die Physical Destination (Target) *Wartschlange1* angelegt.

b) Was wurde in den jeweiligen Client-Programmen angegeben?

Die beiden Stand-Alone-Programme *JMSSender01.java* und *JMSReceiver01.java* benötigen die beiden JNDI-Keys zum Lookup, um darüber die physikalischen Values zu finden. Die symbolischen JNDI-Namen sind im Source-Programm codiert.

Der EJB-Client, die *MDB01.java*, hat keine dieser Angaben im Programm fest verankert, sondern beide JNDI-Angaben werden erst beim Deploy-Vorgang gemacht. Hier eine komplette Übersicht der einzutragenden Namen beim Deployen dieser MDB (denn fehlerhafte Angaben führen zu Deployfehlern, die kaum zu entschlüsseln sind):

Im Fenster „MDB-Settings":

- Target Destination: *Warteschlange1*
- Connction Factory   *jms/QueueConnectionFactory*

In der Startseite des Deploytools (für die JAR-File):

- Physical Destination: *Warteschlange1*
- JNDI-Name der Destination: *jms/Queue*

Für die MDB selbst:

- JNDI-Name (identisch mit der Destination-Resource):   *jms/Queue*

MDB versus Session-/Entity-Beans

- Clients können MDBs nicht aufrufen (sie werden vom Container gestartet).
- Deshalb gibt es auch keine Interfaces (MDBs haben nur eine Bean-Class).
- MDBs ähneln den stateless Session Beans: sie werden auch in einem Pool gehalten, und der EJB-Container kann die *onMessage()*-Methode von einer beliebigen Instanz in diesem Pool aufrufen.

JMS und MDB versus E-Mail

Das Arbeiten mit Queues hat große Ähnlichkeiten mit einem E-Mail-System. In beiden Fällen wird asynchron gearbeitet; Clients lesen und schreiben, und ein Server sorgt für die Zwischenspeicherung und Auslieferung der Daten.

Doch es gibt auch einige Unterschiede. Die wichtigsten sind:

- Message Queuing bietet im Gegensatz zu E-Mail die Möglichkeit, Datentypen und strukturierte Daten auszutauschen (nicht nur Texte und Binär-Infos nach dem Mime-Standard). Dies ist ideal für das Senden und Empfangen von strukturierten Unternehmensdaten wie Bestellungen, Rechnungen, Auftragsbestätigungen.

- Es enthält Unterstützung von Transaktionsverarbeitung (mehrere Messages können als Einheit definiert werden, und der Queue-Server übernimmt Rollback oder Commit).

- Objektorientierung wird bei MDB und JMS unterstützt (System übernimmt die Serialisierung der Instanzen).

- Verschlüsselungsmechanismen (Encryption) sind ausgefeilter als bei den meisten E-Mail-Systemen.

- Die Sicherheitsanforderungen sind sehr hoch, Wiederanlauf bei Systemabbruch und die absolute Garantie, dass die Nachricht auch beim Empfänger ausgeliefert wird, sind Bestandteil eines Message Queuing-Systems.

- Es können Prioritäten bei der Auslieferung vereinbart werden – und es gibt die Möglichkeit, mit LIFO (Last in, first out) oder mit FIFO (First in, First out, Standard) zu arbeiten.

Zusammenfassung "Enterprise Java Beans"

Der Einsatz von EJBs bietet dem Anwendungsprogrammierer folgende Vorteile:

- Standard-Aufgaben für viele Aufgabenstellungen sind durch mitgelieferte Klassen, durch Programm-Generatoren und durch den Einsatz des EJB-Containers gelöst, ohne dass dies immer wieder neu codiert werden muss:

  - Persistenz

  - Transaktionsverhalten

  - Security.

- EJBs sind Teil einer Architektur für verteile Objekte.

  - Alle notwendigen (RMI- und Corba) Middleware-Programme (Stubs/Skeleton für Netzwerkaufgaben und für Marshalling/Unmarshalling) werden generiert:

- Durch diverse J2EE-APIs ist es möglich, Source-kompatible Client-Programme zu schreiben, die mit unterschiedlichen Server-Produkten, z.B. für

  - Namensserver (JNDI)

  - DB-Server (JDBC)

  - Message-Systeme (JMS)

arbeiten. Für die Client-Programme gibt es standardisierte Verfahren, um die diversen Produkte mit ihren proprietären Verhaltensweisen und Tools anzusprechen und einzubinden.

c) Sogar der EJB-Server selbst ist frei wählbar.

7 XML und Java

Mitte der 90er Jahre wurde Java vorgestellt. Zur gleichen Zeit gab es erste Vorschläge für XML. Obwohl kein unmittelbarer Zusammenhang zwischen diesen beiden Entwicklungen besteht, kann man doch sagen, dass beide Technologien sich hervorragend ergänzen:

- Java ist die plattform-unabhängige **Programmier**sprache.
- XML ist die plattform-unabhängige **Daten**beschreibungssprache.

Dieses Kapitel beschreibt zunächst anhand von Beispielen, was XML eigentlich ist und wozu es eingesetzt werden kann - unabhängig von einer konkreten Programmiersprache und damit auch unabhängig von Java. Es ist nicht Ziel dieses Buches, eine Einführung in XML oder XSLT zu geben, sondern es soll gezeigt werden, wie Java - Anwendungen vom Einsatz der Beschreibungssprache XML profitieren können.

Deshalb wird sich der größte Teil des Kapitels mit dem Java-Standard **JAXP** (= Java API for XML-Processing) beschäftigen. Es wird gezeigt, wie XML-Dokumente mit diesem API

- erstellt
- geprüft
- analysiert
- transformiert und
- generiert

werden können.

7.1 Grundlagen XML

7.1.1 Einführung XML-Dokumente

Was ist XML?

XML wurde 1998 vom W3C ("World Wide Web Consortium") als Standard verabschiedet. Diese Meta-Sprache dient dazu, strukturierte Daten

- universell zu **beschreiben** (unabhängig von der Verwendung)

- **auszutauschen** (portabel über Plattform- und Programmiersprachen-Grenzen)
- zu **transformieren** (in beliebige Ausgabeformate).

Wie ist eine XML-Datei aufgebaut?

XML-Dateien enthalten beides, die aktuellen Daten und die Beschreibung der Struktur.

Ähnlich wie bei HTML wird die Struktur durch sog. „**Tags**" beschrieben. Tags sind Bezeichner für das eigentliche Textelement – dadurch können die Nutzdaten identifiziert werden. *Tags* sind in spitzen Klammern eingefasst, z. B.

<person>Erwin Merker</person>.

Der Start-*Tag* ist <person>, dann folgen die Nutzdaten, zum Schluss das Ende-*Tag* </person>. In XML beschreiben *Tags* die Bedeutung der von ihnen eingeschlossenen Daten, während in HTML die Art der Formatierung der Daten über *Tags* gesteuert wird.

```
<?xml version="1.0" encoding="UTF-8"?>
<application
   xmlns="http://java.sun.com/xml/ns/j2ee">


  <display-name xml:lang="de">
   EntityApp
  </display-name>


  <module>
    <java>app-client-ic.jar</java>
  </module>


  <module>
    <ejb>ejb-jar-ic.jar</ejb>
  </module>

</application>
```

Abb. 7.1.1: Beispiel einer XML-Datei

Es gibt in XML keine fest vorgegebenen *Tag*-Namen, sie sind frei wählbar. Die Konsequenz ist natürlich, dass sie nichts verraten über die Bedeutung eines XML-Elements und somit ein Empfänger nicht weiss, wie die einzelnen Text-Elemente zu interpretieren sind. Zum Beispiel kann ein Browser mit einer XML-Datei nicht viel anfangen, weil die *Tags* keinerlei Hinweise enthalten, **wie** die Daten zu formatieren oder anzuzeigen sind.

Also: Für die Interpretation der *Tag*-Semantik ist die jeweilige individuelle Anwendung zuständig, d.h. der Nutzer einer XML-File muss die *Tag*-Bedeutung kennen. Wenn der Ersteller einer XML-Datei einen *Tag* <name>, der Empfänger für denselben Inhalt den *Tag* <vorname> erwartet, führt dies wahrscheinlich zu Kommunikationsproblemen und Missverständnissen.

Was kann man mit einem XML-Dokument machen?

Das Ziel der *Tags* ist es also,

- den Aufbau und die inhaltliche Struktur eines Dokuments zu beschreiben und

- die einzelnen Elemente mit Namen zu versehen.

Generell kann XML eingesetzt werden für die Beschreibung von

- einzelnen **Daten** (z.B. Parameter, die ausgetauscht werden) und von

- kompletten **Dokumenten** (z.B. Texte, die strukturiert sind oder Dateien, die einen hierarchischen Aufbau haben).

Für die Verarbeitung eines XML-Dokuments ist es erforderlich, dass die Datei zunächst in den Hauptspeicher eingelesen, geprüft und analysiert wird. Und weil dies auf immer die gleiche Art und Weise erfolgt, hat man die Verfahren dafür formalisiert und standardisiert.

Einlesen von XML-Dateien

Für das Einlesen - und Prüfen - von XML-Dateien gibt es zwei Standardverfahren, die unabhängig von Programmmiersprachen definiert worden sind. Sie legen fest, wie der Inhalt des Dokuments durchsucht wird nach *Tag*-Elementen, damit die Nutzdaten dann entsprechend herausgelesen und dem Anwendungsprogramm zusammen mit Informationen über die Schachtelungsebene übergeben werden können. Die beiden Verfahren sind:

- DOM-Standard
  Vor der Verarbeitung wird die komplette Datei in den Hauptspeicher gelesen und eine Baumstruktur aus den Elementen erstellt. Dieser Baum (*tree*) kann dann von der Anwendung nach festen Regeln (mit vorgegeben DOM- APIs) durchlaufen und geändert werden. Dieses Verfahren wird auch **"tree-based"** genannt. Wichtige Fähigkeit: Ein wahlfreier Zugriff auf die Datenelemente ist möglich.

- SAX-Standard
  Die Daten werden nacheinander eingelesen und sofort der zu einem Einzelelement gehörende Programmcode für die Verarbeitung aufgerufen (abhängig von der Art des gerade gelesenen *Tags*, z.B. Elementstart oder Elementende). Dieses Verfahren wird auch **"event-gesteuert"** genannt. Wichtige Einschränkung: Es ist nur sequentieller Zugriff auf den Dokumenten-Inhalt möglich.

Weil diese APIs programmiersprachen-unabhängig sind, müssen sie für die jeweilige Programmiersprache konkretisiert und in Produkte (= **"Parser"**) gegossen werden.

Prüfen von XML-Dateien

Wichtig ist darüber hinaus, dass beim Einlesen auch eine maschinelle Überprüfung
der XML-Dokumente möglich ist. Dabei unterscheidet man::

* Überprüfung, ob gegen Syntaxregeln der XML-Spezifikationen verstoßen wurde.
  Man sagt: es wird geprüft, ob das Dokument **"wohlgeformt"** ist.

* Überprüfung, ob alle logischen Anforderungen erfüllt sind. Man sagt: es wird
  geprüft, ob das Dokument **"gültig" ("valide"**) ist.

Die logischen Anforderungen für die Prüfung auf Validität eines XML-Dokument
werden in einer separaten Datei (DTD oder Schema-Files) festgelegt. Im Wesentlichen stehen dort die Definitionen der einzelnen *Tags:* Welche Tags gibt es? Welche
müssen und welche können vorhanden sein? Wie ist die Reihenfolge? Welche Werte
sind erlaubt? Von welchem Datentyp muss das Element sein? usw.

Was ist ein Parser?

Der Parser ist das standardisierte Kernmodul einer jeden XML-Anwendung. Um ein
XML-Dokument zu verarbeiten, wird das Anwendungsprogramm die XML-Datei dem
Parser übergeben, damit dieser das Dokument für die Application

* einliest und seine Struktur analysiert und außerdem

* überprüft, ob der XML-Code wohlgeformt und gültig ("valide)" ist.

Die weitere Vorgehensweise in der Applikation hängt dann von dem gewählten Verfahren ab:

* Bei dem DOM-Modell bekommt die Anwendung als Ergebnis die komplette Datei in Baumstruktur zur Verfügung gestellt.

* Bei dem SAX-Modell generiert der Parser fortlaufend Events, die zum Aufruf von
  Methoden führen, die dann als Teil der eigentlichen Anwendungen die Verarbeitung durchführen.

Die Prüfung auf Validität ist benutzer-optional. Sie wird

* nur von sogenannten "validierenden" Parsern durchgeführt und

* dies auch nur auf ausdrücklichen Wunsch.

Parser werden in Verarbeitungsprogramme als "plug-in" oder als Unterprogramm
eingebunden.

Die Implementierung der Parser-Funktionalität erfolgt durch beliebige Produkte. Ein
Beispiel für eine Referenz-Implementierung ist XERCES von Apache. Diese Imple-

mentierung gibt es in mehreren Programmiersprachen, auch in Java. Das Produkt unterstützt das DOM- und das SAX-Verfahren.

Transformieren von XML

Ein weiterer Standard besteht für das Transformieren einer XML-Datei. Damit wird ein Vorgang bezeichnet, der ein XML-Dokument in ein anderes Format überführt oder der die Struktur der Datei verändert. Dies kann mit Hilfe der Sprache XSL geschehen – und diese Sprache ist auch programmiersprachen-unabhängig.

Für die konkrete Arbeit wird ein "XSLT-Prozessor" benötigt. Das ist ein Programm, das die eigentliche Transformation anhand der XSL-Beschreibung durchführt. So gibt es für Java die Referenz-Implementierung "XALAN" von Apache.

XML versus HTML

- HTML stellt eine feste Menge **vordefinierte**r Elemente bereit. In XML sind die „*Tag*"-Namen nicht vorgegeben, sondern sie können **selbst definiert** werden, z.B. <person> oder <alter>. Das gilt auch für Attribute. Dadurch ist die Anzahl der Tags in XML nicht begrenzt (daher auch die Bezeichnung "*extensible markup language*").

- In HTML sind die *Tag*-Namen ausgerichtet auf die Interpretation durch den Browser. In XML ist die Strukturbeschreibung nicht ausgerichtet auf die *Darstellung* der Daten durch **ein** bestimmtes Programm (=Browser), sondern auf die universell gültige Beschreibung des Inhalts, unabhängig von einer konkreten Aufgabenstellung oder gar von einem speziellen Programm. Eine XML-Datei soll inhaltliche Informationen über die beschriebenen Daten für beliebige Software verständlich darstellen.

- Eine Interpretation der Daten ist für den Empfänger der XML-Datei allerdings nur möglich, wenn er die semantische Bedeutung der *Tag*-Namen kennt. Hier können weitere Dateien Hilfe leisten: DTD-File, XML Schema oder XSL-Datei (dazu später mehr).

- Formale Unterschiede:
  - XML ist case-sensitive.
  - XML hat strengere Syntaxregeln: „nicht-wellformed" Dokumente verursachen Abbruchfehler; es gibt keine Fehlertoleranz wie bei HTML.
  - Attribute stehen bei XML in Hochkomma.
  - Attribute *müssen* bei XML einen Wert haben.

- XML ist eine strukturierende Sprache, die keine Layout-Vorschriften enthält.

7.1.2   Installationsvoraussetzungen für XML

API für XML

Die dringende Empfehlung für das Arbeiten mit allen XML-Beispielen: Installation der J2EE SDK 1.4 Plattform. Diese Java2 Plattform enthält das JAXP API. Frühere Versionen sind unvollständig und erfordern zusätzliche Installationsarbeiten.

Die Java 2 Standard Edition enthält folgende **APIs** für das Arbeiten mit XML:

* *javax.xml.parsers*   (für die Factory)
* *javax.xml.transform*   (für dom, sax und streams).

Wie bei APIs üblich, können beliebige Produkte eingesetzt werden, sofern diese die APIs auch implementiert haben. Ein Wechsel des Produktes oder des Herstellers bedeutet dann keinerlei Änderungen der Anwendungs-Sources.

Produkte

Benötigt wird die J2EE-Version vom 17.3.2004 oder später (siehe beiliegende CD). In diesem Paket sind u.a. alle **Referenz-Implementierungen** für das JAXP-API enthalten, so dass alle Arten von Arbeiten mit XML-Files möglich sind (Prüfen, Parsen, Transformieren...):

> Parser für DOM (XERCES)
>
> Parser für SAX (XERCES)
>
> Transformer (XALAN).

Die JAR-Files mit diesen Produkten stehen in folgenden Ordnern:

X:\Sun\lib\endorsed\xercesImpl.jar;

X:\Sun\lib\endorsed\xalan.jar;

X:\Sun\lib\endorsed\dom.jar;

Für einige Beispiele werden zusätzliche Produkte (in Form von JAR-Files) notwendig. Wenn hierfür zusätzlich auch der Classpath angepasst werden muss, wird dies in den entsprechenden Abschnitten erläutert.

Classpath-Hinweise

Bei Arbeiten mit XML-APIs ist der richtige CLASSPATH ein nicht zu unterschätzendes Problem. Das liegt daran, dass die gesamte XML-Technologie ein schnell wachsendes und sich ständig änderndes Thema ist. Einige APIs gehören noch nicht zum Java-Standard. Außerdem gibt es viele Implementierungen, die sich stark unterscheiden, d.h. die Parser-Implementierungen können in unterschiedlichen Versionen mitgeliefert sein, z.B. bei J2EE, bei J2SE 1.4 oder beim JWSDP. Deshalb die Empfehlung: bei Problemen immer zunächst den Classpath prüfen.

7.1.3   Bedeutung von XML

Was ist ein XML-Dokument?

Ein XML-Dokument ist eine Text-File. Sie enthält:

- Verarbeitungs-Instruktionen   = Informationen für den XML-Prozessor

- Elemente   = Basis für die Beschreibung der Verschachtelung

- Attribute   = Geben zusätzliche Informationen für die Elemente

- Daten   = eingeschlossen in *Tag*-Namen.

Die **Tags** sind case-sensitiv, Groß-/Kleinschreibung muss beachtet werden. Die *Tag*-Namen sind nicht vordefiniert, sondern frei wählbar. Für das Arbeiten mit XML-Dokumenten gibt es eine Fülle von **neuen Technologien**, z.B.

- DTD/XSD-Schema   (= beschreiben)

- DOM/SAX   (= einlesen/prüfen)

- XSL   (= darstellen/transformieren)

- XLink   (= verbinden)

- XPath   (= zugreifen)

- XML-Query   (= abfragen)

- Encoder   (= maschinell erstellen)   usw.

Alle Technologien sind zunächst einmal programmiersprachen-unabhängig. Im praktischen Einsatz sind vor allem die beiden Plattformen:

- Java-Technologien und die

- Microsoft-Plattform .NET.

Einsatzmöglichkeiten für XML

- XML ist ideal für langfristige Daten-Ablage.

- XML ist besonders geeignet für Dokumente mit hierarchisch geschachtelten Strukturen (SQL dagegen ist besser geeignet für Daten mit festen, vordefinierten Datentypen).

- Transformation in jedes gewünschte Ausgabeformat ist möglich (WML, HTML, PDF oder auch neue Formate, die heute noch nicht bekannt sind), auch für unterschiedliche Medien (Papier, Bildschirm, DB). So könnten Servlets oder JSPs die Ausgabedaten grundsätzlich in XML erstellen, und "vor Ort" können diese beliebig ausgewertet werden, z.B. durch einen Browser mit eingebautem Transformations-Modul in HTML oder von einem Handy in WML.

- XML ist gut geeignet, um über das Web

  - Daten auszutauschen mit anderen **Applikationen** (plattform- und sprachen-unabhängig)

  - Daten auszutauschen mit anderen **Unternehme**n (e-Commerce, Alternative zu EDIFACT).

- Stark strukturierte Informationen können beliebig sortiert, gefiltert oder präsentiert werden.

- Suchmaschinen / Agenten können die Dokumente auf intelligente Art durchsuchen nach *Tag*-Namen (Voraussetzung: *Tag*-Namen sind sinnvoll gewählt).

- Content-Provider können Dokumente unterschiedlicher Art verwalten und für beliebige Formate anpassen und aufbereiten.

Beispiele für praktische Anwendung

- Configurations-Files sind häufig in XML geschrieben (anstelle von proprietären Lösungen).

- J2EE-Deployment erfolgt via XML-Files (Deployment Descriptoren).

- Struts, ein offener Standard zum Entwickeln von MVC-basierenden Web-Applikationen, verwendet als zentrale Command-File eine XML-Datei.

- Office: Staroffice, Word und Excel speichern die Daten (auch) als XML-Files.

- JSP-Tags auch in XML-Syntax möglich (ab JSP 1.1).

- Messaging-Systeme basieren auch auf XML (= JAXM).

- Entwicklungstools, z.B. ANT und ASANT, verwenden XML in ihren Buildfiles.

- Web-Services basieren ausschließlich auf XML (SOAP-Protokoll).

- Content-Management-Systeme benutzen XML als Standard.

Überblick über die Themen in diesem Kapitel

Auf den folgenden Seiten dieses Buches werden die wichtigsten Technologien an Hand von einfachen Beispielen erläutert:

Validieren der XML-Dokumente

- mit DTD

- mit Schema

Bereitstellen zur Verarbeitung (mit „Parser")

- mit DOM = Baumstruktur-basierend
- mit SAX = Event-basierend

Transformieren/Präsentieren

- XSLT-Prozessor

Generieren neuer XML-Dokumente

- Encode/Decode

XML-Bewertungen und Einordnung

XML-Vorteile:

- lizenzfrei, gut unterstützt und gut dokumentiert
- reine ASCII-Darstellung:
    - Textfiles leicht zu erstellen
    - kein Compile-Vorgang notwendig
    - kein proprietärer Inhalt
- hersteller-/sprachen-unabhängige Standardisierung
- können auch maschinell **erzeugt** werden mit Tools
- können maschinell interpretiert **und** auch vom Menschen gelesen werden
- können maschinell auf Vollständigkeit und Korrektheit **überprüft** werden
- können mit **Parser** eingelesen und im Speicher strukturiert zur Verfügung gestellt werden (z.B. für das Durchsuchen oder für Updates)
- zukunftssicher, weil beliebig interpretier- und konvertierbar
- medienneutral (Papier-/Bildschirmausgabe).

XML-Nachteile:

- reine ASCII-Darstellung = großer Overhead
- zusätzlicher Platzbedarf auch für die „*Tags*", d.h. der Anteil des reinen Inhalts gegenüber der Strukturbeschreibung kann sehr gering sein
- geringe Effizienz bei Datenübertragung zwischen Systemen, weil voluminös
- Dokumente müssen geparsed werden, um die Daten zu lesen
- Daten müssen zur Verarbeitung konvertiert werden (in jeweilige Datentypen der Programmiersprache)
- hoher Initialaufwand bei Einführung (für Analyse, DTD, Layout ...).

7.2   Erstellen von XML-Dokumenten

Wie werden XML-Dateien erstellt?

Es genügt ein ASCII-Editor. Die Datei-Endung muss „..xml" sein

Erläuterungen zur Datei „*person.xml*"

Die   Source-Dateien   zu   diesem   Abschnitt   stehen   im   Ordner
x:\jt\kap07\erstellenxml .

Eine XML-Datei besteht aus dem Prolog und den einzelnen Elementen.:

```
<?xml version="1.0"?>
<!-- kap07\ErstellenXML\person.xml -->
<person>
    <name>
        <vorname>Jennifer</vorname>
        <nachname>Lopez</nachname>
    </name>
    <alter>28</alter>
    <beruf>Saengerin</beruf>
</person>
```

Abb. 7.2.1: XML-Dokument *person.xml*

Was steht im Prolog?

Die erste Zeile enthält eine Verarbeitungsanweisung für den Prozessor (= "Processing Instruction PI"). Sie hat folgenden allgemeinen Aufbau:

```
<? Ziel Anweisung?>
```

Als "Ziel" wird der Name der Anwendung angegeben, und die "Anweisungen" enthalten Informationen, die in Form von Name-Value-Paaren an die Anwendung übergeben werden.

Beispiele für "Processing Instruction" (PI):

```
<?xml version="1.0"?>
```

Diese PI teilt dem XML-Prozessor mit, dass das Dokument ein XML-Dokument ist.

```
<?xml-stylesheet type="text/xsl" href="person.xsl"?>
```

Die zweite Zeile in Dokument *person.xml* enthält einen Kommentar.

Was sind Elemente?

Dann folgen die Elemente, bestehend aus den Daten und ihren *Tag*-Namen, d.h. die **Daten** eines Elements werden durch den Start- und End-*Tag* begrenzt:

Start-*Tag*:   `<person>`

End-*Tag*:   `</person>`

Empfehlung: Diese *Tag*-Namen sollten möglichst sprechend sein, damit sie nicht nur strukturieren, sondern gleichzeitig auch sinnvolle **Namen für den Inhalt** abgeben.

Das Dokument hat einen hierarchisch verschachtelten Aufbau. Dies kann auch als **Baumstruktur** dargestellt werden:

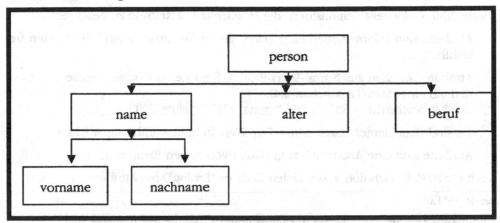

Abb. 7.2.2: Baum-Repräsentation des XML-Dokuments *person.xml*

Wie jeder Baum ("tree") ist auch dieser Baum zusammen gesetzt aus Knoten ("nodes"). Ein Knoten kann sein: ein Element, ein Attribut oder Text. Die einzelnen Knoten stehen in einer Beziehung zueinander, so wird z.B. ein Knoten, der in einem anderen Knoten enthalten ist, als "Child" bezeichnet. Die nachfolgende Übersicht beschreibt dies:

Element-Bezeichnung	Beispiel/Beschreibung
ROOT-Element	Wurzelelement; darf im gesamten Dokument nur einmal vorkommen, *z.B. person*, hat kein Parent-Element,
PARENT-Element	Eltern; z.B. *name*, ist das Parent-Element von *vorname*
CHILD-Element	Kind, z.B: *vorname*, ist das Child-Element von *name*

SIBLING-Element	Geschwister, z.B. sind *vorname* und *nachname* auf der gleichen Ebene

Abb. 7.2.3.: Bezeichnungen für die Einordnung der Nodes

Erläuterungen zur Datei „*wetter.xml*"

Dieses XML-Dokument demonstriert die Möglichkeit, **Attribute** zu beschreiben.

- Attribute sind Informationen über Daten. Auch für Attribute sind die Namen frei wählbar.

- Attribute bestehen aus **Name-Wert**-Paaren. Sind sie vorhanden, müssen sie innerhalb eines Start-Tags stehen, z.B:
    ```
    <tag wochentag="So" tag="5" monat="10" jahr="2003">
    ```

- Sie sind dem Element zugeordnet. Der Wert steht in Anführungsstrichen.

- Attribute sind eine Alternative zum Bilden von neuen Elementen.

Auch die XML-Deklaration in der ersten Zeile (= "Prolog") hat Attribute:

version="1.0"

encoding = "ASCII" Name der gewählten Codetabelle (Character-Set), siehe nachfolgende Erläuterungen

standalone="no" gibt es externe Referenzen zu DTD-Definition? Wenn ja, dann muss "standalone=no"

Endoding

Die Codetabelle (encoding = "ASCII") definiert die im Dokument erlaubten Zeichen. Die häufigsten praktisch eingesetzten Character-Sets sind:

- ISO-8859-n (= Familie der extended ASCII)

- UCS-2 (= Unicode, 16-bit)

- UTF-8 (= Unicode-Subset, 8-bit)

Kommentar

Ein XML-**Kommentar** beginnt mit <!-- und endet mit -->

Attribute

Falls ein Element nur Attribute enthält, kann die Schreibweise vereinfacht werden (siehe <temperatur ...> in Datei *wetter.xml*)

Was kann ich mit diesen Dateien machen?

Zunächst einmal kann man **prüfen** – und zwar auf korrekte Schreibweise. Die einfachste Art der Syntaxprüfung ist durch einen Browser möglich, indem man die XML-Datei im Browser öffnet. Dann wird die **Struktur** dieser Datei im Browser angezeigt. Achtung - nicht verwechseln: dies ist keine Anzeige von HTML-Daten, denn der Browser kennt die Tags nicht. Vielmehr ist es so, dass in dem Browser ein Parser eingebaut ist, der die Struktur der XML-Datei ermittelt, und dann wird das Ergebnis als Text in Baumstruktur angezeigt. (Hinweis: Zumindest im IE 5 und höher erfolgt dies korrekt; bei Netscape ist das Ergebnis abhängig von der Version).

Selbsttests

*   Öffne die XML-Datei *person.xml* (= Anzeige im Browser).

*   Klicke auf das Minuszeichen neben dem <name>-Eintrag. Alle untergeordneten Einträge verschwinden. Dafür erschein ein Plus.

*   Was passiert, wenn Groß-/Kleinschreibung bei den Tags nicht beachtet wird?

Zusammenfassung

*   XML ist case-sensitiv.

*   XML-*Tags* können verschachtelt sein, so dass dadurch ein hierarchischer Aufbau beschrieben wird. Und das bedeutet: Die Darstellung in Form einer Baumstruktur hilft bei der Interpretation und Verarbeitung eines Dokuments.

*   Im Start-*Tag* können Attribute (Name-Value-Paare) stehen. Damit werden die Datenelemente weiter beschrieben oder unterteilt.

*   Die Prüfung auf Einhaltung der Syntax-Regeln ("Wohlgeformtheit") wird von jedem Parser übernommen (auch von den Plug-In-Parsern in den Browsern); die "Validierung" der Dokumente mit Hilfe von Grammatik-Regeln dagegen wird (auf Wunsch) von eigenständigen Parser-Programmen übernommen und setzen Definitionen in separaten Beschreibungsdateien (DTD oder XSD-Schema) voraus. Das ist der Stand heute, absehbar ist, dass die Validierung bald auch per Browser möglich sein wird.

*   XML ist kein Ersatz für HTML, weil XML-Dateien keinerlei Hinweise für die Anzeige im Browser enthalten. XML ist ausschließlich zuständig für die Strukturierung der Inhalte und für die Vergabe von Namen zum Identifizieren der Elemente.

*   Die Formatierung für die Ausgabe dieser Inhalte kann mit XSL beschrieben werden. Dann stehen diese Aufbereitungsinformationen in einer separaten Datei mit dem Dateiende .xsl (siehe Abschnitt "Transformation").

7.3   Namensraum und XML

Einführung

Das Thema "Namensraum" ("namespace") ist für Einsteiger vewirrend. Deswegen hier die **ersten Hinweise** zu diesem Thema. Namensräume sind ein wichtiges Konzept der XML-Spezifikation - und sie haben große praktische Bedeutung. Das Thema wird uns verfolgen bei allen XML-Technologien, und auch bei dem Thema "Web-Services" spielen Namensräume eine wichtige Rolle.

Warum brauchen wir Namespaces?

Die beiden Source-Dateien, die in diesem Abschnitt besprochen werden, stehen im Ordner *x:\jt\kap07\namensraum*.

Problembeschreibung:

Das XML-Dokument *kunst01.xml* enthält u.a. das Element <title>. Leider wird es in diesem Dokument mit unterschiedlicher Bedeutung versehen: es wird benutzt sowohl für Musiktitel als auch für Literaturtitel. Dies kann bei der Auswertung des Dokuments z.B. durch eine Suchmaschine zur Verwirrung führen. Die Gefahr, dass Bezeichner in Dokumenten mehrfach vorkommen und somit in Programmen Verwirrung stiften, ist immer dann besonders groß, wenn eigene *und* externe Dokumente zusammen verarbeitet werden.

Lösung:

Die Grundidee für die Lösung ist, die Bezeichner so zu ergänzen, dass sie eindeutig werden. Dies könnte dadurch geschehen, dass direkt vor die Bezeichner der Elemente und Attribute ein eindeutiger Qualifier gestellt wird. Damit dieser Qualifier auch wirklich einmalig ist, müsste er möglichst lang sein: z.B. *NamensraumFuerMusik* oder *NamensraumFuerLiteratur*.

Wegen der Länge würde dies unübersichtlich, deswegen kann man für den ausführlichen Qualifier einen internen Kurznamen, einen Präfix, vergeben:

```
xmlns:m="NamensraumFuerMusik".
```

Dieser handliche Präfix wird beim Codieren des XML-Dokuments den eigentlichen Elementnamen vorangestellt – und schon ist eine Unterscheidung in diesem Dokument möglich:

```
<m:title>
```

Durch den Präfix wird sichergestellt, dass interne Element-Namen nicht doppelt auftreten. Bei der Verarbeitung wird dieser Präfix dann ersetzt durch den ausführlichen Namensraum-Namen.

Die Datei *kunst02.xml* zeigt die Vergabe und die Verwendung von zwei Namensräumen.

Durch die ausführlichen Namensraum-Namen wird eine globale, eine weltweite Eindeutigkeit angestrebt.

Warum einen URI für den Namensraum-Namen?

Das Problem ist aber: Wie kann absolut sichergestellt werden, dass im gesamten Internet dieser ausführliche Name nicht noch einmal vorkommt? Die Antwort: Es gibt im Internet Bezeichner, die sind weltweit einmalig und eindeutig: die Domain-Namen.

Deswegen wird in der Praxis häufig eine URL genommen. Die URLs sind eindeutig. Sie enthalten die Domain, ergänzt um Angaben zur Lokation einer Ressource. Nun bezeichnet der Namensraum-Namen keine Lokation, sondern er ist lediglich ein Identifier. Er wird vom Domain-Verwalter vergeben, indem hinter den Domainnamen eine beliebige Ergänzung vorgenommen wird. Auf diese Weise entsteht zwar keine Locator (URL), sondern ein Identifier (URI).

Also, allgemein gesagt: Ein XML-Namensraum wird definiert durch

```
xmlns:präfix="uri".
```

xmlns steht für XML Namespace und sagt aus, dass jetzt ein bestimmter Raum definiert wird. Der Präfix ist eine interne Kurzform, eine abgekürzte Schreibweise für den danach folgenden ausführlichen Namensraum-Namen. Dieser Namensraum ist ein URI (Unique Resource Identifier). Obwohl dieser URI als URL angegeben wird, handelt es sich nicht um die Bezeichnung einer Internetquelle, und es erfolgt auch kein Netzwerk-Lookup!

Zusammenfassung

- Namespaces sind eine W3C-Empfehlung (seit 1999).

- Sie werden benötigt, um Eindeutigkeit von Bezeichnern herzustellen. Damit werden Namenskonflikte vermieden, wenn verschiedene XML-Dokumente kombiniert und zusammen verarbeitet werden müssen. Eine weitere wichtige Anwendung sind die XSD-Dateien (siehe XML-Schema).

- Der Name ist ein imaginärer URI, abgeleitet von Internet-Domainnamen.

- Dieser URI kann an einen Präfix gebunden werden.

- Der Präfix dient lediglich der abkürzenden Schreibweise. Damit bleibt es dem Autor erspart, für jedes Element und jedes Attribut den ausführlichen Namensraum angeben zu müssen.

- Der Namensraum und Präfix wird definiert im Prolog eines XML-Dokuments, z.B.   `xmlns:meinPrefix=www.merker.de/kundenstamm`

- Elemente (z.B. der Wohnort des Kunden) werden dann wie folgt codiert:
    `<meinPrefix:ort>`

7.4   Prüfen XML-Dokumente

7.4.1   Pruefen auf Gültigkeit (mit DTD)

Was ist DTD (Document Type Definition)?

DTD ist Teil der XML-Spezifikation. Die DTD-Datei enthält die Grammatik für ein bestimmtes XML-Dokument, d.h. sie definiert:

- Welche **Tag-namen** (für Elemente) gibt es?
- Welche **Attribute** sind erlaubt?
- In welcher **Reihenfolge** müssen sie auftreten?
- Wie oft müssen sie angegeben sein?
- Wie ist der Wertebereich für den Inhalt?

Die Nutzung von DTD ist optional. DTD kann im XML-Dokument selbst stehen (im Prolog) oder als eigene Datei vorliegen. Dies kann eine lokale Datei sein, aber auch eine Ressource, die über das Internet erreichbar ist.

Hinweis: Als verbesserte Alternative zur DTD gibt es seit Mai 2001 die Spezifikationen für XML-Schema (hierzu später mehr).

Was bedeutet "Wohlgeformtheit" für eine XML-Datei?

Ein XML-Dokument ist "wohlgeformt", wenn es sich an die W3C-Spezifikationen hält, d.h. wenn es keine Syntaxfehler enthält (z.B. eine Klammer zuviel oder Überlappungen bei den Elementen).

Was bedeutet „Gültigkeit" für eine XML-Datei?

Ein wohlgeformtes XML-Dokument kann ausserdem **gültig ("valide")** sein. Die Prüfung auf Gültigkeit ist weitergehend als die Prüfung auf Wohlgeformtheit. Sie bedeutet, dass sich die XML-Datei an vorgegebene Definitionen hält. Damit dies geprüft werden kann, gibt es zwei zusätzliche Anforderungen an das XML-Dokument:

- Im Prolog des Dokuments muss der Hinweis auf die DTD stehen, z.B.
  `<!DOCTYPE person SYSTEM "Person.dtd">`
- Das restliche Dokument muss der in der DTD definierten Struktur entsprechen.

Mit Hilfe dieser DTD kann der Parser dann Dokument-spezifische Prüfungen durchführen, z.B.

- Sind alle vorgesehenen Tags enthalten oder fehlen welche?
- Sind die angegebenen Attributwerte erlaubt oder nicht?

- Entspricht der Inhalt eines Elements dem vorgebenen Datentyp oder dem Wertebereich?

- Konsistenzprüfungen.

Verbindung XML-Datei mit DTD-Datei

Die XML-Datei kann im Prolog entweder die DTD selbst enthalten, oder es wird durch Tag <!DOCTYPE> ein Hinweis auf die externe DTD definiert:

<!DOCTYPE name SYSTEM "filename.dtd">   = wenn lokale Datei

<!DOCTYPE name PUBLIC "vollständiger url">   = wenn über Internet erreichbar.

Erläuterungen: DOCTYPE informiert das Parser-Programm, dass dies eine DOCTYPE – Deklaration ist. Der danach angegebene *name* identifiziert das ROOT-Element, für das diese Definitionen gelten. Außerdem enthält diese Zeile die Adresse der DTD-File.

Was steht in der DTD-Datei?

Die wichtigsten Angaben in jeder DTD sind die Element-Deklarationen:

     <!ELEMENT Name Inhalt>

Alle Elemente, die im Dokument vorkommen, werden explizit deklariert, d.h. sie werden einzeln aufgeführt mit Angabe des Namens und des erlaubten Inhalts Als "Inhalt" werden entweder - in Klammern- die Namen der Elemente angegeben, wenn dies eine Gruppe ist:

     <!ELEMENT name (vorname, nachname)>

oder es wird der Datentyp angegeben, sofern es sich nicht um ein zusammengesetztes Element handelt, z.B.

     <!ELEMENT vorname (#PCDATA) >

Erläuterungen zur Datei *person.dtd*

Die Source-Programme zu diesem Abschnitt stehen im Ordner *x:\jt\kap07\PruefenDTD*.

Die einzelnen Elemente des XML-Dokuments sind namentlich aufgeführt. Es beginnt mit dem selbst definierten Tag *person*. Dieses Element besteht aus mehreren untergeordneten Elementen. Die Elemente, aus denen eine *Person* zusammengesetzt wird, werden ebenfalls namentlich aufgezählt. Die Aufzählung steht in runden Klammern und kann Hinweise enthalten zur **Reihenfolge und zur Häufigkeit.**

Danach werden die einzelnen Bestandteile des Entrys „*Person*" beschrieben. DTD kennt nur zwei Datentypen: PCDATA (**Parsed-Character-Data** und CDATA. Erstere lassen sich nach XML-Regeln parsen, bei CDATA soll es der Computer gar nicht erst versuchen (z.B. bei Sonderzeichen oder Binärinformationen).

Verifizieren der Datei *person.xml* mit dem Programm *ParseDTD.java*

Leider enthalten die Browser derzeit häufig noch keine **validierenden Parser**, so dass andere Tools oder eigenständige Programme eingesetzt werden müssen. Mit dem Programm *ParseDTD.java* kann ein XML-Dokument validiert werden. Erläuterungen zu diesem Programm folgen später. Jetzt nur soviel: In Zeile 12 des Programms steht der Dateiname der zu validierenden XML-Datei. Hier ist je nach Bedarf entweder *person.xml* oder *wetter.xml* oder *Adressen.xml* einzutragen. Danach das Programm umwandeln und den Interpreter aufrufen.

Erläuterungen zur Datei *wetter.dtd*

Das XML-Dokument *wetter.xml* enthält eine Neuerung, nämlich Attribute, durch die die Inhalte von Elementen näher erläutert werden. In einem gültigen Dokument müssen diese Attribute auch überprüft werden, d.h. in einer DTD-File müssen auch alle Attribute deklariert werden, die zusammen mit den Elementen verwendet werden. Man definiert alle einem bestimmten Element zugeordneten Attribute über eine so genannte Attributlisten-Deklaration:

<!**ATTLIST** TagName Definition>

Beispiel: Attribute für das Tag *temperatur*:

    <ATTLIST temperatur morgens CDATA #REQUIRED abends   CDATA #REQUIRED >

Diese Deklaration erfüllt folgenden Zweck:

- Sie definiert die Namen der Attribute, die dem *Tag* zugeordnet sind (morgens / abends).

- Sie spezifiziert den Datentyp jedes Attributes (CDATA).

- Sie gibt für jedes Attribute an, ob es erforderlich ist (REQUIRED) oder nicht (IMPLIED).

Weiteres Beispiel: Es gibt eine ATTLIST für den Tag *messung*, die besagt, dass als Attribut eine **stadt** angegeben sein muss ("required"), und dieses muss vom Datentyp CDATA sein.

Testen der Datei *wetter.xml* mit dem Programm *ParseDTD.java*

Der Source-Code in der Datei *ParseDTD.java* enthält den Namen des zu prüfenden XML-Dokuments. Es ist zu prüfen, ob dort der richtige Name steht, gegebenenfalls muss geändert und neu umgewandelt werden.

Selbsttest

Experimentiere mit Validation-Fehlern, z.B. in *wetter.xml* in Zeile 8 die Angabe "Mi" ändern in "mi" und die Validierung erneut durchführen. Welche Meldungen kommen?

Weitere Erläuterungen zu Dokument-Elementen

Die Element-Deklaration in einer DTD-File definiert den Namen des Tags und kann zusätzlich Vorschriften enthalten zur Häufigkeit des Auftretens oder zur Reihenfolge. Für die Beschreibung der Element-Reihenfolge gibt es die Indikatoren , (Komma) und I (senkrechter Strich), um die erlaubte Häufigkeit der Elemente vorzugeben, gibt es die Zeichen ? (Fragezeichen), * (Stern) und + (Pluszeichen). Die nachfolgende Tabelle beschreibt diese Bedeutung dieser Zeichen.

Syntax	Bedeutung des Indikators
Trennung der Elemente durch **Komma**	UND-Verknüpfung der Elemente, wobei die Reihenfolge zwingend ist
Trennung der Elemente durch **senkrechte Striche**	ODER-Verknüpfung der Elemente, alternative Angabe (entweder/oder)
? hinter dem Elementnamen	0 oder 1 Element (= *kann*-Angabe, wenn vorhanden, dann nur einmal erlaubt)
* hinter dem Elementnamen	0 oder n-Elemente (*kann*, aber mehrfach erlaubt)
+ hinter dem Elementnamen	1 oder n-Elemente (*muss*-Angabe, auch mehrfach erlaubt
Blank hinter dem Elementnamen	nur ein Element erlaubt, *muss*-Angabe

Abb. 7.4.1: Kardinalität und Reihenfolge der einzelnen Elemente

Beispiel: `<!ELEMENT Anschrift (Vorname?,Nachname,(Mobil|Telefon)*)>`

Die Datei *Adressen.xml* enthält im Prolog die Referenz auf die DTD-Datei *„Adressen.dtd"* – und zwar für das Wurzelelement *„Anschrift"*. In der DTD-Datei wird dann der Aufbau von Anschrift deklariert: Die Angabe des Vornamens ist wahlfrei, der Nachname muss angegeben werden. Die Reihenfolge von Vorname und Nachname ist zwingend vorgegeben. Die Angabe der Mobil-Nr und der Telefonnummern ist alternativ, d.h. entweder wird die Handy-Nr angegeben oder die Festnetz-Nummer. Der Stern wiederum bedeutet, dass das Element verwendet werden kann, aber nicht verwendet werden muss ("Kann"-Elemente).

Selbsttest

Variiere den Inhalt der XML-Datei so, dass er ungültig wird (zusätzlich Telefon?).

7.4.2   Prüfen auf Gültigkeit (mit XML-Schema)

Was ist XML-Schema?

XML-Schema ist eine Neuentwicklung, die im Mai 2001 vom W3C verabschiedet wurde. Diese beschreiben ebenso wie DTD die Regeln, wie das dazugehörende XML-Dokument aufgebaut ist und welche Inhalte erlaubt sind.

Sie sind eine (bessere) Alternative zu DTD. Eine Schema-Datei trägt die Endung **xsd** (**X**ML **S**chema **D**escription Language).

XML-Schema versus DTD

Nachteile der DTD:

- Es gibt keine Datentypen (lediglich PCDATA/CDATA, d.h. Characterstrings).

- Reihenfolge und Häufigkeit der Elemente nur begrenzt kontrollierbar.

- DTD haben eine spezielle Syntax (sie sind keine XML-Dokumente).

- DTD bieten geringe Unterstützung von Namensräumen.

Vorteile der Schema-Datei:

- Unterstützung von **Datentypen** (float, date, boolean...). Dadurch überbrückt XML die enge Bindung von Datentypen an **eine** Programmiersprache.

- XML-Schema wird in "reinem" XML geschrieben. Es gibt aber ein eigenständiges XML-Vokabular zur Darstellung der Struktur und Semantik eines Dokuments.

- Komplette Unterstützung von Namensräumen.

Schemas beschreiben die Struktur und den Inhalt von Dokumenten. Sie sind erweiterbar für zukünftige Anforderungen. Sie sind komfortabler und leistungsfähiger als DTDs. Ein Dokument kann gleichzeitig eine DTD und ein XML-Schema haben.

Was steht in der XSD-Datei?

Beim Arbeiten mit XSD haben wir also immer zwei Dateien: Das Basisdokument und die Schema-Datei. Sowohl das Basisdokument als auch die beschreibende XSD-Datei sind XML-Dokumente.

Das zu beschreibende Dokument wird "Instanz-Dokument" genannt. Die XML-Schema-Datei beschreibt den Inhalt des Instanz-Dokuments.

Sie enthält:

a) Namensraum-Angabe

b) Datentypen

c) Dokumentenstruktur.

zu a) Namensraum-Angabe

Die Elemente, die in XML-Schema benutzt werden können, gehören zu einem Namensraum, der im Prolog der Datei angegeben und mit einem Präfix verbunden wird, z.B.

```
<xsd:schema xmlns:xsd="http://www.w3.org/2001/XMLSchema">
```

Alle in der XSD-Sprache definierten Elemente befinden sich in diesem Namensraum. Damit bekommt die Namensraum-Angabe eine **neue**, eine **zusätzliche Bedeutung**: Hier steht nicht die Vermeidung von Doppelnamen im Vordergrund, sondern jetzt werden zusammengehörende Elemente zu einer Verwaltungseinheit zusammengefasst. Weil eine XSD-Datei ein XML-Dokument ist, kann es theoretisch jeden Tag enthalten - diese können schließlich vom Benutzer frei definiert werden. Anhand der Namespace-Angabe wird diese Freiheit jedoch eingeschränkt und es dürfen nur Tags, die in diesem Namensraum bekannt sind, benutzt werden. Und nun kann das Verarbeitungsprogramm (z.B. ein Parser) Formalprüfungen durchführen. Die Prüfungen erfolgen unter Berücksichtigung des Namensraums, der auch den jeweiligen Spezifikationsstand angibt.

Eine häufige Variante ist folgende Angabe:

```
<schema xmlns="http://www:w3.org/2001/XMLSchema">
```

Dies definiert einen **Default**-Namensraum: es fehlt die Angabe eines Präfix. Deswegen werden alle Bezeichner in diesem Dokument bei der Verarbeitung automatisch um den URI *http://www.w3.org/2001/XMLSchema* ergänzt, es muss kein Präfix angegeben werden. Außerdem kann zusätzlich ein eigener Namensraum definiert werden.

Achtung: Im Instanzdokument wird ein anderer Namensraum verwendet:

```
xmlns:xsi="http://www.w3.org/2001/XMLSchema-instance
```

Dieser ist üblicherweise mit dem Präfix xsi verbunden. In diesem Namensraum sind alle Elemente und Attribute organisiert, die zum XML-Schema gehören und im Instanzdokument verwendet werden können, d.h. **System-Elemente**, die in dem Ausgangsdokument verwendet werden können, gehören zu diesem Namensraum. Darüber hinaus kann auch hier ein eigener Namensraum definiert werden.

zu b) Datentypen

Die **Datentypen** der einzelnen Datenelemente ergeben sich aus dem Typ-Attribut:

```
<xsd:element name="anzahl" type="xsd:nonNegativeInteger" />
```

Neben dem Namen und dem Datentyp des Elements sind weitere Angaben möglich, z.B.

- Minimal/Maximal-Werte
- Aufzählung der erlaubten Inhalte
- Default-Werte oder konstante Werte...

Wir können einfache und selber definierte (*complexType*) Datentypen kombinieren. Auf jeden Fall hilft die Standardisierung der Datentypen bei der Interoperabilität, d.h. die XML-Dokumente sind hardware- und software-unabhängig dargestellt.

zu c) Dokumentenstruktur

Eine mit dem Tag *"sequence"* angegebene **Reihenfolge** der Elemente muss eingehalten werden (siehe Beispiel *person.xsd*).

Was steht im Basis-Dokument?

In dem Basis - XML-Dokument (dem "Instanz-Dokument") muss die Referenz zur Schema-Datei angegeben werden. Außerdem wird der Namensraum für dieses Dokument deklariert. Beide Angaben können im Kopf der XML-Datei stehen, z.B.

```
<wetter xmlns:xsi="http://www.w3.org/2001/XMLSchema-Instance"
        xsi:noNamespaceSchemaLocation='\pfad1\wetter.xsd'>
```

oder auch über das Setzen von Properties gemacht werden.

Erläuterungen zum XML-Schema *nachricht01.xsd*

Die Source-Dateien zu diesem Abschnitt stehen im Ordner *x:\jt\kap07\PruefenSchema*.

Der Ordner enthält eine Reihe von XML-Dokumenten mit den dazu gehörenden XSD-Dateien. Wir werden die wichtigsten Aspekte besprechen, und zur Überprüfung kann mit dem Java-Programm *ParseSchema.java* validiert werden.

Die XSD-Datei *nachricht01.xsd* beschreibt das Instanz-Dokument *nachricht01.xml*. Als einziges Element ist "*notiz*" vom Datentyp "*string*" angegeben.

Diese Schema-Datei ist – wie jede xsd-Datei- ein "normales" XML-Dokument. Das Root-Element in der Schema-Datei ist *xsd:schema*. Der Präfix für den Namensraum ist *xsd*. Dieser Präfix wird allen Wörtern, die Teil der XML-Schema-Spezifikation sind, voran gestellt. Anhand dieser Angabe erfolgt die Validierung dieser Schema-Datei.

Erläuterungen zur Datei *person.xsd*

Diese Schema-Datei beschreibt das Instanz-Dokument *person.xml*. Neu ist die Deklaration eines zusammengesetzten Datentyps ("*complexType*") und die Angabe der Sequenz.

Erläuterungen zur Datei *wetter.xsd*

Dies Beispiel ist für Spezialisten. Es zeigt in etwa die Komplexität und den Leistungsumfang der Schema-Spezifikationen.

Validieren der Dokumente mit dem Java-Programm *ParseSchema.java*

Mit dem Programm "*ParseSchema.java*" wird der DOM-Parser "XERCES" aufgerufen und eine Validierung durchgeführt. Vor der Compilierung muss im Source-Code noch der jeweilige Name des Instanz-Dokuments angegeben werden, z.B. *nachricht01.xml*.

Die Unterstützung für XMLSchema ist in JAXP ab der Version 1.2. enthalten. Und JAXP ist im JDK integriert ab 1.4.2. Damit auch die Parser-Implementierungen im Zugriff sind, müssen JAR-Files im Classpath angegeben sein (siehe Installationsvoraussetzungen für XML und Muster in *class3.bat*).

Fehlerhinweise

a) Wenn folgende Exception:

Exception in thread "main" java.lang.IllegalArgumentException: No attributes are implemented at org.apache.crimson.jaxp.DocumentBuilderFactoryImpl. setAttribute(Unknown Source) at ParseSchema.main(ParseSchema.java:24)

dann fehlt im Classpath die Referenz auf *xercesImpl.jar*.

b) Wenn folgende Exception:

Exception in thread "main" java.lang.NoClassDefFoundError: org/w3c/dom/ranges/ DocumentRange

dann fehlt im Classpath der Eintrag für *dom.jar*.

Weitere Erläuterungen zum Thema "Namensraum"

Und noch einmal zur Wiederholung: Eine XSD-Datei ist ein "normales" XML-Dokument und XML erlaubt es grundsätzlich, eigene Bezeichner für *Tags* einzuführen. Gleichzeitig hat die XML-Spezifikation den Anspruch, universell im Internet einsetzbar zu sein. Das Problem, das sich dadurch ergibt: Wie kann sichergestellt werden, dass keine Namenskollisionen entstehen? Die Lösung ist die Einführung des Namensraum-Konzepts (siehe hierzu auch Thema "Erstellen XML").

Zunächst einmal wird durch das Namensraum-Konzept jeder Bezeichner mit einem Präfix versehen, der stellvertretend ist für einen (weltweit) eindeutigen Namen (= standardmäßig ein URI). Der Namensraum erfüllt aber auch noch eine weitere Aufgabe: Durch Zuordnung von Bezeichnern und Eingrenzung in den richtigen Kontext kann die richtige Bedeutung, z.B. von Elementen, geklärt werden.

Beispiel: In einem XML-Dokument gibt es mehrfach das Element *set,* einmal mit der mathematischen Bedeutung (Menge) und einmal im Sinne einer Wertezuweisung.

Wie kann im Verarbeitungsprogramm die jeweilige Bedeutung unterschieden werden? Antwort: Über die Angabe eines Namensraum-Präfix kann gesteuert werden, welchem Vokabular das Element im Einzelfall zuzuordnen ist.

Genau diese Bedeutung hat die folgende Zeile im Prolog der XML-Datei *nachricht01.xsd*:

```
<xsd:schema xmlns:xsd="http://www.w3.org/2001/XMLSchema">
```

Der Präfix ist *xsd*; der URI ist eine URL der Domäne www.w3.org. Ein Verarbeitungsprogramm, z.B. ein Parser, kann anhand dieser Angabe die Syntax des Dokuments prüfen, weil mit der URL auch die Spezifikation der verwendeten XSD-Version verbunden ist. Wenn die URL falsch gewählt wird, scheitert die Verarbeitung der XSD-Datei.

Hinweis: Die Namensraum-Angabe sieht aus wie eine normale URL, selbst das Protokoll "http" ist angegeben. Das ist verwirrend, weil dies natürlich keine Internet-Adresse ist und auch kein Internet-Zugriff erfolgt. Allerdings wird –insbesondere bei W3C-Spezifikationen- diese URI auch genutzt, um als Nebeneffekt die Dokumentation dieser Adresse abzulegen. Das ist jedoch keinesfalls zwingend, wird aber häufig praktiziert, um das Auffinden der Dokumentation einfacher zu machen.

Zum Schluss noch ein Hinweis auf folgendes Problem: wenn die Angabe des Namensraums wie im obigen Beispiel nicht nur die Eindeutigkeit der Bezeichner gewährleistet, sondern auch ein Vokabular festlegt und dadurch sicherstellen kann, dass eine formale Prüfung der Tag-Namen in diesem Dokument möglich ist: wie wird verhindert, dass jedes selbst definierte Tag als falsch ausgewiesen wird (Lösung erfolgt später)?

Zusammenfassung

Mit Hilfe von XML-Schema kann ein eigenständiges XML-Vokabular (d.h. ein erlaubter Wortschatz und die dazu gehörende Semantik) definiert werden. Diese Schema-Datei wird im Instanz-Dokument referenziert und wird benutzt zur Formal-Prüfung des Ausgangsdokuments.

Erläuterungen zum Beispiel *cd.xml/cd.xsd*

Dieses Beispiel demonstriert den Einsatz von Namensräumen.

Selbsttest

Die Datei *cd.xml* (Instanz-Dokument) definiert einen Default-Namensraum (= ohne Präfix) für seine Elemente. Wie muss die Datei geändert werden, wenn ein Präfix vergeben wird (z.B. m)? Eine Musterlösung steht in Datei *cd02.xml*.

• Die Datei *cd.xsd* hat einen user-definierten Namespace (*targetNamespace*). Alle globalen Deklarationen sind Teil dieses Namespaces. Wie muss die Datei geändert werden, wenn der Präfix für diesen Namespace geändert werden soll auf myns? Musterlösung steht in Datei *cd02.xsd*. Was muss noch geändert werden, damit diese geänderte XSD-Datei auch vom Instanz-Dokument referenziert wird? Antwort: In der Datei *cd02.xml* muss in Zeile 7 der Dateiname geändert werden.

7.5   Parsen XML-Dokumente

7.5.1   Einführung in JAXP

Was ist JAXP?

JAXP bedeutet "Java API for XML-Processing"

JAXP umfaßt alle Interfaces für das Arbeiten mit XML-Dokumenten. Es ist seit SDK 1.4. Teil der Standard-Edition von Java. Damit ist standardisiert, wie **mit Java**-Mitteln ein XML-Dokument

* eingelesen und geprüft (= "geparsed") und

* transformiert (z.B. Konvertierung in HTML für Präsentation)

werden kann, unabhängig von konkreten Produkten, aber basierend auf die vom W3C festgelegten Spezifikationen. Somit haben wir in Java für die Verarbeitung von XML-Dokumenten insgesamt drei Ebenen:

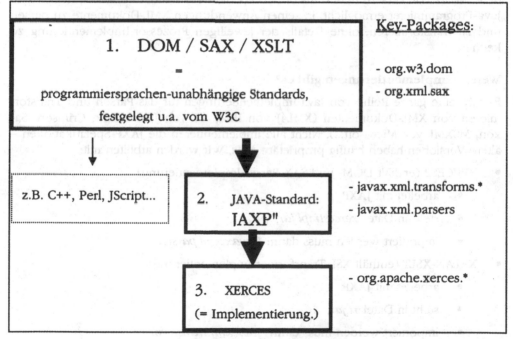

Abb. 7.5.1: Zwei Ebenen der Standardisierung und die Implementierungsebene

JAXP konkretisiert die DOM- und SAX-Modelle, es beschreibt die Java-Standardisierung für diese Verfahren. Es abstrahiert aber andererseits von einer konkreten Parser- oder Transformer-Implementierung.

Hinweis zu den Packages: Weil auch (Referenz-)Implementierungen in diesen Packages enthalten sind, ist die Aufgabenzuordnung der einzelnen Packages nicht sauber und etwas unübersichtlich.

Warum spezielle Java-Standards für XML?

SAX ist genau wie DOM ein allgemeiner Standard, der programmiersprachenunabhängig beschreibt, wie Parser arbeiten. SAX und DOM sind vom W3C spezifiziert. Diese W3C-Spezifikationen wurden z.B. von „apache.org" in verschiedenen Programmiersprachen als Referenzimplementierung realisiert: "XERCES" (gibt es in Java, C++, Perl, COM ....). Daneben gibt es eine ganze Reihe anderer Java-Implementierungen von anderen Herstellern. Jede Implementierung hält sich zwar an den W3C-Standard, also an das DOM- und das SAX-Modell. Aber durch die individuellen Realisierungen ist es so, dass dann häufig im Source-Code der Anwendungen implementierungsabhängiger Code benutzt werden muss.

Hier schafft JAXP Abhilfe. JAXP ist das API speziell für die Verarbeitung von XML-Dokumenten mit der Programmiersprache Java. Damit wird gewährleistet, dass für den Einsatz von Parsern und Transformer-Modulen ein Standard existiert, der es dem Java-Programmierer ermöglicht, in seinen Anwendungen XML-Dokumente zu parsen und zu transformieren, ohne Details der jeweiligen Prozessor-Implementierung zu kennen.

Welche Implementierungen gibt es?

Es gibt eine ganze Reihe von Java-Implementierungen für das Parsen und Transformieren von XML-Dokumenten (XML4J von IBM, XT von JamesClark, Crimson, Saxon, MSXML von Microsoft...). Nicht alle implementieren die JAXP-Spezifikationen – ältere Versionen haben häufig proprietäre APIs. Wir werden arbeiten mit:

- XERCES2 (enthält DOM- und SAX-Parser-Implementierung)
  - arbeitet mit JAXP
  - steht in Datei *xercesImpl.jar*,
  - importiert werden muss dann: *"javax.xml.parsers"*
- XALAN-XSLT (enthält XSL-Transformer-Implementierung)
  - arbeitet mit JAXP
  - steht in Datei *rt.jar*,
  - importiert werden muss dann *"javx.xml.transform"*

Es gibt auch XML-Parser, die eingebaut sind in die Browser, damit die Browser beliebige XML-Dokumente als Text plus Strukturierung anzeigen können.

Aufgabenstellung für die nachfolgenden Programme

Die Source-Programme zu diesem Abschnitt stehen im Ordner
x:\jt\kap07\EinfuehrungJAXP.

Es sollen Java-Programme geschrieben werden, die Parser benutzen, um die Validität
des XML-Dokuments "*person.xml*" mit Hilfe einer DTD-File "*person.dtd*" zu überprüfen.

Erläuterungen zum Programm *ParseSAX01.java*

In diesem Program wird das *proprietäre* API von XERCES1 benutzt. Das bedeutet,
dass bei einem Wechsel auf einen anderen Parser oder auf XERCES Version2 die
Source geändert werden muss. Zur Ausführung von *ParseSAX01.class* wird die Implementierung von XERCES Version 1 benötigt (= *xerces.jar*-File). Diese Datei muss:

- von "*http://xml.apache.org/xerces-j*" (oder von der CD) geholt werden und

- in den Ordner *x:\jt\kap07\einfuehrungjaxp* kopiert werden.

Danach muss (temporär) der CLASSPATH ergänzt werden durch:
`set classpath=x:\jt\kap07\einfuehrungjaxp\xerces.jar;%classpath%`

Muster siehe *class.bat*. Das nachfolgende Konsolprotokoll demonstriert mögliche
Fehler und ihre Korrektur:

Abb. 7.5.2: Umwandeln und Testen ParseSAX01.java

Erläuterungen zum Programm *ParseJAXP01.java*

In diesem Programm wird das JAXP-API benutzt. Damit wird es produkt-unabhängig
und es kann ein beliebiger JAXP-compatibler Parser eingesetzt werden. Zur Ausführung von *ParseJAXP01.class* wird die Implementierung von XERCES Version 2 benutzt (= *xercesImpl.jar*", „*dom.jar*"). Der Classpath muss diese Archive enthalten.

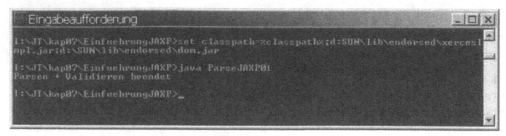

Abb. 7.5.3: Classpath setzen und ParseJAXP01 testen

Grundsätzliches zum Verständnis von JAXP

Der Schlüssel zum Verständnis von JAXP ist das "**Plugability-Layer**-"Konzept.

Durch dieses Konzept werden die Java-Programme befreit von Produkt-individuellem Code einer SAX, DOM oder XSLT-Implementierung. Der Programmierer schreibt sein Programm gegen abstrakte Klassen oder Interfaces, die von JAXP zur Verfügung gestellt werden. Erst zur Ausführungszeit wird dann festgelegt, mit welchen realen Implementierungen gearbeitet werden soll. Wie geschieht das?

Basiš dieses "plug-in"-Konzepts sind

- zwei hersteller-neutrale Factory-Klassen
   (*SAXParserFactory* bzw. *DocumentBuilderFactory*).
   Diese beiden Klassen erzeugen Instanzen der realen Parser-Produkte, d.h. sie ermöglichen die Verbindung zwischen dem Java-Anwendungsprogramm und den Produkten

- zwei System-Properties
   (*javax.xml.parsers.SAXParserFactory* bzw.
   javax.xml.parsers.DocumentBuilderFactory).
   Diese beiden Properties enthalten die notwendigen Informationen über die Implementierung, die zur Run-Time instanziiert werden soll.

Die Instanziierung geschieht so, dass im Programm als allererstes eine so genannte "Factory" aufgerufen wird, die mit der statischen Methode *"newInstance()"* nach einem fest vorgegebenen Suchalgorithmus die gewünschte Implementierungsklasse sucht und instanziiert.

Wie findet die Factory die konkrete Implementierung?

Die Reihenfolge für das Suchen der Parser- oder Prozessor-Implementierung ist fest definiert:

- Die Selektion einer Implementierung erfolgt über **Umgebungsvariablen** (**"Systemproperties"**).
   Beispiel:

Für einen SAX-Parser sucht die JVM z.B. nach der Systemproperty
"javax.xml.parsers.SAXParserFactory".
Dort steht als Value die jeweilige Implementierungs-Class z.B.
"org.apache.xerces.jaxp.SAXParserFactoryImpl".
Für einen DOM-Parser wird die Systemproperty
"javax.xml.parsers.DOMBuilderFActory"
gesucht.

- Diese Property Namen-/Wert-Paare sucht JAXP zunächst in einer

  /jre/lib/jaxp/properties-Datei.

- Die Property kann auch als Parameter beim Start der Java-Application
  mitgegeben, d.h.überschrieben, werden:

  java –Djavax.xml.parsers.SAXParserFactory=meineFactoryClass

- Wenn keine Systemproperty gefunden wird, sucht JAXP nach einem festgelegten
  Verfahren ("Service-Provider-Mechanismus") eine entsprechende JAR-File
  (CLASSPATH wichtig!).

- Wenn auch hier nichts gefunden wurde, benutzt JAXP die Default-
  Implementierung.

Mit dem JAXP-API geht SUN den gleichen Weg wie auch z.B. bei dem Einsatz von
relationalen Datenbanken oder bei JNDI-Servern: Es wird ein API (= im Wesentlichen Interfaces) beschrieben, und jeder Kunde ist dann frei in der Wahl eines Produktes. Der Lieferant muss nur diese Aufgaben gemäß den API-Vorschriften implementiert haben. Dann kann der Anwendungsprogrammierer seine Applikation codieren, ohne an proprietäre Details von Produkten gebunden zu sein. Weiterer Vorteil:
Der Wechsel von einer Implementierung zu einer anderen kann erfolgen, ohne dass
Änderungen in dem Anwendungscode erforderlich sind.

Zusammenfassung

Bei der Standardisierung von XML durch das W3C wurden auch die Verarbeitungs-
möglichkeiten von XML-Dokumenten spezifiziert. Diese sind:

- **Parser**
  Das sind Programm-Module, die XML-Dokumente einlesen, ihre Struktur ermitteln und die darin enthaltenen Daten einem Anwendungsprogramm in einer bestimmten Form zur Verfügung stellen. Es gibt zwei unterschiedliche Parser-
  Verfahren:

  - D O M = "Document Object Model", erzeugt Baumstruktur im
    Speicher

  - S A X = "Simple API for XML", liest sequentiell und erzeugt
    Events aus den „Tags"

- **Transformer**
  Das sind Programm-Module, die aus einem XML-Dokument ein anderes Dokument erstellen. Die Beschreibung der Ausgabe setzt eine spezielle Datei voraus, und die Umformung geschieht dann mit Hilfe dieser Transformer oder „Stylesheet-Prozessoren".

Damit für das Arbeiten mit DOM, SAX oder XSLT keine "nativen" Eigenschaften (z.B. ein hersteller-individueller Aufrufmechanismus) zu berücksichtigen sind, wurde mit dem **JAXP-API** ein Standard geschaffen, durch den es möglich ist, das konkrete Produkt außerhalb der Programme (in "Systemproperties") zu definieren und dann zur Run-Time auf diese Informationen zurück zu greifen. Die Implementierung muss folgende Klassen enthalten (am Beispiel einer SAXParser-Implementierung);

- class *SAXParser*   (= eigentliche Parser)

- class *SAXParserFactory*   (= die Factory-Klasse).

Von Parsern kann nicht direkt eine Instanz erzeugt werden. Dies geht nur über die Factory. Diese lädt den Parser und aktiviert ihn. Das Vorgehen im Einzelnen:

- Der Name des Factory-**Interface** ist von JAXP vorgegeben, z.B. *SAXParserFactory* oder *DOMBuilderFactory*.

- Zur Laufzeit wird per Systemproperty die Implementierungs-Class zugeordnet. (die Default-Werte verweisen auf SUNs Referenz-Implementierungen).

- Der Name der Factory-Methode zum Erstellen der realen Parser-Instanz ist von JAXP vorgegeben: *newInstance()*

Das so ermittelte und instanziierte Produkt implementiert dann alle im JAXP-API festgelegten Interfaces. Auf diese Weise sind die Methoden zum Manipulieren des Dokuments standardisiert. Das Anwendungsprogramm ruft den Parser durch die Methode *parse()* auf.

7.5.2   Verarbeiten DOM

Was ist DOM (Document Object Model)?

DOM ist ein spezielles, standardisiertes Verfahren, um XML-Dokumente einzulesen, zu prüfen und zur Verarbeitung zur Verfügung zu stellen. Zunächst wird im Hauptspeicher eine Datenstruktur erstellt in Form eines Baums: jedes Element, jedes Attribut und jeder Nutztext ist ein Knoten (Node) in diesem Baum.

DOM enthält außerdem eine Vorschrift, wie *beliebige* Programmiersprachen auf die Knoten in diesem Baum und damit auf die *Tags* eines XML-Dokuments zugreifen können. Die Beschreibung der jeweiligen Methoden erfolgt durch das W3C (mit Hilfe von "Interface Definition Language IDL", d.h. jede Sprache muss dies für sich konkretisieren). So wurden Operationen definiert für:

- Einfügen
- Löschen
- Anhängen
- Ersetzen
- Kopieren von Knoten und für
- Veränderungen der Knotenstruktur.

Wie arbeitet ein DOM-Parser?

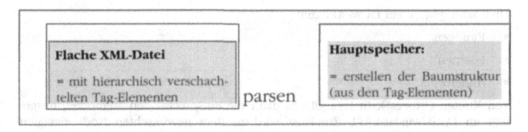

Abb. 7.5.4: Einlesen der XML-Datei und Erstellen des DOM-Baums

Erläuterungen zum Beispielprogramm *DOMPars01.java*

Die Source-Programme zu diesem Abschnitt stehen im Ordner *x:\jt\kap07\verarbeitenDOM*. Das XML-Dokument *person.xml* soll

- nach der DOM-Methode geparsed werden (durch die Default-Implementierung Xerces2), und anschließend
- soll der im Hauptspeicher erzeugte Element-Baum mit JAXP-Methoden wie z.B.
       getFirstChild() oder getNextSibling()
  am Bildschirm ausgegeben werden.

Die Anwendung ruft zunächst den Parser für das XML-Dokument auf und bekommt den Inhalt als Baumstruktur zurückgeliefert, d.h. bevor auf einzelne Elemente zugegriffen werden kann, wird die gesamte Datei in den Speicher eingelesen und aufbereitet.

Danach wird die handgeschriebene Methode *printTree(document)* aufgerufen. Diese verzweigt nach *printNodeInfo()*, um in einer *switch*-Anweisung den ersten Node abzufragen und zu verarbeiten. Jetzt beginnt ein relativ komplexer Ablauf: Zur Abarbeitung aller Knoten des XML-Dokuments ruft sich die Methode selbst wieder auf (= Rekursion).

Das Durcharbeiten des Dokument-Baums wird auch als "traversieren" bezeichnet.

Hinweise zum DOM-Interface (wie in JAXP standardisiert)

Weil das gesamte XML-Dokument als Baumstruktur im Hauptspeicher repräsentiert wird, kann es manipuliert werden durch ein "Random Access- Protokoll". Alles ist ein "Node", z.B.

* jedes XML-Element   ----> ELEMENT_NODE

* das Root-Element   ----> DOCUMENT_NODE

* jedes XML-Attributpaar   ----> ATTRIBUT_NODE

* der Inhalt eines Elements   ----> TEXT_NODE.

Und dann gibt es ein DOM-API zum

* Einfügen

* Löschen

* Ändern

von Knoten ("Nodes"). In Java gibt es dafür die entsprechenden Methoden, festgelegt im JAXP-Standard-API. Zunächst wird zu dem gewünschten Node navigiert durch

* getdocumentElement()   = liefert den Wurzel-Knoten

* getChildNodes()   = liefert Array aller Kinder

* getFirstChild()   = liefert einzelnes Element

* getNextSibling()   = liefert "Geschwister"

* getNodeValue()   = liefert den Inhalt eines Elements

und dann kann die Veränderung durchgeführt werden, z.B.

* appendChild(nodeX)

* removeChild(node)

* createElement("name")

* createAtrribute("name").

Erläuterungen zum Beispielprogramm *DOMSuch01.java*

Das XML-Dokument *adressen.xml* soll

* nach dem DOM-Verfahren geparsed werden und anschließend

* soll der Element-Baum mit JAXP-Methoden durchsucht werden nach dem Suchbegriff "Erwin". Jeder gefundene Datensatz soll am Bildschirm ausgegeben werden.

Welche Versionen des DOM-Standards gibt es?

- Level 1 seit 1998 von W3C standardisiert

- Level 2 seit 2000 von W3C standardisiert (wichtige Neuerung: Unterstützung von Namensräumen)

- Level 3 seit 2003 von W3C standardisiert (wichtige Neuerung: Unterstützung von XML-Schema).

Hinweise zur Referenz-Implementierung

Die Referenz-Implementierung enthält Apache **Xerces2** Java Parser Version 2.0.0. Dieses Produkt unterstützt unterstützt:

- XML 1.0,

- Namespaces in XML,

- DOM Level 2,

- SAX 2.0 und

- XML Schema 1.0.

Bewertung des DOM-Verfahrens

Vorteile:

- DOM ist die einzige Möglichkeit, wenn Updates innerhalb des Dokuments erforderlich sind

- DOM ist flexibel und vielseitig einsetzbar

- DOM ist sehr schnell (= und deshalb für interaktive Anwendungen ideal)

- DOM ist immer dann vorteilhaft, wenn mehrfaches Scannen des Dokuments erforderlich

- Verwaltung der Datenstruktur ist vorprogrammiert: die Daten stehen dem Entwickler als Tree zur Verfügung.

- Darüber hinaus bietet der Level 3 von DOM die Möglichkeit der Serialisierung dieses DOM-Trees als XML-File

Nachteile:

- Bei Einsatz von DOM muss das Dokument komplett im HSP stehen, bevor damit gearbeitet werden kann

- DOM kann viel Hauptspeicher erfordern (zwischen dem 3 - 10fachen der Dokumentgröße, je nach Implementierung).

- DOM wurde designed als sprachenneutrales Interface. Dieses API ist nicht besonders Java-freundlich (siehe hierzu Abschnitt JDOM).

7.5.3   Verarbeiten SAX

Was ist SAX (Simple API for XML)?

SAX ist genau wie DOM ein Verfahren, um XML-Dokumente einzulesen, zu prüfen und zur Verarbeitung zur Verfügung zu stellen. Es handelt sich um ein ereignisbasiertes Modell, bestehend aus einem programmiersprachen-neutralen API.

Die Implementierung einer SAX-Applikation besteht aus drei Komponenten:

- dem Parser selbst, geliefert von einem beliebigen Provider

- der dazu gehörende *ParserFactory*, geliefert von diesem Provider

- dem *Content-Handler* für das Dokument. Dies ist die eigentliche Anwendung, erstellt vom Anwendungsprogrammierer. Sie enthält die Methoden zur Reaktion auf Dokumentenereignisse.

SAX ist ein alternatives Modell zu DOM: Im Gegensatz zu DOM erlaubt es lediglich den seriellen Zugriff auf die Elemente eines XML-Dokuments und auch keinen Update des Inhalts, d.h. die XML-Datei werden nacheinander eingelesen, und die Verarbeitung muss sofort erfolgen, Element auf Element, weil keine Speicherung der gelesenen Daten erfolgt und ein Zurück nicht möglich ist.

Wie arbeitet ein SAX-Parser?

Die Verarbeitung erfolgt **"event-driven"**, d.h. für jedes Ereignis (event) wird vom Parser eine entsprechende Verarbeitungsmethode aufgerufen. Ein "Ereignis" ist das Einlesen eines XML-Tags. Die Class, die die eigentliche Verarbeitung des XML-Dokuments ausführt, ist der "Default-Handler". Dieser Default-Handler muss beim SAX-Parser registriert werden. Er hat die vom Parser aufgerufenen Methoden implementiert.

Und der Parser ruft dann die entsprechenden (CALLBACK-)Methoden auf, wenn ein XML-Tag eingelesen und identifiziert wurde, z.B.:

- "Hier ist der **Prolog** des XML-Dokuments"

- "Hier ist ein **Element**" oder

- "Hier ist ein **Attribut**"...

Callback-Methoden sind Methoden, die von der Laufzeit-Umgebung (oder von Programmen, die solche Funktionalität implementiert haben) automatisch aufgerufen werden, wenn bestimmte Ereignisse ("Events") auftreten. Die Namen der Callback-Methoden, die dann jeweils aufgerufen werden, sind im API festgelegt.

Die nachfolgende Abbildung zeigt beispielhaft, welche Methoden wann aufgerufen werden:

```
<?xml version="1.0" encoding="UTF-8"?>   =startDocument()
<person>                                  =startElement()
<vorname> Jennifer </vorname>             =startElement()/endElement())
        <name>    Lopez    </name>        =startElement()/endElement()
        <alter>    28      </alter>       =startElement()/endElement()
</person>                                 =endElement()
```

Abb. 7.5.5: Callback-Methoden nach dem SAX-Modell

Auch festgelegt ist die Syntax dieser Verarbeitungsmethoden. Es gibt Methoden z.B. für folgende Aufgaben:

* Ermitteln des Inhalt

* Speichern des Inhalt in einem Objekt

* Ausgeben des Inhalts ...

Sie sind als Interfaces im JAXP-API vorhanden und auch schon als leere Methoden implementiert. Sie müssen dann von der jeweiligen Anwendung (von dem "Content-Handler") überschrieben werden, abhängig von der konkreten Aufgabenstellung in dieser Application. Anwendungen, die mit einem SAX-Parser arbeiten, enthalten ähnlich wie GUI-Anwendungen keinen festgelegten Kontrollfluß, sondern es gibt eine Reihe von Eventhandler-Routinen, die vom Parser aufgerufen werden, abhängig von der Reihenfolge der aufgetretenen Events.

Die wichtigsten Callback-Methoden (wie in JAXP standardisiert)

Die wichtigsten Event-Handler-Methoden, die vom SAX-Parser aufgerufen werden und die -je nach Bedarf der Application- im "Handler" implementiert sind, lauten:

a) ContentHandler Interface

startDocument()   = Aufruf bei Beginn des Dokuments (beim Prolog)

endDocument()   = Aufruf beim Abschluß-Tag des Wurzelelements

startElement()   = Aufruf beim Beginn eines XML-Tags

endElement()   = Aufruf beim Abschluß-Tag eines XML-Tags

characters()   = Aufruf, wenn Textinhalt innerhalb eines Elements erkannt wird (also kein Tag, sondern "normaler" Text)

b) XMLReader Interface

getProperty()

setProperty()

c) Attributes Interface

getValue()

getType()

Erläuterungen zum Beispielprogramm *SAXPars01.java*

Alle Sources stehen im Ordner *x:\jt\kap07\verarbeitenSAX*

Das Programm *SAXPars01.java* soll mit SAX-Mitteln das XML-Dokument *person.xml*
parsen. Die Verarbeitung der eingelesenen Elemente besteht lediglich darin, diese
als Echo am Bildschirm auszugeben.

Die wichtigste Zeile steht gleich am Anfang der *main*-Methode:

```
DefaultHandler handler = new SAXPars01();
```

Hier wird die Klasse instanziert, die die Callback-Methoden implementiert hat, d.h.
hier wird die Klasse identifiziert, in der die eigentliche Verarbeitung stattfindet. Die
dort codierten Methoden werden vom SAX-Parser automatisch aufgerufen, wenn das
entsprechende Event auftritt.

In diesem Fall erstellen wir eine Instanz von unserem eigenen Programm (denkbar
ist auch, dass die Callback-Methoden in einer anderen Class stehen, siehe nächstes
Beispiel).

Erläuterungen zum Beispiel *SAXSuch01.java*

Das Programm soll mit der Parser-Methode SAX alle Elemente mit dem *Tag* "Vorname" erkennen und die dazugehörigen Daten ausgeben. Im Wesentlichen ist in diesem Programm neu, dass der Event-Handler eine eigene Klasse ist, d.h. die vom Parser aufgerufen Callback-Methoden stehen in der Klasse "*MeinHandler*".

Zusammenfassung

a) Was machen Parser?

- lesen das Dokument in den Speicher

- expandieren die Entities

- prüfen XML-Syntax (Wohlgeformtheit)

- validieren XML-Dokumente (mit Hilfe von DTD oder Schema)

- ergänzen Default-Attribute

- stellen Methoden zur Verfügung zum Verarbeiten der Dokumente

    - bei DOM: nachdem ein Dokumentenbaum im Speicher aufgebaut wurde

    - bei SAX: sofort bei jedem Einlesen eines Entities

b) Welche Modelle gibt es?

DOM

- Parsing in einem kompletten Step
- Parsing-Fehler wird Anwendung gemeldet *vor* Verarbeitung
- Parser gibt eine Dokumenten-Instanz zurück an Anwendung
- Anwendung verarbeitet und "traversiert" durch DOM-Tree

SAX

- Anwendung vereinbart Callback-Methoden mit dem Parser
- Parsing erfolgt schrittweise und parallel zur Verarbeitung
- Events werden während des Parsen der Anwendung gemeldet
- Parsingfehler können auftreten während der Verarbeitung

c) Bewertung SAX

Vorteile SAX:

- benötigt wenig Laufzeit, sehr schnell
- benötigt wenig Hauptspeicher
- sehr gut für große Dokumente
- Einsatz sinnvoll z.B. beim Herauslesen von bestimmten Elementen

Nachteile SAX:

- nur sequentieller Zugriff möglich (kein Direktzugriff)
- Verwaltung der eingelesenen Elemente im Haupspeicher erfordert Selbst-Codierung
- Aufwändig zu implementieren (Callback-Methoden)
- Keine Änderung des XML-Dokuments möglich, es kann nur eine neue Struktur ausgegeben werden

e) Typische Einsatzgebiete

- DOM: Immer sinnvoll, wenn direkter Zugriff auf einzelne Elemente mit Update notwendig
- SAX: Sinnvoll, wenn Scannen von großen Dokumenten ohne Updates durchgeführt werden muss. Ein SAX-Parser hat ein planbares Laufzeit- und Speicherplatzverhalten.

7.6.   Transformation XML-Dokumente

7.6.1   Einführung XSLT

Was ist XSLT?

Die XML-Datei selbst enthält keinerlei Hinweise darauf, wie die Daten angezeigt oder ausgedruckt werden sollen. Für das Einlesen von XML-Daten werden Parser eingesetzt. Um die Ausgabe kümmern sich die Parser nicht. Dies kann selbstverständlich durch beliebige Java-Codierungen "per Hand" erfolgen. Oder man benutzt eine besondere Sprache, nämlich

XSL = Extensible Stylesheet Language.

Diese Formatierungssprache kann insbesondere eingesetzt werden, um XML nach HTML umzuformen, aber auch um XML-Dokumenten in ("komma-separierte") Textdateien umzuformen. Eine weitere Anwendung ist die Umstrukturierung von einem XML-Dokument in ein anderes mit einem anderen Aufbau.

Die XSL – Befehle stehen nicht im Java-Programm, sondern in einer separaten Datei ("Stylesheet"). Ein **Stylesheet** enthält alle Anweisungen zum Formatieren der einzelnen XML-Elemente.

Wie wird mit XSLT gearbeitet?

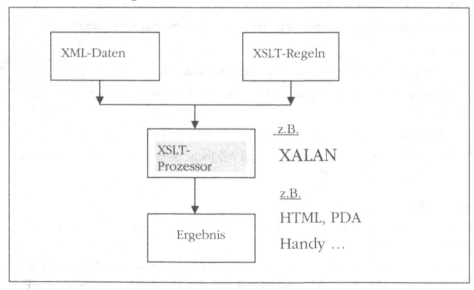

Abb. 7.6.1: Wie arbeitet ein XSLT-Prozessor

XSLT-Prozessor

Die Transformation findet statt, wenn der XSLT-Prozessor ein XML-Dokument und ein XSL-Stylesheet verarbeitet. Ein XSLT-**Prozessor** ist ein Programm(-Modul), das die Konvertierung in das gewünschte Ausgabeformat vornimmt. Es kann über CMD-Line oder aus einem Java-Programm aufgerufen werden. Außerdem ist es in Browser eingebaut.

Beispielprodukte sind Saxon oder XALAN, die Referenz-Implementierung von Apache (auch integriert in IBM Websphere Application Server).

XSLT arbeitet mit SAX und/oder DOM zusammen, denn das XML-Dokument muss zunächst "geparsed" werden.

Eine Transformation kann über CMD-Line gestartet werden durch Aufruf von XALAN:

```
I:\JT\kap07\EinfuehrungXSLT>java org.apache.xalan.xslt.Process -In
nachricht01.xml -xsl nachricht02.xsl -out ausgabe.txt
```

Es müssen drei Optionen an das Programm übergeben werden: *in*, *xsl* und *out* mit dem Namen der jeweiligen Datei.

Gesamtumfang von XSL

Die XSL-Sprache hat drei Sub-Komponenten:

*   XSLT für **textbasierende** Transformation (für Transformation in Plain-Text bzw. in eine andere Markup-Language wie HTML für Web-Browser, WML für WAP-Handys...). Der Vorläufer dieser Komponente war TrAX ("Transformation-API for XML"). Im November 2000 wurde TrAX eingebunden in JAXP. Das Java2 SDK 1.4. enthält alle notwendigen Packages für die XSLT-Komponente.

*   XSL-FO für grafische Darstellung im **Binärformat** (z.B. in PDF oder RTF). Diese Sprache enthält Mechanismen für die Beschreibung von Page-Layout, Fonts usw. Allerdings ist die Standardisierung von XSL-FO noch nicht abgeschlossen. Deswegen ist diese Subkomponente (noch) nicht Teil von JAXP.

*   XPath ist die Sprache für einen Adressierungs-Mechanismus, d.h. mit XPath wird ein Path zu einem bestimmten Element beschrieben.

XSL ist der Oberbegriff für diese drei Möglichkeiten der XML-Transformation. Alle nachfolgenden Ausführungen und Beispiele befassen sich jedoch lediglich mit XSLT.

Erläuterungen zum Beispiel *nachricht01.xsl/nachricht01.xml*

Die Source-Programme zu diesem Abschnitt stehen im Ordner *x:\jt\kap07\einfuehrungXSLT*. Das XML-Dokument *nachricht01.xml* soll mit Hilfe des Stylesheets *nachricht01.xsl* automatisch umgewandelt werden in ein HTML-Dokument.

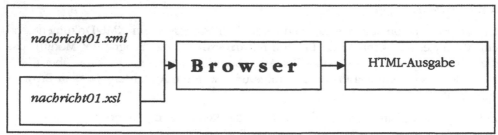

Abb. 7.6.2 Erstellen einer neuen HTML-Datei aus einem XML-Dokument

Die Verknüpfung des XML-Dokuments mit dem XSL-Stylesheet erfolgt mittels "Processing Instruction", d.h. im Prolog des XML-Dokuments muss stehen:

```
<?xml-stylesheet type="text/xsl" href="nachricht01.xsl"?>
```

Das Stylesheet identifiziert sich im Prolog selbst als XSL-Stylesheet und enthält dort auch die Angaben zum Namensraum:

```
<xsl:stylesheet
        xmlns:xsl="http://www.w3.org/TR/WD-xsl">
```

Der Präfix des Namensraum ist xsl, der URI enthält eine URL (dazu später mehr). Danach folgen ein oder mehrere XSL-Vorlagenelemente (**"templates"**), auch dazu später mehr.

Testen der Transformation

Getestet wird die Transformation durch ÖFFNEN des XML-Dokuments (= Anzeige im Browser).

Selbsttest

Kopiere die Datei *nachricht01.xml* und ändere sie so ab, dass keine Referenzierung der XSL-Datei erfolgt (= Löschen der Zeile 2). Wie wird jetzt die Datei im Browser angezeigt?

Generelle Hinweise zur XSLT-Sprache

Die Sprache XSLT ist sehr umfangreich. Sie bietet nicht nur Möglichkeiten zum automatischen Umformen der XML-Texte, sondern enthält auch Befehle zum

- Sortieren der Elemente
- Selektieren oder Filtern von Daten
- Ändern des Aufbaus eines XML-Dokuments
- Rechenbefehle
- Schleifenbildung ...

7.6.2   Transformation per Browser

Was bedeutet "Transformation"?

XML-Dokumente können je nach Bedarf für ganz unterschiedliche Empfänger in beliebige Ausgabeformate überführt werden. Allerdings benötigt man hierzu zwei Ressourcen zusätzlich:

- Die Beschreibung der Darstellungs- bzw. Umformungs-Regeln. Hierfür gibt es die XSL-Sprache (= Extensible Stylesheet Language). Es muss also eine zusätzliche Datei („**Stylesheet**") erstellt werden, die die Instruktionen für die Umformung des XML-Dokuments in ein anderes Dokument enthält.

- Ein Programm, das diese Transformation durchführt (=„XSL-**Transformations Prozessor**"). Der Prozessor kann mit Hilfe dieses Stylesheets aus der Source-File eine neue Datei, z.B. in HTML, erstellen.

Transformieren in HTML

Die einfachste Möglichkeit ist die Umformung in das HTML-Format. Wie bereits in der vorherigen Übung demonstriert, sind Browser in der Lage, mit dem Plug-In-Parser und dem Plug-In-Transformationsprozessor diese Umformung ohne zusätzliche Programmierung durchzuführen (bei IE mit *msxml.dll*).

Erläuterungen zu den Dateien *xml01.xml/xml01.xsl*

Die Source-Dateien zu diesem Abschnitt stehen im Ordner *x:\jt\kap07\TransformHTML*. Einige Beispiele laufen nicht mit älteren Browser-Versionen, sie erfordern z.B. IE 6.0..

Das XML-Dokument *xml01.xml* soll in HTML umgeformt werden. Wir erstellen das Stylesheet *xml01.xsl*. Neu ist hier die **Iteration**, d.h. es wird eine Schleife für jedes Element mit dem *Tag "Text/Zeile"* durchlaufen.

Getestet wird durch Öffnen der XML-Datei (= Anzeige im Browser):

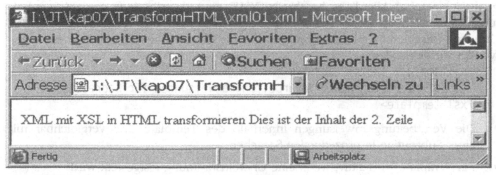

Abb. 7.6.3: Transformation und Anzeige *xml01.xml*

Erläuterungen zu den Dateien *xml02.xml/xml02.xsl*

Der Inhalt eines "Buches" steht in *xml02.xml*. Er soll mit Hilfe von XSLT-Anweisungen für die Bildschirmanzeige aufbereitet und vom Browser angezeigt werden. Neu ist hier das Einstreuen von **HTML-/CSS-Tags** in das Stylesheet-Dokument.

Getestet wird durch Öffnen der XML-Datei (= Anzeige im Browser).

Nebenbei folgende Frage: Wie kann der XSLT-Prozessor unterscheiden, ob ein Tag ein HTML-Sprachelement ist oder ein festgelegter Begriff der XSLT-Sprache ist?

Erläuterungen zu den Dateien *xml03.xmlxml03.xsl*

Getestet wird durch Öffnen der XML-Datei (= Anzeige im Browser):

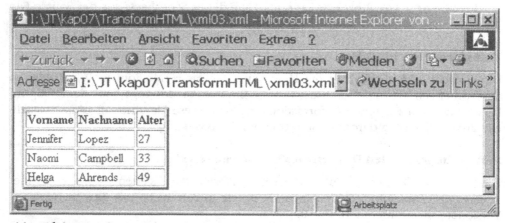

Abb. 7.6.4: Transformation und Anzeige *xml03.xml*

Was bedeute "template" in einer xsl-Datei?

Die Komplexität der Sprache XSLT ist vergleichbar mit der einer prozeduralen Programmiersprache. Allerdings beschreibt XSLT eine "regelbasierte Ereignisverarbeitung", und sie folgt dem "Pattern-Matching-Verfahren". Was heißt denn das? Ein Template beschreibt Umformungsregeln, die für ein ganz bestimmtes Element angewendet werden sollen:

```
<xsl:template match="adressen">
....// hier stehen die Verarbeitungsanweisungen für "adressen"
</xsl:template>
```

- Die Verarbeitungsanweisungen innerhalb des Template sind vergleichbar mit einer Subroutine in prozeduralen Sprachen.

- Ein Template wird aktiv, wenn eine Übereinstimmung festgestellt wird
        (match="adressen")

- Dann wird der Inhalt des übereinstimmenden Elements dieser Subroutine übergeben und von ihr verarbeitet.

In den ersten Übungen hatten wir jeweils nur eine Schablonen-Regel (**"template"**). Bei etwas umfangreicheren Applikationen wird man die Verarbeitung aber in mehrere Regeln ("templates"/Vorlagen) beschreiben:

- Die Reihenfolge der Templates spielt keine Rolle: jede Regel wird (nur) dann aufgerufen, wenn sie benötigt wird.

- In unserem Beispiel haben wir drei Templates:

- Die **erste Regel** (match="/") wird für das Root-Element aktiv. Die Verarbeitung besteht aus dem Einfügen von HTML-Tags in den Ergebnisbaum und –vor allem- aus dem Aufruf:
  `<xsl:apply-templates/>`
  Dies bedeutet: Wende alle anderen *templates* mit dem Inhalt dieses (Root-)-Elements an.

- Die **zweite Regel** (match="person") wird für jede Element "person" ausgeführt und besteht lediglich aus der Aktivierung des dritten *templates*.

- Die **dritte Regel** fügt mit select="." den Inhalt des aktuellen Knotens in den Ergebnisbaum ein.

Erläuterungen zu weiteren Stylesheets

Die Dateien *wein.xsl* und *kunden.xsl* demonstrieren weitere Möglichkeiten der XSLT-Sprache. Testen durch Öffnen der XML-Datei im Browser.

Abb. 7.6.5: Transformation und Anzeige *kunden.xml*

Selbsttest

Wenn in der Datei *wein.xml* in der ersten Zeile das Attribute
> encoding="iso-8859-1"

gelöscht wird, führt die Anzeige im Browser zu einem Fehler. Warum? Welche Möglichkeiten gibt es zur Fehlerbehebung?

Wozu ist die Angabe des Namensraums wichtig?

Ein wichtiges Thema ist auch jetzt wieder die Angabe des Namensraums in XSL-Dokumenten, z.B:
```
<xsl:stylesheet
xmlns:xsl="http://www.w3.org/1999/XSL/Transform"version="1.0" >
```

Die Vergabe von XML Namespaces wurde vom W3C spezifiziert und ist seit Anfang 1999 standardisiert. Die generelle Aufgabe eines Namensraumes ist es, sicher zu stellen, dass Konflikte, die durch gleiche Namensvergabe für unterschiedliche *Tags* entstehen, aufgelöst werden. Dies geschieht durch Vergabe eines Präfix, der jeweils vor die *Tags* gestellt wird, z.B.

> **<buch**:titel>   oder   **<person**:titel>

Der Präfix steht als Abkürzung für den eigentlichen Namensraum in Form eines URI. Der URI ist eine Konvention für einen eindeutigen Identifier. Bei XML ist dieser eine URL, hinter der aber nichts steht, außer dass sie so und nicht anders heißt. Keine Webseite, kein Link, lediglich eine Buchstabenreihenfolge – es findet auch kein Internetzugriff statt. Aber warum nimmt man dann eine URL? Antwort: Weil damit relativ sicher gestellt ist, dass diese Buchstabenreihenfolge "unique" (einmalig) ist im Web.

In diesem Fall geht die Bedeutung jedoch noch weiter. Mit Hilfe dieser Angabe wird vom XSLT-Prozessor eine Formalprüfung des XSL-Dokuments vorgenommen. (hier ist **xsl** der Platzhalter für http://www.w3.org/1999/XSL/Transform.

Beispiel

Die XSL-Datei *xml99.xsl* ist eine Alternative zur XSL-Datei *xml03.xsl*. Beide können für die Transformation des XML-Dokuments *xml03.xml* eingesetzt werden. Sie führen beide zur gleichen HTML-Ausgabe, referenzieren jedoch unterschiedliche Namensräume und benötigen deswegen eine unterschiedliche Syntax.

Selbsttest

• Änderung der XSL-Referenzierung in Datei *xml03.xml*

• Anzeige der Datei *xml03.xml* im Browser

Wo liegen die Syntax-Unterschiede in den beiden XSL-Dateien?

7.6.3   Transformation per Java-Programm

Wie arbeitet ein XSLT-Prozessor?

Die Eingabe für einen XSLT-Prozessor kann eine Datei sein. Aus dieser Quelle wird zunächst ein DOM-Tree im Speicher erstellt. Dann wird dieser Baum mit Hilfe der Angaben in einem Stylesheet so manipuliert, dass ein Zielbaum entsteht, der dann im gewünschten Format ausgegeben wird.

Der XSLT-Prozessor benötigt also zwei Quellen (XML-Dokument und Stylesheet) und die Angabe der Zieldatei. Der **Aufruf** des XSLT-Prozessor kann erfolgen aus einer CMD-Line oder aus einem Java-Programm (auch aus einem Servlet) heraus. Die Transformation kann erfolgen:

- von einem XML-Dokument in ein anderes XML-Dokument
- von einem XML-Dokument in HTML
- von einem XML-Dokument in Plain-Text (flat-ASCII-File).

Um eine Transformation aus einer CMD-Line zu starten, ist folgender Command einzugeben:

```
x:\JT\kap07\TransformJava>java org.apache.xalan.xslt.Process
-IN buch.xml -XSL buch.xsl  -OUT ausgabe.txt
```

Das Programm erwartet drei Aufruf-Parameter: nämlich die Dateinamen für IN, XSL und OUT. In diesem Beispiel wird die Text-Datei *ausgabe.txt* neu erstellt.

Wie arbeitet Java mit dem XSLT-Prozessor zusammen?

Um eine JAXP-Implementierung zum Transformieren innerhalb einer Java-Application zu verwenden, wird zunächst ein XSL-Prozessor-Objekt erzeugt. Hierzu wird (ebenso wie beim Parser-Einsatz) eine Fabrikmethode *newInstance()* aufgerufen. Zusätzlich werden folgende Objekte für die eigentliche Transformation benötigt:

- zwei *StreamSource*-Objekte
  (eins für das XML-Dokument und eins für das XSL-Stylesheet),
  Instanzen von StreamSource-Klassen erwarten den XML-Eingabestrom und die
  Informationen, die für den Aufbau des Result-Trees notwendig sind

- ein *StreamResult*-Objekt
  für die Ausgabedatei.

Als Ein-/Ausgabe können definiert werden:

- beliebige Streams (z.B. Dateien)
- DOM-Baum im Speicher
- SAX-Events.

Erläuterungen zum Programm *Transform01.java*

Die Source-Programme zu diesem Abschnitt stehen im Ordner *x:\jt\kap07\TransformJava*.

Das Programm *Transform01.java* soll das XML-Dokument *buch.xml* mit Hilfe der Regeln in *buch.xsl* zu Plain-Text transformieren und aufbereiten und das Ergebnis in die Datei *buch.txt* ausgeben.

Erläuterungen zum Programm *Transform02.java*

Dieses Programm soll das XML-Dokument transformieren in das CSV-Format. Das Format CSV (*Comma Separated Values)* besteht aus Zeilen, deren einzelnen Begriffe durch ein Trennsymbol (z.B. Komma oder Semikolon) voneinander getrennt sind. Dies ist ein einfaches **ASCII-Format**, das von Programmen wie Excel, Access usw. gelesen und verarbeitet werden kann.

Auch hier gibt es wiederum zwei Möglichkeiten, wie die Transformation durchgeführt wird: entweder komplett durch Java-Codierungen oder mit Hilfe von Stylesheets. Das Beispiel zeigt die zweite Variante: das Stylesheet *buchcsv.xsl* enthält folgende Transformationsregeln:

wenn der *Tag* <buch> gefunden wird, wird nacheinander der Inhalt von Autor, Titel und Preis ausgegeben. Das Trennsymbol ; (Semikolon) wird als **Konstante** in die ASCII-Datei eingefügt, weil dies in dem XSL-Template so codiert wurde.

Die Java-Sourcen *Transform02.java* und *Transform01.java* sind inhaltlich identisch, denn die unterschiedliche Transformation wird gesteuert lediglich durch unterschiedliche XSL-Dateien.

Das Ergebnis steht in Datei *buch.csv*

Zusammenfassung

XSL ist eine funktionale Programmiersprache zur Transformation wohlgeformter XML-Dokumente in beliebige Streams, z.B. in HTML- oder XML-Format oder auch in ASCII-Files. Die Reihenfolge der Transformationsregeln ("templates") spielt keine Rolle.

JAXP bietet den Abstraktionslayer nicht nur für DOM- und SAX-Parser, sondern auch für den Einsatz von XSLT-Prozessoren. JAXP definiert das Interface, nicht die Implementierung. Diese wird zur Run-Time über die Class *TransformerFactory*, die in Systemproperties vom Systemverwalter festgelegt wird, bestimmt. Die Factory dient zur Erzeugung verschiedener Ausprägungen der XSLT-Implementierungen. Mit der Methode *newInstance()* erstellt eine Instanz des XSLT-Prozessors.

Das Vorläufer-API der Transformation war "TrAX". Es ist seit JAXP-1.1. integriert.

7.7   Generieren von XML-Dokumenten

7.7.1   Generieren per Java-Codierungen

Wie können XML-Dokumente per Java-Programm erstellt werden?

Für das Erzeugen von XML-Dokumenten per Java-Programm gibt es viele Möglichkeiten. Insbesondere beim Arbeiten mit Datenbanken unterstützen viele Hersteller die Ausgabe der Daten in XML (Beispiel: DB/2 mit Extender).

In JAXP ist der Weg standardisiert, wie ein DOM-Baum in einen Stream ausgegeben werden kann: mit der *transform-Componente*.

Darüber hinaus gibt es hierfür einige implementierungs-abhängige Möglichkeiten, z.B.

- im *org.apache.xml.serialize*-Package von XERCES oder

- die x*mlDocument.write(OutputStream)*-Methode von Crimson,

aber diese Varianten sind nicht portabel.

Außerdem gibt es die Möglichkeit, mit XMLEncoders und XMLDecoders den Inhalt von Java-Objekten persistent zu machen. Dies wird in dem nächsten Abschnitt demonstriert.

Wir werden in diesem Abschnitt zunächst mit dem proprietären *Serialize*-Package von Apache arbeiten. Dieses API serialisiert den aktuellen Status eines DOM-Objekts und schreibt den Inhalt in einen Ausgabe-Stream. Danach wird in dem Programm *Generieren01.java* das standardmäßig mitgelieferte Transformer-Package eingesetzt.

Die Source-Programme zu diesem Abschnitt stehen im Ordner *x:\jt\kap07\Generieren01*.

Erläuterungen zum Programm *Serialize01.java*

Das Programm erstellt aus einer XML-Datei (*"adressen.xml"*) einen DOM-Tree. Dieser könnte dann im Speicher manipuliert werden. Am Programmende wird die Baumstruktur in einen Stream (Standardausgabe, Bildschirm) ausgegeben.

Testen *Serialize01.java*

Nach Aufruf von *java Serialize01* wird im CMD-Fenster die Struktur angezeigt. Achtung: Im Classpath müssen verfügbar sein:

- *dom.jar* und

- *xercesImpl.jar*.

Abb. 7.7.1: Testen des Programms *Serialize01*

Erläuterungen zum Programm *Serialize02.java*

Dieses Programm hat eine ähnliche Aufgabenstellung: es wird zunächst ein DOM-Tree im Speicher aufgebaut und dieser Baum zum Schluss in eine Datei (*"DOM-Test.xml"*) ausgegeben. Allerdings wird der Inhalt des Baumes komplett neu erstellt und nicht aus einer bestehenden XML-Datei geparsed.

Testen *Serialize02.class*

Nach der Ausführung dieses Programms kann das Ergebnis überprüft werden, indem der Inhalt der erzeugten Datei *DOMTest.xml* in einem Browser angezeigt wird.

Aufgabenstellung *Generieren01.java/ParseFlat.java*

Dieses Programm soll mit der Methode *transform()* aus einer beliebigen Quelle eine XML-Datei erstellen.

Unsere Source-Datei ist eine Flat-File (*"adressen.txt"*) mit Angaben zu einer Person. Daraus soll per Programm eine XML-Datei (*"adressen.xml"*) generiert werden. Der Methode *transfrom()* wird per Parameter mitgeteilt, dass die Eingabe aus einer SAX-Source kommt. Eine Besonderheit dieses Programms ist, dass der erforderliche SAX-Parser ein handgeschriebenes Programm ist: *"ParseFlat.java"*. Dieser "Parser" implementiert *XMLReader*. Er liest die Zeilen der Text-Datei und ruft Callback-Methoden für die diversen Ereignisse auf, damit die Anwendung auf diese Parsing-Events reagieren kann.

Testen *Generieren01.class*

Aufruf durch *java Generieren01*. Das Ergebnis ist das XML-Dokument *adressen.xml*

7.7.2   Generieren aus Java-Objekten

Wir haben gesehen, dass es für das Erzeugen von XML-Dateien aus Java-Objekten unterschiedliche Verfahren gibt:

- mit dem Serialization-API

  - kompletten DOM-Tree serialisieren als XML

- mit der JAXP-Methode *transform()*

Jetzt werden wir eine weitere Möglichkeit kennen lernen, nämlich ENCODE und DECODE. Die Verfahren setzen JavaBeans voraus.

XMLDecoder / XMLEncoder

Dieses Framework (API und Implementierung) wurde neu eingeführt mit Java J2SE 1.4.0. Es ermöglicht die Serialisierung von Java-Objekten in beliebige Dateiformate und das Wiederherstellen dieser Objekte im Hauptspeicher. Damit arbeitet die beiden Klassen *XMLDecoder* und *XMLEncoder* genau wie die bereits bekannten Klassen *ObjectOutputStrem* bzw. *ObjectInputStream*.

Neu ist jedoch, dass die Ausgabe nicht als (unleserliches und programmabhängiges) Binärformat erfolgt, sondern als XML-Dokument.

Aufgabenstellung *CreateXML01.java*

Die   Source-Programme   zu   diesem   Abschnitt   stehen   im   Ordner *x:\jt\kap07\Generieren02*.

Die nachfolgenden Beispiele arbeiten mit **XMLDecoder/XMLEncoder**. Eine **Implementierung** dieses APIs, nämlich die Serialisierung von Java-Beans nach XML (und auch umgekehrt: für die Erzeugung von Java-Beans aus XML-Dokumenten), ist seit J2SE 1.4.0 integriert.

Das Programm *CreateXML01.java* soll (**String**-)Instanzen, die sich im Hauptspeicher befinden, persistent machen. Die Ausgabedatei (*stars.xml*) soll ein XML-Dokument enthalten:

```
<?xml version="1.0" encoding="UTF-8"?>
<java version="1.4.2_04" class="java.beans.XMLDecoder">
 <string>Jennifer Lopez</string>
 <string>Britney Spears</string>
</java>
```

Abb. 7.7.2: Ergebnisdokument *stars.xml*

Anschließend soll dasselbe Programm die Flat-File einlesen, aus den XML-Daten neue String-Instanzen erstellen und den Inhalt der zweiten Instanz am Bildschirm ausgeben:

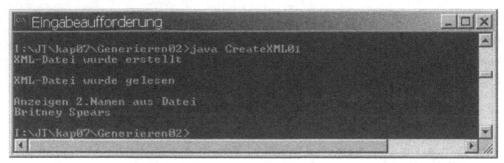

Abb. 7.7.3: Testen CreateXML01

Aufgabenstellung *CreateXML02.java/Personen.java*

Das Programm *CreateXML02.java* soll mehrere Instanzen der JavaBean *Personen* erstellen und diese anschließend im XML-Format in der Datei *namen.xml* sichern.

Anschließend soll dasselbe Programm das XML-Dokument aus der Flat-File einlesen, aus den XML-Daten neue Instanzen der Class Personen erstellen und den Inhalt der ersten Instanz am Bildschirm ausgeben.

Die neu erstellte Datei namen.xml enthält nicht nur die Daten in XML-Codierung , sondern auch Informationen über die Bean-Class:

```xml
<?xml version="1.0" encoding="UTF-8"?>
<java version="1.4.2_04" class="java.beans.XMLDecoder">
 <object class="Personen">
  <void property="identnr">
   <int>4711</int>
  </void>
  <void property="name">
   <string>Klaus</string>
  </void>
 </object>
 <object class="Personen">
  <void property="identnr">
   <int>4712</int>
  </void>
  <void property="name">
   <string>Peter</string>
  </void>
 </object>
</java>
```

Abb. 7.7.4: Ergebnis-Dokument *namen.xml*

7.8   JDOM

Was versteht man unter JDOM?

DOM wurde von W3C standardisiert und ist ein **programmiersprachen-unabhängiges** API für das Einlesen und zur Verfügung stellen von XML-Dokumenten im Hauptspeicher.

Diese Sprachen-Unabhängigkeit ist der größte Vorteil und gleichzeitig der größte Nachteil des Standard-APIs. Denn es wird zwar die größtmögliche Flexibilität erreicht, jedoch mit dem Nachteil, dass spezielle Möglichkeiten z.B. von Java nicht ausgenutzt werden können, denn der Standard umfaßt den kleinsten gemeinsamen Nenner aller Sprachen.

So ist das JAVA-API für DOM eher umständlich. Das hat dazu geführt, dass (ein Novum!) ein bestehendes generelles API speziell für die Java-Sprache neu formuliert wurde – und zwar nun optimiert auf die Fähigkeiten, die Java bietet (z.B. durch die Nutzung des Collection-API). Dieses API nennt sich **JDOM.**

Wie arbeitet JDOM?

JDOM bietet genau wie DOM eine Baumrepräsentation des XML-Dokuments. Die Methoden zum Zugreifen auf die einzelnen Elemente (Knoten, Nodes) sind jedoch exakt auf Java zugeschnitten.

Es ist auch nicht wie beim W3C-DOM, dass nur Interfaces beschrieben sind, die dann von beliebigen Produkten implementiert werden, sondern JDOM umfasst neben den API-Beschreibungen auch die Klassen für die Realisierung. Dadurch wird die Codierung vereinfacht, es entfallen z.B.

* das Arbeiten mit einer Factory

* das Erstellen einer Parser-Instanz.

Voraussetzungen zum Arbeiten mit JDOM

Derzeit ist JDOM noch nicht Bestandteil von J2SDK. Deswegen muß *jdom.jar* explizit eingebunden werden z.B. durch das Kopieren dieser File in:

> *d:\sun\jdk\jre\lib\endorsed\jdom.jar;*

anschließend den CLASSPATH ergänzen um:

```
set classpath=%classpath%;d:\sun\jdk\jre\lib\endorsed\jdom.jar;
```

Aufgabenstellung Programm *x:\jt\kap07\jdom\JDOM.java*

Es soll ein neues XML-Dokument mit JDOM erzeugt werden. Dazu wird zunächst der Baum im Hauptspeicher angelegt. Am Programmende wird der Inhalt am Bildschirm ausgegeben.

Testen des Programms *JDOMCreate01.class*

Aufrufen durch:

x:\JT\kap07\JDOM>java JDOM01

Ergebnis ist:

```
<?xml version="1.0" encoding="UTF-8"?>
<adressen>
     <vorname>Regina</vorname>
     <nachname>Meinders</nachname>
</adressen>
```

Abb. 7.7.5: Testergebnis *JDOMCreate01*

8 Web-Services und Java

Die "Java 2 Platform, Enterprise Edition" enthält seit der Version 1.4. die volle Unterstützung für das Erstellen, Deployen und Ausführen von Web-Services. Die Anforderungen wurden definiert in diversen JSR (Java Specification Request), z.B. JSR 153, JSR 921 oder JSR 101. Diese wurden Ende 2003 in den Java-Standard übernommen. Die wichtigste Komponente ist das JAX-RPC API. Es definiert die Unterstützung von Web-Services, basierend auf Servlets und Enterprise-Java-Beans. Durch die Integration der Web-Services in den J2EE-Standard ist es jetzt möglich, dass beliebige Clients und nicht nur J2EE-Componenten auf EJB (allerdings nur *stateless Session Beans*) und Servlets zugreifen können.

Außerdem wurden Spezifikationen definiert, die das Deployment für Web-Services standardisieren.

Dieses Kapitel beschreibt die Bedeutung und die Einsatzmöglichkeiten von Web-Services. Die damit verbundenen programmier-neutralen Standards wie SOAP, UDDI und WSDL werden mit Beispielen vorgestellt und danach die chronologische Entwicklung, beginnend vom einfachen "XML over HTTP" bis hin zu den neuesten Java-Standards wie JAX-RPC oder SAAJ - wiederum mit praktischen Beispielen - deutlich gemacht.

Die Beispiele für das JAX-RPC sind exakt auf die beschriebene Run-Time-Umgebung und das mitgelieferte Deploytool abgestimmt (sie basieren zum Teil auf Samples aus dem J2EE-Tutorial, wurden jedoch angepasst an die Strukturen dieses Buches).

Bei Wechsel der Plattform kann es Probleme geben. Deswegen empfehle ich, sich exakt an die Installationsvoraussetzungen und an die Hinweise zum Deployment zu halten. Versionsabweichungen, insbesondere der Einsatz von älteren Run-Time-Plattformen, führen zu Inkompatibilitäten und somit zu Programmabbrüchen. Varianten dieser Lösungen und ergänzende Hinweise sind im J2EE-Tutorial zu finden.

8.1 Einführung Web-Services

Was sind Web-Services?

Web-Services sind verteilte Anwendungen, die in einer beliebigen Sprache geschrieben werden und die von einem beliebigen Client mit XML-formatierten HTTP-Requests genutzt werden können.

In Java sind Web-Services Programme, die in Servlet- oder EJB-Containern laufen können und mit Hilfe eines URI von Clients adressiert werden. Vergleichbar sind

Webservices mit *stateless* Session Beans. Der Application-Server benötigt die entsprechende Unterstützung (u.a. einen SOAP-Prozessor) und einen speziellen Deployment-Descriptor pro Web-Service.

Grundlage der Web-Services sind drei bewährte Standard-Technologien des Internet:

* XML   = als Austauschformat zwischen den Applikationen

* HTTP   = als Basis für den Transport der XML-Nachrichten.

* URL   = als Basis für die Adressierung von Ressourcen.

Web-**Services** sind nicht zu verwechseln mit Web-**Applikation** (Servlets, JSPs), die zwar auch im Servlet-Container laufen, aber:

* Web-Apps werden gestartet entweder durch manuelle Eingabe einer URL im Browser oder durch eine festgelegte URL in einer HTML-Seite - meistens in Verbindung mit einem "HTML-Formular", das einen Submit-Button enthält.

* Web-Apps haben die Aufgabe, den HTTP-Response zu erstellen und mit dynamischen Inhalten zu füllen (= Zusammenstellen der HTML-Ausgabe).

Web-Services dagegen

* bieten Services für andere Programm-Componenten an ("program-to-program")

* ermöglichen die Interaktion zwischen beliebiger Software auf beliebigen Plattformen

* haben einen eindeutigen Identifier (URI, hier auch „Endpoint" genannt) und

* können automatisiert gesucht und genutzt werden ohne menschliche Aktionen.

Service für beliebige Clients

Die Dienste eines Web-Service sollen von Clients genutzt werden können, ohne dass bei der Erstellung der verteilten Applikation der Partner bereits bekannt ist. Es soll keinerlei Abhängigkeiten zwischen dem Client ("Requestor") und dem Server ("Provider") geben. Zur Ausführungszeit des Clients soll der Aufruf nicht so erfolgen, dass durch Bedieneraktion ein vorgegebenes Serverprogramm gestartet wird, sondern das Client-Programm soll in der Lage sein

* den Provider und den Endpoint des Service programmgesteuert zu suchen

* die für den Aufbau und Durchführung der Kommunikation notwendigen Programmbefehle automatisch zu erstellen.

Sprachen- und Plattform-Unabhängigkeit

Web-Services sind ein Bündel von verschiedenen Techniken und Tools für die Zusammenarbeit von Applikationen im Internet. Allen gemeinsam ist die Nutzung von offenen Standards. Die beiden wichtigsten Vereinbarungen werden von Organisationen wie W3C oder IETF definiert und sind programmiersprachen-neutral: XML und HTTP.

Die **Interfaces** der Software-Komponenten werden in einem sprachneutralen XML-Dokument beschrieben ("WSDL", dazu später mehr). Der **Austausch der Nachrichten** erfolgt ebenfalls in Form von XML-Daten ("SOAP", auch dazu später mehr). Als Transport-Protokoll dient HTTP.

In der Praxis gibt es Web-Services entweder für die offene Java-Plattform oder für die Microsoft-Technologie .NET. Durch Einsatz von Web-Service-Standards ist die Interaktion zwischen diesen Welten problemlos möglich (= "Interoperabilität"). Interessanterweise spricht man von "Collaboration" - und vielleicht trifft die deutsche Bedeutung von Kollaboration die Situation im IT-Markt ganz gut: damit ist nämlich eine freiwillige Zusammenarbeit (mit dem Feind) gemeint, die (auch) gegen die Interessen der eigenen Nation gerichtet sein können.

Unterschiede zu anderen Architekturen für verteilte Applikationen

Trotz aller Bemühungen um Unabhängigkeit gibt es in der herkömmlichen Client-/Server-Welt eine relativ enge Kopplung zwischen dem Client-Programm und der Server-Komponente, denn die Client-Anwendung wird typischerweise für eine bestimmte Server-Leistung programmiert und ist auf langfristige Zusammenarbeit angelegt: der Client arbeitet mit **seinem** Heimatserver zusammen.

Bei RMI– und EJB-Anwendungen ist man dabei im Wesentlichen auf die Java-Sprache beschränkt. DCOM-Programme laufen nur auf der Microsoft-Plattform. Selbst bei CORBA ist der Entwickler darauf angewiesen, dass die Partner-Anwendung ebenfalls mit CORBA arbeitet und dass auf der Gegenseite die geforderte Infrastruktur (wie ORB Object Request Broker) zur Verfügung steht.

Und alle diese Architekturen für verteilte Anwendungen haben außerdem gemeinsam, dass zur **Entwicklungszeit** (beim Codieren) der Client-Entwickler exakte Informationen über die Schnittstelle des Server-Programms haben muss. Und zur **Compile-Zeit** muss eine Programm-Komponente vorhanden sein, die das Server-Programm repräsentiert ("Interface", IDL). Diese Abhängigkeiten führen dazu, dass

- der Entwickler der Client-Anwendung eng mit dem Entwickler der Server-Anwendung kooperieren muss (oder – am besten - mit ihm identisch ist),

- Änderungen auf der Server-Seite auch Auswirkungen auf bestehende Client-Programme haben können und umgekehrt.

Architekturmodell für Web-Services

Web-Service gehen einen anderen Weg. Diese Programme stellen Funktionen zur Verfügung, die nicht abgestimmt sind auf andere (bereits vorhandene oder definierte) Programm-Komponenten, sondern zunächst *unabhängig* und für sich allein einsetzbar sind. Dadurch soll eine "lose Kopplung" mit den Requestor-Programmen erreicht werden, die es ermöglicht, dass die Partner sich erst zur Ausführungszeit kennen lernen und sich dann ad-hoc verbinden, eventuell sogar nur für eine einmalige Zusammenarbeit.

Dahinter steckt eine Vision, die auch als "Service Oriented Architecure (SOA)" bezeichnet wird.

Was ist SOA (service oriented architecture)?

In diesem Architekturmodell werden drei Rollen definiert, die alle notwendigen Interaktionen durchführen: der Provider, der Consumer/Requestor und eine Registrierungsstelle für die Services. Der **Provider** stellt das Interface und die Implementierung zur Verfügung. Der **Requester** ist der Nutzer des Service. Die **Registry** dient als Repository, bei dem der Provider seine Dienstleistung publiziert. Der Consumer durchsucht programm-technisch die Registry, und dann wird der Client-Zugriff dynamisch erstellt.

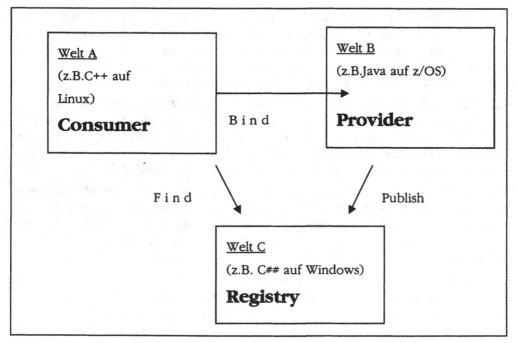

Abb. 8.1.1: SOA (Service Oriented Architecture-Model)

Services in diesem Modell sind "stateless", d.h. weder Requester noch Provider speichern eine Instanz über die Kommunikation.

Stand der Entwicklung

Auf jeden Fall ist es ein wesentliches Ziel, völlige Programmiersprachen- und Plattformunabhängigkeit zu erreichen (ähnlich wie es CORBA will). Die Web-Services sollen sowohl mit Java-Clients als auch mit .NET-Clients zusammen arbeiten können.

Die Standardisierung ist noch nicht endgültig verabschiedet, und ihre Entwicklung ist ständig im Fluss. Jeder Hersteller versucht, seine Vorstellungen durchzusetzen. Das führt auch dazu, dass etliche Standardisierungsvorschläge noch nicht von allen Herstellern unterstützt werden. Andere versuchen, durch proprietäre Erweiterungen die gröbsten Mängel zu umgehen.

In Java ist seit "Java2 SDK Enterprise Edition 1.4" die Unterstützung von Web-Services integriert. Große Teile der gesamten Architektur fehlen jedoch noch.

Die wichtigsten Web-Service-Technologien

Mit Webservices sind vor allem drei Begriffe verbunden: SOAP, WSDL und UDDI. Im Einzelnen:

a) Merkmale von SOAP

- SOAP ist eine Protokolldefinition, die beschreibt, wie XML-codierte Daten ausgetauscht werden können. Das Datenpaket wird als *Envelope* bezeichnet.

- SOAP beschreibt die Envelope-Struktur,

    - legt die Encoding-Regeln (Unicode, Datentypen) fest und

    - definiert die Konventionen für den Request und den Response.

- Die Daten sind reine Textdaten. Als Transport-Protokoll wird HTTP eingesetzt (andere sind möglich).

b) Beschreibung von WSDL

Der Client für Web-Services benötigt beim Einsatz der Dienste natürlich Informationen darüber, wie die Informationen des bereitgestellten Dienstes strukturiert sind, wie das Nachrichtenformat für Parameter und Ergebnisse aussieht und wie das Mapping der Datentypen auf die Notwendigkeiten für die jeweilige Programmiersprache erfolgt.

Während in einem reinen Java-Umfeld die RMI-Stubs/Skeletons anhand der Java-Interfaces erstellt werden, gibt es für die Schnittstellenbeschreibungen von Web-Services eine spezielle Sprache und eine eigene Datei: die WSDL-File (hier sind Ähnlichkeiten mit der "Interface Description Language IDL" von CORBA).

Die WSDL-Datei ist dann die Basis für das Erstellen von **Stubs**, die auf der Client-Seite benötigt werden, und von **Ties**, die auf der Serverseite benötigt werden.

WSDL ist das Ergebnis einer Zusammenarbeit von IBM und Microsoft.

c) Merkmale von UDDI

- UDDI ist die Registry für Web-Services. Es handelt sich um einen Standard für das Registrieren von Firmen-Informationen und Web-Services-Beschreibungen.

- UDDI stellt außerdem einen Mechanismus für Clients zur Verfügung, um automatisiert Web-Services zu finden Der Client kann die Registry durchsuchen, um herauszufinden, welches Unternehmen den gesuchten Service anbietet.

Evolution des WWW

Die Nutzung des Web vollzog sich in Stufen:

- Ursprünglich konnten sich die Clients lediglich statische Inhalte in Form von HTML-Seiten anzeigen. Das Protokoll ist **HTTP**, die Verwaltung und Zurverfügungstellung der HTML-Dateien wird von einem HTTP-Server erledigt.

- In der nächsten Phase wurden die Inhalte programmtechnisch („dynamisch") erstellt. Der Client ruft ein Server-Programm (Servlet) auf, das eine HTML-Seite generiert. Die Ausführung des Servlets erfordert einen Web-Application-Server.

- Dann wurde die Server-Seite ergänzt um Enterprise-Techniken. Transaktionsverwaltung, Sessionsteuerung und Persistenz sind die Aufgaben der Enterprise Java Bean (EJBs). EJBs laufen in einem speziellen EJB-Container. Der EJB-Container wird nicht über HTTP angesprochen, sondern arbeitet mit dem **RMI/IIOP**-Protokoll. Außerdem ist der Einsatz eines JNDI-fähigen Namensservers Pflicht.

- Die bislang letzte Stufe der Entwicklung sind Web-Services. Sie sind die logische Weiterentwicklung aller bisherigen Architekturen für verteilte Anwendungen. Mit Hilfe dieser Technik sollen unabhängige Client-Programme über das Internet Service-Module   benutzen können, die per URI adressiert werden und mit denen per XML-Dokumente kommuniziert werden kann. Das verwendete Protokoll heißt **SOAP**.

Zusammenfassung

Web-Services sind eine Technologie für die Zusammenarbeit von Applikationen im Internet. Die beiden entscheidenden Gründe für den Einsatz von Web-Services sind: sie ermöglichen "sercives on demand", und sie sind die Basis für die Integration von heterogenen Plattformen. Dies wird möglich durch den generellen Einsatz von XML:

- Services werden definiert durch ein implementierungs-unabhängiges Interface, enthalten in XML-Dokumenten:("WSDL")

- Services werden aufgerufen durch ein Protokoll, das Lokationstransparenz bietet und plattform-unabhängigen Datenaustausch ermöglicht ("SOAP").

- Services werden publiziert in einer Registry, die mit XML-Dokumenten (SOAP-Envelopes) gelesen oder geschrieben werden kann ("UDDI").

314

8.2   Bedeutung der Web-Services

Anwendungsbeispiele für Web-Services

Web-Services haben also als Ziel, dass Anwendungen miteinander kooperieren, die

- lose gekoppelt sind
- sich über das Internet finden und die
- sich ad hoc verbinden.

Das bedeutet, dass bei der Entwicklung einer Client-Anwendung weder die konkreten Servicenamen noch die Art und Anzahl der Parameter bekannt sein müssen. Sie können zur Ausführungszeit ermittelt werden, und erst dann werden die konkreten Programmbefehle für die Kommunikation mit dem Server generiert.

Die Vision ist, dass so genannte **"On-Demand"**-Interaktionen zwischen diesen Software-Komponenten erfolgen. Die Ziele dabei können sein:

a) Nutzen von Software nur nach Bedarf:

- Programme suchen sich für bestimmte Aufgabenstellungen Spezialmodule und prüfen, ob diese im Web verfügbar sind, z.B. für Währungsumrechnung, Sprachenübersetzung, Abwicklung von Zollformalitäten, Kreditkartenprüfung...

b) Vereinfachung der Geschäftsabläufe:

- Waren- oder Dienstleistungsangebote suchen nach Kriterien (wer ist der Billigste/Schnellste z.B. für einen Versandweg)
- Intelligente Agénten, z. B: für Auktionen
- Automatisierte Nachbestellung von Artikeln

c) Vereinfachung der Zusammenarbeit von Unternehmen:

- Dokumentenaustausch (Rechnungen, Bestellungen automatisieren (= verbessertes EDI)
- Messaging-Systeme zum Nachrichtenaustausch

d) Erfüllung privater Bedürfnisse:

- Reservierungen / Buchungen von Reisen ermöglichen (Bahn, Auto, Hotel...)
- Suche und Reservierung von Restaurants
- Suche nach Pannendienst
- Informationen über Kinoprogramme ...

Abgrenzung zu anderer Middleware für "distributed processing"

Ideen und Architekturen für die Entwicklung von verteilten Anwendungen gibt es seit mehr als 30 Jahren. Die Herausforderungen sind immer gleichgeblieben:

- Unabhängigkeit der kooperierenden Programm-Module voneinander

- Überwindung von Problemen durch heterogene Plattformen oder Sprachen.

Konkrete Modelle sind:

- DCOM   (Nachteil: proprietär, nur innerhalb der Microsoft-Welt)

- RMI   (Nachteil: sprachenabhängig, nur innerhalb der Java-Welt)

- CORBA (Nachteil: kompliziert, aufwändig für Internet-Applikationen).

All diesen Componenten-Modellen gemeinsam ist, dass sich die Partner auf ein Verfahren einigen müssen, weil die Zusammenarbeit nur innerhalb der vereinbarten IT-Landschaft funktioniert: entweder werden proprietäre Protokolle eingesetzt (DCOM, RMI/JRMP) oder die Protokolle sind nicht gut geeignet für das Web, weil weder HTTP- noch Firewall-Themen gut gelöst sind (GIOP/IIOP). Das stört in den Fällen nicht so sehr, wo es um firmeninterne Lösungen geht und / oder wo die Zusammenarbeit auf Dauer angelegt ist. Für e-business-Lösungen ist eine solche Festlegung nicht möglich, denn man hat es mit externen Partnern zu tun, und häufig handelt es sich um eine temporäre Zusammenarbeit.

Um die geforderte Unabhängigkeit zu erreichen, haben Web-Services folgende Merkmale:

- Sie basieren ausschließlich auf Internet-Techniken (XML. HTTP), d.h. es ist keine zusätzliche Infrastruktur notwendig.

- Sie verwenden ausschließlich offene Standards.

- Das Servicemodul ist eine selbstständige Einheit, d.h. es wird programmiert ohne Abhängigkeiten zu den (möglichen) Client-Programmen.

- Das Client-Programm muss keine "hard-coded" Aufrufe enthalten, es kann erstellt werden, ohne dass das Interface des Webservices vorliegt (= "lose Kopplung").

- Möglichst viele Aktivitäten werden zur Laufzeit (und nicht zur Compilezeit) durchgeführt: erst dann wird der Service gesucht, gefunden und die Zugriffsroutinen generiert.

- Durch die Offenheit und Standardisierung ist es möglich, auch fremde Komponenten einzubinden ("Collaboration"). Die Clients können **Java**-Clients oder auch **.NET**-Clients sein.

Zusammenfassung

Web Services sind Software-Module, auf die mit Mitteln, die durch die Web-Infrastruktur zur Verfügung stehen, zugegriffen wird:

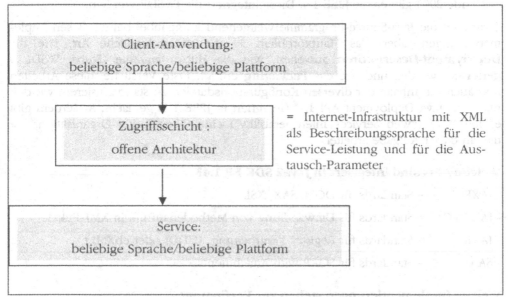

.Abb. 8.2.1: Web-Services als Bindeglied zwischen den Architekturen

8.3   Installationsvoraussetzungen Web-Services

Generelle Problematik

Web-Services sind "heiß"; ständig werden neue Themen diskutiert, Standards sind z.T. noch nicht verabschiedet. Ein einheitliches Framework fehlt noch vollständig. Die Einzelteile für die Entwicklung von Web-Services müssen derzeit noch mühselig zusammen gesucht werden.

Viele Tools und APIs beruhen auf proprietären Erweiterungen.

Die Gründe hierfür liegen nicht nur in der Schnelllebigkeit, sondern auch in dem Machtkampf, der heftig geführt wird, z.B. zwischen den Plattformen **JAVA** und **.NET**. Jeder Hersteller versucht, seine Ausgangsbasis zu verbessern, indem seine Vorstellungen in die Standards übernommen werden.

Derzeit gibt es vor allem drei **Java-Frameworks** für die Entwicklung und die Ausführung von Web-Services:

        AXIS   (von Apache)

        WSTK   (Web Service Toolkit, von IBM)

JWSDP   (Java Web Services Developer Pack, von Sun),
             wird als Zusatz zum J2EE installiert, wenn
             keine J2EE 1.4. vorhanden ist.

Seit Ende 2003 gibt es die J2EE 1.4. Diese integriert die JWSDP von Sun.

Zwar sind die Java-Source-Programme weitgehend kompatibel bei all diesen Implementierungen, aber: das Hauptproblem ist die unterschiedliche Art, wie die **Deployment-Descriptoren** aussehen, wie die Hilfsprogramme (Stubs, WSDL...) **generiert** werden und wie das **Packaging** erfolgt. Erste Versuche, diese Arbeiten und auch die Inhalte der diversen Konfigurationsdateien zu standardisieren, wurden mit dem "Java Deployment API 1.1" (integriert in J2EE 1.4) gemacht. Außerdem gibt es mit WS-I ("Web Services Interoperability") eine Open-Source-Organisation, die u.a. an dieser Aufgabe arbeitet.

Welche APIs sind integriert in Java2 SDK EE 1.4?

- JAXP   = Standards für DOM, SAX, XSLT

- JAX-RPC   = Standards für Umwandlung von Methodenaufrufe in XML-Pakete

- JAXR   = Standards für Registry-Verarbeitung (UDDI oder ebXML)

- SAAJ   = Standards für SOAP with Attachments

Welche Implementierungen stehen zur Verfügung?

- Application-Server (= die Services laufen als Servlets oder EJBs); ist Teil des J2EE-Bundles

- ein **Registry Server (= UDDI**-Implementierung), ist nicht Teil des J2EE-Bundles. Es gibt ein separates Paket „Java Web-Services Developer Pack JWSDP" mit einem integrierten Registry Server, dieses werden wir im Bedarfsfall installieren und einsetzen. Damit verbunden ist dann der Einsatz von Tomcat als Web-Server (siehe Abschnitt: JAXR).

Zusätzlich werden diverse JAR-File eingesetzt, in denen die Implementierungen gepackt sind:

- saaj-impl.jar

- dom.jar

- xercesImpl.jar

- xmlrpc-1.2-b1.jar

- soap.jar

- mail.jar.

Die einzelnen Abschnitte enthalten Hinweise, wie die Installation dieser JAR-Files erfolgen muss und wie die CLASSPATH-Environment–Variable anzupassen ist.

Welche Tools werden eingesetzt?

Für die diversen Generierungsarbeiten wird das ASANT-Build-Tool eingesetzt (= Compile, Generierung, Packaging, Deploy).

Die zentrale Datei zum Erstellen einer Anwendung mit ASANT ist eine **build.properties.** Sie muss editiert und angepasst werden. Die Datei befindet sich in

```
x:\jt\kap08\common\build.properties
```

und sie muss folgende Ergänzungen bekommen:
```
tutorial.home=x:/sun
username=xxx
password=yyy
```

Username und Password wurde bei der Installation vergeben (siehe Kapitel 9, Installation).

Achtung: Die größte Fehlerquelle ist hier der **/ (nicht Backslash**!). Dies gilt auch für WINDOWS-Systeme.

8.4   Programmier-unabhängige Standards

8.4.1   SOAP

Was ist SOAP?

SOAP definiert ein Protokoll für den Austausch von XML-Daten. Die zu sendenden oder empfangenden Daten können folgende Funktion haben:

- Sie können *beliebige Dokumente* sein, dessen Aufbau und Inhalt vom Empfänger individuell interpretiert wird (= "Messaging"- oder „Dokument-Stil").

- Sie können eine *festgelegte Struktur* haben, weil sie eine definierte Aufgabe erfüllen – nämlich den Aufruf einer remoten Prozedur, die Parameter empfängt und ein Ergebnis zurückliefert (= "RPC-Stil").

Die SOAP-Nachricht kann theoretisch mit jedem beliebigen Transport-Protokoll verschickt werden - im praktischen Einsatz ist jedoch vor allem HTTP. Durch SOAP wird definiert:

- Wie ist die Message aufgebaut, die sich im HTTP-Request/-Response befindet?

- Welches Verschlüsselungsverfahren wird gewählt?

- Wie werden die Nachrichten verschickt und empfangen?

SOAP ist programmiersprachen-unabhängig.

Hinweis: Die Bezeichnung "SOAP" ist seit SOAP 1.2. kein Akronym mehr, wohl deswegen nicht, um Irritationen zu vermeiden wegen SOA „Service Oriented Architecture" (siehe "Einführung Web-Services").

Wie ist eine SOAP-Message aufgebaut?

Jede SOAP-Messages besteht aus (mindestens) einem Umschlag (**"Envelope"**):

* Dort sind Start und Ende der Nachricht definiert (er trägt aber keine Adresse, dafür ist HTTP zuständig).

Innerhalb des Envelopes gibt es zwei Teile:

* den Kopf (**Header**) mit optionalen Attributen (Verwaltungsinformationen wie Security, Transaktionhinweise...) und

* den Rumpf (**Body**) mit den Nutzdaten (serialisierte Datentypen).

Eventuell enthält die SOAP-Message zusätzlich **Attachments** (für binäre Informationen, beschrieben nach dem MIME-Standard, siehe Abschnitt SAAJ)

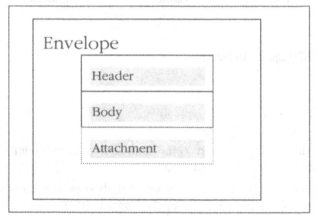

Abb. 8.4.1: SOAP-Envelope und seine Bestandteile

Wie erfolgt die Verschlüsselung (Encoding)?

SOAP verschlüsselt alle zu transportierenden Daten, indem es die Regeln anwendet, die in einem *Schema* festgelegt sind. Im Body wird durch die Angabe

```
encodingStyle="http://schemas.xmlsoap.org/soap/encoding"
```

definiert,

* auf welche Art und Weise die Parameter codiert werden,

* und welche Datentypen es gibt für die Parameter.

Insgesamt unterstützt SOAP über 40 Datentypen, die unabhängig von konkreten Programmiersprachen definiert sind. Dadurch ist sichergestellt, dass mit SOAP die unterschiedlichsten Sprachen miteinander kommunizieren können.

Wie werden SOAP-Nachrichten verschickt und empfangen?

SOAP abstrahiert nicht nur von Programmiersprachen oder Plattformen, sondern auch vom eigentlichen Transport-Protokoll. Die SOAP-Dokumente können also theoretisch mit jedem Protokoll übertragen werden. Wenn dies mit HTTP geschieht, wird mit SOAP der Aufbau des Nutzdatenteils einer HTTP-Requests oder HTTP-Response beschrieben. SOAP ist im Protokoll-Stack oberhalb der Transportprotokolle eingeordnet, so dass sich folgende Layer-Struktur ergibt:

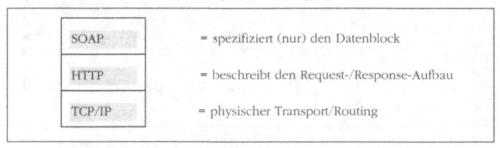

Abb. 8.4.2: Schichtenmodell für SOAP

Welche Kommunikationsarten sind vorgesehen?

Es gibt zwei Arten, wie SOAP eingesetzt werden kann. Mit SOAP kann man komplette Dokumente austauschen oder mittels RPC-Semantik kommunizieren:

Dokument-orientierte Interaktion

- Der Body besteht aus einem beliebigen Dokument, z.B. Geschäftsdaten wie Rechnungen oder Auftragsbestätigungen.

- Der Inhalt muss in jedem Programm immer neu und individuell interpretiert werden.

- Asynchrone Verbindung ist möglich, d.h. der Client schickt die Daten und fährt mit seiner Arbeit fort, ohne auf die Antwort zu warten (weil z.B. der Empfänger die Daten im Batch verarbeitet).

- Dieses Verfahren ist immer sinnvoll, wenn das Datenvolumen hoch ist.

RPC-Interaktion

- Hier hat der Body hat einen festgelegten Aufbau.

- Es ist genau beschrieben, wie die Funktion aufgerufen wird, wie das Senden von Parameter-Elementen erfolgt und wie die *Results* aufgebaut sein müssen.

- RPC setzt eine synchrone Online-Verbindung zwischen den Partnerprogrammen voraus.

- RPC ist immer sinnvoll, falls das Datenvolumen gering ist.

Beispiel eines HTTP-Requests mit SOAP-Message

```
POST  HTTP/1.0
Host: localhost:80
Content-Type: text/xml
Content-Length: 243
SOAPAction: ""


<SOAP-ENV:Envelope
xmlns:SOAP-ENV="http://schemas.xmlsoap.org/soap/envelope/">
<SOAP-ENV:Header/>
        <SOAP-ENV:Body>
          <myns:erwin xmlns:myns="http://host.com.ns/">
            <zahl1 xsi:type="xsd:int">5</zahl1>
            <zahl2 xsi:type="xsd:int">3</zahl2>
          </myns:erwin>
        </SOAP-ENV:Body>
</SOAP-ENV:Envelope>
```

Abb. 8.4.3: HTTP-Request mit SOAP-Message

Erläuterungen:

Die ersten 5 Zeilen sind HTTP-Informationen mit der Angabe des Request-Type ("POST"), der Host-Adresse für diesen Request und der Gesamtlänge der Nachricht.

Danach folgen (aus HTTP-Sicht) die Nutzdaten. Und weil wir SOAP-Daten übertragen, beginnt hier die Beschreibung des Umschlages ("envelopes"). Der Umschlag benutzt den Namespace von SOAP 1.1.

http://schemas.xmlsoap.org/soap/envelope/

und hat zwei Bestandteile: den Header und den Body. Der Body enthält – jetzt aus SOAP-Sicht- die eigentlichen Nutzdaten (in diesem Fall lediglich die beiden Intergerwerte 5 und 3.

Hinweis:

Der Namespace für SOAP 1.2. würde lauten:

http://www.w3.org/2002/06/soap-envelope/

Aufgabenstellung des Programms *SOAPMSGTest.java*

Das Programm soll einen SOAP-**Envelope** erstellen, damit dieser als HTTP-Request verschickt werden kann. Um das Beispiel einfach zu halten, soll der Inhalt des Envelopes lediglich am Bildschirm angezeigt und nicht verschickt werden.

Erläuterungen zum Programm SOAPMSGTest.java

Das Source-Programm zu diesem Abschnitt steht im Ordner *x:\jt\kap08\soap*.

Gearbeitet mit der Class *MessageFactory* und deren Methode *createMessage()*. Danach wird der DOM-Baum im Speicher aufgebaut. Der Inhalt dieses Baums: die Envelope mit Header und Body. Die Datenelemente werden mit Nutzinhalten gefüllt. Und zum Schluss wird der Inhalt der Message nach *System.out* geschrieben.

Classpath ergänzen

Der Classpath muss die JAR-Files für *saaj-impl*, *dom* und *xercesImpl* enthalten Die *class1.bat* – Datei enthält ein Muster für das Setzen dieser Environment – Variablen.

Testen *SOAPMSGTest.class*

Aufruf durch "*I:\JT\kap08\SOAP>java SOAPMSGTest*".

Das Ergebnis ist die Bildschirm-Ausgabe des Envelopes (wegen der Übersichtlichkeit etwas aufbereitet):

```
<SOAP-ENV:Envelope
xmlns:SOAP-ENV="http://schemas.xmlsoap.org/soap/envelope/">
<SOAP-ENV:Header/>
  <SOAP-ENV:Body>
     <meinns:erwin xmlns:meinns="http://erwin.de.namespace/">
        <gruss>Ich gruesse alle Leser</gruss>
     </meinns:erwin>
  </SOAP-ENV:Body>
</SOAP-ENV:Envelope>
```

Abb.8.4.4: Ergebnis des Tests mit *SOAPMSGTest.class*

Zusammenfassung

SOAP ist ein Protokollstandard. Basis ist der Einsatz von XML, sowohl für die Beschreibung des Datenpakets als auch für die Parameter-Definitionen. In SOAP sind zwei Arten der Kommunikation vorgesehen:

- Austausch von XML-Dokumenten (Dokumentenstil mit Send/Receive)
  - ohne dass zwingend eine Antwort erwartet wird

- Unterstützung der asynchronen Kommunikation,
  z.B. für Publishing-Systeme, Mailing-Systeme, Workflow ...).

- RPC-Kommunikation

  - nach Client-/Server-Muster

  - Definition des Schnittstellenformats für synchrone Verbindungen.

  - Definition, wie ein Remote-Proceduren-Call repräsentiert wird in einer Envelope.

Sowohl für die synchrone als auch für die asynchrone Kommunikation ist der Aufbau der dafür notwendigen XML-Dokumente beschrieben: sie bestehen aus Envelopes mit Header und Body. Und es gibt ein API zum Konstruieren dieser SOAP-Envelopes.

8.4.2   UDDI

Was ist UDDI ("Universal Description and Discovery and Integration")?

Unter UDDI versteht man einen Standard für das Arbeiten mit einer Registry. Eine UDDI-Registry ist ein Verzeichnis für

- die Anbieter von Web-Services und

- für die Dienste, die. sie anbieten.

Die UDDI-Schnittstelle definiert nicht nur

- den Aufbau des Verzeichnis und

- die Formate für die Leistungs-Beschreibungen,

sondern auch die programmiersprachen-neutrale Verfahren, mit denen

- Dienste veröffentlich werden   (= "Publishing-API")

- Dienste abgefragt werden   (= "Inquiry-API").

Der UDDI-Dienst ist selbst ein SOAP-basierter Web-Service.

Was steht in der UDDI-Registry?

Die UDDI-Registry kann folgende Angaben enthalten:

- Welche Firma? *(<businessInfo>)*

  - Angaben über den Diensteanbieter(Name, Adresse...)

- Welche Web-Services werden angeboten? *(<serviceInfo>)*

  - Beschreibung der Gruppen/Kategorien der Dienste,
    vergleichbar einem Branchenverzeichnis ("yellow pages")

- Detail-Informationen je Web-Service (*<bindingTemplate>*)

  - Technische Details zum Benutzen eines Services, entweder die WSDL selbst oder die URL, wo die WSDL zu finden sind ("Service Endpoint").

Es ist in einer serviceorientierten Architektur (SOA) zwar nicht zwingend vorge-schrieben, dass eine Registry benutzt wird, doch stellt UDDI eine sehr nützliche Technologie dar, die das Lokalisieren von wiederverwendbaren Services wesentlich erleichtert.

Diese Verzeichnisse können sowohl global zentralisierte Registries als auch private Verzeichnisse für einzelne Unternehmen sein.

Beispiel einer Abfrage

Das folgende Query soll in einer UDDI-Registry suchen nach "*Spirituosen*". Und so könnte der Body in einem SOAP-Envelope aussehen:

```
<find_business generic="1.0" xmlns="urn:uddi-org:api">
    <name>Spirituosen</name>
</find_business>
```

Abb. 8.4.5: SOAP-Envelope für Suchanfrage an UDDI-Server

Beispiel einer Antwort (Datei x:\jt\kap08\uddi*uddimsg.xml*):

Die Datei *uddimsg.xml* enthält den möglichen Response als Ergebnis des obigen Querys:

```
<businessList generic="2.0" xmlns="urn:uddi-org:api_v2"
operator="www.ibm.com/services/uddi" truncated="false">
 <businessInfos>
<businessInfo businessKey="63303BF0-5EE7-12D7-A0C7-000629DC0A53">
        <name>Spirituosen-Herstellung</name>
        <description>Dies ist ein Kraeuterschnaps-
Hersteller</description>
        <serviceInfo serviceKey="F101DFF0-5DD8-11D7-A0C7-000629DC0A53"
                businessKey="94803BF0-5DD8-11D7-A0C7-000629DC0A53">
            <name>Preisermittlung</name>
            </serviceInfo>
        </businessInfo>
    </businessInfos>
</businessList>
```

Abb. 8.4.6: SOAP-Envelope für Ergebnis einer Suchanfrage

Die Datei kann im Browser angezeigt werden – durch Open.

Wie arbeitet man mit der UDDI-Registry?

Auch die UDDI-Spezifikationen sind programmiersprachen-unabhängig. Für den praktischen Einsatz in Java-Programmen gibt es entweder

- ein produktabhängiges (proprietäres) APIs, **abhängig** von der jeweiligen Implementierung oder

- JAXR-API als standardisiertes Verfahren, **unabhängig** von dem Produkt.

Das Arbeiten mit einer UDDI-Registry ist vergleichbar mit dem Arbeiten mit einer Suchmaschine, in der unterschiedliche technische Services gefunden werden können. Allerdings werden die Suchabfragen programmtechnisch erstellt und nicht von einem Bildschirm-User eingetippt. Definiert sind zwei APIs für zwei Arten von Clients - den Publisher und den Consumer:

- Für den Anbieter der Web-Services gibt es das "**Publisher-API**", das beschreibt, wie der Aufbau der SOAP-Message ist, wenn in die Registry geschrieben werden soll (mit *save/delete*).

- Für den Requestor gibt es das "**Consumer-API**", das festlegt, wie das "Discovern" von Dienstleistungen erfolgt (mit *find/getDetails*)

Hat ein Client eine Dienstleistung gefunden, so muss programmtechnisch das Interface (= die WSDL-Information) lokalisiert und gelesen werden. Dann kann die Client-Applikation ergänzt werden um Port-Informationen, und der Request wird nach den Vorgaben der Schnittstelle zusammengestellt.

Alternative Technologie: "ebXML" (electronic business XML)

- bildet die Business-Prozesse auf XML-Schema und nicht auf WSDL ab

- definiert zusätzliche Anforderungen, die erfüllt sein müssen, damit die Partner XML-Dokumente austauschen können:

  - Quality of Service (QoS)

  - Sicherheit

  - Garantiertes Messaging ...

Zusammenfassung

UDDI ist ein Webservice, der per SOAP angesprochen werden kann. Er bietet ein Repository, das andere Webservices enthält.

Bestandteile des UDDI-Standards:

  - Publishing-API (zum Eintragen und Ändern der Registrierung)

  - Inquiry-API (zum Auffinden von registrierten Diensten)

  - Replikation-Protokolle für das Repository.

8.4.3   WSDL

Was ist WSDL (Web Services Description Language)?

Für den Aufruf von Web-Services in Anwendungen ist es Voraussetzung, dass der Client spätestens zur Run-Time die Schnittstellen der Dienstleistung kennt, d.h. er muss die Namen des Programms, der Methoden und die Attribute der fremden Servicekomponente kennen. Außerdem muss er wissen, wie die Ergebnisse zu interpretieren sind, also welchen Datentyp er zurückbekommt.

Für die Beschreibung dieser Informationen gibt es ein programmiersprachen-neutrales Sprachmittel: WSDL. Das ist das XML-Format, mit dem beschrieben wird, aus was die Web-Services bestehen und wie sie angesprochen werden können. Somit ergibt sich für Web-Services folgende Layer-Struktur:

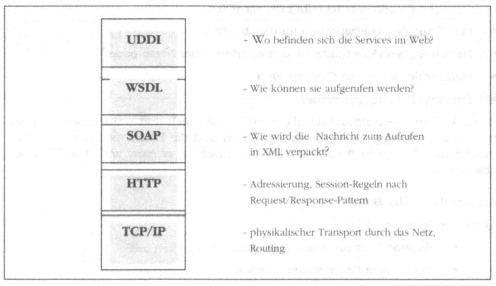

Abb. 8.4.7: Layer-Konzept für Web-Services

WSDL hat die Aufgabe, die Syntax von Webservices-Interfaces so zu beschreiben, dass ein maschineller – oder besser: ein von Applikationen lesbarer - Zugang zum Service entsteht.

Wer erstellt die WSDL-Datei?

Die meisten Java-Webservice-Frameworks verbergen die Details der WSDL-Dokumente. Weder auf der Client-Seite noch auf der Server-Seite wird man wohl mit dem Schreiben und Interpretieren von WSDL-Dateien etwas zu tun haben, sondern es werden Tools eingesetzt, die

- aus den Interface-Beschreibungen der jeweiligen Programmiersprache (z.B. Java Interface) die WSDL-Dateien generieren (= so auf der Server-Seite)

- aus der WSDL-Datei den notwendigen Souce-Code (z.B. in Java) für den Zugriff auf den Service generieren (= so auf der Client-Seite).

Was steht in einer WSDL-Datei?

Eine WSDL-Datei beschreibt die Syntax der Webservice-Interfaces mit XML-Mitteln. Damit wird fremden Applikationen die Möglichkeit gegeben, einen maschinenlesbaren Zugang zum Service zu bekommen. Dies ist die Voraussetzung, damit Requestor- und Service-Programm sich weitgehend automatisiert koppeln können, obwohl der Partner zur Programmerstellungszeit noch gar nicht bekannt war.

WSDL beschreibt die Services als einen Set von **"ENDPOINTS"**, die auf Messages operieren. Im Einzelnen beschreibt man mit WSDL:

- PORT-Angaben (Netzadressen für die *Endpoints*)

- Namen des **Services** (inklusive damit verbundener Namespaces)

- Signatur der möglichen **Operationen**

- Datentyp des Rückgabewertes.

WSDL ist direkt vergleichbar mit IDL von CORBA: auch dort werden programmiersprachen-unabhängig die Methoden-Signaturen und die Datentypen der Ergebnisse beschrieben. Derzeit ist WSDL lediglich ein Vorschlag, er muss noch von W3C verabschiedet werden.

Einsatz der WSDL-Datei

a) auf der Server-Seite:

- Skeleton (= Implementierung) generieren

- Deployment Descriptoren erstellen

b) auf der Client-Seite

Bei herkömmlichen Client-/Server-Applicationen findet die Integration des Clients mit dem Server über Proxy-Klassen statt, die zur Entwicklungszeit bekannt und zur Compilezeit vorhanden sein müssen.

Bei Webservice kann der Client die WSDL-Datei zur Run-Time vom sendenden Service herunter laden und die so gewonnenen Informationen einsetzen, um den Code zu generieren, der für die Zusammenstellung der Messages zuständig ist. Die WSDL-Datei bildet also die Basis für die Stub-/Tie-Erstellung, d.h. abhängig von der jeweiligen Programmiersprache wird der Implementierungscode automatisch aus den WSDL-Definitionen generiert.

Beispiele *WSDL01.wsdl*

Im Ordner *x:\jt\kap08\wsdl* steht eine Beispieldatei, lediglich, um zu demonstrieren, wie das Interface eines Webservice mit XML nach den WSDL-Standards beschrieben sein könnte. Durch OPEN im Browser kann der Inhalt dieses XML-Dokuments angezeigt werden.

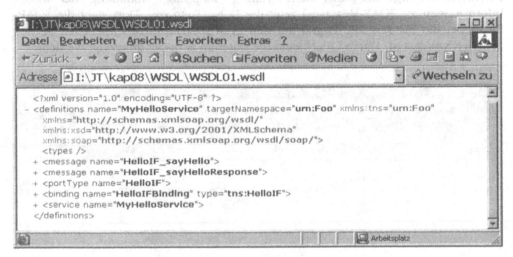

```
<?xml version="1.0" encoding="UTF-8" ?>
- <definitions name="MyHelloService" targetNamespace="urn:Foo" xmlns:tns="urn:Foo"
  xmlns="http://schemas.xmlsoap.org/wsdl/"
  xmlns:xsd="http://www.w3.org/2001/XMLSchema"
  xmlns:soap="http://schemas.xmlsoap.org/wsdl/soap/">
  <types />
+ <message name="HelloIF_sayHello">
+ <message name="HelloIF_sayHelloResponse">
+ <portType name="HelloIF">
+ <binding name="HelloIFBinding" type="tns:HelloIF">
+ <service name="MyHelloService">
</definitions>
```

Abb. 8.4.8: WSDL-Datei (komprimierte Darstellung)

Erläuterungen zum Inhalt der WSDL-Datei

Durch Anklicken des + (Plus-)Zeichens im Browser werden detaillierte Angaben zu den einzelnen Elementen angezeigt.

- Element *<definitions>*: Hier werden die Namensräume aufgeführt, die von diesem Dokument verwendet werden und die von diesem Dokument erzeugt werden.

- Element *<message>*: beschreibt jede einzelne Prozeduren und die Daten, die ausgetauscht werden können.

- Element *<portType>*: enthält die Beschreibung des Service Endpoints. Ein Porttype ist ein abstraktes Set von Operationen, welche einem oder mehreren Endpunkten zugeordnet werden. Und hier werden die Bestandteile des kompletten Porttypes beschrieben (welche Operationen gibt es? wie heißen die einzelnen Messages?).

- Element *<binding >*: hiermit erfolgt die Zuordnung des Service Endpoints zu einem konkreten Übertragungsprotokoll (z.B. HTTP), außerdem wird mit einem Schlüsselwort die Art des Datenaustauschs festgelegt (z.B. RPC-Stil).

- Element *<service>*: in diesem Element steht die Adresse des Web-Service (URL)

Beispiel *SOAP.xml*

Stubs haben u.a. die Aufgabe, gemeinsam mit der SOAP-Engine die Envelope für den Request zusammen zu stellen. Alle dafür notwendigen Informationen können aus den WSDL-Beschreibungen geholt werden.

Ein mögliches Ergebnis dieser Generierung (= Mapping, "Abbildung" der WSDL-Informationen zu SOAP-Messages) zeigt die Datei *Soap.xml*. Dort steht die SOAP-Envelope, die für den RPC-Zugriff auf den in *WSDL01.xml* beschriebenen Service generiert worden ist. Durch OPEN kann die Datei im Browser angezeigt werden:

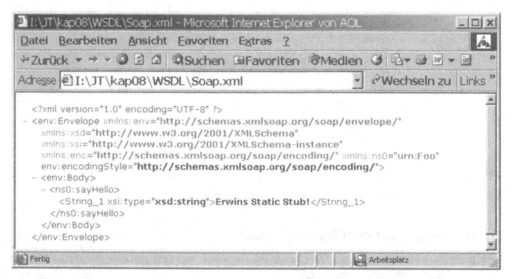

Abb. 8.4.9: SOAP-Message für den RPC-Stil, generiert aus WSDL

Zusammenfassung

- WSDL ist ein festgelegtes XML-Vokabular, um Web-Services zu beschreiben.

- Die WSDL-Beschreibungen enthalten u.a. den Namen des Service, die Location, die Methodensignaturen, den Datentyp des Rückgabewertes.

- Außerdem enthält die WSDL-Datei Informationen zum Kommunikationsprotokoll, mit dem der Service anzusprechen ist.

- Es ist möglich, die WSDL-Definitionen automatisch zu generieren (nämlich aus den existierenden Interfaces und Implementationen).

- Ziel ist außerdem das maschinelle Mapping ("Abbilden", Erzeugen) der WSDL-Informationen auf einen SOAP-Message-Request.

8.5   Einführende Beispiele

8.5.1.   XML - RPC

Was ist RPC ("Remote Procedure Call")

Der Aufruf einer Prozedur (in Java: Methode), die sich *nicht* im eigenen Adressraum befindet, nennt man ganz allgemein „RPC". Gestartet wird diese *remote* Prozedur vom Client-Programm durch einen CALL-Aufruf. Dabei können Parameter mitgegeben werden. Der Aufruf wird zunächst von einem Proxy/Stub empfangen und dann über das Netz an die remote Implementierung weiter gegeben, dort verarbeitet und die Ergebnisse an den Aufrufer über Proxy/Tie zurückgegeben. Der Client wartet nach dem Aufruf, bis eine Antwort (evtl. mit Ergebnis) vom Server-Programm eintrifft, d.h. die Partner haben sich synchronisiert.

Generelles Ziel: Das Client-Programm soll so mit der remoten Funktion arbeiten können, als wäre sie lokal vorhanden.

In Java nennt man dieses Verfahren "RMI". Das ist die objektorientierte Variante von RPC. Bei RMI können serialisierte Objekte als Parameter übertragen werden.

Was ist XML-RPC?

Die ersten Ideen zu diesem Protokoll wurden 1998 unter dem Titel "RPC over HTTP via XML" veröffentlicht. Kurze Zeit später gab es Implementierungen für viele Programmiersprachen (PHP, Perl, C, Java ...). Bei XML-RPC wird XML eingesetzt, um den RPC-Aufruf zu verpacken, d.h. die Parameter und Ergebnisse werden nicht als proprietäre Datentypen ausgetauscht, sondern als sprachen-unabhängiger ASCII-Text, der mit XML strukturiert ist und als XML-Dokument verschickt wird.

Das Transportprotokoll ist HTTP; die Daten-Codierung des Datenteils im Request und Response erfolgt mit XML. Es handelt sich also um erste Versuche, Spezifikationen und Implementierungen anzubieten, die es erlauben, Methodenaufrufe zwischen verschiedenen Systemen und Sprachen mit XML durchzuführen. Dies hat natürlich nicht immer etwas mit Web-Services zu tun, denn es wird lediglich spezifiziert, wie ein Methodenaufrufs in ein XML-Dokument eingepackt und dann im Message-Body des HTTP-Requests versandt wird.

XML-RPC versus RMI

Bei XML-RPC wird als Protokoll nicht IIOP oder JRMP eingesetzt wie bei RMI, sondern es wird das bewährte HTTP-Protokoll genutzt. Die Daten selbst sind mit dem offenen XML-Standard beschrieben. Damit ist die als Middleware eingesetzte Software völlig beliebig: Client und Server-Anwendung können mit offenen oder proprietären Produkten arbeiten. Wichtig ist nur, dass jeder Teilnehmer Module zum

Aufbauen und Auseinandernehmen von XML-Dokumenten einsetzt. Das HTTP-Protokoll ist ohnehin vorhanden.

XML-RPC versus CORBA

Corba ist ein hersteller-neutraler Standard zum Entwickeln von verteilten, objektorientierten Anwendungen. Ein erhebliches Problem ist die Komplexität. Das erschwert nicht nur die Einarbeitung, sondern macht auch die Implementierung schwierig - zumal eine exakte Abstimmung zwischen den beteiligten Partnern über den Corba-Einsatz notwendig ist.

Es setzt voraus, dass beide Partner eine Corba-Implementierung auf ihrem System installiert haben. Außerdem ist Corba ursprünglich unabhängig von der Internet-Entwicklung entstanden. Das bedeutet, es kann Probleme geben bei der Integration mit der vorhandenen Firewall-/Proxy-Infrastruktur. Praktische Anwendungen gibt es im Wesentlichen für C++ und Java.

Wie arbeitet RPC bzw. RMI genau?

Prinzipiell gilt, dass Client und Server synchron arbeiten. Gestartet wird die Kommunikation immer vom Client - das Serverprogramm muss bereit sein, den Client-Request zu empfangen. Auf der Client-Seite ist Voraussetzung, dass

- die *Signatur* (Name, Parameter) und der Ergebnistyp der remoten Prozedur bekannt und

- die Parameter für den Aufruf zusammen gestellt sind.

Beim Call-Aufruf durch den Client läuft dann eine Kette von Aktivitäten ab:

a) **Send** des Aufrufs:

- Der Call-Aufruf wird zunächst durch ein lokales Programm verarbeitet, das als Stellvertreter der remoten Funktion vorbereitende Arbeiten durchführt:

    - Nutzdaten (Programmname, Prozedurname, Parameter) als XML-Dokument zusammenstellen (= wird auch als „Marshalling" bezeichnet)

    - Datenpaket laut eingesetztem Protokoll (z.B. HTTP) zusammenstellen

    - Nutzdaten (XML-Dokument) dem HTTP-Request hinzufügen)

    - Leitungsverbindung zum Partner herstellen (TCP/IP) und HTTP-Request mit Socket-Befehlen übertragen.

b) dann: ...**Warten...**, bis Antwort eintrifft ....

c) **Receive** der Ergebnisse:

- Das empfangende Paket wird zunächst wieder von einem Hilfsprogramm entgegen genommen. Dieses übernimmt alle notwendigen Routinearbeiten:

    - die Netzaktivitäten (d.h. Socket-Programmierung)

- Datenpaket als HTTP-Response interpretieren

- den Nutzdatenteil als XML-Dokument erkennen und "parsen"
  (dieses Auspacken wird allgemein auch als "Unmarshalling" bezeichnet)

Von dem Codieren dieser umfangreichen Tätigkeiten ist der Anwendungsprogrammierer befreit. Zur Ausführungszeit werden diese Funktionen von Programmen übernommen, die automatisch generiert worden sind.

Es müssen also Tools zur Verfügung stehen, die anhand der WSDL-Beschreibungen (= Schnittstelleninformationen) diese Hilfsprogramme implementieren. Diese generierten Programme heißen je nach Plattform Stub, Skeleton, Proxy oder Tie. Generell ergibt sich auf jeder Seite ein Aufbau in zwei Schichten, wobei die Daten von oben nach unten fließen und über die Socket-Verbindung transportiert werden:

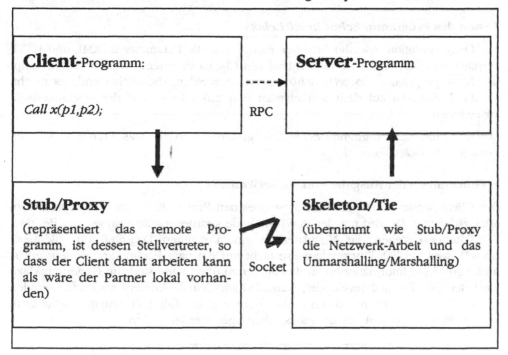

Abb. 8.5.1: Was machen Stubs und Skeletons?

Installations-Voraussetzung für Java

Apache bietet eine XML-RPC-Implementierung für Java. Die Klassen befinden sich im Archiv

```
„xmlrpc-1.2-b1.jar".
```

Dieses Archiv sollte kopiert werden in den Folder

„x:\sun\jdk\jre\lib\endorsed".

Danach nicht vergessen, den Classpath zu ergänzen (siehe Muster in *class1.bat*).

Aufgabenstellung zum Programm *EchoClient01.java*

Alle Source-Programme zu diesem Abschnitt stehen im Ordner *x:\jt\kap08\xmlrpc*.

Das Programm *EchoClient01.java* soll die entfernte Methode *echo()*aufrufen und die Strings "Erwin" und "Merker" als Parameter mitliefern. Dies soll nicht mit dem Java-proprietären RMI erfolgen, sondern mit dem offenen Standard "xml-rpc", d.h. das Serverprogramm könnte in einer beliebigen Sprache geschrieben sein. Die Methode *echo()* soll adressiert werden durch eine URL (Domain plus Port). Die Port-Nr. ist 1500.

Testen des Programm *EchoClient01.class*

Zur Dokumentation, wie der Methodenaufruf und die Parameter in XML und HTTP verpackt werden, muss vor dem Aufruf des Clients in einem zweiten CMD-Prompt das Serverprogramm "*SocketWatch01*" gestartet werden, das nichts anderes macht, als die Daten, die auf dem vereinbarten Port ankommen, auf der Systemkonsole auszugeben.

Danach kann das Programm *EchoClient* gestartet werden. Das Ergebnis steht im Fenster von *SocketWatch01*.

Erläuterungen der Ausgabe von *SocketWatch01.java*

Der Client sendet einen HTTP-Request über den Port 1500 an das Serverprogramm *SocketWatch01*. Es wird mit der POST-Methode gearbeitet. Zur Erinnerung: Bei dem POST-Request stehen die Nutzdaten in einem eigenen Datenteil (im "Request-Body"), weil bei POST normalerweise nicht nur ein paar Parameter, sondern etwas umfangreichere Informationen an den Server zu übertragen sind. Im Gegensatz dazu wird der GET-Request verwendet, wenn lediglich ein Dokument abgerufen werden soll und zusätzlich eventuell nur einige wenige Daten (als URL-Anhang, sichtbar in Klarschrift im Adressteil des Browsers) übertragen werden sollen.

HTTP-Request-**HEADER**	HTTP-Request-**BODY**:
(= enthält HTTP-Infos)	(= enthält Nutzdaten)

Abb. 8.5.2: HTTP-Request

Der Header-Teil ist vom Body durch eine Leerzeile getrennt.

Der **Header** hat folgenden Inhalt:

```
POST /RPC2 HTTP/1.1
Content-Length: 157
Content-Type: text/xml
Cache-Control: no-cache
Pragma: no-cache
User-Agent: Java/1.4.2_01
Host: localhost:1500
Accept: text/html, image/gif, image/jpeg, *; q=.2, */*; q=.2
Connection: keep-alive
```

Abb. 8.5.3: Header-Teil des HTTP-Requests

Der **Body** des POST-Requests enthält die Nutzdaten für das Anwendungsprogramm, allerdings verpackt als XML-Dokument:

```
<?xml version="1.0" encoding="ISO-8859-1"?>
<methodCall><methodName>echo </methodName>
        <params>
        <param><value>Erwin</value></param>
        <param><value>Merker</value></param>
        </params>
</methodCall>
```

Abb. 8.5.4: Body-Teil des HTTP-Request

Das Anwendungsprogramm sendet lediglich folgende Java-Message:

```
client.execute("echo", params)
```

und die Implementierung in *org.apache.xmlrpc* sorgt für die Generierung dieses XML-Dokuments.

Während der Request-Header vom HTTP-Server verarbeitet wird, werden die Daten im Request-Body zur Weiterverarbeitung an das eigentliche Verarbeitungsprogramm weitergereicht. Dabei muss auf der Serverseite das Programm, das die aufgerufene Methode enthält, bekannt sein. Wie dies funktioniert, ist implementierungsabhängig.

Arbeiten mit einem echten Server-Programm *WebServer.class*

Die XML-RPC-Library enthält einen kleinen HTTP-Server, dessen einziger Zweck die Verarbeitung und Weitergabe von XML-RPC-Requests ist. Wenn kein entsprechender HTTP-Server zur Verfügung steht, kann mit diesem Programm gearbeitet werden. Es wird wie folgt gestartet (für Port 1500):

```
„java org.apache.xmlrpc.WebServer 1500"
```

Danach erfolgt in einem zweiten Fenster der Aufruf des Clients durch:

Abb. 8.5.5: Testen des Client-Programms

Hinweise zum Programm *RPCDatentypen.java*

Das Programm *RPCDatentypen.java* demonstriert den Einsatz der möglichen Datentypen in XML-RPC. Testen z.B. mit dem Datentyp "struct" durch:

    I:\JT\kap08\XMLRPC>\java RPCDatentypen **struct**

Achtung: Vorher *SocketWatch01*.class starten, damit der Inhalt des Requests auf dem
Bildschirm angezeigt wird:

```
<?xml version="1.0" encoding="ISO-8859-1"?>
<methodCall><methodName>test.testStruct</methodName>
<params><param>
  <value><struct>
        <member><name>Nachname</name><value>Merker</value></member>
        <member><name>Vorname</name><value>Erwin</value></member>
  </struct></value>
</param></params>
</methodCall>
```

Abb. 8.5.6: HTTP-Request mit XML-RPC-Aufruf (Parameter als Struktur)

Zusammenfassung

- XML-RPC basiert auf dem RPC-Modell: der Client ruft mit *execute()* eine remote
  Prozedur auf.

- Beim Aufruf der *execute()*-Methode werden Name der Methode und die Parameter mitgegeben. Das Framework sorgt für die Generierung des XML-
  Datenstroms.

- Neu ist der Einsatz von HTTP und XML:

  - HTTP ist das Transport-Protokoll und

  - XML wird benutzt für das "Encoding" des Methodennamens, der Parame-
    ter und des Ergebnisses.

8.5.2　　　SOAP-RPC

Was ist SOAP – RPC?

SOAP-RPC ist eine Weiterentwicklung von XML-RPC. In SOAP-RPC benutzt man den SOAP-Standard, um die entfernten Methodenaufrufe per HTTP zu transportieren. Mit SOAP wurde die Envelope-Struktur eingeführt. Ein Envelope besteht aus dem Header für Zusatzinformationen und dem Body für die Daten.

SOAP-RPC benutzt diesen SOAP-Standard, um Daten an ein remotes Programm zu senden bzw. Daten zu empfangen, d.h. die Daten werden in ein Envelope gepackt und im HTTP-Body transportiert.

SOAP-RPC versus XML-RPC

Beide Protokolle arbeiten ähnlich: durch Middleware werden die zu sendenden Daten (z.B. ein Prozeduren-Call) umgewandelt in ein XML-Dokument (= Marshalling), das dann über HTTP transportiert wird. Während XML-RPC lediglich beschreibt, wie Methodenaufrufe und der Parameteraustausch (z.B. erlaubte Datentypen) per XML und damit über Systemgrenzen hinweg funktioniert, ist SOAP ein *generelles Protokoll* für das Verpacken von Nutzdaten. Es standardisiert den Methodenaufruf (als Teil der **ENVELOPEs).** Außerdem unterstützt SOAP zusammengesetzte Datentypen (struct, array) und XML-Schemas.

Aufgabenstellung *WSClient01.java/WebService01.java*

Die Source-Programme zu diesem Abschnitt stehen im Ordner *x:\jt\kap08\soaprpc*.

Wir wollen eine Standalone-Java-Application (*WSClient01*) schreiben, die ein Servlet (*WebService01*) aufruft. Der Aufruf der Servlet-Methoden soll in einem SOAP-Envelope stehen. Mit *send()* wird die Envelope an die URL des Webservers geschickt und dort vom Servlet *"Webservice01.class"* verarbeitet. Um das Programm einfach zu halten besteht die "Verarbeitung" jedoch lediglich aus dem Anzeigen der eingegangenen Daten auf der Systemkonsole. Eine Antwort vom Server müsste der Client mit *receive()* entgegennehmen.

Installationsvoraussetzungen

Es wird die Bibliothek *soap.jar* benötigt. Diese enthält das Paket *org.apache.soap*.

Kopieren der Jar-File in:

```
x:\sun\jdk\jre\lib\endorsed\...
```

Zusätzlich muss die *mail.jar* im Classpath aufgeführt sein.

Deswegen muss der CLASSPATH ergänzt werden um (siehe Muster-Datei *class1.bat*):

```
h:\sun\jdk\jre\lib\endorsed\soap.jar;h:\sun\lib\mail.jar
```

natürlich zusätzlich zu der vorhandenen *j2ee.jar*.

Umwandlung

```
I:\JT\kap08\SOAPRPC>javac WSClient01.java
I:\JT\kap08\SOAPRPC>javac WebService01.java
```

Servlet packen und Deployvorgang vorbereiten

Das Servlet, mit dem unsere Client-Anwendung Daten austauscht, ist ein "normales" Servlet, das jedoch in der Lage sein muss, den Inhalt des Request-Bereich zu lesen und entsprechend für die Verarbeitung zu interpretieren. Das heißt in diesem Fall lediglich: das Servlet liest den Datenteil des HTTP-Requests zeilenweise und gibt ihn (unverändert) auf *System.out* aus.

- Starten des Application-Server

- Starten des Deploy-Tools

- FILE I NEW I WebComponent

  - WAR-Location eingeben: *x:\JT\kap08\soaprpc\WS01.war*

  - EDIT CONTENTS

  - Class-File der Servlet-Class hinzufügen

  - ADD, OK, NEXT, NEXT

  - Im Fenster "Choose Component Type" den Typ "Servlet" lassen, denn dies Programm ist noch kein „echter" Web-Service (dazu kommen wir später), sondern ein ganz normales Servlet

  - Servlet-Class aus Listbox auswählen

- FINISH

- Context-Root vergeben: */WS01*

- Servlet auswählen und ALIAS vergeben: */WebS01*

- FILE I **SAVE**

Servlet *WebService01.class* deployen

- Im Deploytool anklicken: Tools I Deploy

An dieser Stelle noch einmal der Hinweis: Dieser Vorgang kann einige Minuten dauern. Bitte Geduld, bis folgende Nachrichten kommen:

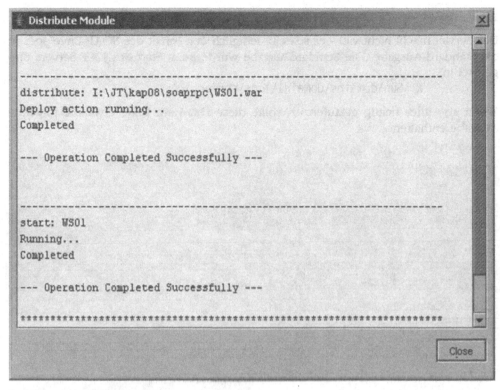

```
Distribute Module                                              X

-----------------------------------------------------------------

distribute: I:\JT\kap08\soaprpc\WS01.war
Deploy action running...
Completed


--- Operation Completed Successfully ---



-----------------------------------------------------------------

start: WS01
Running...
Completed


--- Operation Completed Successfully ---

*****************************************************************

                                                      Close
```

Abb. 8.5.7: Protokoll des Deploy-Vorgangs

Testen

- Application-Server muss gestartet sein

- CLASSPATH muss richtig gesetzt sein (d.h. *soap.jar* und *mail.jar* müssen im Zugriff sein)

- Aufruf des Client-Programms:

```
Eingabeaufforderung                                        _ □ X

I:\JT\kap08\SOAPRPC>set classpath
classpath=h:\sun\lib\endorsed\soap.jar;h:\sun\lib\mail.jar;h:\sun\lib\j2ee.jar;.
;;

I:\JT\kap08\SOAPRPC>java WSClient01
SOAP-Anfrage senden...
SOAP-Anfrage gesendet
I:\JT\kap08\SOAPRPC>_
```

Abb. 8.5.8: Testen des Clients

Ergebnisse

Das Servlet macht nicht viel - es schreibt lediglich den Inhalt des SOAP-Envelopes in die Standard-Ausgabe. Die Standardausgabe wurde beim Start des J2EE-Servers umgeleitet in:

```
x:\Sun\domains\domain1\logs\server.log
```

Wenn also alles richtig gelaufen ist, sollte diese Datei am Ende etwa die folgende Ausgabe enthalten:

[#|2004-06-10T08:28:44.406+0200|INFO|sun-appserver-pe8.0|javax.enterprise.system.stream.out|_ThreadID=13;|Request eingegangen. Inhalt ist:|#]

[#|2004-06-10T08:28:44.437+0200|INFO|sun-appserver-pe8.0|javax.enterprise.system.stream.out|_ThreadID=13;|

<?xml version=' 1.0' encoding=' UTF-8' ?>|#]

[#|2004-06-10T08:28:44.437+0200|INFO|sun-appserver-pe8.0|javax.enterprise.system.stream.out|_ThreadID=13;|

<SOAP-ENV:Envelope   xmlns:SOAP-ENV="http://schemas.xmlsoap.org/soap/envelope/" xmlns:xsi="http://www.w3.org/2001/XMLSchema-instance" xmlns:xsd="http://www.w3.org/2001/XMLSchema">|#]

|#|2004-06-10T08:28:44.437+0200|INFO|sun-appserver-pe8.0|javax.enterprise.system.stream.out|_ThreadID=13;|

<SOAP-ENV:Body>|#]

[#|2004-06-10T08:28:44.437+0200|INFO|sun-appserver-pe8.0|javax.enterprise.system.stream.out|_ThreadID=13;|

</SOAP-ENV:Body>|#]

[#|2004-06-10T08:28:44.437+0200|INFO|sun-appserver-pe8.0|javax.enterprise.system.stream.out|_ThreadID=13;|

</SOAP-ENV:Envelope>|#]

[#|2004-06-10T08:28:44.437+0200|INFO|sun-appserver-pe8.0|javax.enterprise.system.stream.out|_ThreadID=13;|

Servlet zur Soap-Verarbeitung beendet|#]

Abb. 8.5.9: Testergebnis des Programm *WSClient01*

Hinweis: Das Protokoll ist etwas „geschwätzig". Deswegen nicht verwirren lassen, auf das Wesentliche reduziert, sieht die Ausgabe etwa so aus:

```
Request eingegangen. Inhalt ist:
<?xml version='1.0' encoding='UTF-8'?>
<SOAP-ENV:Envelope
xmlns:SOAP-ENV=http://schemas.xmlsoap.org/soap/envelope/
xmlns:xsi="http://www.w3.org/2001/XMLSchema-instance"
xmlns:xsd="http://www.w3.org/2001/XMLSchema">
<SOAP-ENV:Body>
</SOAP-ENV:Body>
</SOAP-ENV:Envelope>
Servlet zur Soap-Verarbeitung beendet
```

Abb. 8.5.10: (Aufbereitetes) Testergebnis des Programms *WSCLient01*

Erläuterungen zum Servlet *WebService01.java*

Wie jedes Servlet, ist auch das Programm *WebService01* gebunden an das HTTP-Protokoll. Es erweitert die Class *HttpServlet* und wird von der Run-Time-Umgebung (= Servlet-Container) gestartet, sobald ein Client-Request eintrifft.

Der Servlet-Container ruft dann die Life-Cycle-Methode *service()* auf. Diese wiederum ruft (abhängig von der Art des Requests) entweder die *doPost()* oder die *do-Get()*-Methode auf. In diesem Beispiel handelt es sich um einen Post-Request, deswegen ist in dem Servlet diese Methode überschrieben worden. Die Verarbeitung des Eingabe-Stroms erfolgt in einer Schleife: mit *readLine()* wird der Inhalt gelesen und sofort wieder ausgegeben auf *System.out*.

```
if (request.getContentLength() > 0) {
     try {
          BufferedReader reader=request.getReader();
          String line=null;
          do {
               line=reader.readLine();
               if (line != null) {
                    System.out.println(line);
               }
          }
          while(line!=null);
     }
```

Abb. 8.5.11: Einlesen des SOAP-Envelopes und Ausgeben auf *System.out*

8.6   Java-Standards für XML-basiertes Messaging

8.6.1   Einführung Java-Standards

Welche Standards gibt es?

Im Kapitel 7 (XML und Java) haben wir bereits die Java-Standards für das Parsen, für das Transformieren und für das Generieren von XML-Dokumenten besprochen (= JAXP-API). In der Java-Plattform gibt es darüber hinaus eine Reihe von weiteren Standard-APIs für **den Austausch von XML-Dokumenten** zwischen Programmen, die sich in verschiedenen Systemen befinden. Dies sind gleichzeitig auch die Basis-Standards für Webservices.

Ab Java2 SDK EE 1.4. werden folgende Key-Technologien als Standard-APIs unterstützt:

*   SAAJ   (= API für Message-Austausch zwischen Clients und Web-Services)

*   JAX-RPC (= API für den CALL von Web-Services)

*   JAXR   (= API für das Publizieren und Suchen in XML-Registries)

Der wichtigste Standard ist JAX-RPC ("Java API for XML-based RPC". Dadurch wird es traditionellen Client-/Server-Programmen möglich, mit einem XML-basierten Protokoll remote Methoden aufzurufen und als Transport-Protokoll das bewährte HTTP zu nutzen.

Eine JAX-RPC-basierte Web-Service-Implementierung kann mit Clients zusammen arbeiten, die auf beliebigen Plattformen und in beliebiger Programmiersprache codiert sind.

Im Vergleich zu JAX-RPC ist SAAJ ein Low-Level-API: es spezifiziert die Erstellung und Verarbeitung von allgemeinen Nachrichten nach dem SOAP-Standard.

Wie in Java üblich, sind all diese Standards produkt-unabhängig. So werden z.B. durch JAXR die diversen proprietären Lösungen für das Arbeiten mit UDDI-Registry auf *ein* Verfahren reduziert und vereinheitlicht.

Erläuterungen zu den Java-Standards

Das allgemeine API für das XML-basiertes Messaging ist SAAJ. Es beschreibt Verfahren, wie XML-Dokumente in Form von Envelopes ausgetauscht werden können. Der Inhalt und der Aufbau des Envelopes ist abhängig von der Funktion, die das XML-Dokument erfüllen soll. So muss unterschieden werden, ob die Zusammenarbeit der verteilten Applikationen darin besteht, dass eine entfernte **Prozedur gestartet** (RPC-Stil) wird oder ob lediglich **Daten übertragen** (Dokumenten-Stil) werden. Hier eine Gegenüberstellung beider Verfahren:

	RPC-Stil	Dokumenten-Stil
Was steht im Message-Body?	Collection von Parametern	Ein strukturiertes Dokument
Was ist dieAufgabe der Client-Seite?	Methodenaufruf (über Service-Interface/Proxy)	Dokument zusammenstellen und verschicken
Wie erfolgt der Aufruf beim Client?	CALL (enthält Request und Response), immer synchron	Send/Receive (auch asynchron möglich)
Was ist die Aufgabe des Empfängers	Parameter "mappen" in native Datenstrukturen	Dokument parsen (laut XML-Schema)
Welche JAVA-API gilt?	**JAX-RPC**	**JAXM**

Abb. 8.6.1: RPC-Stil versus Dokumenten-Stil

JAXM ist noch nicht integriert

JAXM ist das "Java API for XML Messaging". Es beschreibt nicht nur die Java-Methoden, um Messages zu senden, sondern bietet vor allem Standardverfahren, um durch den Einsatz eines "Messaging Providers" den asynchronen Austausch von Messages zu ermöglichen.

Das heißt, wenn ein Client eine Nachricht sendet, dann wird diese zunächst an den "Messaging Provider" geschickt. Dieser verwaltet die Nachrichten in einer Queue und ist verantwortlich für die Auslieferung an den Empfänger. JAXM ist hervorragend geeignet für den Austausch von Geschäftsdaten (Bestellungen, Auftragsbestätigungen, Rechnung...), die unabhängig vom Funktionieren der Empfängerseite abgeschickt werden können.

JAXM steht im Package "*javax.xml.messaging*" und ist (noch) nicht integrierter Teil von J2EE 1.4.

Und was ist JAXR?

JAXR stellt ein Java-API zur Verfügung, um UDDI-Registries zu durchsuchen und Informationen zu extrahieren:

*   Welche Firmen bieten Services an?

*   Welche Services gibt es?

*   Wo stehen sie, und wie werden sie angesprochen?

JAXR abstrahiert von den proprietären Eigenschaften der Implementierung und bietet ein neutrales API, unabhängig vom Provider der UDDI-Registry.

8.6.2   SAAJ

Was ist SAAJ   ("SOAP with Attachment API for Java")?

Das standardisierte, allgemeine Java-API für den Dokumentenstil ist SAAJ. Sowohl JAX-RPC (= für den Aufruf von Web-Services) als auch JAXR (= für das Arbeiten mit Registries) sind spezialisierte Varianten dieses Dokumenten-Austauschverfahrens. Mit SAAJ wird standardisiert, wie SOAP-Envelopes in Java konstruiert und von eigenständigen Clients genutzt werden können, um mit einem Web-Service zu kommunizieren. Der Hinweis "with Attachment" im Akronym SAAJ soll bedeuten, dass auch binäre Anhänge nach dem MIME-Protokoll erlaubt sind. SAAJ bietet ein API für das

- Zusammensetzen und das

- Parsen

von SOAP-Nachrichten. Wenn Teile der Nachricht aber kein XML-Format haben (z.B. Binary-Files), **müssen** diese als "Attachment" behandelt werden. Der MIME-Standard definiert den Medientyp und -Subtyp dieser Attachments, z.B.

- image/gif

- image/jpeg.

Das API-Package für SAAJ ist *javax.xml.soap*, es ist in J2EE 1.4. integriert. Außerdem muss das Package mit der Implementierung (*saaj-impl.jar*) im Zugriff sein

Aufgabenstellung Programm *SAAJ01.java*

Die Source-Programme zu diesem Abschnitt stehen im Ordner *x:\jt\kap08\saaj*.

Jetzt wollen wir erstmalig einen echten Web-Service *benutzen*. Es geht also jetzt darum, ein Clientprogramm zu schreiben, das einen Service im Internet aufruft, und zwar soll der WebService den Suchvorgang in einer UDDI-Registry für uns durchführen können. Nur zur Erinnerung: UDDI ist auch ein Web-Service; er macht es möglich, programmtechnisch Dienstleistungen zu entdecken und Informationen über den Einsatz zu interpretieren.

Das Programm soll den UDDI-Server durchsuchen nach dem Suchbegriff "Food" Damit das Programm einfach bleibt, soll sowohl dieses Suchwort als auch die URL des UDDI-Servers ("www-3.ibm.com..") fest im Programm vorgegeben sein. Die einzige Aufgabe des Programms besteht darin, den SOAP-Request zusammen zu stellen und diesen mit *call(msg,endpoint)* zu senden. Die eingehende Antwort soll lediglich auf *System.out* protokolliert werden.

Umwandeln

```
X:\JT\kap08\SAAJ>javac SAAJ01.java
```

Testen *SAAJ01.class*

- Erforderliche Voraussetzung: eine funktionierende Internet-Verbindung (sonst: *"UnknownHostException"*).

- Es werden die jar-Files mit der SAAJ-Implementierung benötigt, zusätzlich zu *j2ee.jar* (siehe Datei *class1.bat*).

- Das Ergebnis ist beispielhaft in der Datei *SAAJ01Erg.txt* dokumentiert, diese enthält

    - das Protokoll des Requests an den UDDI-Server

    - das Protokoll des Response vom UDDI-Server.

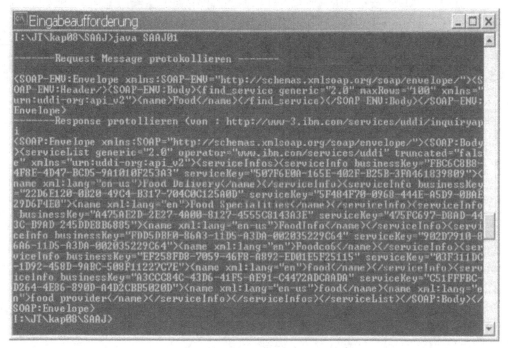

Abb. 8.6.2: Testen des Programms *SAAJ01*

Aufgabenstellung Programm *SAAJ02.java*

Dies Programm hat eine ähnliche Aufgabenstellung wie *SAAJ01.java* – allerdings wesentlich praxisnäher (und somit auch komplizierter).

Zunächst einmal wird die URL des UDDI-Servers flexibel gehalten und vom SYSADMIN außerhalb des Programms in einer Properties-File vorgegeben. Der Name dieser Datei wird als Parameter beim Aufruf mitgegeben. Außerdem wird der Suchbegriff als Parameter mitgegeben.

Dann wurde das Programm so erweitert, dass die Antwort, die vom UDDI-Server kommt, **geparsed** wird und die relevanten Informationen wie z.B. Firmen-Name und Beschreibung des Web-Service aufbereitet und ausgegeben werden.

Testen *SAAJ02*

Getestet wird durch folgenden Aufruf (die Datei *SAAJ02Erg.txt* dokumentiert beispielhaft die Ausgabe)::

```
java SAAJ02 uddi.properties food
```

Abb. 8.6.3: Testen des Programms SAAJ02

Selbsttest

Ändere das Programm *SAAJ02.java* so ab, dass nach einem Service gesucht wird, der nicht vorhanden ist. Wie lautet dann die Ausgabe?

Zusammenfassung

Wir haben mit SAAJ eine Komplett-Lösung für XML-basiertes Messaging kennen gelernt. Ähnlich wie JAXM bietet SAAJ ein API für den Nachrichtenaustausch auf der Basis von SOAP-Envelopes. Der Hauptunterschied zwischen SAAJ und JAXM ist:

- SAAJ besteht aus einem allgemeinen API für das Arbeiten mit SOAP-Messages. Es ist die Basis für weitere Abstrahierungen (z.B. für JAX-RPC und für JAXR).

- JAXM enthält zusätzlich das Konzept einer "MOM" (Message Oriented Middleware), die als Zwischenschicht zwischen dem Sender und dem Empfänger einer Nachricht vermittelt. Dadurch ist asynchrone Verarbeitung möglich.

SAAJ unterstützt "SOAP with Attachments". Es enthält ein einfaches API, um den Austausch von beliebigen Dateninhalten zu ermöglichen, nicht nur Datenstrings bzw. definierte Datentypen, sondern auch Binärformate, definiert nach dem MIME-Standard und beschrieben durch das Attribut "Content-Type" (z.B. "image/jpeg" oder "image/gif"). Diese werden dann für Java umgesetzt ("gemappped") in Objekte der Klasse "*java.awt.Image*".

8.6.3   JAX-RPC

8.6.3.1 Einführung JAX-RPC

Was ist JAX-RPC?

RPC ist die Architektur, die es Clients ermöglicht, Prozeduren in einem fremden Adressraum aufzurufen. **JAX-RPC** ist das Java-API für die standardisierte XML-Kommunikation zwischen zwei Anwendungen in der Form, dass der Client eine Methode/Prozedur beim Server startet, ihm dabei Parameter übergeben kann und auch evtl. ein Ergebnis zurückbekommen kann.

Der Aufruf erfolgt durch CALL. Vom Zusammenstellen des SOAP-Envelopes ist der Programmierer befreit, ebenso wie vom Parsing des XML-Dokuments auf der Empfängerseite. Wie bei RMI erstellt der Client ein Proxy (= eine lokale Repräsentation des Service) und arbeitet mit Methoden dieses Proxy. Auf der Empfängerseite gibt es ebenfalls die entsprechende Middleware: das Skeleton.

JAX-RPC basiert auf SAAJ.

Wodurch unterscheidet sich JAX-RPC von XML-RPC- bzw. SOAP-RPC?

JAX-RPC ist die speziell auf Java abgestimmte Standard-Lösung für den Aufruf remoter Methoden durch XML-Envelopes. Im Gegensatz zu den Vorläufern XML-RPC oder SOAP-RPC sind die beiden Anwendungsprogramme beim Provider und Requester komplett befreit vom Generieren oder Parsen der XML-Message. Damit wird der Programmierer befreit von der darunter liegenden Komplexität der SOAP-

Kommunikation. Die chronologische Entwicklung in den letzten Jahren von RPC nach JAX-RPC war gekennzeichnet durch fortschreitende Abstraktion:

- Die Anfänge: **XML-RPC**
  - sprachen-unabhängig
  - Prozeduren-Calls "over HTTP"
  - es gibt noch keine Meta-Beschreibung der Daten (= keine "Interfaces").
- Weiterentwicklung: **SOAP-RPC**:
  - sprachen-unabhängig
  - RPC wird repräsentiert durch SOAP
  - SOAP definiert die ENVELOPE-Struktur
  - SOAP definiert Encoding Regeln
  - Marshalling und Unmarshalling für Prozedurenaufrufe automatisch
  - Zusammenstellen der Envelope und Interpretation durch Methoden
- Standard-API für Java: **JAX-RPC**
  - Partnerplattform und –sprache beliebig (wie bei XML-RPC und SOAP-RPC), aber: bei der Programmerstellung müssen keine Vereinbarungen mit dem Partnerprogramm getroffen werden, weil allgemeiner Java-Standard
  - JAX-RPC definiert zusätzlich Konventionen, wie Clients einen beliebigen Service aufrufen kann
  - Der Client kann ein .NET-Client sein, der einen J2EE-Service aufruft oder auch umgekehrt - eine J2EE-Compontente kann einen .NET-Service benutzen
  - JAX-RPC legt fest, wie die (programmiersprachen-unabhängige) Beschreibung des Services in WSDL auf der Client- und der Serverseite eingesetzt wird
  - enthält das Modell zur Generierung von Stub-Klassen (für Client) und Tie-Klassen (für Server) aus WSDL-Files

Wodurch unterscheidet sich JAX-RPC von SAAJ?

SAAJ ist das "low-level-API", dort ist das Arbeiten mit SOAP-Messages in Java standardisiert. Im Vergleich dazu befindet sich JAX-RPC auf einem höheren Abstraktionslevel. JAX-RPC definiert zusätzlich Konventionen, wie Calls für Prozeduren umgesetzt werden in SOAP-Envelopes. Der Entwickler muss die SOAP-Envelopes weder konstruieren noch parsen. Das JAX-RPC-Runtime-System konvertiert die API-Calls und Responses in SOAP-Messages.

8.6.3.2   Web-Service-Implementierung mit JAX-RPC

Installationsvoraussetzungen

Alle Source-Programme zu den nachfolgenden Abschnitten stehen im Ordner *x:\jt\kap08\jaxrpc*.

In der Datei *x:\jt\kap08\common\build.properties* ist der Pfad der J2EE SDK einzutragen: *x:/sun* (siehe auch Kapitel 9: Installation und Administration).

Achtung, Fehlerquelle:

Es ist unbedingt die Unix-Schreibweise gefordert, d.h. nicht den Backslash \, sondern den Slash /.

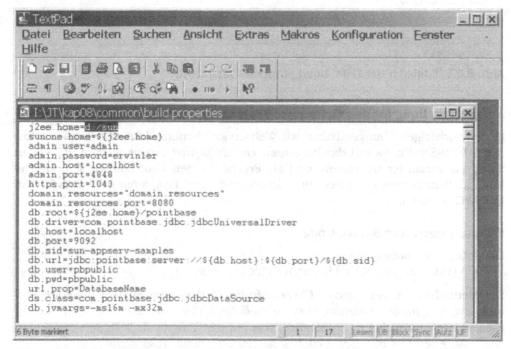

Abb. 8.6.4: Editieren der Datei *build.properties* für Kapitel08

Außerdem muss angepasst werden die Datei
x:\jt\kap08\jaxrpc\common\build.properties

Hier ist der Pfad für *wscompile* anzupassen (mindestens die Laufwerksangabe). Auch hier gilt die UNIX-Schreibweise mit dem Slash!

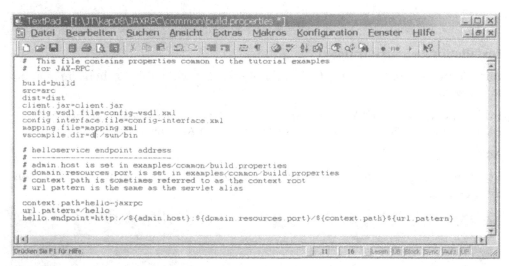

```
  TextPad - [I:\JT\kap08\JAXRPC\common\build.properties *]          _ □ ×
  Datei  Bearbeiten  Suchen  Ansicht  Extras  Makros  Konfiguration  Fenster  Hilfe   _ ð ×

# This file contains properties common to the tutorial examples
# for JAX-RPC.

build=build
src=src
dist=dist
client.jar=client.jar
config.wsdl.file=config-wsdl.xml
config.interface.file=config-interface.xml
mapping.file=mapping.xml
wscompile.dir=d:/sun/bin

# helloservice endpoint address
# ----------------------------------
# admin.host is set in examples/common/build.properties
# domain.resources.port is set in examples/common/build.properties
# context.path is sometimes referred to as the context root
# url.pattern is the same as the servlet alias

context.path=hello-jaxrpc
url.pattern=/hello
hello.endpoint=http://${admin.host}:${domain.resources.port}/${context.path}${url.pattern}

Drücken Sie F1 für Hilfe.                    11    16    Lesen  DB Block Sync  Aufz  UF
```

Abb. 8.6.5: Editieren der Datei build.properties für JAX-RPC

Aufgabenstellung für das Webservice-Programm *HelloImpl.java*

In den vorherigen Übungen haben wir Webservices benutzt. Jetzt *erstellen* wir selbst einen Web-Service. Es soll das Programm *HelloImpl.java* codiert werden, das einen String als Parameter übernimmt und als Ergebnis einen Gruß zurück schickt. Die Kommunikation zwischen Client und dem Web-Service-Programm erfolgt nach dem JAX-RPC-Standard.

Erläuterungen zum Source-Code

Die Source-Programme stehen in:

```
x:\jt\kap08\jaxrpc\helloservice\src\*.java.
```

Die Methoden, die ein remoter Client aufrufen darf, stehen in dem Interface *HelloIF.java*. Die Implementierung steht in *HelloImpl.java*. Aus diesen beiden Source-Files ist zunächst nichts zu entnehmen, was auf den Einsatz als Web-Services schließen lässt. Aber: Das Interface *HelloIF.java* hat eine neue, zusätzliche Funktion - und es gibt auch eine neue Bezeichnung: es wird als "Service Endpoint Interface" SEI bezeichnet.

Was ist "Service Endpoint Interface SEI"?

Dies ist die Java-Beschreibung des Services. Sie enthält (wie jedes Interface) die Methoden-Definitionen für den Service. Das SEI wird in diesem Beispiel benutzt, um eine programmiersprachen-neutrale Beschreibung (nämlich die WSDL-Datei) zu erstellen. Für diese Konvertierung des SEI in eine WSDL-File wird ein Mapping-Tool benötigt. Wir benutzen hierfür die Batch-File *wscompile.bat*. Der umgekehrte Weg, dass nämlich durch ein WSDL-to-Java-Mapping-Tool aus einem WSDL-Dokument der SEI generiert wird, ist ebenfalls möglich.

Das Service Endpoint Interface (SEI) muss im Vergleich zu einem Java-Home-Interface für "normale" EJBs eine zusätzliche Regel beachten: Die Methodenparameter und der Returntype müssen den Datentypen entsprechen, die von JAX-RPC unterstützt werden.

Für die Implementierung gibt es keine Besonderheiten. Prinzipiell kann jedes Serverprogramm (in diesem Fall: jedes Servlet) als Webservice eingesetzt werden. Diese Rolle wird nicht im Source-Code festgelegt, sondern sie wird definiert durch Beschreibungen in den Deployment-Descriptoren. Insbesondere die Angaben in einem neu eingeführter Deployment-Descriptor *jaxrpc-ri.xml.* sind hier von Bedeutung.

Was steht im Deployment-Descriptor *jaxrpc-ri.xml*?

Die ganze Komplexität eines Web-Services steckt in den dazu gehörenden Configurations-Dateien. Dabei handelt es sich um XML-Files, die alle notwendigen Informationen zum Compilieren, Generieren von WSDL-Dateien und Ties/Stubs, Deployen und Installieren enthalten. Hierdurch wird ein "normales" Java-Serverprogramm zu einem Web-Service. Die wichtigsten Angaben sind Informationen zum so genannten „Endpoint", mit dem die Adressierung des Web-Service erfolgt.

Hinweis: Einige dieser Dateien bzw. Angaben in den Dateien sind Server-abhängig.

Generieren des Web-Services

In der CML-Line aufrufen: *asant build*

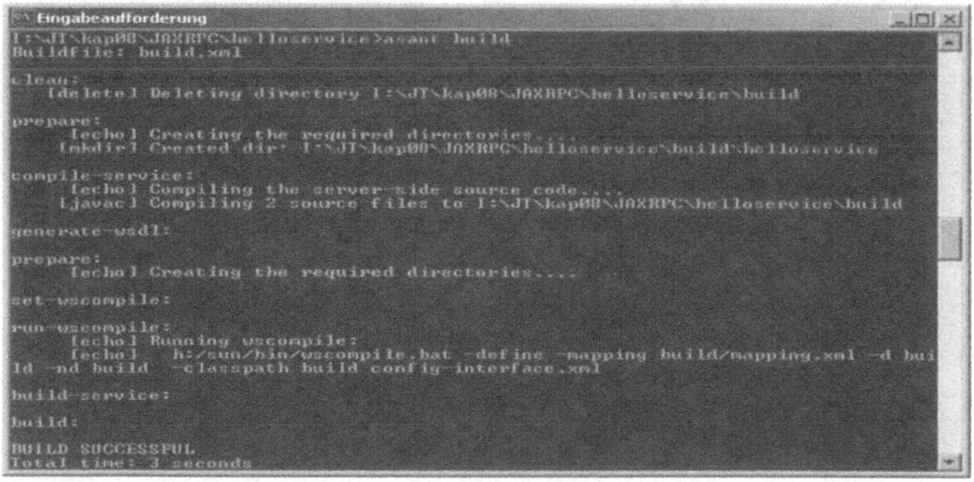

Abb. 8.6.6: Arbeiten mit dem asant-Build-Tool

dann werden

- die neue Directory für die CLASS-Files erstellt (\build\)

- die Compilierung durchgeführt

- und die WSDL-File generiert (*„MyHelloService.wsdl"*). Der Name dieser Datei wurde in *build.properties* vergeben.

Hier noch einmal folgender Hinweis zur WSDL-Datei: Der Entwickler hätte auch mit einer existierenden WSDL-Datei starten können. Dann hätte ein Mapping ("Abbildung") dieser neutralen WSDL-Beschreibung in das korrespondierende Java Endpoint Interface (SEI) durchgeführt werden müssen. JAX-RPC definiert, wie dieses Mapping durchgeführt wird, insbesondere ist hier auch die Abbildung der XML-Datentypen in Java-Typen beschrieben.

Dieses *build*-Tool benötigt eine ganze Kette von Konfigurationsdateien in einer fest vorgegebenen Ordnerstruktur:

- Ausgehend von *build.xml* werden mehrere *common*-Folder mit den entsprechenden *Properties* und *target*-Files verarbeitet.

Alle notwendigen Dateien sind unverändert einsetzbar. Das Ergebnis dieses *build*-Vorganges sind zusätzliche Ordner (*build, dist*), die die generierten .class-Files und .jar-Files enthalten.

Packen des Web-Service (und Deployvorgang vorbereiten)

- Application Server starten

- Deploytool starten und

- File | New | Web Component

- In WAR – File – Dialog-Box:

  - auswählen des Radio-Buttons „New Stand-Alone-WAR-Module"

  - WAR Location navigieren:

    - *x:\jt\kap08\jaxrpc\helloservice*

    - File-Namen eingeben: *MyServic*e

  - Click Edit Contents

  - Auswählen kompletten *build*-Folder (dieser enthält neben den beiden Class-Files (SEI und Implementierung) auch die Java-unabhängige Beschreibung des Web-Services mit XML (= WSDL-Datei)

  - und ADD

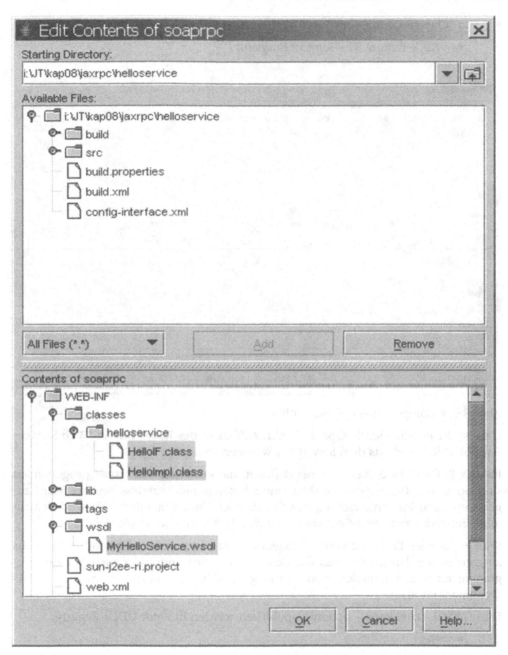

Abb. 8.6.7: Kompletten Build-Ordner „addieren"

OK und Next

- - in "Choose Component Type" - DialogBox:
  - Klick Button *Web-Services Endpoint*

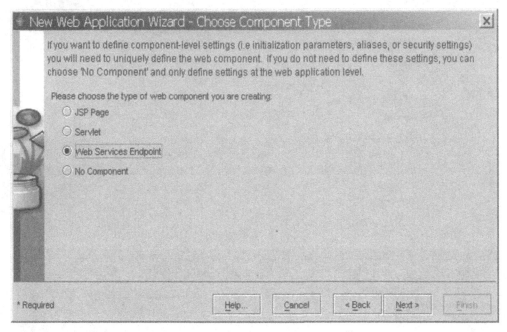

Abb. 8.6.8: Component-Type auswählen

Dies ist die entscheidende Option: Durch Anklicken des Radio-Button "Web Services Endpoint" SEI wird aus dem Servlet ein Web-Service.

Im JAX-RPC-API sind Web-Services definiert, die entweder als Servlet programmiert sind oder als EJB-Componente (hier sind allerdings nur "stateless Session Bean" zugelassen). Die Implementierung des SEI (Service Endpoint Interface") wird demzufolge entweder zum Web-Container oder zum EJB-Container deployed.

Weil ein Service Endpoint von beliebigen Clients von jeder denkbaren Plattform aus aufgerufen werden kann, muss die Beschreibung des Endpoints auch in einer programmiersprachen-neutraler Form vorliegen, d.h. sie muss in einem WSDL-Dokument erfolgen.

Diese WSDL-Datei kann - optional - publiziert werden in einer UDDI-Registry.

- Next

Im nächsten Fenster werden wir aufgefordert, den Namen der WSDL-File anzugeben.

- In der Dialog-Box "Choose Service"
  - in Listbox die WSDL-File auswählen
  - in Listbox die Mapping File auswählen

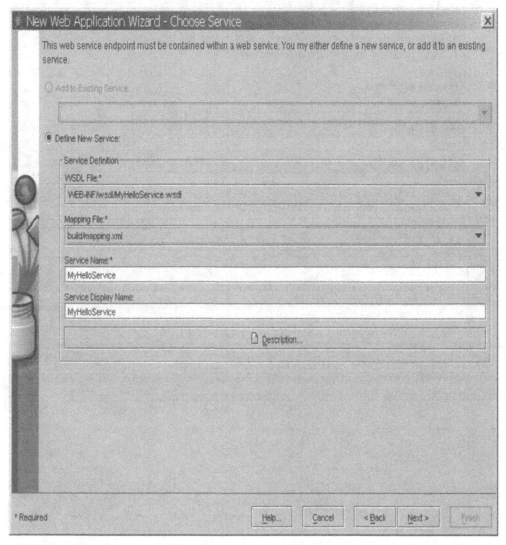

Abb. 8.6.9: Service-Dialog-Box

- NEXT

- in Component General Properties-Dialog-Box
  - in Listbox Service-Endpoint auswählen

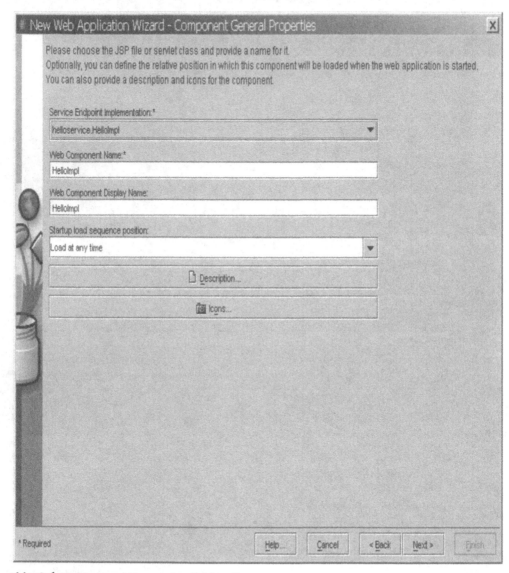

Abb. 8.6.10: General Properties-Dialog-Box

- Next

in Web-Service Endpoint Dialog-Box

- in Listbox Service-Endpoint *HelloIF* auswählen

- in Namespace auswählen: *urn:Foo*

- in LocalPart auswählen: *HelloIFPort*

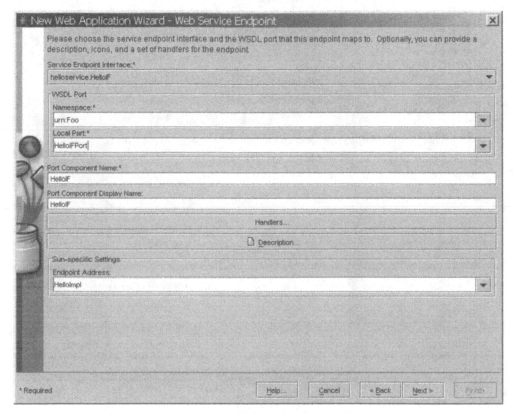

Abb. 8.6.11: Web-Service-Endpoint Dialog-Box

- NEXT I FINISH

Symbolische Namen vergeben

- Im Start-Bild des Deploytools:

  - *MyService* muss ausgewählt sein

  - General-Tab klicken

  - als CONTEXT ROOT eingeben: */hello-jaxrpc*

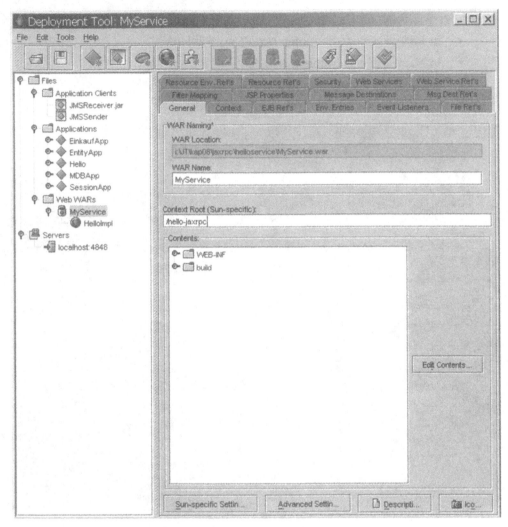

Abb. 8.6.12: Vergabe der Context-Root

- Danach auswählen: *HelloImpl*
- Aliases-Tab klicken
- als Alias eingeben: */hello*
- Enter-Taste drücken
- Endpoint-Tab klicken
- *hello* auswählen als Endpoint-Adresse

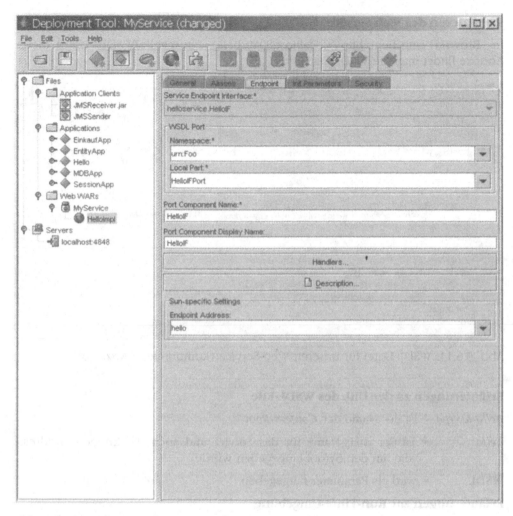

Abb. 8.6.13: Endpoint-Adresse vergeben

• - FILE I SAVE.

Deployen durchführen

• - Im Deploytool

  • auswählen: *MyService*

  • starten: Tools I Deploy und OK,

• dann wird u. U. viel Geduld benötigt (3 Minuten oder sogar länger), bis Meldungen „Successfully" kommen.

Verifizieren des Web-Service

Im Browser eingeben: http://localhost:8080/hello-jaxrpc/hello?WSDL. Unter dieser Adresse findet man die WSDL-Datei.

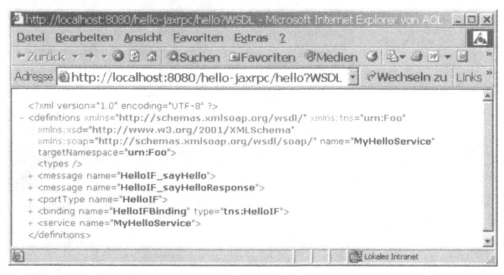

Abb. 8.6.14: WSDL-Datei für unseren Web-Service (komprimierte Anzeige)

Erläuterungen zu der URL des WSDL-File

hello-jaxrpc = ist der Name der *Context-Root*

hello   = ist der Alias-Name für das Servlet und auch die Endpoint-Address, die im deploytool eingegeben wurde

WSDL   = wird als Parameter mitgegeben

Erläuterungen zur Run-Time-Umgebung

Die Anwendung läuft im Application-Server wie ein Servlet. Allerdings ist es nicht möglich, dieses Servet direkt vom Browser aus aufzurufen (Fehlermeldung: Ressource nicht zugelassen).

Zusammenfassung

Ein Web-Service kann auf der J2EE 1.4 Plattform entweder als Servlet oder als EJB implementiert sein. Der Service in diesem Beispiel ("*HelloImpl*") und das dazu gehörende Service Endpoint Interface "*HelloIF*" wurden wie ein ganz "normales" Servlet codiert.

Folgende Unterschiede bestehen zu einem "normalen" Servlet:

- Das SEI (Service Endpoint Interface) beschreibt den Service als einen Set von Endpoint-Methoden. Diese Beschreibung sollte auch als WSDL-Dokument vorliegen, denn dies ist eine Java- und plattform-unabhängige Beschreibung. Entweder wird das WSDL-Dokument aus dem Java-Interface generiert oder - umgekehrt-, das Java-Interface wird aus der WSDL-Beschreibung erstellt. Auf jeden Fall wird die Beschreibung des Web-Services in Form einer WSDL-File später auch benötigt, um für die Clients die Stub-Programme zu generieren.

- Beim Build-Vorgang mit dem Tool ASANT wurde zusätzlich zum Compilieren die *wscompile*-Batchfile aufgerufen. Diese erstellt in diesem Fall für den Web-Service eine entsprechende neutrale Beschreibungsdatei im XML-Format (= WSDL-Datei.

- Beim Deployen wurde als Typ definiert: "Web-Services Endpoint". Dies führte dazu, dass in einem zusätzlichen Fenster ("Choose Service") dieser Endpoint als Web-Services näher beschrieben werden musste.

- Insbesondere sind beim Deployen zwei Angaben notwendig:

  - Protocol Binding ("Binding" ist der Vorgang, mit dem die abstrakte Service Endpoint Definition an ein Transport-Protokoll, z.B. HTTP, gebunden wird)

  - Vergabe der Endpoint Adresse, Dies ist die URL-Angabe, die der Client benötigt. Diese Adresse ist:

    - *http://localhost:8080/hello-jaxrpc/hello*

  - Sie enthält die Context-Root und den Alias-Namen des Servlets.

- Beim Deployvorgang werden auch die Tie-Classen generiert, die auf der Server-Seite benötigt werden für die (Socket-) Kommunikation mit dem Client.

Die JAR-File, die zum Application Server deployed wird, enthält die Class-File des Servlets, den gesamten "Middleware-Code" für den Service ("tie") und auch die generierte WSDL-File. Damit können Clients, die diesen Web-Service nutzen wollen, alle notwendigen Informationen zum Einsatz des Dienstes aus dieser Datei holen.

Als optionale Aktion wäre zusätzlich die Registrierung dieses Service z.B. in einem (firmeninternen oder globalen) UDDI-Server möglich.

Der Web-Service ist "interoperabel", d.h. er kann von beliebigen Clients (Java oder .NET-Programmen) genutzt werden, um Daten auszutauschen oder auch, um Methoden für die Ausführung aufzurufen.

8.6.3.3 Clients für Web-Services (Übersicht)

Generelle Erläuterungen zu Web-Service-Clients

Jede Architektur für verteilte Anwendungen ist immer dadurch gekennzeichnet, dass ein Client mit Methoden eines Programms arbeiten soll, das sich in einem anderen Adressraum befindet.

Das Problem dabei ist, dass dieses Java-Programm bei der Umwandlung alle Klassen, die es benutzt, auch im Zugriff haben muss (kann umgangen werden durch das *Reflection-API*, siehe dort). Aber spätestens zur Run-Time sind diese Klassen wirklich erforderlich. Aber was ist, wenn der Entwickler diese Klassen beim Codieren noch gar nicht kennt?

Die Lösung dieses Problems: Der Client arbeitet mit einem Stellvertreter-Programm (= "Proxy" oder auch "Stub"). Dieser Stub sorgt dafür, dass das Client-Programm so arbeiten kann, als würde es ausschließlich mit einem lokalen Partner arbeiten, indem dieser Proxy alle Arbeiten, die mit dem remoten Aufruf zusammen hängen, übernimmt.

Unterschiedliche Modelle für Client-Lösungen

Das hohe Ziel der Web-Service-Architektur ist es, dass ein Client völlig unabhängig von dem Service-Programm erstellt, compiliert und ausgeführt werden kann (= "es wird sich den Service im Web selbst suchen"). Aber bis dahin ist es ein steiniger Weg.

Der generelle Ablauf ist wie folgt:

* Optional: Suchen eines Dienstes mittels Registry (UDDI oder ebXML)
* Analysieren der WSDL-Informationen des Dienstes
* Generieren aller Klassen, die der Client benötigt (aus dem WSDL-Dokument)
* Zusammenstellen der Client-Message
* Versenden der Message zum Dienst.

Für das Codieren des Clients (Requestor) eines Web-Services gibt es unterschiedliche Modelle. Abhängig davon, welche Informationen der Client bereits zum Zeitpunkt der Erstellung über den angeforderten Service hat, gibt es verschiedene Lösungen. Er benötigt auf jeden Fall die URL des Web-Service (die "Endpoint Address"), die Namen der Methoden und Informationen über Parameter und Rückgabetyp.

Diese Informationen stehen in der WSDL-Datei. Und diese kann der Client aus einer beliebigen Quelle beziehen, sie kann aus einer UDDI-Registry kommen, sie kann von einer Web-Seite bezogen werden, per e-mail oder auch von einem Filesystem.

Liegen diese Informationen zum Zeitpunkt der Client-Codierung vor, so können die Stubs sofort generiert werden und der Client kann in seinem Programm mit einer Referenz auf ein Stub-Objekt arbeiten. Dieses Modell wird bezeichnet als

- a) Static Stub Client

Andernfalls muss die Generierung des Proxy aufgeschoben werden bis zur Laufzeit des Client-Programmes ("dynamic invocation"). Für dieses Verfahren gibt es zwei Modelle:

- b) Dynamic Proxy Binding

- c) DII- Runtime Dynamic Binding.

JAX-RPC definiert also drei verschiedene Aufrufmodelle für Client-Programme: ein statisches Verfahren und zwei dynamische Modelle. Im Package *javax.xml.rpc* sind folgende Interfaces für diese Verfahren enthalten (dieses Package ist in j2EE 1.4 integriert):

- *javax.xml.rpc.Stub*

- *javax.xml.rpc.Service*

- *javax.xml.rpc.Call.*

Diese Interfaces müssen von dem Framework für Web-Service (Axis, JWSDP, WSTK…) implementiert werden.

Erläuterungen zu den drei APIs für Web-Service-Clients

zu a) Static Stub Client:

- Dies ist der einfachste Weg: Wenn der Client eine Referenz auf ein Stub-Objekt verfügt, kann er mit dieser Instanz arbeiten, indem er einen Call auf die Web-Service-Methoden aufruft. Ein Objekt des Stubs kann allerdings nur erzeugt werden, wenn die Stub-Class mit all ihren Informationen zum Zeitpunkt der Codierung verfügtbar ist.

zu b) Dynamic Proxy:

- Die Proxy-Klasse wird zur Run-Time erstellt, d.h. der Client-Code kann unabhängig von dem Vorhandensein der Implementierung erstellt werden. Jedoch muss die Signatur bekannt sein. Dann wird ein spezielles API für Web-Service-Clients (javax.xml.rpc.Service) eingesetzt, um zur Run-Time durch den Einsatz einer Service-Factory einen dynamischen Aufruf zu ermöglichen.

zu c) DII Dynamic Invocation Interface

- Der Client kann RPC-Aufrufe nutzen, ohne dass die Signatur der remoten Prozedur oder der Name des Services bekannt ist. Beides wird erst zur Run-Time ermittelt. Auch hierfür ist die entsprechende Implementierung der vom API vorgegebenen Interfaces durch ein WebService-Framework notwendig (*ja-vax.xml.rpc.Call*).

Wir werden für jedes Modell ein Beispiel haben. Die Größe der .jar-File, die auf den Client deployed wird, gibt eine Vorstellung davon, welche Aufgaben bereits zur Implementierungszeit gelöst und damit statisch vorgegeben sind und was demnach erst zur Run-Time (dynamisch) ausgeführt wird:

Art des Clients:	Inhalt der JAR-File (**in unserem Beispiel**)
Static Client	12 Files, insgesamt 14 KB
Dynamic Client	2 Files, insgesamt 2 KB
DII-Client	1 File (kein Interface), 2 KB

Abb. 8.6.15: Welche Clients für Web-Services gibt es?

Beim DII-Client erfolgt die Kopplung zwischen Requestor und Service weitgehend programmtechnisch. Erst zur Laufzeit wird die Implementierung ermittelt, die Interfaces aus der WSDL-File ermittelt, die notwendige Middleware dynamisch generiert und die Verbindung zum Webservice aufgebaut.

Zusammenfassung: Wie arbeitet der Client ("Consumer") eines Web-Service?

Generell hat ein Client folgende Möglichkeiten für den Aufruf eines Web-Services:

- Zunächst kann er in einer Registry (z.B. UDDI) den Hersteller eines Web-Services suchen. Dort findet er auch entweder die WSDL-Beschreibung oder die URL, wo diese Datei zu finden ist.

- Dann holt er sich die Beschreibung des Dienstes und erstellt daraus die Proxy/Stub-Programme (Achtung: das kann auch zur Run-Time erfolgen).

- Das Client-Programm hatte entweder bereits zur Entwicklungszeit eine Referenz auf das Stub-Objekt (weil alle Informationen zu dem Zeitpunkt bereits vorlagen) oder es muss dynamisch - zur Laufzeit- die generierten Proxy-Programme analysieren. Dort findet es dann die notwendigen Angaben zu Methodennamen und Parameter und erstellt die SOAP-Envelope mit dem RPC-Call (neutral verschlüsselt in XML). Im ersten Fall handelt es sich um einen "Static Stub Client". Für den dynamischen Aufruf gibt es in JAX-RPC zwei unterschiedliche API-Modell: den Dynamic Client und den DII-Client.

8.6.3.4   Static Stub Client für Web-Service

Aufgabenstellung

Es soll ein Requester für den Web-Service geschrieben werden.

Wir beginnen mit dem Erstellen eines Client-Programm *HelloClient.java*, das mit einem **statischen Stub** arbeitet. Die Sources stehen in

x:\jt\kap08\JAXRPC\staticstub.

Build des Static Stub Clients

Achtung, hier gibt es eine **Fehlerquelle**: Der Application Server muss gestartet sein, denn es wird die WSDL-File benötigt, damit der Web-Services gelesen und ausgewertet werden kann.

Dann erfolgt der Aufruf von *asant build*, wobei darauf zu achten ist, dass aus dem richtigen Pfad heraus gearbeitet wird.

Abb. 8.6.16: Protokoll des Build-Vorganges beim Static Stub Client.

Es werden nicht nur die Class-Files in dem Ordner *build\staticstub* erstellt, sondern auch die Datei *client.jar* im Ordner *dist.*

Testen des Programmes:

Aufruf durch:

```
x:\jt\kap08\jaxrpc\staticstub>asant run
```

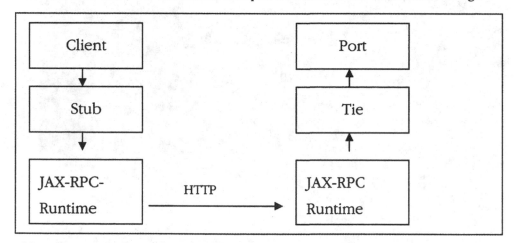

Abb. 8.6.17: Testen des Static-Stub-Client

Hier eine Übersicht, wie das Zusammenspiel zwischen Client und Service erfolgt:

Abb. 8.6.18: Aufruf eines Web-Services durch einenClient

- Der Client ruft eine Methode (des Stubs) auf. Dieser agiert als Proxy für den remoten Service und ruft Routinen der JAX-RPC-Runtime auf.

- Die JAX-RPC-Runtime verpackt den Aufruf in eine SOAP Message und sendet sie.

- Auf der Server-Seite wird diese SOAP-Envelope zurück verwandelt in einen Methoden-Aufruf. Die JAX-RPC-Runtime ruft Methoden im Tie-Objekt auf.

- Das Tie-Object leitet den Aufruf weiter an die eigentliche Service-Implementierung.

Selbsttest

Der Ordner *staticstub*\ enthält das Programm *SocketWatch01.java*. Wenn dieses Programm compiliert wird, kann es anstelle des Application Server gestartet werden. Es horcht (ebenso wie der Application Server) auf Port 8080. Der eintreffende HTTP-Request wird auf *System.out* protokolliert.

8.6.3.5 Dynamic Proxy Client für Web-Service

Aufgabenstellung

Es soll ein Requester für den Web-Service geschrieben werden: *HelloClient.java*. A-ber im Gegensatz zur vorherigen Lösung gilt folgende Einschänkung: Der Stub kann **nicht schon beim Compile** generiert werden, weil z.B. die Implementierung noch nicht bekannt ist bzw. nicht vorliegt. Lediglich das Interface der Web-Implementierung steht beim Compilieren zur Verfügung.

Die Sources stehen in *x:\jt\kap08\JAXRPC\dynamicproxy*

Erläuterungen

Der Stub/Proxy wird in diesem Beispiel dynamisch (d.h. zur Ausführungszeit) er-stellt. Außerdem wird eine Factory zur Hilfe genommen, um eine größere Flexibilität zu bekommen. Die Factory-Class benötigt zwei Parameter:

- Wie ist die URL der WSDL-File?

- Wie ist der Name des Services?

Die URL der WSDL-File ist: *http://localhost:8080/hello-jaxrpc/hello?WSDL*.

Der Servicename ist "*MyHelloService*", er wurde beim Deployen vergeben

Dann wird eine Instanz der Factory erstellt (*serviceFactory*). Und diese erstellt dann mit *createService(wsdl-url,serviceName)* eine Instanz eines Service-Objects. Dieses Service-Object ist eine Factory für Proxies. Deswegen wird für diese Instanz die Me-thode *getPort()* aufgerufen, die die Proxy-Instanz vom Typ des Service Endpoint In-terfaces (SEI) erstellt, nämlich eine Instanz von *dynamicproxy.HelloIF*.

Für diese dynamisch erstellte Proxy-Instanz *myProxy* kann dann die remote Busi-nessmethode *sayHello(...)* aufgerufen werden.

Dieses Client-Modell basiert also auf dem bekannten Reflection-API. Der Client-Proxy wird dynamisch konstruiert, zur Runtime. Zum Erzeugen der Instanz *myProxy* wurde der Portname des Services benötigt: Der Portname wurde vergeben beim Deployen der Web-Service-Implementierung und steht in der WSDL-File.

Build des Clients

```
Eingabeaufforderung                                                    _ □ x
I:\JT\kap08\JAXRPC\dynamicproxy>asant build
Buildfile: build.xml

clean:
    [delete] Deleting directory I:\JT\kap08\JAXRPC\dynamicproxy\build

prepare:
    [echo] Creating the required directories....
    [mkdir] Created dir: I:\JT\kap08\JAXRPC\dynamicproxy\build\dynamicproxy

generate-interface:

prepare:
    [echo] Creating the required directories....

set-wscompile:

run-wscompile:
    [echo] Running wscompile:
    [echo]     h:/sun/bin/wscompile.bat -import -d build -nd build -f:norpcstruct
ures -classpath build config-wsdl.xml

compile-client:
    [echo] Compiling the client source code....
    [javac] Compiling 1 source file to I:\JT\kap08\JAXRPC\dynamicproxy\build

prepare-dist:
    [echo] Creating the required directories....
    [mkdir] Created dir: I:\JT\kap08\JAXRPC\dynamicproxy\dist

package-dynamic:
    [echo] Building the client JAR file....
    [jar] Building jar: I:\JT\kap08\JAXRPC\dynamicproxy\dist\client.jar

build-dynamic:

build:

BUILD SUCCESSFUL
Total time: 4 seconds
I:\JT\kap08\JAXRPC\dynamicproxy>
```

Abb. 8.6.19: Protokoll des Build-Vorgangs für den Dynamic Proxy Client

Testen des Programms

```
Eingabeaufforderung                                                    _ □ x
I:\JT\kap08\JAXRPC\dynamicproxy>asant run
Buildfile: build.xml

run-client:
    [java] Ich gruesse  Erwins dynamic Proxy

run:

BUILD SUCCESSFUL
Total time: 2 seconds
I:\JT\kap08\JAXRPC\dynamicproxy>
```

Abb. 8.6.20 : Testen des Dynamic Proxy Client

8.6.3.6   DII-Client für Web-Service

Aufgabenstellung

Es soll ein Requestor für einen Web-Service geschrieben werden: *HelloClient.java*.
Die Source stehen in *x:\jt\kap08\JAXRPC\dii\Die*

Neu in diesem Client-Programm: Zum Zeitpunkt der Codierung und der Compilierung sind weder der Name des Services noch die Signatur der remoten Prozedur bekannt.

Erläuterungen

Die beim Erstellen des Service-Programms generierte WSDL-File enthält die notwendigen Informationen, die der Client benötigt, um den Service zu finden und zu instanziieren.

Build des Clients

        x\:jt\kap08\jaxrpc\dii>**asant build**

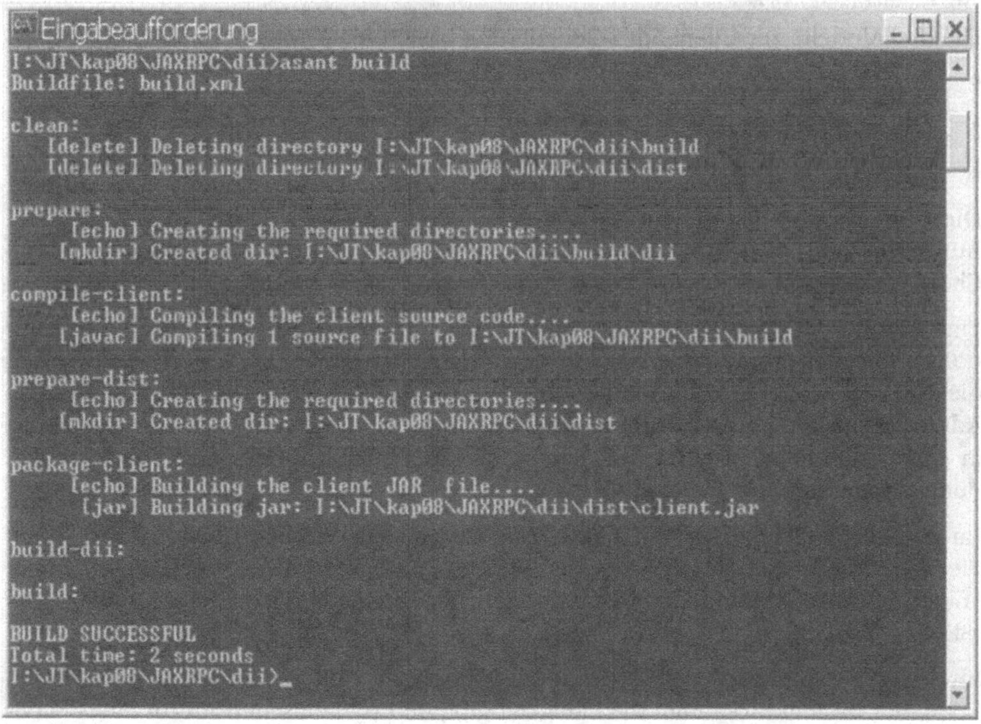

```
I:\JT\kap08\JAXRPC\dii>asant build
Buildfile: build.xml

clean:
    [delete] Deleting directory I:\JT\kap08\JAXRPC\dii\build
    [delete] Deleting directory I:\JT\kap08\JAXRPC\dii\dist

prepare:
     [echo] Creating the required directories....
    [mkdir] Created dir: I:\JT\kap08\JAXRPC\dii\build\dii

compile-client:
     [echo] Compiling the client source code....
    [javac] Compiling 1 source file to I:\JT\kap08\JAXRPC\dii\build

prepare-dist:
     [echo] Creating the required directories....
    [mkdir] Created dir: I:\JT\kap08\JAXRPC\dii\dist

package-client:
     [echo] Building the client JAR  file....
      [jar] Building jar: I:\JT\kap08\JAXRPC\dii\dist\client.jar

build-dii:

build:

BUILD SUCCESSFUL
Total time: 2 seconds
I:\JT\kap08\JAXRPC\dii>_
```

Abb. 8.6.21 : Build des DII-Clients

Testen des Programms

$$x:\backslash jt\backslash kap08\backslash jaxrpc\backslash jaxrpc\backslash dii>\boldsymbol{asant\ run}$$

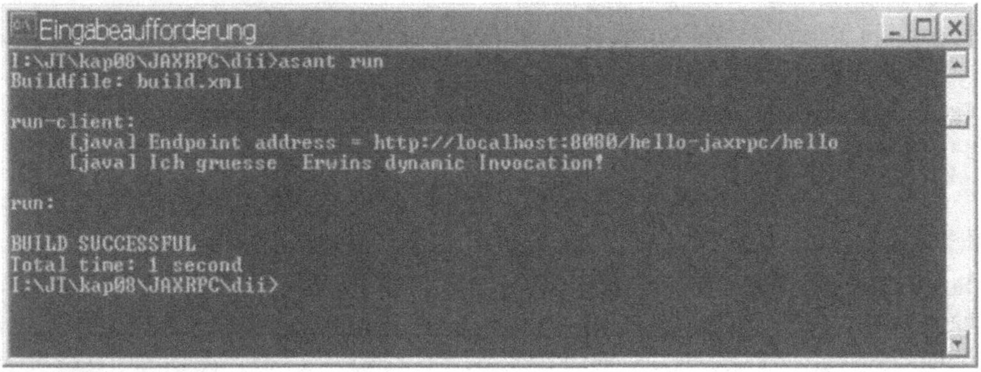

Abb. 8.6.22 : Testen des DII-Clients

Zusammenfassung

Die drei Modelle zur Client-Stub-Generierung basieren auf folgenden Interfaces:

- *javax.xml.rpc.Stub*
- *javax.xml.rpc.Service*
- *javax.xml.Call*

Diese Interfaces müssen von dem Web-Service-Framework implementiert werden. Außerdem wird verlangt, dass mehrere Properties vor dem Methodenaufruf vom Client gesetzt sind.

Eine Instanz der **Stub-Class** repräsentiert eine Proxy-/Stub-Instanz des Service Endpoints, und der Programmierer kann direkt damit arbeiten. Als Property wird vorher die URL der Endpoint-Adresse gesetzt. In unserem Beispielprogramm wurde diese Adresse beim Programmaufruf als erster Parameter mitgegeben (oder konkret: sie ist in einer Build-File verankert und wird vom ASANT-Tool übergeben an das Anwendungsprogramm).

Im zweiten Beispielprogramm wurde eine Instanz der **Service-Class** erzeugt durch die Methode *createService()* aus der Factory-Class *ServiceFactory*. Das Programm enthält (für das Casting der Instanz) den Namen des Service Endpoint Interfaces (SEI).

Im dritten Beispiel wird zusätzlich die Class *javax.rpc.Call* eingesetzt. Sie enthält den Code, der diesem Programm die Fähigkeit gibt, den dynamischen Aufruf eines Service-Endpoints durchzuführen, ohne dass im Client-Programm irgendein Name des tatsächlich aufgerufenen Web-Services codiert ist.

8.6.3.8   Application Client für Web-Service

Aufgabenstellung *HelloClient.java*

Es soll erneut ein Client-Programm als Requestor für einen Web-Service geschrieben werden, diesmal ein Application-Client: Die ersten drei Clients waren Stand-Alone-Clients, ohne Bezug auf J2EE-Componenten. Jetzt handelt es sich zwar auch um eine Stand-Alone-Application, aber sie wird verpackt und deployed als **J2EE-Componente** (= EAR-Application, die eine JAR-File enthält). Deshalb ist dieses Programm z.B. in der Lage, mit der JNDI-*Lookup*-Methode einen Web-Service aufzurufen. Das Programm steht im Ordner *x:\jt\kap08\JAXRPC\appclient*.

Build des Clients

In Cmd-Line eingeben: *asant build*

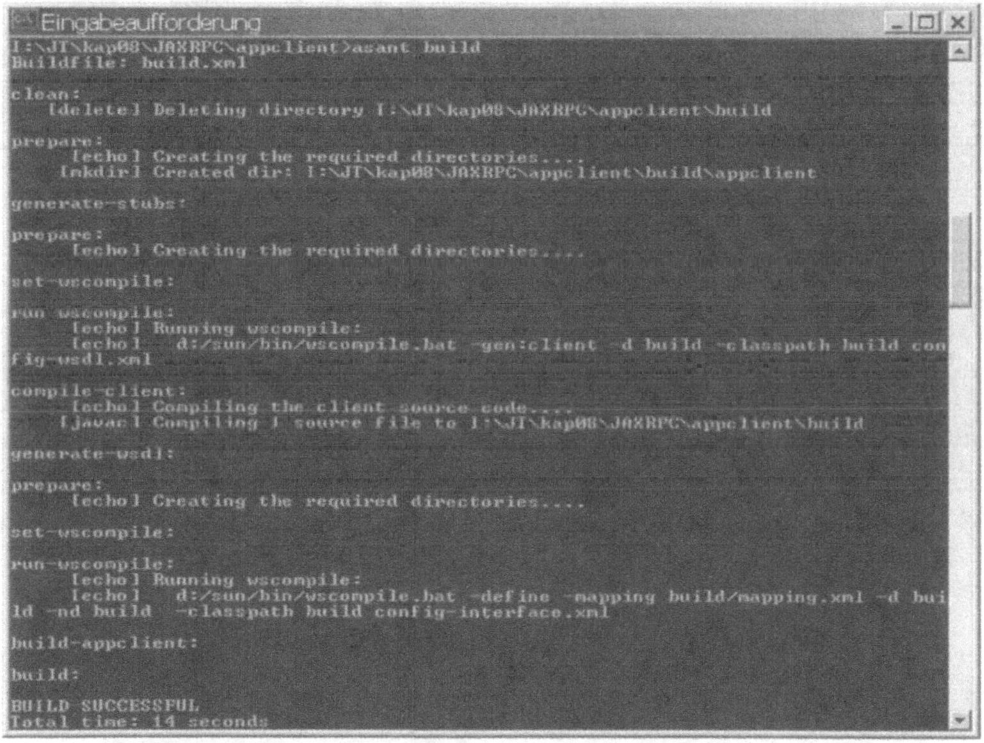

Abb. 8.6.23: Build des Application Client

Packen und Deployment vorbereiten

* Starten des Deploytools

- File | NEW | Application
- Im Folder *appclient* den Filenamen *Hello* eingeben
- OK , dann: File | New | ApplicationClient
- Im Fenster "JAR File Contents"
  - Button *Create New AppClient in Application*
  - Name *HelloClient*
  - Anklicken Edit Contents
  - Auswählen kompletten *build*-Ordner

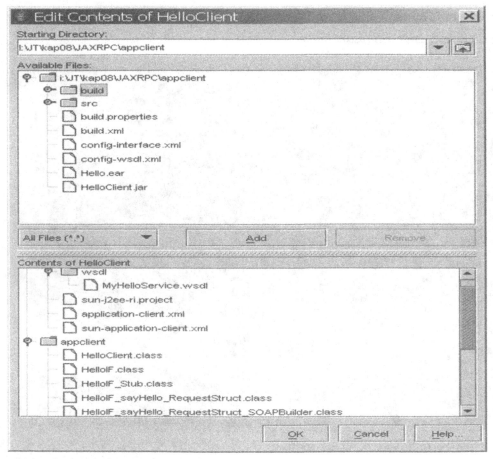

Abb. 8.6.24: Kompletten Build-Ordner „addieren"

- Add

- OK und Next

- Im Fenster "General":

  - MainClass auswählen:

    - nach oben blättern und *appclient.HelloClient* auswählen

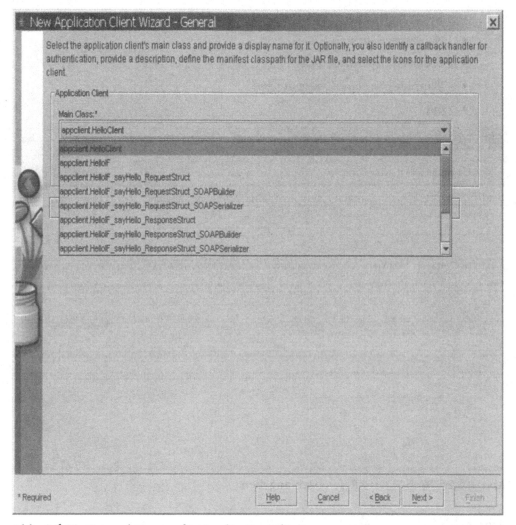

Abb. 8.6.25: General-Fenster für Application Client

- Next und Finish

- Im Startfenster des Deploytools:
    - Selektieren *HelloClient*
    - anklicken Tab "WebServiceRef"
    - Add Coded Name: *service/MyJAXRPCHello*
    - Select Service Interface: *appclient.MyHelloService*
    - Select WSDL-File: *META-INF/wsdl/MyHelloService.wsdl*
    - Namespace: *urn:Foo*
    - LocalPart: *MyHelloService*
    - Mapping File: *build/mapping.xml*
    - OK

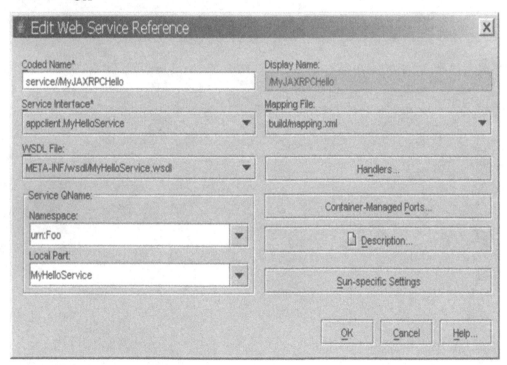

Abb. 8.6.26: Web-Service-Referenzen angeben

danach:

FILE | SAVE

Deployen

- Im Start-Bild des Deploytools: Application EAR-File *Hello1* muss ausgewählt sein

- Tools | Deploy

- In der Deploy Module Dialogbox anklicken: Return Client jar

- OK

- Geduld, bis im Protokoll folgende Nachricht kommt:
  „... *Operation Completed Successfuly...*"

Testen des Programmes (durch Eingabe in einer Zeile)

```
I:\JT\kap08\JAXRPC\appclient>appclient -client HelloClient.jar
http://localhost:8080/hello-jaxrpc/hello
```

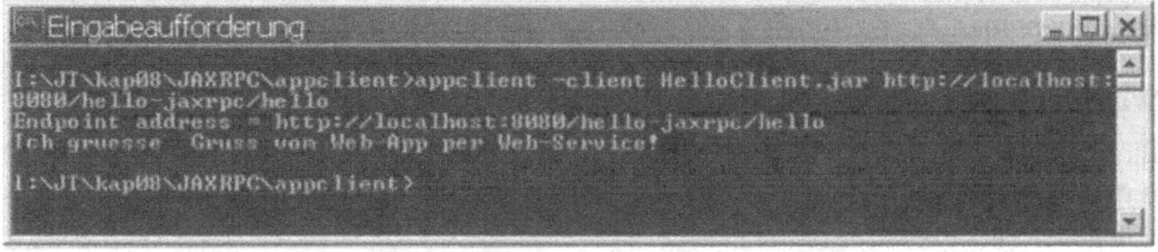

Abb. 8.6.27 : Testen des Application Clients

Der Aufruf erfolgt diesmal nicht mit *asant*, wie bei den Stand-Alone-Clients, sondern mit *appclient*. Als Parameter wird die URL des Endpoints ("endpoint address") mitgegeben.

Erläuterungen zum Application-Client *HelloClient.java*

Clients, die in einem J2EE-Environment ausgeführt werden, lokalisieren den Web-Service mit der JNDI InitialContext.*lookup()*-Methode. Clients laufen dann in einem J2EE-Environment, wenn sie als J2EE-Componente behandelt werden beim Packaging und beim Deployvorgang. Dies ist in diesem Beispiel der Fall.

Nach dem Lookup ist es möglich, wie bei Stand-Alone-Client eine Instanz von

- Stub

- Service (Dynamic Proxy) oder

- Call (DII-Client)

zu benutzen. In diesem Beispiel wird ein Static-Stub erzeugt, um auf den Service zuzugreifen.

Hinweis: Die Implementierung des DII-Verfahrens ist auch hier komplex. Das Clientprogramm wird dadurch relativ unübersichtlich.

8.6.4   JAXR

Was ist JAXR (Java API for XML-Registries)?

Dieses API ermöglicht es Java-Anwendungen, mit standardisierten Befehlen auf XML-Registries zuzugreifen. JAXR ist die Abstraktion von UDDI, d.h. um den Zugriff auf UDDI-Inhalte (publizieren oder lokalisieren) zu vereinfachen, wurde JAXR als Standard-API eingeführt. Das Ziel von JAXR ist es, die Kommunikation mit **beliebigen** Registry-Implementierungen zu ermöglichen – und dies ist nur mit standardisierten Java-Mitteln zu schaffen. Möglich wird dies dadurch, dass ein vom Registry-Hersteller mitgeliefertes **JAXR-Driver-Programm** als Dolmetscher vor der eigentlichen Registry die JAXR-Aufrufe in Registry-spezifische Aufrufe übersetzt.

Vergleichbar ist JAXR mit dem JNDI-API oder mit dem JDBC-API, jedoch gilt JAXR ausschließlich für das Publizieren und Lokalisieren von Web-Services mit XML-Dokumenten.

Was ist eine Registry?

Eine XML-Registry ist Teil der wichtigen Infrastruktur, um Web-Services zu registrieren und wieder aufzufinden. Derzeit werden vor allem zwei Versionen von XML-Registries diskutiert:

* UDDI Spezifikation (entwickelt von einen Hersteller-Konsortium)

* ebXML Standard (entwickelt von OASIS und der UN).

Ein **"Registry Provider"** ist die (neutrale "third party") Implementierung einer Registry-Spezifikation wie UDDI- oder ebXML-Registry.

Welche JAXR-Provider-Implementierungen gibt es?

Der Application Server enthält keinen Registry-Server. Es gibt "globale" Verzeichnisse, die z.B: von IBM oder Microsoft zum Testen zur Verfügung gestellt werden:

* von IBM (http://uddi.ibm.com/testregistry/registry.html)

* von SAP (http://udditest.sap.com/)

* von Microsoft (http://test.uddi.microsoft.com)

oder für ebXML:

* Open Source (http://ebxmlrr.sourceforge.NET)

Eine weitere Implementierung von JAXR wird mitgeliefert als Teil von "JWSDP 1.3":

* "Java WSDP **Registry Server**".

Dieser Server implementiert Version 2 von UDDI.

Installation des Java WebService Developer Pack 1.3

Die Datei „*jwsdp-1_3-windows-i586.exe*" wird gestartet. Als Installations-Directory wird empfohlen: *x:\jwsdp*. Das Fenster zum Thema „HTTP-Infos" kann mit „weiter" übersprungen werden. Tomcat-User und Password beliebig (werden nicht weiter benötigt). Auch die Informationen zum Kopieren von diversen JAR-Files aus dem Ordner „endorsed" können ignoriert werden.

Erläuterungen zum Programm *PublishClient01.java01*

Die Source-Programme zu diesem Abschnitt stehen im Ordner *x:\jt\kap08\jaxr\simple*.

Das Programm soll in eine UDDI-Registry die Beschreibung für eine Firma ("Merker Java Beratung GmbH & Co. KG") mit diversen Angaben zu Kontaktpersonen, Telefon und e-mail eintragen. Außerdem soll für diese Firma ein Service registriert werden mit der Bezeichnung: ""Java Code Generierung").

Um das Programm einfach zu halten, wird die URL des Registry-Providers (= wir nehmen den mitgelieferten Test-Server des JWSDP-Pakets) im Programm fest vergeben. Getestet wird mit Hilfe des Tools ASANT. Dort sind in diversen Configurationsdateien und Properties-Files die notwendigen Classpath-Einträge und auch die Angaben zu der Factory für die Implementierung des Registry-Servers vorgegeben.

Umwandeln und Testen des Programms *PublishClient01.java*

Wir benutzen das **asant**-Tool, d.h. alle notwendigen System-Informationen zum Compilieren und Ausführen stehen in einer *build.xml*. Es werden *alle* Sourcen, die sich im Ordner *\src* befinden, umgewandelt.

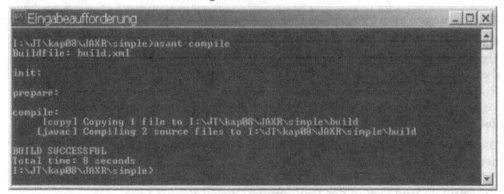

```
I:\JT\kap08\JAXR\simple>asant compile
Buildfile: build.xml

init:

prepare:

compile:
     [copy] Copying 1 file to I:\JT\kap08\JAXR\simple\build
     [javac] Compiling 2 source files to I:\JT\kap08\JAXR\simple\build

BUILD SUCCESSFUL
Total time: 8 seconds
I:\JT\kap08\JAXR\simple>
```

Abb. 8.6.28: Compile der Source-Programme

Testen

Der Tomcat-Server muss gestartet sein durch:

START|PROGRAMME|Java (TM) Web Services...|START Tomcat.

Danach in der Cmd-Line eingeben:

x:\JT\kap08\JAXR\simple>asant run-publish

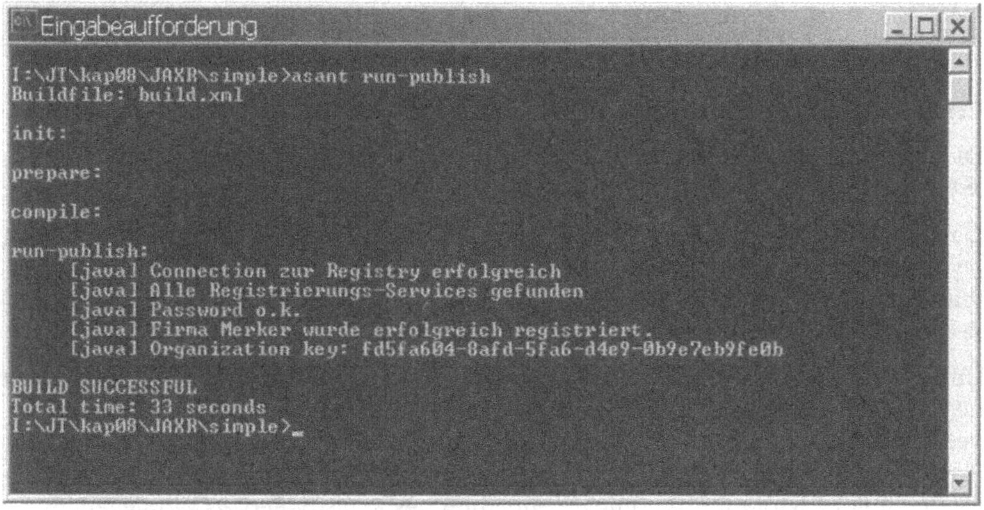

Abb. 8.6.29: Testen des Programms *PublishClient.class*

Das Programm kann mehrmals aufgerufen werden, dann werden dieselben Firmen-
und Endpoint-Daten mehrmals eingetragen, jedoch jeweils mit einem anderen "Or-
ganization Key".

Erläuterungen zum Programm *QueryClient.java*

Das Programm soll in der UDDI-Registry Informationen suchen und die gefundenen
Ergebnisse am Bildschirm anzeigen. Um das Programm einfach zu halten, wurden
die URL des Registry-Servers (http://localhost:8080/RegistryServer/) und auch der
String mit dem zu suchenden Begriff ("Java") im Programm fest vergeben. In der Praxis würden hierfür beispielsweise Properties-Files eingesetzt, um mit beliebigen Registry-Implementierungen und mit variablen Suchbegriffen arbeiten zu können.

Die Datei "*JAXRExamples.properties*" enthält Beispiele für die URLs von diversen anderen Registry-Servern.

Umwandeln und Testen des Programms *QueryClient01.java*

Umgewandelt wurde das Programm bereits. Getestet wird mit:

       "x:\jt\kap08\JAXR\simple>asant run-query"

```
Eingabeaufforderung                                          _□×
I:\JT\kap08\JAXR\simple>asant run-query
Buildfile: build.xml

init:

prepare:

compile:

run-query:
    [java] Connection zur Registry erfolgreich.
    [java] CapabilityLevel: 0
    [java] Got Businessbqn
    [java] Got BusinessLifeCycleManager
    [java] Query erfolgreich durchgef"hrt.
    [java] Organizationen gefunden: 1
    [java] Organisations-Name: Merker Java Beratung GmbH & Co
    [java] Organisations-Key: fd5fa604-8afd-5fa6-d4e9-0b9e7eb9fe0b
    [java] Organization-Beschreibung: Schulung und Consulting
    [java]     Service Name: Java Code Generierung
    [java]     Service Key: fd5fa604-8afd-5fa6-4a1f-a83607b2221d
    [java]     Service Description: Aus Spracheingabe Java-Sourcen generieren.
    [java] Kontact name: Erwin Merker
    [java]     Tel.Nr.: 02551-33333
    [java]     e-mail Adresse: dimerk@de.ibm.com

BUILD SUCCESSFUL
Total time: 4 seconds
I:\JT\kap08\JAXR\simple>
```

Abb. 8.6.30: Testen des Programms *QueryClient.class*

Hinweis

Wenn durch mehrere Registrierungsvorgänge die Ausgabe des Query-Programms unübersichtlich wird, kann komplett neu begonnen werden, indem JWSDP deinstalliert und danach der Ordner *x:\jwsdp* manuell gelöscht wird. Dann kann die Installation des "Java WebService Developer Pack" einfach wiederholt wird (Dauer: wenige Minuten)..

Zusammenfassung

JAXR bietet Entwicklern ein API, damit Registry-Client-Programme portabel für beliebige Registry Provider sind.

Ein Client-Programm ist sowohl Publisher, der einen WebService registriert, als auch der Consumer, der nach einem speziellen Service sucht.

Ein JAXR-Client kann eine standalone Java Application oder eine J2EE-Komponente sein. Eine J2EE-Komponente wird nach den in J2EE festgelegten Spezifikation implementiert und deployed.

Die Registrierungsstellen können den Spezifikationen von UDDI, ebXML oder auch von jedem anderen Typ entsprechen, JAXR umfasst ein einheitliches Sprachmittel für jede Art von Registry.

Es gibt eine Reihe von UDDI-Implementierung (von IBM, Microsoft, SAP und SUN), die für Testzwecke frei genutzt werden können.

8.6.5   JAXM

Was ist JAXM (Java API for XML-Messaging)?

Auch dies ist ein Standard-API für den Nachrichtenaustausch auf XML-Basis. Es ermöglicht Java-Anwendungen, Dokumenten-orientierte Nachrichten (Bestellungen, Rechnungen ...) zu senden und zu empfangen. JAXM ist eine Abstraktion des dokumenten-orientierten Stils, ähnlich wie JAX-RPC eine Abstraktion des RPC-Stils ist. Auch JAXM basiert auf SAAJ. Somit ist JAXM wie folgt einzuordnen:

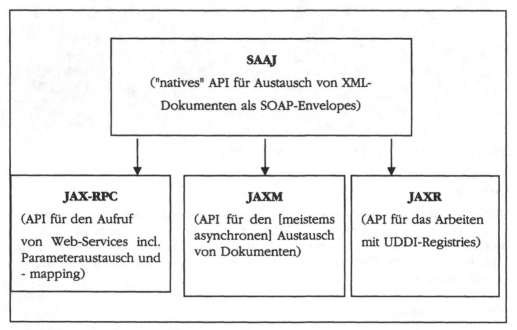

Abb. 8.6.31: Java-APIs für XML-Messaging

Die Standardisierung von JAXM ist noch nicht abgeschlossen (und das API ist auch noch nicht in Java2 EE 1.4. enthalten). JAXM ist außerdem ein Thema, das auch unabhängig von Web-Services Bedeutung hat.

Wie kann JAXM genutzt werden?

JAXM kann in unterschiedlichen Situationen eingesetzt werden. Ein besonderer Schwerpunkt liegt beim Einsatz von Messaging Provider als Middleware: dort werden die Dokumente abgeliefert und asynchron vom Client gelesen und verarbeitet. Aber auch der synchrone Austausch von Nachrichten, ohne den Einsatz eines Queue-Server, ist möglich. Generell bietet jedoch das asynchrone Messaging Vorteile, es entspricht mehr dem lose gekoppelten Interaktionsmodell als z.B. der RPC-Stil.

8.7   Evolution des Internet und Java

Java-Programmtypen

Seitdem es das Internet gibt, hat sich die Art, wie es genutzt wird, ständig gewandelt.

In Verbindung mit der Sprache Java kann dieser Bedeutungswandel an den Programm-Typen festgemacht werden, die seit dem ersten Auftreten der Programmiersprache Java entstanden sind:

a)   Applets (seit 1996)

b)   Servlets/JSP (seit 1997)

c)   EJBs (seit 1998)

d)   Web-Services (seit 2000).

Generell führte die Entwicklung vom reinen Auskunftsmedium mit der Möglichkeit, in statischen Ressourcen zu "surfen", hin zu Dialogverarbeitung mit komfortablen GUI-Oberflächen. Und die neueste Entwicklung sind Webservices - dahinter steht die automatische Suche und das Verbinden von Programmmodulen im Internet.

Die Entwicklung im Einzelnen:

a) Applets

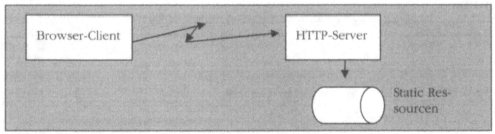

Abb. 8.7.1: Internet als Informationsquelle für statische HTML-Seiten

Kennzeichen:

- Der Client gibt eine URL für eine HTML-Seite ein.

- Der HTTP-Server liest diese statische Ressource von seinem Sekundärspeicher und liefert sie als Response an den Client.

- Die HTML-Seite kann nicht nur Multi-Media-Daten eingebettet haben, sondern auch Java-Code ("Applet-Klassen").

- Für die Ausführung dieses Java-Bytecodes benötigt der Browser eine komplette und möglichst aktuelle Run-Time-Umgebung (eine "Java Virtuelle Maschine").

b) Servlets/JSP

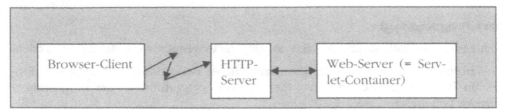

Abb. 8.7.2: Das Web liefert dynamische Inhalte durch Servlets/JSP

Kennzeichen:

- Der Client gibt eine URL ein, um eine HTML-Seite mit Form-Feldern anzufordern. In diese „Form" gibt der Bediener seine Daten ein. Durch Drücken eines Submit-Buttons wird das Servlet gestartet und liefert die geforderten dynamischen Inhalte als HTML-Response.

- Der Datenaustausch findet statt durch Übertragung von Textinformationen in Form von Key-/Value-Angaben. Entweder sind die Parameter an die URL angehängt (GET-Methode), oder sie stehen in einem separaten Datenblock des HTTP-Requests (POST-Methode).

- Auf jeden Fall gilt das Request-Response-Modell (keine Session-Verwaltung).

c) EJB:

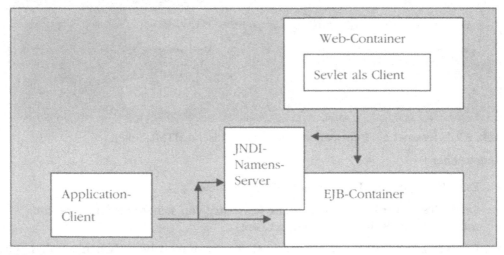

Abb. 8.7.3: Internet und Enterprise Application

Kennzeichen:

- Der Zugriff auf EJBs ist nur möglich über JNDI und über das Protokoll RMI/IIOP

- Die Codierung des Application-Client und sein Deploy-Mechanismus sind nicht Teil der J2EE-Spezifikation.

- Wenn der Zugriff auf EJBs nicht durch einen Web-Client (Servlet/JSP) erfolgt, ist zu berücksichtigen, dass dies nicht mit Standard-Techniken des Internet erfolgt. Dies Verfahren muss angepasst werden an vorhandene Firewall- und Proxy-Architekturen.

Ziele der verteilten Architektur (distributed application)

Die Kommunikation zwischen Programmen kann so erfolgen, dass die Partner sich Daten senden, die vom Empfänger individuell interpretiert werden, weil die Programme "füreinander bestimmt" sind. In diesem Fall sind auch Einschränkungen, die dadurch gegeben sind, dass die gleiche Plattform vorausgesetzt wird oder dass auch beide Programme in derselben Sprache codiert sind, kein wirkliches Problem. Denn: das Client-Programm wurde in diesem Fall für "seinen" Server programmiert.

Ganz anders sieht das aus, wenn als Ziel vorgegeben ist, Client-Programme zu entwickeln, die remote Funktionen nutzen sollen, ohne dass Betriebssystem-Plattform oder Programmiersprache des Servers bekannt sind oder eine Bedeutung haben. Oder umgekehrt: Wenn Server-Module codiert werden, die von beliebigen Clients genutzt werden können.

Am besten wäre es, wenn folgende Ziele realisiert werden könnten:

- Client- und Server-Programm werden geschrieben ohne Rücksicht auf Plattform oder Programmiersprache des jeweiligen Partnerprogramms.

- Das Client-Programm kann so codiert werden, als wäre die remote Funktion lokal vorhanden. Es soll also "transparent" sein, ob eine Methode aufgerufen wird, die sich im selben Adressraum befindet oder ob Programm-Module genutzt werden, die über TCP/IP erreicht werden.

- Es sollen Standard-Techniken des Internets benutzt werden, um die Problemlösung mit der bereits vorhandenen Infrastruktur zu erreichen. Als Protokoll soll HTTP eingesetzt werden, die Adressierung des Partnerprogramms soll über die URL erfolgen.

- Die Partner sollen sich auch programmtechnisch -und zwar erst zur Laufzeit-finden können – und nicht nur durch Eingabe der URL durch einen Bediener. Es muss also einen Suchmechanismus geben, um Service-Module im Internet zu finden; ihre Leistungsbeschreibung muss programmtechnisch auszuwerten sein und die Zugriffroutinen müssen zur Run-Time erstellt werden.

- Die Daten, die ausgetauscht werden, sollen nicht nur reine. ASCII-Texte sein, sondern standardisierte Datentypen, aber unabhängig von einer konkreten Programmiersprache.

Kurze Wiederholung zum Thema RPC/RMI

Die Forderung "Der Client soll mit remoten Funktionen arbeiten können, als wären sie lokal vorhanden", wird bei RPC/RMI dadurch realisiert, dass auf der Client-Seite Stellvertreter-Programme wichtige Funktionen übernehmen. Diese Proxies sind in der Lage, eine TCP/IP-Verbindung zu dem realen Server-Programm aufzubauen und den Methodenaufruf mit den Parameter in eine Form zu transformieren, dass auf der Gegenseite, beim Server, ein anderes Hilfsprogramm diese Daten entgegen nehmen und umwandeln kann in eine Form, die das Server-Programm versteht. Dann werden der Aufruf und die Daten an das eigentliche Server-Programm weiter gereicht.

Wir haben also auf jeder Seite Hilfsprogramme, die den Anwendungsprogrammierer von der Standardarbeit, nämlich der Realisierung der Netzfunktionen und dem Marshalling/Unmarshalling der Daten, befreien.

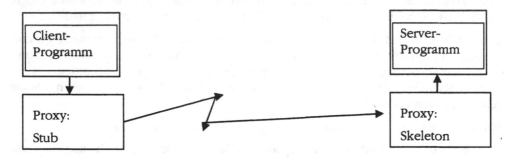

Abb. 8.7.4: Einsatz von Proxy-Programmen

Welche Funktionen übernehmen die Proxy-Programme?

- Sie sind der Vermittler zwischen dem Anwendungsprogramm und der Transport-Schicht.

- Sie arbeiten als "Dolmetscher", indem sie die Java-Methodenaufrufe umwandeln in Socket-Befehle (inclusive Serialisierung der Parameter).

- Sie übernehmen die Netzwerk- und Transportaufgaben, d.h. die Ausführung der Socketbefehle.

Was der **Client** jedoch in jedem Fall wissen muss, wenn er mit einem remoten Partner arbeitet, ist:

- Wie heißt das remote Programm?

- Wie heißt die remote Methode (Prozedur)?

- Wie ist die Signatur der Methode und welchen Datentyp hat der Rückgabewert?

Erst mit diesen Informationen kann das Java-Programm ausgeführt werden.

SOA (Web-Service)

Die Erfüllung aller genannten Forderungen und die endgültige Realisierung der Forderung nach Interoperabilität über alle Plattformen hinweg versprechen die Ansätze, die mit dem Schlagwort SOA (Service Oriented Architecture) verbunden sind. Die grundsätzliche Idee dahinter ist, dass Clients, egal ob in Java programmiert oder als .NET-Client vorhanden, Server-Module nutzen können, die entweder in **Java** oder einer **.NET**-Sprache vorliegen.

Die Partner finden sich

- programmtechnisch (automatisiert)

- und erst zur Laufzeit.

Überblick SOA

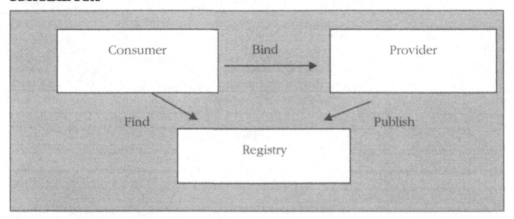

Abb. 8.7.5: SOA-Architektur

Ablauf:

- Der Service-Provider implementiert eine (e-business)-Service.

- Er publiziert seinen Dienst in der Registry.

- Wenn ein Consumer einen Service benötigt, durchsucht er programmtechnisch die Registry (**UDDI**).

- Er holt sich die Beschreibung des Dienstes (**WSDL**) und erstellt daraus zur Run-Time die Proxy.

- Das Client-Programm analysiert programmtechnisch ("dynamisch") den Proxy (Namen, Parameter) und erstellt den Methodenaufruf (**SOAP**).

9 Installation und Administration

9.1 Installation der beigefügten CD

Die beigefügte CD enthält:

- im Ordner „**Sourcen**“:

  alle im Buch besprochenen Beispielprogramme im Quellenformat

- im Ordner „**Software**“:

  alle für die Ausführung notwendigen generellen Produkte. Hinweise zum Installieren siehe Abschnitt 9.2. ff.

- im Ordner „**Bei Bedarf**“:

  zusätzliche Programme und JAR-Files, die entweder nur für einzelne Übungen benötigt werden oder die nur unter bestimmten Voraussetzungen erforderlich sind. Hinweise zum Einspielen dieser Programme gibt es in den einzelnen Kapiteln.

Alle Software und die nachfolgenden Hinweise beziehen sich auf Windows 2000/XP.

Wie werden die Beispielprogramme eingespielt?

Alle Beispiele in diesem Buch befinden sich als fertige Quellen-Dateien (Source-Files) auf der mitgelieferten CD. Somit sind keinerlei Editier-Arbeiten mehr erforderlich, um die Übungen auszuführen. Damit die Programme in der jeweiligen Run-Time-Umgebung ausgeführt werden können, muss lediglich die Umwandlung durchgeführt werden. Dies ist –soweit notwendig- in den jeweiligen Kapiteln auch erläutert.

Als Run-Time-Umgebung werden wir einsetzen: eine stand-alone Java Virtuelle Maschine (JVM), einen Browser, einen Web-Server und einen EJB-Container.

Dringende Empfehlung für das Kopieren der Ordner mit den Beispielen auf die Festplatte: Behalten Sie die vorgegebenen Ordnernamen bei.

Die Programme sollten also auf der Platte in dem Ordner **x:\jt\Kap0n** stehen.

Dadurch können alle Hinweise in diesem Buch (CMD-Line-Befehle, das Setzen von Classpath-Variablen, Ordnerangaben für das Deployment von J2EE-Anwendungen usw.) nahezu unverändert übernommen werden. Lediglich der Laufwerkbuchstabe ist anzupassen (im Buch wird in der Regel Laufwerk I verwendet).

Anpassen von Configurations-Dateien

Die *build.properties*-File muss angepasst werden. Sie steht in:

> x:\JT\kap08\common\build.properties\

Folgende Änderung muss durchgeführt werden:

- In der ersten Zeile steht: j2ee.home=**x**:/sun

- Hier muss das Laufwerk angepasst werden

Achtung: Fehlerquelle. Hier ist die UNIX-Schreibweise

gefordert (statt Backslash **muss** Forward-Slash).

- In der vierten Zeile steht das Password für den Admin.

- Dieses Password wird bei der Installation der SDK festgelegt

9.2   Installation des Java – SDK (Software Developement Kit)

Was wird benötigt?

Alle Beispiele und Übungen können ausgeführt werden, wenn lediglich die folgenden kostenlosen Produkte unter Windows installiert sind

- Java 2 **Standard** Edition 1.5 oder 1.4 (J2SE)

- Java 2 **Enterprise** Edition 1.4. (J2EE)

Für Java-Basics ist die Standard-Edition ausreichend; für Unternehmensanwendungen ist zusätzlich die Enterprise-Edition erforderlich. Generell ist beim Einsatz dieser Produkte zu unterscheiden, ob lediglich Programme ausgeführt oder ob auch Programme entwickelt werden sollen:

JRE Java Run Time Environment	Laufzeitumgebung, wenn Java-Programme nur ausgeführt und nicht entwickelt werden sollen
SDK Software-Development- Kit	Entwicklungsumgebung, wenn Java Programme entwickelt und getestet werden sollen (Referenz-Implementierung mit Application-Server und Tools)

Abb. 9.2.1: Umfang der Java2-Edition

Woher können die Produkte bezogen werden?

Wir benötigen das SDK für beide Edition. Unter folgender Adresse kann das Installations-Paket runtergeladen werden:

> *http://java.sun.com*

Dort gibt es die Datei *j2eesdk-1_4-windows.exe*. Sie ist ca. 100 MB groß. Sie befindet sich auch auf der beiliegenden CD und enthält für WINDOWS 2000/XP folgende Produkte:

- J2EE 1.4.   API-Dokumentation

- J2SE 1.4.2 JRE (Standard-Edition)

- J2SE 1.4.2 SDK (Standard-Edition)

- J2EE 1.4.2 SDK (Enterprise-Edition)

- J2EE 1.4   Beispiele ("Samples").

Wenn wir diese eine EXE-File aufrufen und installieren, sind also alle Voraussetzungen erfüllt, um mit den Beispielen in diesem Buch zu arbeiten.

Installation der Produkte:

- Gestartet wird die Datei *"j2eesdk-1_4-windows.exe"*

- Im ersten Fenster des "Installation Wizard" :

> Dringende Empfehlung: als Installationsdirectory nur "*x:\sun*" angegeben. Also: den Ordner AppServer löschen, dies spart später Schreibarbeit und vor allem Irritationen beim Setzen des CLASSPATH.

- Im nächsten Fenster "AdminConfig":

- Das Password für den User admin zu vergeben und merken. Außerdem bitte anklicken: "Dont prompt for Admin User Name", das erspart später Arbeit.

- Achtung: User-Id und Password werden später in diversen Situationen benötigt, z.B. beim Deployvorgang von Web-Apps oder EJBs.

- Im Fenster "Installationsoptionen" alle Defaults belassen.

Ganz wichtig: Die Checkbox *"Add bin Directory to PATH"* ausgewählt lassen

Generelle Hinweise zur Installation

- Arbeiten Sie mit der Java-Version, die auch auf der CD enthalten ist.

- Die Beispiele sind abgestimmt und lauffähig mit dieser Version.

- Bei älteren oder neueren Versionen kann es Unstimmigkeiten geben.

- Die vorgenannten Installationshinweise sind exakt einzuhalten, denn:

  - nachträglich Änderungen der Directory-Namen oder Strukturen sind nicht möglich,

  - die Hinweise und Beispiele in diesem Buch sind abgestimmt auf diese Ordner- und Dateinamen (*x:\sun\...*).

Insbesondere beim Arbeiten mit XML (Kapitel 7) und Webservices (Kapitel 8) sind die Namen und Versionen der diversen jar-Files sehr unübersichtlich. Deshalb enthalten diese Kapitel auch zusätzliche Hinweise zu der jeweils notwendigen CLASSPATH-Environment-Variablen. Häufig stehen Beispiele für das Setzen des Classpath in einer mitgelieferten Batch-Datei (*class1.bat*). Doch diese Pfad- und Dateinamen passen nur dann, wenn der Leser dieselben Bezeichner verwendet. Andernfalls sind u.U. mühselige Fehlersuch- und Anpassungsarbeiten notwendig.

Was ist das Ergebnis dieser Installation?

Nach einer erfolgreichen Installation stehen im Ordner *x:\sun* zur Verfügung:

- die komplette Java 2 Standard-Edition SKD 1.4.2
- die komplette Java 2 Enterprise-Edition SDK 1.4.2
- Tools zum Packen, Deployen und Testen von Anwendungen
- Referenz-Implementierung eines Servers: "Application Server"
- Referenz-Implementierung eines DB-Servers: "PointBase"
- Referenz-Implementierung eines Service-Provider für JMS Message Queue

Implementierung der "Standard Edition"

Damit das Arbeiten mit diesen Produkten und Werkzeugen möglich wird, müssen einige Anpassungsarbeiten durchgeführt werden. Für die J2SE sind folgende Schritte notwendig:

- Die Path-Variable muss ergänzt werden um: *X:\Sun\jdk\bin;X:\Sun\bin;* (Hinweise, wie diese Änderungen durchgeführt werden, siehe weiter unten.)
- **Neue** Environment-Variable eintragen: `JAVA_HOME = x:\sun\jdk\bin`
- Danach Verifizieren der korrekten Installation des "J2SE SDK" durch:
  `"x:\>set PATH"` und `"x:\>java -version"`

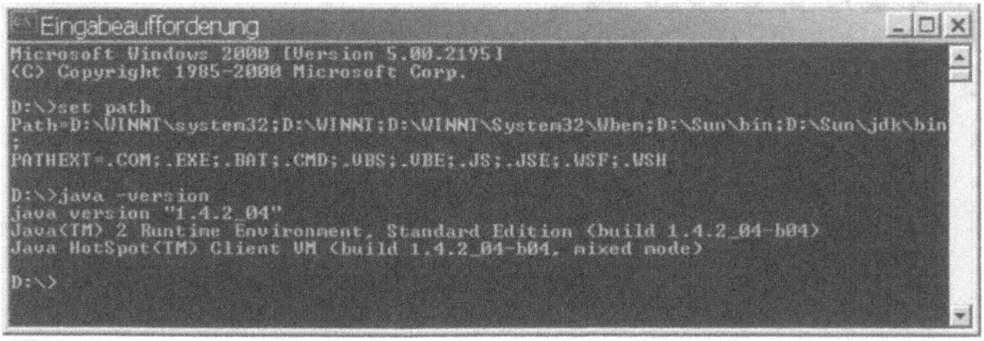

Abb. 9.2.2.: Verifizieren der J2SE-Installation

Prüfen: Im Path müssen mindestens die beiden Eintragungen x:\Sun\bin und x:\Sun\jdk\bin\ stehen.

Die neuen Eintragungen in den PATH- und CLASSPATH Environment-Variablen werden beim Systemstart oder beim Start einer neuen DOS-Shell wirksam. Deswegen muss ein evtl. offenes CMD-Window erst geschlossen und dann wieder geöffnet werden, bevor diese Test erfolgreich sind.

Implementierungen der "Enterprise Edition"

- Sicherstellen, dass Path-Variable folgende Angabe enthält: *X:\sun\bin;*
- Neue Environment-Variable eintragen:

    J2EE_HOME = x:\sun\bin

Der Name der Variablen muss in Großbuchstaben geschrieben werden.

Hinweise zum Anpassen der Environment Variablen

Nachfolgend wird beschrieben, wie die PATH- und CLASSPATH-Environment Variablen erstellt bzw. verändert werden müssen, damit das Arbeiten mit der SDK möglich ist. Unter WINDOWS sind folgende Schritte notwendig, um die PATH-Variable anzupassen:

- Im Desktop: Auswählen "Arbeitsplatz" und Rechte Maustaste
- Anklicken: Eigenschaften
- Die Dialogbox "Systemeigenschaften" erscheint
- Anklicken der Tab: Erweitert
- Anklicken "Umgebungsvariablen"
- In dem Abschnitt "Benutzervariablen":
    - Wenn die Variable PATH vorhanden ist:
        - Auswählen und Anklicken Bearbeiten
        - Die notwendigen Pfadangaben eintragen. Die Einträge trennen durch Semikolon
    - Wenn die Variable noch nicht vorhanden ist:
        - Anklicken neu
        - Den Namen und den Wert komplett neu eingeben

Verifizieren der korrekten Installation und Implementierung

- Danach Verifizieren der korrekten Installation des "J2EE SDK" durch (vorher eine bestehende DOS-Box schließen und neue öffnen):

- Start des Application Server durch CMD-Line-Eingabe:
    ```
    x:\>asadmin start-domain --verbose domain1
    ```

- Achtung Fehlermöglichkeit: vor der Angabe der Option *verbose* stehen zwei Bindestriche --

- Warten, bis folgende Meldung kommt:
    Application server startup complete

- Dann sollte noch überprüft werden, ob der Start des Deploytools klappt durch Eingabe von:
    ```
    x:\>deploytool
    ```
  in einem neuen CMD-Window.

Testen der Installation

Im Browser eingeben: http://localhost:8080

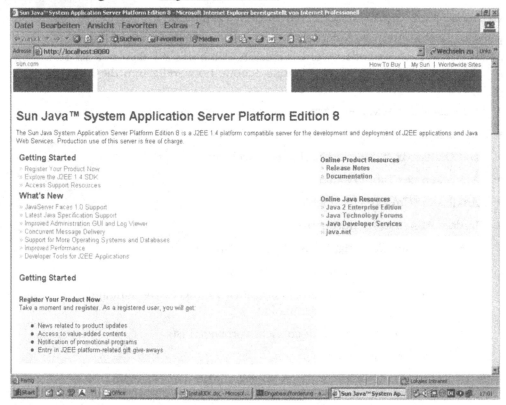

Abb. 9.2.3: Start des Application Servers durch Eingabe der URL

Danach unbedingt auch überprüfen, ob die Administration des Servers möglich ist durch Browsereingabe:

http://localhost:4848

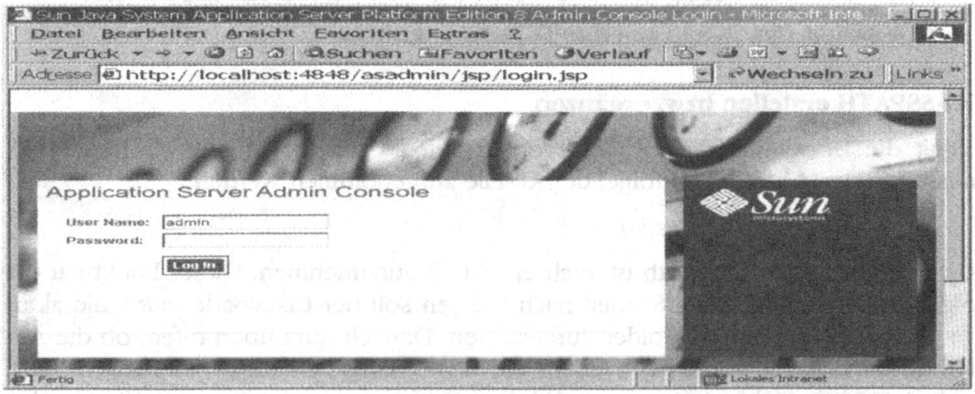

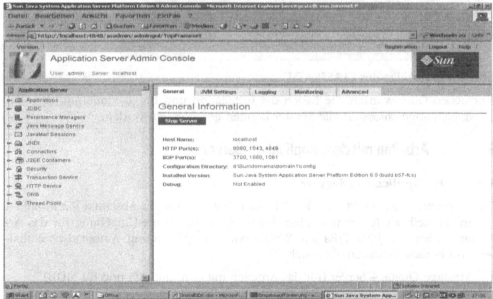

Abb. 9.2.4: Anmeldung zur Admin-Console

Hier ist die User-Id und Password der Installation einzugeben.

Nach Eingabe der korrekten User-Id und des Passwords muss folgendes Bild erscheinen:

Abb. 9.2.5: Admin Console des Application Server

Die Unterscheidung, ob die Dokumentation des Application-Servers oder die Bedienungs-Console des Application-Servers aktiviert werden soll, erfolgt durch Angabe des korrekten Ports:

- Port 8080 = URL-Bestandteil für das Aufrufen von Ressourcen des Servers

- Port 4848 = URL-Bestandteil für die Bedienerkonsole

CLASSPATH erstellen bzw. ergänzen

Damit die Umwandlung von J2EE-Programmen klappt (beginnend ab Kapitel 5), müssen in den CLASSPATH folgende JAR-File aufgenommen werden:

x:\sun\lib\j2ee.jar

Nicht vergessen: im Classpath ist auch ein Punkt aufzunehmen. Dieser Punkt hat die folgende Bedeutung: Beim Suchen nach Klassen soll der Classloader auch die aktuelle Directory und ihre Subfolder durchsuchen. Danach kurz überprüfen, ob die Änderung wirksam geworden ist, indem ein neues Eingabe-Fenster aufgemacht wird und „set classpath" eingegeben wird. Der Classpath hat zu diesem Zeitpunkt also mindestens folgenden Inhalt:

Abb. 9.2.6: Anzeige des CLASSPATH

Herzlichen Glückwunsch. Sie haben die Installation und Implementierung der SDK erfolgreich abgeschlossen. Alle Fenster können geschlossen werden.

9.3.   Arbeiten mit dem Application-Server

Was ist der Application Server?

Der Application Server ist Teil des J2EE-Bundles, das wir im Abschnitt 9.2 installiert haben. Er stellt als Referenz-Implementierung die Run-Time-Umgebung für das Arbeiten mit Servlets, JSPs, EJBs und Web-Services zur Verfügung. Automatisch enthalten sind in diesem Serverpaket auch:

- Message Queue – Server (für das Arbeiten mit dem JMS-APi und für MDB)

- Point-Base-DB – Server (für das Arbeiten mit JDBC, siehe Abschnitt 9.4).

- Tools zum Arbeiten mit dem Application Server (*appclient, asant, deploytool...*)

Starten des J2EE-Servers

Erste Möglichkeit:

- Aus CMD-Line mit: *C:\>asadmin start-domain*

- Mögliche Option für den Start ist:

  --verbose   (= Logging-Infos in Konsole ausgeben)

Zweite Möglichkeit:

  Start | Programme | SUN | J2EE 1.4 | Start Default Server

Testen

Im Browser folgende URL eingeben: http://localhost:8080

Erläuterungen:

Angezeigt wird die Datei *index.html* (= default, wenn keine explizite Auswahl der anzuzeigenden Ressource in der URL erfolgt). Diese Datei befindet sich in folgendem Ordner:

  x:\Sun\domains\domain1\docroot\index.html.

Selbsttest

Kopiere die *index.html* unter einen anderen Namen (*test.html*) und modifiziere den Inhalt (oder erstelle eine komplett neue HTML-Seite in dem Ordner *docroot*. Danach rufe diese HTML-Seite auf mit folgender URL:

  http://localhost:8080/test.html

Stoppen des J2EE-Servers

- Aus CMD-Line mit:

  C:\>asadmin stop-domain

- Oder über:

  Start | Programme | SUN | J2EE 1.4 | Stop Default Server

Tools zum Arbeiten mit dem Application Server

Folgende Werkzeuge, die ebenfalls Bestandteil des installierten Bundles sind, werden in diesem Buch eingesetzt:

Name des Programms	Beschreibung
deploytool	• Installiert eine J2EE-Application auf dem Server. Dies erfolgt in drei Schritten: • Deployment-Descriptoren als XML-Files interaktiv im Frage-/Antwortspiel erstellen • Paketieren der J2EE-Application in eine JAR-, WAR- oder EAR-File • Deployment durchführen
asant	• Utility von Apache/Jakarta, wird benötigt, um das Compilieren zu automatisieren mit Hilfe von BUILD-Files
appclient	• Startet den "Application Client Container" und ruft die Client-Anwendung auf, die in einer JAR-File gepackt sein muss

Abb. 9.3.1: Welche Tools werden eingesetzt?

9.4   Arbeiten mit Admin-Console des Application Servers

Die Admin-Console des Application Servers kann über einen Browser aufgerufen werden durch:

> http://127.0.0.1:4848

oder   http://localhost:4848

Wie immer, kann man auch hier direkt mit der IP-Adresse arbeiten oder den logischen Host-Namen eingeben. Auf jeden Fall muss als Port die Nr. 4848 eingetippt und danach User-Id und Password vom Administrator eingegeben werden.

Erläuterungen zur Admin-Console

Auf der linken Seite steht wie in einem Explorer die Leiste aller Informationen. Die einzelnen Themen können expandiert werden durch Anklicken des kleinen Symbols vor der Bezeichnung, und dann erscheint rechts im großen Fenster die dazu gehörende Information, in der dann geblättert werden kann.

9.5   Installation der Datenbank

Das J2EE-Bundle, das wir im Abschnitt 9.2 installiert haben, enthält auch einen DB-Server. Damit wird die Entwicklung und das Testen von Beispielprogrammen mit JDBC möglich.

Das Produkt heißt: "PointBase Network Server". Es enthält einen JDBC-Driver vom Typ 4.

Hinweise zum JDBC Driver:

Ein JDBC Driver ist ein Programm, das vom DB-Hersteller mitgeliefert wird - üblicherweise in Form einer JAR- oder ZIP-File. Es übersetzt die standardisierten JDBC-Calls aus dem Java-Programm in das hersteller-eigene Protokoll des DB-Servers. Beim Compilieren und Ausführen muss dieses Driver-Programm im Zugriff des Class-Loaders sein.

Wie heißt der Driver und wo steht er?

Der Driver für das Arbeiten mit der PointBase-DB steht in der Datei

> *jdbcUniversalDriver.class*

und diese befindet sich in der JAR-File

> *x:\sun\pointbase\lib\pbclient.jar*.

Verfügbarmachen des Drivers

Der Application-Server modifiziert den Classpath automatisch, so dass der Driver für den Server zur Verfügung steht. Außerhalb dieses Server-Programmes müssen die Clients selbst dafür sorgen, dass sie dieses Dolmetscherprogramm im Zugriff haben. Um die *jdbcUniversalDriver.class* für den Classloader verfügbar zu machen, gibt es mehrere Möglichkeiten:

a) Dauerhafte Änderung:

durch Kopieren der JAR-File nach:

> *x:\sun\domains\domain1\lib*

oder:

Kopieren der Class-File nach:

> *x:\sun\domains\domain\lib\classes*

oder Ändern der System-Environment-Variablen CLASSPATH

b) Temporäre Änderung des Classpath durch den CMD-Line-Befehl

```
set classpath=%classpath%;d:\sun\pointbase\lib\pbclient.jar
```

Verifizieren der Installation

Wenn J2EE 1.4. korrekt installiert ist, muss der Start des PointBase-DBServers möglich sein durch folgende Schritte:

- Gehe im Terminalwindow mit cd zur folgenden Directory:
  `x:\sun\pointbase\tools\serveroption\`

- Starte die Batch-File durch Eingabe von:
  `startserver`

Abb. 9.5.1: Starten des DB-Servers.

- Danach Anzeige der Version des Servers durch Eingabe von: ">v"

- Stoppen des PointBase-DBServers:
  `stopserver`

9.6   Installation der Java – Dokumentation

a) Installation der **Standard-Edition**-Dokumentation

- Die Datei *j2sdk-1_4_2-doc.zip* muss entzipped werden in den Ordner *x:\j2se142.*-doc.

- Danach im Internet Browser folgende Datei aufrufen:
  x:\j2se142-doc\docs\index.html

b) Installation der **Enterprise Edition** Dokumentation

- Die API-Dokumentation der Enterprise Edition ist mit dem Bundle installiert worden und kann angezeigt werden, indem folgende Datei im Browser aufgerufen wird:
  x:\sun\docs\api\index.html

c) Installation der **Application-Server**-Dokumentation

- Die Dokumentation für den Application-Server ist ebenfalls enthalten in dem J2EE – Paket. Die Anzeige erfolgt durch Öffnen folgender Datei im Browser:
  x:\sun\docs\QuickStart.html

Sachwortverzeichnis

Local View auf EJB 189, 199, 218

M

message 15
Message Driven Beans MDB 243
Message-Orientierten Middleware (MOM)
    241
Methoden 12
Methoden-Aufrufe. Schachtelung von 32
Middleware 67
Multi-Tier 180
MVC-Pattern 168, 173

N

Nachrichten 9
Namensraum 270, 277, 279, 300
Namensservice 57
namespace *Siehe* Namensraum

O

Objekte casten 42
Objekte clonen 36
Objekte initialisieren 41
Objekte kopieren 36
Objekte vergleichen 34
Ordner-Struktur 149
Overloading 17
Override 18

P

Package 27
Packaging 181
Packaging-Formate 182
Parameter 13, 46, 116
Parser 260, 292
PATH 30
Persistenz 89, 224

PointBase 4
Polymorphismus 20
Primitive Datentypen *Siehe einfache*
    Datentypen
Processing Instruction PI 266
Properties 92, 103
Protokoll 64, 118
Prozess 100

Q

Queue-Server 245

R

Referenztypen 105
Reflection 75
Remote View auf EJB 189, 199, 218
Request (HTTP) 117, 120
Resource Bundles 99
Response (HTTP) 118, 121
RMI 66, 332, 384
RPC 331, 332, 384
RPC-Kommunikation 66

S

SAAJ 344
SAX (Simple API for XML 290
SAX-Parser 290
SAX-Standard 259
Schnittstelle *Siehe* Interface
Scope 43, 174
SDK *Siehe* Software Development Kit
    (SDK)
Serialisierung 89
Server (Web-Server,HTTP-Server,EJB-
    Server) 129
Service Endpoint Interface SEI 350
Service-Provider 56
Servlet 134, 382

Bestseller aus dem Bereich IT

Dietmar Abts, Wilhelm Mülder
Grundkurs Wirtschaftsinformatik
Eine kompakte und praxisorientierte Einführung
5., überarb. u. erw. Aufl. 2004. XIV, 467 S. mit 130 Abb. Br. € 19,90
ISBN 3-528-45503-9

Hardware- und Software-Grundlagen (Rechnersysteme, Software, Datenübertragung und Netze, Internet, Datenbanken) - Anwendungen (ERP-Systeme, Querschnittssysteme, Managementinformationssysteme, Unternehmensübergreifende Informationssysteme) - Methoden und Organisation (Software-Entwicklung, Software-Auswahl, Informationsmanagement)

Hartmut Ernst
Grundkurs Informatik
Grundlagen und Konzepte für die erfolgreiche IT-Praxis -
Eine umfassende, praxisorientierte Einführung
3., überarb. u. verb. Aufl. 2003. XX, 888 S. mit 265 Abb. u. 107 Tab.
Br. € 29,90
ISBN 3-528-25717-2

René Steiner
Grundkurs Relationale Datenbanken
Einführung in die Praxis der Datenbankentwicklung für Ausbildung, Studium und IT-Beruf
5., verb. u. erw. Auflage 2003. XII, 219 S. mit 115 Abb. Br. € 19,90
ISBN 3-528-45427-X

vieweg
Abraham-Lincoln-Straße 46
65189 Wiesbaden
Fax 0611.7878-400
www.vieweg.de

Stand 1.7.2004. Änderungen vorbehalten.
Erhältlich im Buchhandel oder im Verlag.

Grundkurse für die Praxis

Sabine Kämper
Grundkurs Programmieren mit Visual Basic
Die Grundlagen der Programmierung -
Einfach, verständlich und mit leicht nachvollziehbaren Beispielen
2003. XI, 170 S. Br. € 21,90   ISBN 3-528-05855-2
Das Verfahren der Programmerstellung - Algorithmen - Kontrollstrukturen - Struktogramme - Unterprogramme - Objekt-orientierte Programmierung

Dietrich May
Grundkurs Software-Entwicklung mit C++
Eine praxisorientierte Einführung - Mit zahlreichen Beispielen,
Aufgaben und Tipps zum Lernen und Nachschlagen
2003. XVI, 532 S. Br. € 29,90   ISBN 3-528-05859-5

Martin Pollakowski
Grundkurs MySQL und PHP
So entwickeln Sie Datenbanken mit Open-Source-Software
2003. XVI, 219 S. Br. € 19,90   ISBN 3-528-05829-3
Eine Einführung in Datenbanksysteme mit Web-Interface - Das Datenbanksystem MySQL ohne Lizenzgebühren - Die Datenbankabfragesprache SQL - Die LAMP-Konfiguration (Linux, Apache, MySQL, PHP) - Eine frei verfügbare und kopierbare Entwicklungsumgebung - Ein Web-Interface mittels HTML-Formularen gestalten - Interaktive Webseiten mit PHP-Skripten realisieren

vieweg

Abraham-Lincoln-Straße 46
65189 Wiesbaden
Fax 0611.7878-400
www.vieweg.de

Stand 1.7.2004. Änderungen vorbehalten.
Erhältlich im Buchhandel oder im Verlag.